U0529177

国家社科基金重点项目"面向智慧服务的多源多维公共文化数据治理及政策保障研究"（项目号：19ATQ001）。

南京大学国家"双一流"学科专项经费、南京大学信息管理学院出版专项经费资助。

公共文化数据治理体系与智慧服务

郑建明 潘颖 等 ◎ 著

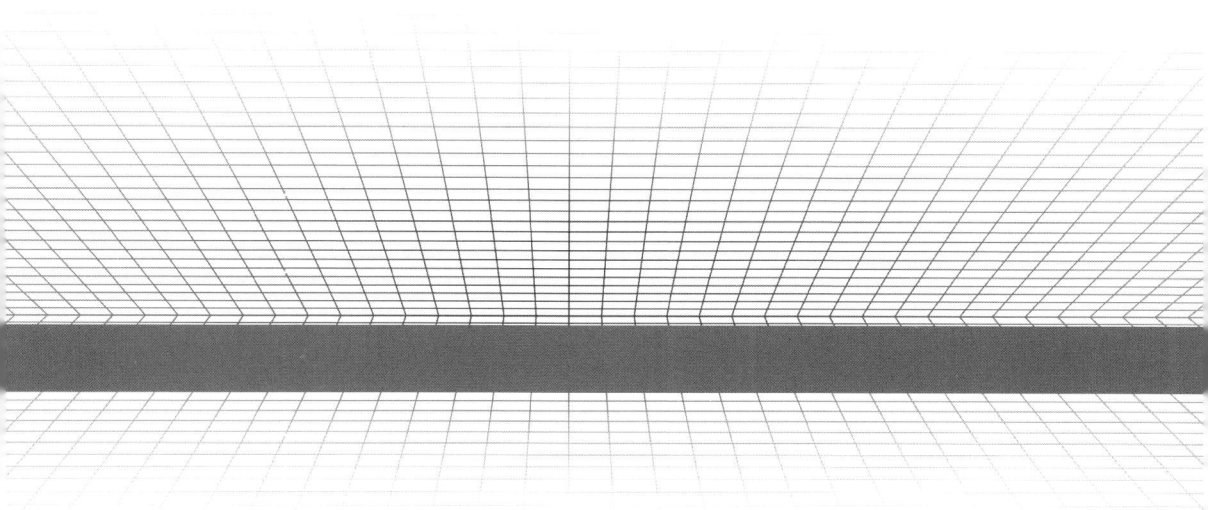

中国社会科学出版社

图书在版编目（CIP）数据

公共文化数据治理体系与智慧服务 / 郑建明等著. 北京：中国社会科学出版社，2025.3. -- ISBN 978-7-5227-4528-2

Ⅰ．G123

中国国家版本馆 CIP 数据核字第 2024XD4469 号

出 版 人	赵剑英	
责任编辑	刘　艳	
责任校对	陈　晨	
责任印制	郝美娜	

出　　版	中国社会科学出版社	
社　　址	北京鼓楼西大街甲 158 号	
邮　　编	100720	
网　　址	http://www.csspw.cn	
发 行 部	010-84083685	
门 市 部	010-84029450	
经　　销	新华书店及其他书店	
印　　刷	北京君升印刷有限公司	
装　　订	廊坊市广阳区广增装订厂	
版　　次	2025 年 3 月第 1 版	
印　　次	2025 年 3 月第 1 次印刷	
开　　本	710×1000　1/16	
印　　张	25.5	
字　　数	392 千字	
定　　价	148.00 元	

凡购买中国社会科学出版社图书，如有质量问题请与本社营销中心联系调换
电话：010-84083683

版权所有　侵权必究

#　目　　录

第一章　绪论 ··· 1

　第一节　研究背景 ··· 1

　　一　公共文化智慧化进程加速 ····································· 1

　　二　公共文化数据治理促进智慧化发展成为重要议题 ······ 2

　　三　多源多维公共文化数据治理符合智慧化发展的战略要求 ······ 3

　第二节　基本概念厘定 ·· 4

　　一　公共文化智慧服务 ·· 4

　　二　公共文化数据治理 ·· 6

　　三　多源多维数据融合 ·· 7

　第三节　研究目标与意义 ··· 8

　　一　研究目标 ·· 8

　　二　研究意义 ·· 9

　　三　研究思路与技术路线 ··· 10

　　四　研究内容与创新之处 ··· 14

第二章　国内外研究现状 ··· 19

　第一节　公共文化智慧服务 ·· 19

　　一　公共文化智慧服务理论研究 ·································· 22

　　二　公共文化智慧服务相关体系研究 ··························· 24

　　三　公共文化服务智慧化发展研究 ······························ 27

　第二节　公共文化数据治理 ·· 30

　　一　公共数字文化资源建设 ·· 30

　　二　公共数字文化治理 ·· 33

2 公共文化数据治理体系与智慧服务

  三 公共文化数据相关的基础理论 ………………………… 35
 第三节 多源多维数据融合 ……………………………………… 38
  一 数据融合理论研究 ……………………………………… 39
  二 数据融合方法研究 ……………………………………… 40
  三 数据融合应用研究 ……………………………………… 44
 第四节 研究进展述评 …………………………………………… 48
  一 公共文化服务的智慧化升级 …………………………… 52
  二 公共文化智慧服务理论体系构建 ……………………… 52
  三 基于多源数据融合的数据驱动模式、机制研究 ……… 52
  四 多源数据融合下的数据治理探索与信息服务研究 …… 53
  五 "社会—技术交互论"视角下的公共文化智慧
    服务平台构建 …………………………………………… 53

第三章 相关基础理论 ……………………………………………… 54
 第一节 信息资源管理理论 ……………………………………… 54
  一 理论内涵 ………………………………………………… 54
  二 对公共文化智慧服务研究的适用性 …………………… 58
 第二节 整体性治理理论 ………………………………………… 61
  一 理论内涵 ………………………………………………… 61
  二 对多源多维数据融合研究的适用性 …………………… 63
 第三节 信息场理论 ……………………………………………… 63
  一 理论内涵 ………………………………………………… 63
  二 对公共文化智慧服务的适用性 ………………………… 67
 第四节 数据管理理论 …………………………………………… 68
  一 理论内涵 ………………………………………………… 68
  二 对公共文化数据治理的适用性 ………………………… 70

第四章 公共文化智慧服务体系的理论建构 ……………………… 71
 第一节 我国公共文化智慧服务理论发展脉络 ………………… 72
  一 公共文化服务发展历史 ………………………………… 72
  二 智慧文化服务 …………………………………………… 80

第二节 公共文化智慧服务基本概念 …… 88
一 公共文化智慧服务内涵 …… 88
二 公共文化智慧服务发展的基本特性 …… 90

第三节 公共文化智慧服务的战略体系 …… 91
一 战略定位 …… 92
二 战略的组成要素 …… 92
三 战略要素间的逻辑关联 …… 97
四 战略的整体框架 …… 98

第四节 公共文化学科建设 …… 99
一 公共文化学科发展现状 …… 99
二 公共文化学科建设的必要性与可行性 …… 107
三 公共文化学科建设策略框架 …… 109
四 公共文化一级学科建设构想 …… 112

第五章 公共文化智慧服务治理实践 …… 117

第一节 文旅融合背景下的乡村公共文化发展 …… 117
一 产品三层次理论与乡村公共文化产品划分 …… 118
二 全国乡村旅游重点村公共文化实践现状 …… 120
三 乡村公共文化建设困境成因 …… 129
四 乡村公共文化发展路径思考 …… 131

第二节 健康中国战略背景下公共文化服务发展 …… 134
一 健康中国战略与公共文化服务发展的关系 …… 135
二 健康中国战略背景下公共文化服务发展的新需求 …… 138
三 健康中国战略背景下公共文化服务发展的新路径 …… 140

第三节 乡村公共数字文化服务用户流失行为研究 …… 145
一 研究现状 …… 146
二 研究设计 …… 150
三 研究过程与结果 …… 151
四 乡村公共数字文化服务的用户流失行为模型的构建 …… 156
五 研究中的发现 …… 159

第四节 标准化推进智慧文旅融合的问题与对策 …… 162

4　公共文化数据治理体系与智慧服务

　　一　研究现状 …………………………………………………… 164
　　二　智慧旅游和智慧文化标准及其基本情况 ………………… 165
　　三　智慧文化和智慧旅游标准比较分析 ……………………… 170
　　四　智慧文旅融合标准化建设存在的问题 …………………… 179
　　五　标准化推动智慧文旅融合的策略 ………………………… 181
　第五节　媒体融合视角下智慧公共文化服务策略 ……………… 182
　　一　智慧公共文化服务现状调研 ……………………………… 184
　　二　当前智慧公共文化服务面临的问题 ……………………… 185
　　三　媒体融合视角下的智慧公共文化服务策略 ……………… 188

第六章　公共文化多源数据治理体系及保障举措 ……………… 194
　第一节　公共文化服务大数据分类体系框架构建 ……………… 195
　　一　研究现状 …………………………………………………… 195
　　二　分类体系框架的构建 ……………………………………… 196
　　三　分类体系框架的应用 ……………………………………… 202
　第二节　多源异构公共数字文化数据治理的构成和机制探析 … 206
　　一　多源异构公共数字文化数据治理概念解析 ……………… 206
　　二　数据驱动下的多源异构公共数字文化新治理工具转型 … 208
　　三　公共数字文化治理工具转向多源异构数据治理后的
　　　　治理逻辑变革 ……………………………………………… 212
　　四　多源异构公共数字文化数据治理的内在机理与外在
　　　　框架 ………………………………………………………… 215
　第三节　公共文化数据治理体系及其保障举措研究 …………… 217
　　一　公共文化数据治理的概念及功能 ………………………… 217
　　二　公共文化数据治理体系框架构建 ………………………… 220
　　三　公共文化数据治理体系保障举措 ………………………… 225
　第四节　文旅资源数据开发利用的实践探索与推进策略 ……… 227
　　一　我国文旅资源开发利用实践的总体特征 ………………… 227
　　二　文旅资源数据开发利用实践分析——以四川为例 ……… 229
　　三　文旅资源数据开发利用的推进策略分析 ………………… 236

第七章 面向智慧服务的公共数字文化治理能力现代化建设 ……… 238
第一节 公共数字文化治理能力现代化的内涵与特征 ………… 239
一 文化治理 ……………………………………………… 239
二 公共数字文化治理能力 ……………………………… 239
三 公共数字文化治理能力现代化 ……………………… 240
第二节 我国公共数字文化治理现状 …………………………… 241
一 公共数字文化治理政策法律 ………………………… 241
二 公共数字文化治理实践 ……………………………… 243
三 公共数字文化治理面临的困境 ……………………… 244
第三节 智慧公共数字文化治理能力现代化的动力机制 ……… 244
一 智慧公共数字文化治理能力的现代化结构要素 …… 244
二 智慧公共数字文化治理能力现代化的动力分析与机制构建 …………………………………………………… 247
三 智慧公共数字文化治理能力现代化的治理策略 …… 252
第四节 公共数字文化治理能力现代化评价体系的构建 ……… 254
一 研究现状 ……………………………………………… 255
二 公共数字文化治理能力现代化评价理念 …………… 259
三 公共数字文化治理能力现代化的评价要素与构成 … 260
四 公共数字文化治理能力现代化的指标体系与评价内容 … 264
五 公共数字文化治理能力现代化评价的主体与方法 … 267

第八章 公共文化智慧服务云平台的构建 ……………………… 270
第一节 公共数字文化服务的多边平台构建 …………………… 271
一 多边平台理论的发展及应用 ………………………… 271
二 多边平台理论对公共数字文化服务的适用性 ……… 274
三 公共数字文化服务多边平台的构建 ………………… 276
第二节 基于机器翻译的图书馆多语言自动翻译平台构建策略 …………………………………………………………… 280
一 国内外图书馆多语言翻译研究现状 ………………… 280
二 机器翻译概述 ………………………………………… 284
三 基于机器翻译的多语言自动翻译平台架构设计 …… 286

四　基于机器翻译的多语言自动翻译平台优势分析 …………… 292
第三节　面向智慧图书馆的多语言自动翻译平台架构设计
　　　　研究 ……………………………………………………… 295
　　一　智慧图书馆与多语言自动翻译平台 …………………… 295
　　二　图书馆多语言自动翻译平台的框架设计 ……………… 298
　　三　国外多语言服务平台相关实践 ………………………… 305
　　四　图书馆多语言自动翻译平台运行保障策略 …………… 306
第四节　省级公共文化云微信用户持续使用意愿研究 ………… 308
　　一　研究现状 ………………………………………………… 308
　　二　研究设计 ………………………………………………… 310
　　三　数据分析 ………………………………………………… 317
　　四　讨论 ……………………………………………………… 322
第五节　公共文化服务平台传播影响力测度 …………………… 325
　　一　研究现状 ………………………………………………… 325
　　二　公共文化服务平台传播影响力测度体系的构建 ……… 329
　　三　公共文化服务平台传播影响力测度体系的应用 ……… 332

第九章　研究总结与展望 …………………………………………… 341
第一节　主要研究结论 …………………………………………… 341
第二节　研究局限与展望 ………………………………………… 344

参考文献 …………………………………………………………… 347

索　引 ……………………………………………………………… 389

后　记 ……………………………………………………………… 399

第一章

绪　　论

随着公共文化智慧化进程的加速和海量高价值、多结构公共文化数据集的产生，公共文化数据已经成为一种宝贵的资源，从治理角度协调数据间的关系，有助于充分发挥数据价值，推进公共文化的智慧化发展进程。本章将围绕"面向智慧服务的多源多维公共文化数据治理及政策保障研究"的研究背景、基本概念、研究目标与意义等方面进行阐述。

第一节　研究背景

一　公共文化智慧化进程加速

当前，文化与科技融合进程不断加速，为公共文化服务的技术升级、内容创新和服务提升创造了契机。近年来，我国公共文化服务领域呈现繁荣态势，国家公共文化云、国家数字文化网等多级云服务架构已见雏形，公共文化服务资源供给总量大大提高。但由于不同服务机构间缺乏统一标准和规范，资源建设重复，人、财、物等配置不合理[1]，公共文化服务效能不平衡、不充分[2]，供给结构严重失衡[3]，公共文化服务的"智慧化"程度仍然较低。因此，虽然我国已经供给多种形式的公共文化资源，但用户体验还是较差，用户对智慧化服务的诉求越发强烈。

---

[1] 马岩、徐文哲、郑建明：《我国数字图书馆协同管理实践进展》，《情报科学》2015年第9期。

[2] 柯平、胡娟、刘旭青：《发展文化事业，完善公共文化服务体系》，《图书情报知识》2018年第5期。

[3] 柯平、朱明、何颖芳：《构建我国基本公共文化服务体系研究》，《国家图书馆学刊》2015年第2期。

2　公共文化数据治理体系与智慧服务

与此同时，随着公共文化服务智能化的推进、智慧城市的建设以及"云"时代的到来①，国家对于公共文化服务的智慧化发展高度重视。2015年，《关于加快构建现代公共文化服务体系的意见》要求，公共文化服务发展需要与"宽带中国""智慧城市"等国家重大信息工程建设相结合，通过开展一卡通实现文化服务向"订单式""菜单式""一站式"发展。2018年3月，李克强总理在《政府工作报告》中进一步提出通过加强人工智能研发应用推进文化领域"互联网+"的新要求②。2022年6月，《关于推进实施国家文化数字化战略的意见》中提出，统筹推进国家文化大数据体系、全国智慧图书馆体系和公共文化云建设，增强公共文化数字内容的供给能力，提升公共文化服务数字化水平。因此，加快公共文化智慧服务建设，推动公共文化服务智慧化发展，是当前公共文化服务发展的大势所趋。

二　公共文化数据治理促进智慧化发展成为重要议题

随着移动互联、大数据、模式识别等新技术、新模式的发展与应用，公共文化服务领域数据的原始积累已经基本完成，并开始将数据研究的重点领域逐渐转移到提升公共文化服务的质量与效率等深层次问题的探讨。数据资源为公共文化服务数字化智能化发展提供了基础保障和前提，有助于推进公共文化服务机构业务联通与智能化处理、用户个性化服务与决策科学化转变③。数据治理是治理概念的扩展和延伸，是数据要素与治理要素的结合体，也是数据和数据系统管理的基本要素。从国家治理和大数据视角出发，数据治理是国家治理体系下重要的治理范式，成为提升公共数字文化治理能力现代化的新视角。数据治理不仅给公共数字文化治理带来了认知的方法转向，还改进了供给的技术基础及顶层设计，共同驱动公共数字文化治理向数据治理工具转型。此外，在对公共数字文化服务塑造、传播主流价值观和对公众精神力量的引领方

---

① 徐望：《公共数字文化建设要求下的智慧文化服务体系建设研究》，《电子政务》2018年第3期。
② 郑建明、孙红蕾：《智慧公共文化服务发展战略》，《图书馆论坛》2020年第9期。
③ 化柏林：《"数据、技术、应用"三位一体的公共文化服务智慧化》，《中国图书馆学报》2021年第2期。

面，正在为公共数字文化数据治理带来全新的工具和价值，并凸显出强大潜能和动力。在此背景下，引入广泛应用于工业、商业、教育等众多领域的"数据治理"理论和方法，采取人工智能手段，采取信息融合、数据挖掘等数据驱动方式，实现公共文化服务相关数据的归集，运用数据分析技术进行价值挖掘和价值发现，并通过数据可视化使得数据的影响力和说服力真正得以释放，最终实现公共文化服务智慧化发展目标[1]。

上述目标的实现需要治理体系的构建与政策保障的完善，其中重要的工作即为公共文化数据治理。数据治理提供了一个新的视角——从治理角度协调数据间的关系、充分发挥数据价值，实现组织效率的提升。基于此，公共文化数据治理工作通过管理系统中的多种公共文化数据，协调数据治理的多种要素，挖掘蕴藏其中的潜在价值，有助于为公共文化服务资源汇聚、共建共享、数据分析挖掘提供参考。

三 多源多维公共文化数据治理符合智慧化发展的战略要求

大数据时代，信息爆炸式增长，数据来源也越来越广泛。总的来说，可以将数据来源归纳为两大类：一类是"以物为中心"的各种传统传感器获取的"硬数据"；另一类是"以人为中心"产生的"软数据"，如社交网络数据、Web数据、多媒体数据等。此外，除来源广泛外，数据还具有多维性特征。多维主要体现在数据属性的多样性上，即对同一对象从不同视角提取的数据，如内容主题维度、类型维度、结构维度、时间维度、空间维度等。

随着海量高价值、多结构公共文化数据集的产生，公共文化数据已经成为一种宝贵资源。公共文化服务多源多维数据是指多种公共文化机构在服务过程中产生的各种形式的数据以及公共文化机构产生的第三方数据。当前，各行各业纷纷出台了大数据发展规划，政策布局逐渐完善。尽管国内理论研究和实践在稳步推进，在多个领域取得了一定成果，但在多源多维数据的智慧开放、共享，尤其在开放过程中的管理与治理研究相对缺乏。"治理"的理念未彻底贯穿在公共文化服务数据开

---

[1] 李宝虹、白建东、张会来：《基于数据驱动的企业商业情报管理》，《情报科学》2014年第8期。

放与管理的全生命周期中。打造数据治理新范式，可以推动公共数字文化治理实现更多的数据外部访问与内部共享。选取数据治理工具，挖掘数据资源价值，实现数据驱动创新，从而赋能公共数字文化服务高质量发展。当前以多源异构数据治理为载体的新型治理模式正在推动公共数字文化治理的现代化转型，这意味着我国公共数字文化利益相关者获得数据主体参与权，因此迫切需要建立起一种行之有效的、基于多源多维公共数字文化数据化过程的治理模式，从而为管理者建立健全大数据辅助科学决策提供成功的治理数据。

综上，多源多维公共文化数据治理能够使国家公共文化事业更加适应数智化环境，公共文化数据治理智慧化水平提升是国家重大信息工程建设向多源多维公共文化数据治理事业建设提出的新发展要求。公共文化数据治理智慧化发展，构建多源多维公共文化数据治理应用模型，加强国家多源多维公共文化数据治理及政策研究并提供智慧服务，符合国家公共文化事业智慧化发展的战略要求。

第二节　基本概念厘定

一　公共文化智慧服务

《哲学百科全书》将"智慧"解释为："对生活行为合理、满意的判断，可伴之渊博的知识、敏锐的理智和深刻的预见。"[1] 智慧不是现成的客观知识，而是一种创造性探索的方法，是人的一种内在本质能力和素养[2]。应用于公共文化服务语境下，"智慧"包含"智能化"与"慧能化"两个层面的含义，"智"表示技术、智能，关乎服务实现的有效性和经济性；"慧"表示思想、理念，关乎服务的根本选择和走向。二者相互联系，不可割裂。学界关于公共文化智慧服务的内涵研究存在三种取向：

其一，智能化研究取向，强调以科学认知为基础，以智能技术为保障，从技术维度探讨公共文化智慧服务的内涵与发展。有学者认为公共

---

[1] 江畅：《德性论》，人民出版社2011年版，第304、308页。
[2] 左亚文、张恒赫：《哲学智慧的智慧追问》，《湖北社会科学》2014年第1期。

文化智慧服务是在原有数字形态的基础上，利用云计算、物联网等新技术手段发展而来的，通过互联网及各种终端设备主动感知文化服务，实现服务智能化[1]；通过低功耗和低成本的智能对象为用户提供增值服务，在文化领域前景广阔[2]。这种研究取向从技术视角客观推动了公共文化智慧服务的局部变革，但仅仅强调智能技术发展在服务中的支撑作用，忽视了人文视角下的智慧特征。

其二，慧能化研究取向，开始将人文精神融入公共文化智慧服务的理论建构中。一是强调公共文化智慧服务的目标在于服务于人，实现文化惠民、文化育民、文化富民，最终目的在于推动社会进步和人文关怀；二是从公众文化权益角度，"智慧"与"文化"融合有助于提升公民享有文化服务的便利性[3]、普惠化[4]、公益性[5]；三是注重公共文化智慧服务中的公众参与，Mainka等[6]认为以用户为中心的个人数据生态系统是参与公共文化智慧服务发展决策的有利条件。这种研究取向注意到"智能"与"智慧"的区别，开始从单纯的技术视角转向人文视角，但缺乏基于智慧层面的两种视角融合关系的清晰认知，在理论建构上彼此割裂，也无法清晰揭示智慧服务的内涵。

其三，智慧化研究取向，学者逐渐认识到科技与人文的融合是公共文化智慧服务的一体两面，其以云计算、物联网等技术为基础，以均衡

---

[1] 杨拓：《新技术视角下博物馆发展实践与趋势》，《中国国家博物馆馆刊》2019年第11期。

[2] Mighali V., Del Fiore G., Patrono L., et al., "Innovative IoT-aware Services for a Smart Museum", paper delivered to Proceedings of the 24th International Conference on World Wide Web, Florence, sponsored by Association for Computing Machinery, May 18–22, 2015.

[3] Ahn J. H., Kwon H. W., Kim W. T., et al., "Service Design Development for the Development of Regional Culture in a Smart City-Focused on Vitalizing Busking Culture", *Design Convergence Study*, Vol. 13, No. 3, 2014, pp. 205–216.

[4] Zapata-Barrero R., "The Limits to Shaping Diversity as Public Culture: Permanent Festivities in Barcelona", *Cities*, Vol. 37, 2014, pp. 66–72.

[5] Berntzen L., Johannessen M. R., "The Role of Citizen Participation in Municipal Smart City Projects: Lessons Learned from Norway", in Gil-Garlia, J. Ramon, Theresa A. Pardo, and Taewoo Nam, eds., *Smarter as the New Urban Agenda*, Switzerland: Cham, Springer, 2016, pp. 299–314.

[6] Mainka A., Bech-Petersen S., Castelnovo W., et al., "Enhancing Lives Through Information & Technology", paper delivered to Proceedings of the 79th ASIS&T Annual Meeting: Creating Knowledge, sponsored by American Society for Information Science Silver Springs, Copenhagen, October 14–18, 2016.

发展和文化富民为本质追求①；需要开发服务供给者的"慧"，将其聪明才智具象化在服务形式与内容的人性化与情境化，结合多种新兴技术创新服务方式，推动服务的"智"，让智能化服务更好地满足用户需求。在智慧服务演进过程中应着重关注人类适应数字现实的搜索和分析形式、数字技术的人道主义②。这些定义从技术和人文维度对公共文化智慧服务的内涵加以阐释，完善了基本理论建构。

综上所述，以技术与人文、思想共生融合发展的"智慧化"取向是发展的新样态。公共文化智慧服务是公共文化服务的高层次发展形态，以文化惠民为本质追求，注重服务理念、内容、形式、手段的智慧化，其实现不仅要立足于智能技术的发展支撑，也依赖于服务主体的智慧理念，指引服务手段修正和服务水平提升。

二　公共文化数据治理

我国各类公共文化服务机构在业务运行过程中持续地产生数据。根据机构类型，分为图书馆大数据、博物馆大数据、文化馆大数据、科技馆大数据等③。根据数据来源，分为内部数据（资源、用户、馆情、使用数据等）和外部数据（上下游、地方政府交换共享、跨领域合作数据等）④。根据数据结构，分为结构化数据、半结构化数据和非结构化数据。根据数据内容类型，有多种划分方式：①核心数据、业务辅助数据、管理数据和支撑数据；②资源大数据和运营大数据；③公共数字文化资源、活动、场馆和交流数据；④关于人的数据和物的数据⑤。

随着大数据时代的来临，学界业界开始关注数据治理问题，围绕这一主题展开了一系列的研究。"数据治理"的概念界定莫衷一是，当前

---

① 徐望：《公共数字文化建设要求下的智慧文化服务体系建设研究》，《电子政务》2018年第3期。

② Kasavina N. A.，"Man and Technology：Ambivalence of Digital Culture"，*Epistemology & Philosophy of Science*，Vol. 55，No. 4，2018，pp. 129 – 142.

③ 嵇婷、吴政：《公共文化服务大数据的来源、采集与分析研究》，《图书馆建设》2015年第11期。

④ 化柏林：《"数据、技术、应用"三位一体的公共文化服务智慧化》，《中国图书馆学报》2021年第2期。

⑤ 孙金娟、郑建明：《公共文化服务大数据分类体系框架构建》，《图书馆论坛》2020年第9期。

学者的观点可以总结为两种视角：（1）对数据及其相关事务进行治理。通过制定数据相关标准、制定数据安全管理规则、完善政策法规等手段提高数据可用性、促进数据流动和交换、规范数据事务，从而促进数据价值的实现。（2）以数据为治理手段。将数据视作治理工具，通过数据挖掘、分析与应用等支撑组织管理、服务和决策[1]。本书对数据治理的认识基于"对数据及其相关事务进行治理"这一概念范畴开展研究。因此，公共文化数据治理是指通过建立系统化的制度、流程和方法对公共文化资源、活动、场馆和交流数据及其相关事务进行规范、控制和管理的活动及过程，其目标是将数据转化为资产并服务于业务实践，确保公共文化数据高效运行，促进数据价值实现。

三　多源多维数据融合

一般来说，数据融合和信息融合通常被视为相同的概念，只是在某些情况下，数据融合用来表示处理直接从传感器获得的原始数据，信息融合则用来定义处理在原始数据基础上形成的信息[2]。在研究文献中，与数据融合相关的术语通常还包括传感器融合、多传感器融合、知识融合、数据聚合、数据集成、数据组合等。本书在处理过程中，将数据融合和信息融合视为相同的概念。数据融合这一概念最早是在20世纪70年代美国军事领域内提出的，之后被广泛应用于工业、农业、交通、医疗等领域。不同领域对数据融合的理解和运用不同，因此数据融合至今依然没有统一的定义。目前，被普遍采纳的定义是由美国三军组织实验室理事联合会（Joint Directors of Laboratories, JDL）提出的，他们认为数据融合是一种对多源数据进行检测、相关、组合和估计的多层次、多方面处理过程[3]。Hall 等[4]认为数据融合是将多种来源的数据结合起来，

---

[1] 董晓辉：《活动理论视角下高校教育数据治理体系构成要素研究》，《中国电化教育》2021年第3期。

[2] Liu P., Chen L., "A Multi-Source Data Aggregation and Multidimensional Analysis Model for Big Data", paper delivered to ITM Web of Conferences, sponsored by EDP Sciences, Wuhan, China, 2017.

[3] Steinberg A. N., Bowman C. L., White F. E., "Revisions to the JDL Data Fusion Model", *Proceedings of the Society of Photo-optical Instrumentation Engineers*, Vol. 3719, 1999, pp. 430–441.

[4] Hall D. L., Llinas J., "An Introduction to Multisensor Data Fusion", *Proceedings of the IEEE*, Vol. 85, No. 1, 1997, pp. 6–23.

利用计算机进行数据处理，得到单个或单类信息源无法获得的有价值的综合信息。结合前人观点，本书认为，多源多维数据融合是根据数据融合的目的和所处层次，选择恰当的数据融合结构和算法，通过对描述对象不同来源不同维度的数据进行抽取、清洗、分选等预处理，提取出数据特征并进行关联组合，从而得到更加准确完整信息的过程。数据融合的具体流程如图1.1所示。

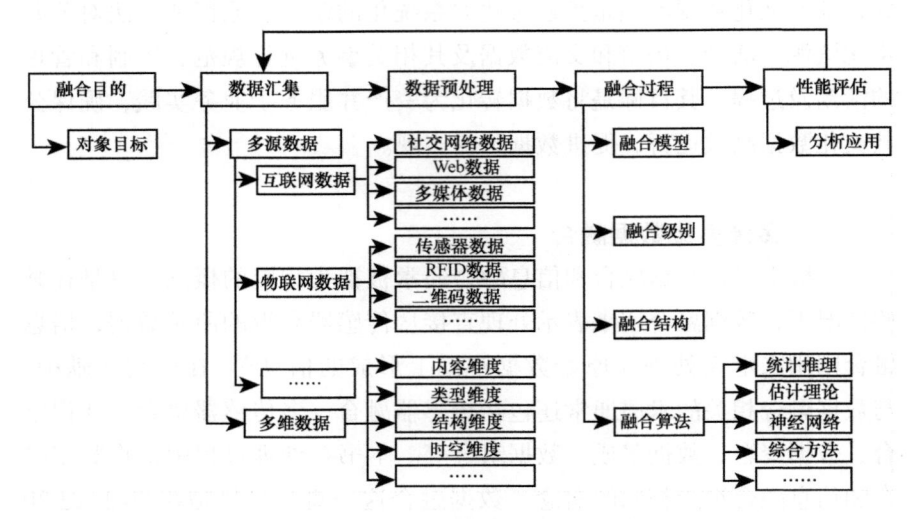

图1.1 多源多维数据融合流程

第三节 研究目标与意义

一 研究目标

（1）公共文化治理智慧化升级，核心在于如何运用"治理"的思想将二者有机结合，在多源多维基础上提高数据治理的效用性和实用性，完成信号、数据、信息、情报、知识、智慧的优化迭代过程。（2）公共文化智慧治理理论体系构建，从公共文化治理发展的基本规律出发，在组织机制、制度安排、运营管理与监督方式等方面进行规律性的探究。（3）基于多源多维信息治理的理论机理与数据驱动机制的研究，从数据层面或实践事实出发，实现多源多维公共文化数据治理的数据驱动模式、机制研究。(4) 多源多维公共文化数据治理探索研究，探索多源多维公共文化数据治理的框架和模式，探讨多源多维公共文化数据治理可持续发展的资源保障、制度保障、组织保障和运行机制，系统分析多源多维数据治理与公共文化建设的关系与机理作用。(5) 多源多维公共文化数据智慧治理政策平台构建，将技术、人、文化、服务和社会串联起来，强调人、技术、文化、服务以及社会之间的协同治理，以"治"谋"智"。

二　研究意义

（一）学术价值

（1）理解、辨析"多源多维公共文化治理"概念，公共文化数据智慧治理、公共文化治理智慧化理论体系构建。(2) 注重多源多维数据技术与方法探寻公共文化发展标准化和智慧化数据处理模式。(3) 跨机构、跨部门多源多维数据融合，为公共文化数据智慧治理创新提供智库支持。(4) 公共文化智慧治理政策研究强调社会、技术、文化、服务、人之间互动关系，突破唯"技术论"藩篱。

（二）应用价值

（1）促进公共文化数据智慧治理驱动机制体制建设。(2) 基于多源多维数据公共文化治理重要基础，面向智慧服务具有技术针对性和实践指导性。(3) 公共文化智慧治理研究能够进一步推进国家公共文化治理的智慧政策机制发展。

（三）社会意义

（1）构建公共文化智慧治理体系，借助于各级文化机构和移动电视、数字电视、手机等新兴媒体，以移动通信网、广电网、互联网为传输通道，打造基于新媒体、新路径的智慧公共文化新业态，形成全国性的多源多维数据资源体系，向公众提供多样化、多层次、个性化的公共文化智慧服务，从而促进国民信息素养、文化素质的不断提高。(2) 多元社会力量协助，实现公共文化机构、政府、国民之间的良性互动模式，公共文化主体智慧多元化，不仅对中国未来的社会主义现代化建设事业具有重大而深远的意义，也对个人、民众、社会团体等个体与组织产生巨大的影响。(3) 将公共文化智慧服务作为提升公共文化智慧发展、文化治理能力提升的重要手段，通过对公共文化智慧化水平进行评价，包括系统评价、资源评价、管理评价、技术评价、服务绩效评价等，推动国家公共文化智慧治理体系的全方位构建和智慧服务能力的提高。

三　研究思路与技术路线

（一）基本思路

本书基于多源多维公共文化数据治理与政策保障展开，以公共文化智慧服务体系理论建构研究、治理实践研究、多源多维形态的公共文化数据治理研究和公共文化智慧治理政策保障研究、面向智慧服务的公共数字文化治理能力现代化建设以及公共文化智慧服务云平台的构建为主线。在研究过程中完成理论梳理与应用，完成技术选择与改进，在经验研究、实证研究中本着问题对策研究的思路进行各项研究活动并形成理论成果。

"基于多源多维公共文化数据治理政策研究"是一个复杂的系统工程，研究中将以国家公共文化服务智慧治理发展所处的社会历史文化环境为依托，结合国家传统公共文化治理中的问题，在明晰学科定位的基础上，以建设公共文化智慧治理政策保障为战略导向，以多源多维数据治理为研究背景，以国家公共文化治理的政策体系、发展模式、社会支撑体系为相关研究的依据，以社会学、政治学、信息学等基础理论为支撑，融合相关学科的理论与方法，以"学科—事业—战略"为路径，对国家公共文化智慧治理展开深入研究。以理论与实证相结合的方法，结合以上研究结论，提出公共文化智慧治理的建设模式。相关研究遵循"目标—思路—内容—方法—推演—结论"这一科学研究的基本逻辑思路展开，逐步进入并深入研究问题的本质。

（二）研究视角

1. 历史与现实视角

公共文化智慧治理研究不能脱离国家公共文化发展背景，对国家公共文化治理历史的考察极为必要，这对相关治理体系的构建，以及公共文化智慧治理数据驱动机制和多源多维公共文化数据智慧治理的研究都具有重要意义。从历史变迁视角进行研究应把握两个方向：国家公共文化管理模式改革以及国家公共文化治理制度创新进程；传统社会向现代化社会转型的时代背景，我国政治体制、经济体制、价值体制所发生的变化。

2. 理论与实践视角

公共文化智慧治理基础理论研究，通过公共文化理论、智慧城市理论等理论搭建研究分析框架，探索公共文化智慧治理的实现路径；国家、市场、社会和用户构成公共文化智慧治理四个维度，多元主体则是由于国家、市场、社会和用户四者之间存在互动关系来实现公共文化治理智慧化；实践领域，智慧公共文化政策是政府调节公共文化管理，解决社会文化需求矛盾，改善公共文化供给机制不断完善的重要手段；多源多维数据治理是智慧型公共文化治理的前提。

3. 纵向与横向视角

公共文化智慧治理深度研究，即多源多维公共文化数据智慧治理实现机制，能够实现社会资源有效配置和服务高效有序，根据市场及社会需求确立公共文化智慧治理广度和深度；建立在多源多维数据治理基础上的开放式协调公共文化智慧服务体系是研究的主要内容；公共文化智慧治理需要考虑横向协调与数据治理基础。

4. 目标与规范视角

构建公共文化智慧治理目标体系，价值体系构建是公共文化治理智慧化的基座，决定公共文化智慧治理的功能发挥导向。对公共文化智慧治理价值判定决定公共文化智慧服务内容，即推动社会公共文化治理总体目标实现，实现公共文化智慧性发展与智慧性塑造。公共文化智慧治理研究建立公共文化智慧治理价值体系，即公共文化治理智能化布局与推广，社会民众的公共文化智慧化认识与利用，从中实现公共文化的价值；从规范性角度而言，研究公共文化智慧治理实现过程的政策保障，推动公共文化智慧治理规范与标准化，公共文化智慧治理的相关政策、法规，技术规范、标准体系都可采用作为研究支持，也可通过研究为推进公共文化规范化智慧化治理提供启迪。

（三）研究路径

本书以多源多维公共文化数据治理研究和公共文化服务智慧治理政策构建为最终目标，选择规范研究与实证研究相结合的方法，采用数据分析手段、信息采集手段、实验手段等多种研究手段：（1）采用历时分析和共时分析进行横向和纵向比较，系统地阐述公共文化服务智慧治理体系作为学科体系相关研究的基本内涵和关键维度；（2）采用社会学、信息学、管理学、信息技术等方法和理念，对相关内容的学术思想、理论体系进行梳理和分析，探讨相关公共文化智慧治理及政策保障的定位内核与作用，构建公共文化智慧治理的集成模式、社会支撑体系与相应机制制度；（3）结合"学科—应用—体系"发展路径，综合运用文献收集整理、内容关联分析、数据组织挖掘、管理制度规范、社会发展分析等理论与技术，研究公共文化智慧治理体系发展与建设方面的关键问题、特点规律以及应用研究的可靠性与可操作性；（4）采用比较分析、系统分析、观点分析、价值判断等方法进行分析和研究。

（四）技术路线

课题组通过文献收集、政策解读的方法制订本课题的研究计划，从理论研究和应用研究两个方向展开，其中理论研究主要通过文献调研、专家访谈法、归纳法等方法，形成理论基础，在厘清概念内涵、外延的基础上，辨析公共文化智慧治理的特点，以及理论的发展空间，探究公共文化智慧治理现状、发展水平、趋势研究，采用思辨法、概念分析法、逻辑推演法等，构建理论体系，明确实践研究框架及智慧要素；应用研究主要通过调查统计、数据分析、内容分析法和统计分析法等方法开展体系建设和能力建设研究，构建一套完整的数据价值体系，并基于治理过程理论和数据生命周期理论，确定公共文化机构多源多维数据的治理模式，利用机器学习、多源多维数据治理、多维存储模式等手段，进而在体系建设和机制构建的基础上进行运行机制研究。在实证评价过程中，借鉴分布处理和数据管理等理论和方法，从数据资源、技术能力、资金保障、业务管理等多个维度，全方位、立体化地展开公共文化智慧治理能力评价体系的构建，开展评价指标的相关研究，以研究报告、论文等形式展现研究结果。主要采用：（1）文献调研法，通过检索常用的中外文数据库，对已有文献成果进行梳理，首先对文献进行广泛阅读随后形成专题进行精读，对相关研究进行时序纵向及发展趋势的梳理，把握其国内外发展现状，对研究课题主要内容范围划定打下坚实的基础。(2) 理论分析法，在确定研究主题内容范围后，在前人理论研究的基础上，对与本书相关的概念和理论基础等透彻理解，为研究提供扎实可靠的理论支撑。(3) 比较研究法，通过比较研究，对公共文化智慧服务基础理论与其他相关学科理论的完备性、系统性进行对照，以思考公共文化智慧服务基础理论体系和公共文化智慧服务体系的构建思路。(4) 专家咨询法，结合专家咨询法，拓宽公共文化智慧服务研究的思路，保证理论研究的科学性、规范性。(5) 案例分析法，选取具有一定代表性的案例进行有针对性的调研，对本书构建的云平台进行验证就采用了该法，能够更精确地进行数据采集，对实践更有指导意义。(6) 基于计算机网络，采用数据自动采集、挖掘技术、采用云计算相关技术与模型算法。技术路线如图 1.2 所示。

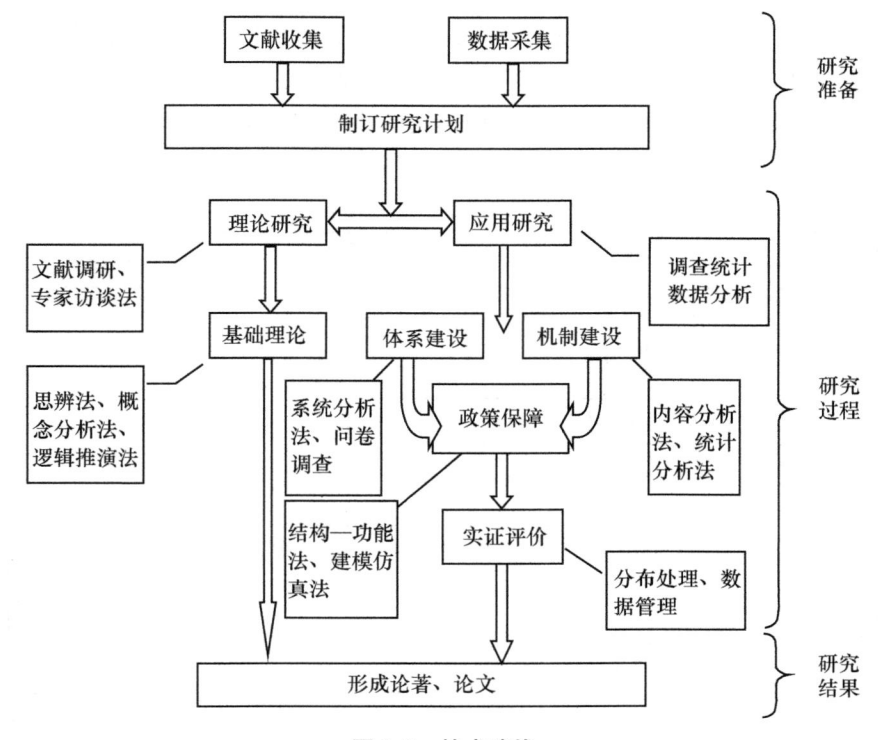

图 1.2 技术路线

四　研究内容与创新之处

（一）研究内容

"面向智慧服务的多源多维公共文化数据治理及政策保障研究"以多源多维数据融合与公共文化智慧服务为研究主线，以构建公共文化数据智慧治理及政策保障体系为目标，从理论、制度、运行、资源、服务、平台搭建、运转等方面入手，重点研究多源多维数据治理与公共文化智慧服务，以及政策平台搭建的相关理论与机制，内容涉及：（1）公共文化智慧服务基础理论研究；（2）公共文化智慧治理体系研究；（3）公共文化智慧服务数据驱动机制研究；（4）多源多维公共文化数据治理研究；（5）公共文化数据治理政策保障研究。多源多维公共文化数据治理与智慧服务及其政策保障研究，不仅是公共文化智慧服务理论或事业的构建，而且包括思想学术、组织方法、机构制度，以及社会环境支撑层面的文化、学术、政治、技术等，是一个涉及理论、制度、运营、资源、服务、评价整个生命周期链的系统性科学命题。内容框架如图1.3所示。

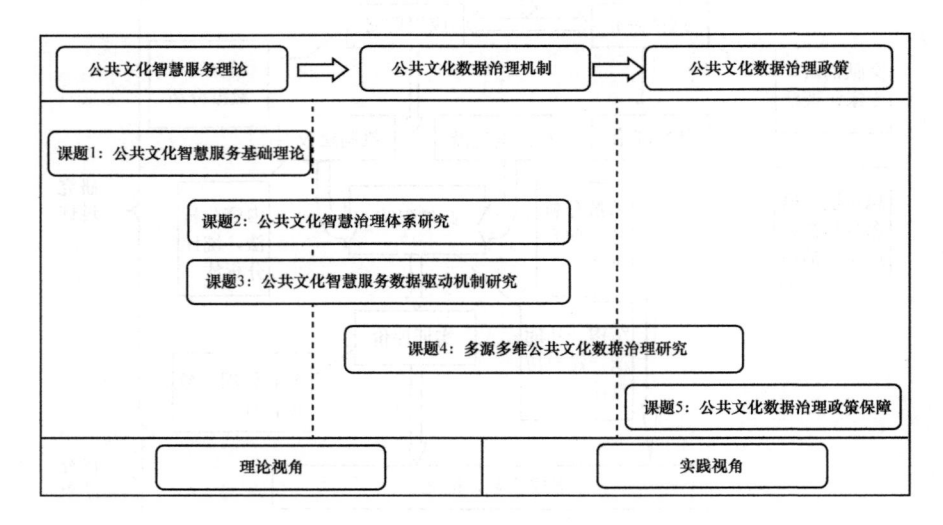

图1.3　内容框架

本书基于公共文化治理理论，从理论、实践和应用三个层面研究大数据背景下多源多维公共文化数据治理体系构建及智慧服务的资源保障、制度保障、组织保障和运行机制，系统分析多源多维数据治理与公共文化资源建设的关系与机理作用；以多源多维数据公共文化数据治理及其政策为研究重心，涉及公共文化智慧服务体系的构成要素、建设要素、各要素关联、运行模式以及实践路径、政策平台构建等问题；公共文化智慧服务的创新模式与服务方式研究，构建多源多维公共文化智慧数据治理体系、探究智慧公共文化服务数据驱动机制和数据治理模式，搭建公共文化智慧服务政策平台，以期为公共文化智慧化发展提供支持。

公共文化数据治理基础理论研究包含对多源多维公共文化智慧数据治理理论及其学科意义上的研究：①从总体上构架公共文化智慧治理理论，探究"智慧公共文化"的基本职能、社会职能，考察公共文化智慧治理理论的形式和功用，并由此探讨我国公共文化智慧治理的理论与方法；②多源多维数据治理理论研究，主要是多源多维数据的类型、内容以及多源多维数据形成原因及变化形态，多源多维数据治理的方式及技术选择，多源多维数据治理在公共文化智慧治理中的现状以及发展；③公共文化智慧治理理论模型研究，主要研究公共文化智慧治理要素的相互关系及内容标准与方法，从治理理论、信息管理理论、管理学理论、社会学理论等，构建多源多维公共文化数据治理理论与实践研究框架并着力于其中智慧要素的研究。

公共文化智慧治理体系研究，根据公共文化智慧治理发展的基本规律以及公共文化智慧治理推进的基本情况，从组织机制、制度安排、运营管理与监督方式等方面进行规律性的探究；根据国家规划的基本内容、经济社会发展即信息技术发展的实际情况，提出恰当而又具体的公共文化数据治理体系；从战略愿景、体系支撑、技术支撑、协调方式等方面对公共文化智慧数据治理体系内容进行系统分析，对其个体因素和环境因素进行识别，分层次、分内容进行研究。

公共文化智慧服务数据驱动机制研究，数据驱动是一种新的模式构建，大数据分析和数据挖掘技术是公共文化数据驱动的智慧因素；构建一套完整的数据价值体系，系统从数据收集、整合、呈现到最终转化成知识直到辅助决策的完整流程；公共文化智慧服务数据驱动机制的实现路径包括从运行要素确定、模式设计优化、系统平台搭建、反馈保障维护等全部流程；以机制方式构建的数据驱动需要总结公共文化服务智慧化发展进程，探讨公共文化智慧服务数据驱动机制。

公共文化智慧服务研究，实现"数据化—语义化—可视化—智慧化"演化路径，从推动力、拉动力、支持力、内在驱动和空间保障方面对公共文化智慧治理机制进行界定，涉及公共文化智慧治理要素、要素间关系和模型，分析优化治理模式框架；公共文化多源多维数据智慧治理研究，包括多源多维数据治理的理论研究与实践、多源多维数据治理与公共文化智慧化关系、公共文化多源多维数据治理的可实现性与可操作性、公共文化多源多维数据治理模式，其核心是基于多源多维公共文化数据治理的实现路径及规范研究，构建公共文化智慧治理整体框架，为多源多维公共文化数据治理多元化、兼容化、智慧化问题的研究提供理论参考。

多源多维公共文化数据治理研究着力于多源多维公共文化数据治理内涵、分类，以及制度安排。这使得多源多维公共文化数据治理成为一个智慧架构，进而对多源多维数据的治理认识、治理过程、治理结果进行系统的分析，从治理角度，包括制度治理（制度安排）、内容治理（设施—资源—服务—知识产权）、数据治理等方面对多源多维数据治理予以阐释，从效用的角度对多源多维公共文化数据治理效果予以分析。

从"技术决定论"到"社会—技术交互论"，公共文化服务智慧治理政策体系构建研究强调社会、技术、文化、服务、人之间的互动关系，将人作为分析的核心要素，达成人、技术、文化、服务以及社会之间的协同治理；从数据资源、技术能力、资金保障、业务管理四个维度开展多源多维公共文化数据治理评价体系和政策研究，政策体系包括法规制度、策略举措、标准规范、操作手册等内容，重点开展国家公共文化智慧服务治理政策体系构建的相关问题探讨。公共文化智慧服务治理政策保障研究集中在：公共文化智慧化进程研究、公共文化数据治理政策要素研究、公共文化智慧治理政策架构研究、政策评价研究。本书基于学界研究现状和业界实践现状梳理公共文化服务数字化、云端化、智慧化，发现其演进规律，探求其理论建构，以智慧治理政策建设推进公共文化数据资源整合与服务升级，开展公共文化服务智慧治理评价研究。

多源多维公共文化数据治理，在数据规范设定的基础上，对公共文化数据进行整序、对系统平台进行连接，构建多源多维公共文化数据治理平台实现智慧文化云。首先，研究多源多维公共文化数据治理的框架和模式，并以构建多源多维公共文化数据治理平台为核心，为多源多维公共文化数据智慧治理提供新的思路实践；其次，探讨多源多维公共文化数据治理可持续发展的资源保障、制度保障、组织保障和运行机制，系统分析多源多维数据治理与公共文化建设的关系与机理作用；最后，研究公共文化数据治理特征、系统架构、用户需求等，进行公共文化数据治理智慧云平台的构建。数据治理从系统的"要素—关联—结构—行为—功能"的逻辑关系出发，在"公共文化"和"数据治理"的双重指导下，对多源多维公共文化智慧数据治理所形成的新特点展开研究。本书厘清多源多维公共文化数据智慧治理的内涵与研究主线，重点探讨公共文化智慧发展与多源多维数据治理的关系，用系统理论研究多源多维公共文化数据治理的智慧化演进、智慧要素，建立多源多维公共文化智慧发展模型。

(二) 研究重点

推进及实现公共文化服务智慧治理政策研究，首先对智慧的理论基础有理性思辨与体系构建，理论重点是智慧服务的特点与适用性，以及广泛认可观点的确立，而理论关键点是多源多维数据治理与公共文化智慧发展的关系；公共文化数据智慧治理整体性分析，以事业政策研究作为实现多源多维公共文化数据智慧治理的重心进行研究；围绕多源多维数据治理以及数据驱动理论支撑完成对公共文化数据智慧治理政策平台的搭建；经过分析推出公共文化数据智慧治理在我国公共文化事业体系中的地位，对公共文化数据智慧治理的发展以及公共文化未来建设的趋势做出导向性提示；以基于多源多维数据公共文化数据智慧治理为主要研究对象，对其治理体系的构成维度、建设要素、各维度之间的机理关系、运行模式以及效应等问题进行探索，对公共文化数据智慧治理能力进行维度划分；公共文化数据智慧治理政策研究重点是对公共文化数据智慧治理进行顶层设计，建立数据驱动的公共文化智慧机制，对公共文化数据智慧治理现状及趋势进行评估与规划，对基于多源多维数据公共文化进行治理协同检验。

（三）研究难点

（1）公共文化数据治理是一个发展而至的本土概念，当前公共文化智慧服务以及多源多维数据治理都缺乏成熟、系统的理论和方法论支撑体系，无法对当前的实践提供有效的理论支撑；由于涉及的理论背景多元，同时政策影响较多，因此在研究立意、理论梳理方面情况较为复杂，在研究立意、学术规范、研究路径等方面都要依循适合的学理，课题研究要避免空谈或者理论杂糅、缺少核心要义的问题。

（2）公共文化智慧服务在学术界属于新的课题，不仅要升级公共文化体系发展战略、目标定位，还需从单一形态数据向多源多维数据治理形态的转变，突破传统的"纵""横"共享的组织管理模式，向"全景"模式转变，完成大数据治理—信息治理—知识治理—服务治理—智慧治理的逻辑过程。

（3）公共文化数据智慧治理政策体系构建不仅要考虑到公共文化智慧服务的要求以及国家公共文化事业的智慧化发展，还要考虑到不同地区、不同领域治理主体之间的差异性，不同地域经济文化发展的差异性，以及治理对象的多元性。

（4）高效汇聚公共文化资源与服务现实，构建多源多维数据"治理"技术配置、公共文化资源配置、公共文化产品及供给的政策体系，使得公共文化超越信息化、数字化，向智慧化发展转型。

（四）创新之处

（1）从公共文化治理基本规律出发，从组织机制、制度安排、运营管理与监督方式等方面进行规律性探究，提出主体、目标、路径、格局构建的多源多维公共文化数据智慧治理体系。

（2）公共文化治理智慧数据驱动思维，多源多维信息融合机理与数据驱动机制研究将公共文化智慧服务的价值理性与工具理性充分外延，研究多源多维公共文化数据治理的意义。

（3）用数据融合与驱动的视角审视主体与客体关系以及相关因素之间作用机理，探讨公共文化智慧服务领域新研究路径。

第二章

国内外研究现状

本书的研究主题为"面向智慧服务的多源多维公共文化数据治理及政策保障",相关文献综述聚焦国内外公共文化智慧服务、公共文化数据治理、多源多维数据融合方面进行述评,梳理相关成果。

第一节 公共文化智慧服务

国外学界业界并没有明确定义"公共文化服务"(Public Cultural Services)这一概念,可以说公共文化智慧服务是一个发展而至的本土概念,因此以"smart/intelligence + cultural sector/goods/services""smart/intelligence + library/museum/cultural heritage/gallery"为检索词在 Web of Science 核心合集中进行标题检索;国内以"智慧公共文化""智慧文化""智慧+公共图书馆/博物馆/文化馆/文化遗产"等为主题词在 CNKI 核心期刊中进行组配检索,经筛选后最终获得密切相关文献 59 篇(英文 24 篇,中文 35 篇)。以此为数据源,兼顾其他文献,使用 BICOMB 和 GEPHI 软件进行关键词提取和可视化分析,宏观揭示国内外文献主题分布概貌。

图 2.1 为 2015—2020 年 Web of Science 关键词共现图。可见近五年国外已有研究中"公共文化智慧服务"相关关键词出现频率较高的依次有:文化遗产、博物馆、物联网、智慧文化旅游、智慧城市、智慧空间等;关系较为密切的主题包括文化遗产与博物馆、物联网、智慧文化旅游、智慧空间,语义网与文化遗产、电子旅游、云计算与大数据、艺术品识别等。已有研究涉及主题广泛,既有指纹、增强现实、3D 追踪系

统、传感器、环境感知等技术问题，也有社交媒体数据、地理标签资源、多源数据、本体建构、数据挖掘等数据融合与挖掘方面主题，还涉及街头文化、当地文化保护、交互式展览、旅游计划情境下的智慧服务建构、数字援助、服务评估等问题。从研究方法来看，案例分析较为集中。国外关于"公共文化智慧服务"的研究主题主要集中于智慧城市、智慧文旅背景下的文化遗产、博物馆领域的智能技术应用、智慧服务建构与评估问题。

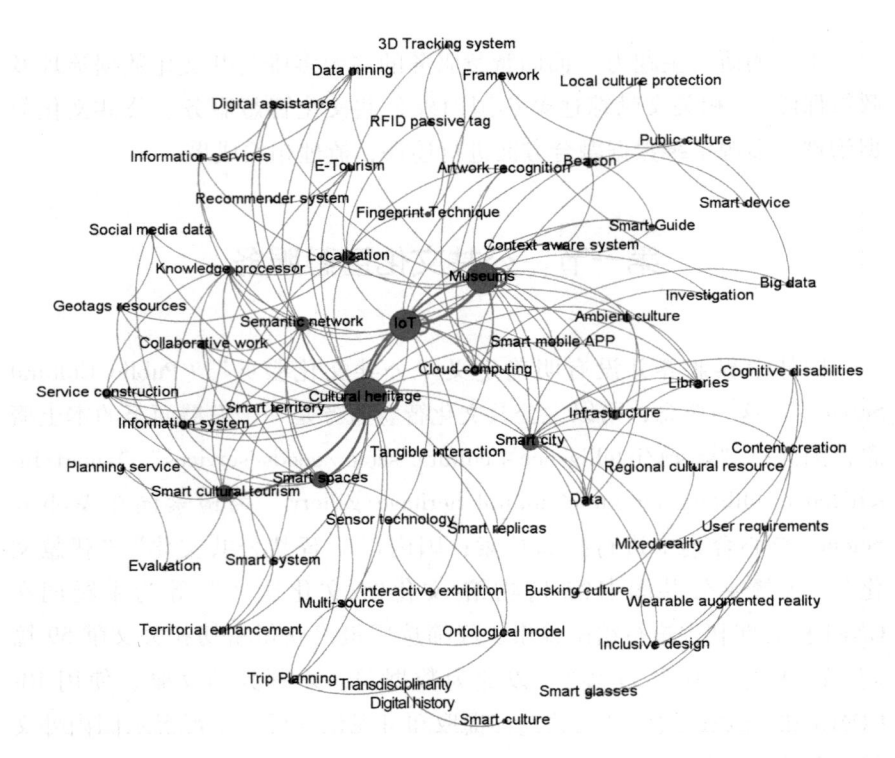

图 2.1 2015—2020 年 Web of Science 关键词共现图

图 2.2 为 2015—2020 年 CNKI 关键词共现图，可见近五年国内"公共文化智慧服务"研究高度集中于公共图书馆领域，折射出公共图书馆是公共文化研究的重要对象[1]。其他关键词频率降序排列为智慧城市、

---

[1] 李国新：《公共文化服务体系视野下的图书馆学》，《中国图书馆学报》2019 年第 6 期。

人工智能、信息技术、实现路径、文化旅游、文化遗产、互联网＋、智慧博物馆、服务体系等，体现出明显的时代特征与政策导向。已有研究涉及技术（如人工智能、信息技术、移动视觉搜索、云存储、物联网、移动应用、全景分析、区块链、情境感知等）、服务（如知识服务、个性化服务、智慧推荐、创新服务、服务平台等）与数据（如大数据、智慧数据、结构化数据、数据中心系统、图档博数据等）层面。较之国外，国内更倾向于思辨性论述，重点关注公共图书馆、文化旅游、文化遗产、其他公共文化机构领域公共文化智慧服务的顶层设计、关键要素、实现路径、服务体系主题，媒体融合、跨界合作等也进入学者视野。以下将从公共文化智慧服务理论研究、相关体系研究和智慧化发展研究三个方面进行梳理。

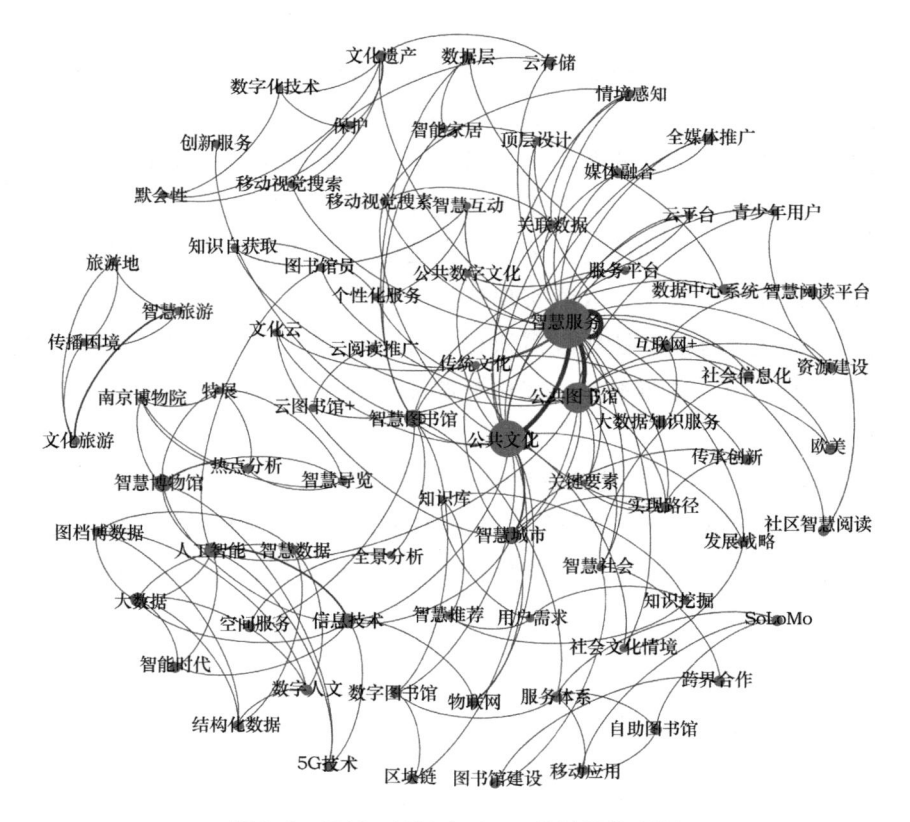

图 2.2　2015—2020 年 CNKI 关键词共现图

一 公共文化智慧服务理论研究

(一) 公共文化智慧服务内涵

智慧文化服务还没有一个准确的定义,余德江[①]将公共文化智慧服务定义为以云计算等为技术依托,利用互联网或其他终端设备为工具,在线上环境通过访问网站等方式寻求文化服务,具有主观积极性地对服务感知,最终达到公共文化服务的均等化、网络化甚至智能化的目标。公共文化智慧服务建设极具价值意义,从社会层面来说,可以使公共文化服务的资源配置更加合理,使公共文化服务的供求双方更加互动,使公共文化服务的全民参与更具活力。张璐[②]从公共文化服务智慧化供给的视角对公共文化智慧服务的内涵作出了阐释,指出公共文化服务是由政府主导,这一核心是不可动摇的、多方社会力量参与,合理利用可利用的公共资源,针对公民的需求,向公民提供基础设施、文化产品、文艺活动等服务,以满足公民的基本文化需求。而公共文化服务的智慧化供给就是依托大数据的背景和技术优势,应用现代通信技术的覆盖和通达范围、信息技术的分发手段、交互多元的参与方式等,在公共文化服务的供给主体和接受主体之间搭建起新的桥梁,让公众的需求得以满足,让供给效率、效能实现从量变到质变的提升。最终实现公众需要的文化服务能个性化按需所得、各个地域不同群体的诉求能得到最大限度满足、分布不均的文化资源能妥善开发利用,进而惠及更多民众。

(二) 公共文化智慧服务特征

学界对公共文化智慧服务的特征从技术、管理与服务等多个角度予以界定(见表2.1),其中智能化、均等化、精准化、人本性等特征认可度较高。

---

① 余德江:《浅谈城镇智慧公共文化服务建设》,《大众文艺》2014年第2期。
② 张璐:《大数据时代公共文化服务智慧化供给路径探析》,《中共济南市委党校学报》2017年第6期。

表 2.1　　　　　公共文化智慧服务评价相关成果

特征	来源
终端多样化、传递智能化、资源集聚化	童茵等（2013）①
智能化、可持续、精细化	龚娅君（2015）②
均等性、透明性、便利性、快捷性、公民可参与性	王淼等（2019）③
均等化、个性化、精准化、深层次、互动式	马岩等（2019）④

（三）公共文化智慧服务框架

公共文化智慧服务作为一个复杂系统，学者从不同视角构建其框架体系。如顶层设计视角，郑建明等⑤构建了理论、治理、人才、技术、文化、供给六位一体的发展战略框架；数据融合视角，相关学者提出包括辅助服务数据、公共数字文化共享服务平台操作数据和用户数据在内的数据分析框架⑥，分面分类理论与方法指导下由主题领域、基本维度结构和分面组配构成的公共文化服务大数据分类体系框架⑦，公共数字文化资源整合中由元数据层、资源描述与组织层、数据交换与索引层、用户界面层组成的跨机构资源检索系统框架⑧；平台建设视角，严昕⑨提

---

① 童茵、张彬、李晓丹：《智慧技术推进公共文化融合体系建设》，北京数字科普协会、首都博物馆联盟、中国博物馆协会博物馆数字化专业委员会、中国文物学会文物摄影专业委员会《融合·创新·发展——数字博物馆推动文化强国建设——2013 年北京数字博物馆研讨会论文集》，中国传媒大学出版社 2013 年版，第 6 页。

② 龚娅君：《智慧图书馆公共文化服务平台建设研究》，《图书馆工作与研究》2015 年第 12 期。

③ 王淼、经渊：《智慧公共文化服务云平台构建研究》，《数字图书馆论坛》2019 年第 2 期。

④ 马岩、郑建明、王翠姣：《媒体融合视角下的智慧公共文化服务策略》，《图书馆论坛》2020 年第 9 期。

⑤ 郑建明、孙红蕾：《智慧公共文化服务发展战略》，《图书馆论坛》2020 年第 9 期。

⑥ Zhang G., Jian W., Huang W., "Big Data Collection and Analysis Framework Research for Public Digital Culture Sharing Service", paper delivered to 2015 IEEE International Conference on Multimedia Big Data, sponsored by IEEE, Beijing, China, April 20–22, 2015.

⑦ 孙金娟、郑建明：《公共文化服务大数据分类体系框架构建》，《图书馆论坛》2020 年第 9 期。

⑧ 李白杨、肖希明：《公共数字文化资源整合中的检索系统框架设计》，《国家图书馆学刊》2016 年第 2 期。

⑨ 严昕：《公共数字文化服务的多边平台构建》，《图书馆论坛》2020 年第 9 期。

出包括服务用户、平台建设方和文化资源提供主体的公共数字文化服务多边平台的概念框架。

二 公共文化智慧服务相关体系研究

（一）公共文化智慧服务技术体系

技术内蕴视角下的公共文化智慧服务研究注重云计算、物联网、区块链、移动视觉搜索技术等相关技术的应用实现。物联网技术在国外图书馆、博物馆和文化基础设施中得以应用，国内集中于云计算、区块链、移动视觉搜索等技术理论探索与平台搭建的经验层面。Mighali 等[1]、Chianese 等[2]、Sharma 等[3]举例论证了物联网技术在智能博物馆领域中的应用有助于实现静态文化空间全方位智能识别、定位和跟踪服务；徐望[4]提出架构"全栈式"文化云平台的构想；魏大威等[5]认为区块链将从资源、管理、服务等维度促进公共文化服务提档升级；董晶等[6]构建了一个基于移动视觉搜索技术的公共文化智慧服务模型。

（二）公共文化智慧服务数据体系

对公共文化数据进行深入挖掘，以此开展精准服务、大幅度提升服务效能、全方位提高服务水平、健全完善决策体系，是公共文化智慧服务实现的重要途径。已有研究从公共文化数据挖掘的理论体系建构、关

---

[1] Mighali V., Del Fiore G., Patrono L., et al., "Innovative IoT-aware Services for a Smart Museum", paper delivered to Proceedings of the 24th International Conference on World Wide Web, Florence, sponsored by Association for Computing Machinery, May 18 - 22, 2015.

[2] Chianese A., Piccialli F., "Designing a Smart Museum: When Cultural Heritage Joins IoT", paper delivered to 2014 Eighth International Conference on Next Generation Mobile Apps, Services and Technologies, sponsored by IEEE, Oxford, Sept. 10 - 12, 2014.

[3] Sharma V. K., Gautam S., Mitra S., et al., "Dynamics of Adsorbed Hydrocarbon in Nanoporous Zeolite Framework", *The Journal of Physical Chemistry*, Vol. 113, No. 23, 2009, pp. 8066 - 8072.

[4] 徐望：《公共数字文化建设要求下的智慧文化服务体系建设研究》，《电子政务》2018年第3期。

[5] 魏大威、董晓莉：《利用区块链技术驱动国家数字图书馆创新升级》，《图书馆理论与实践》2018年第5期。

[6] 董晶、吴丹：《基于移动视觉搜索技术的智慧公共文化服务模型研究》，《图书与情报》2018年第2期。

键技术层面展开探讨①。实践中，美国丹佛公共图书馆"服务递送"大数据项目、德国数字图书馆、大英博物馆、卢浮宫的虚拟博物馆服务已在文化数据挖掘方面进行深入探索②，这些应用以数据为导向，贯穿需求洞察、资源配置、服务供给环节，在服务提供方面实现了数据驱动决策。但当前由于公共文化服务供给中存在信息孤岛、数据盲点问题，缺乏数据开放共享意识和统一建设标准，公共文化服务尚未进入数据化建设和智慧服务阶段。学界展开公共文化数据融合的理论探讨与实践探索。Albanese 等③认为智慧服务形态下的异构数据需要更复杂的智慧信息系统支撑；王伟等④提出融合关联数据和分众分类的文化数字资源多维度聚合方法，便于从海量的徽州文化数字资源中找到所需信息；Schreiber⑤将一个智能感知上下文辅助浏览文化环境 SCRAB 应用至意大利国家文化信息系统融合项目中，实现图书馆、博物馆等应用场景的文化融合。

（三）公共文化智慧服务标准体系

当前有关标准体系的研究成果阙如，已有研究视角包括：（1）立足于公共文化服务基础上的标准化研究。柯平等⑥从公共文化服务的提供主体、硬件资源、软件服务和成效评估等领域提出了公共文化服务标准化的内涵及范畴，在综合多家学术观点后认为公共文化服务标准化包括资源配置、供给机制、保障体系、评价标准化四个方面；罗熙鸣等⑦结合标准化理论和相关政策文件，在实证研究基础上构建了地域性公共文

---

① 李广建、化柏林：《公共文化服务大数据研究的体系与内容》，《图书馆论坛》2018 年第 7 期。

② 曹磊、马春：《国内外公共文化大数据应用实践研究》，《图书馆杂志》2015 年第 12 期。

③ Albanese M., D'Acierno A., Moscato V., et al., "A Multimedia Semantic Recommender System for Cultural Heritage Applications", paper delivered to 2011 IEEE Fifth International Conference on Semantic Computing, sponsored by IEEE, Palo Alto, CA, Sept. 18 – 21, 2011.

④ 王伟、许鑫：《融合关联数据和分众分类的徽州文化数字资源多维度聚合研究》，《图书情报工作》2015 年第 14 期。

⑤ Schreiber F. A., Amato F., Colace F., et al., "Big Data Meets Digital Cultural Heritage: Design and Implementation of Scrabs, a Smart Context-Aware Browsing Assistant for Cultural Environments", Acm Journal on Computing and Cultural Heritage, Vol. 10, No. 1, 2017, p. 6.

⑥ 柯平、刘旭青、裘爽、奚悦：《基本公共文化服务标准化的研究现状与问题》，《情报资料工作》2018 年第 3 期。

⑦ 罗熙鸣、陈思嘉、何英蕾、徐剑：《广东省基本公共文化服务标准体系研究》，《标准科学》2016 年第 6 期。

化服务标准体系框架。(2) 针对智慧图书馆、文化遗产等领域的标准化研究。刘炜等[1]吸纳《人工智能标准化白皮书》分类构建了涉及基础、技术水平、业务、数据、产品规范、智慧服务的智慧图书馆标准规范体系架构；刘美杏等[2]参照国际规范化的元数据标准都柏林核心元数据（Dublin Core）和视觉资源核心类目（VRA Core）设计了一套古道文化遗产信息资源元数据标准以推动古道文化遗产资源数字化。(3) 智慧城市背景下的文化标准体系研究。围绕智慧旅游文化要素数据标准化目标、范围和主要内容，根据智慧城市建设标准要求制定相关基础性文化标准和实施规则方面进行论述。

（四）公共文化智慧服务评价体系

当前服务评价研究成果多基于智慧文化旅游服务、智慧图书馆、公共数字文化服务、公共文化资源整合等主体，相关代表性成果涉及的评价客体、评价指标、评价方法与工具如表2.2所示。评价指标依据视角不同可以分为主观上的自我经验、用户体验和客观上的标准规范与绩效评价这几类；层次分析法、灰色关联度评价方法、实验测评、访谈法、数据包络分析法均有涉及。

表2.2　　　　　　　　　公共文化智慧服务评价相关成果

来源	评价客体	评价指标	评价方法与工具
胡唐明等（2014）[3]	公共数字文化	制度规范、用户服务、知识产权等7个一级指标，26个二级指标	平衡记分卡、层次分析法
黎忠文等（2014）[4]	智慧旅游公共服务平台	信息咨询、信息发布、游客体验、行业管理、安全保障服务、交通便捷服务、便民惠民服务、旅游行政服务8个一级指标，26个二级指标	层次分析法

[1] 刘炜、刘圣婴：《智慧图书馆标准规范体系框架初探》，《图书馆建设》2018年第4期。
[2] 刘美杏、徐芳：《古道文化遗产信息资源元数据标准制定——以潇贺古道为例》，《情报资料工作》2019年第4期。
[3] 胡唐明、魏大威、郑建明：《公共数字文化评价指标体系构建研究》，《图书馆论坛》2014年第12期。
[4] 黎忠文、唐建兵、刘龙蛟：《智慧旅游公共服务评价指标研究——以四川省为例》，《资源开发与市场》2014年第11期。

续表

来源	评价客体	评价指标	评价方法与工具
Kulakov 等（2016）[1]	智慧文化旅游规划服务	多数据源、复合服务、个性化服务、人机交互、自我学习、积极主动性、协同工作7个指标	对比智能服务与常规服务工作时间
刘玉静等（2018）[2]	图书馆智慧化水平	智慧感知、智慧管理、智慧服务、智慧决策4个一级指标，14个二级指标	灰色关联度评价方法
胡税根等（2018）[3]	公共文化资源整合	公共文化资源投入、资源产出、资源效果3个一级指标，7个二级指标，77个三级指标	"SMART"原则和"4E"评价方法构建指标体系
戴艳清等（2019）[4]	中国公共数字文化服务平台用户体验	感官体验、内容体验、功能体验、服务体验、价值体验、情感体验6个指标	实验测评、访谈法
汤金羽等（2019）[5]	公共文化云微信公众平台服务效率	服务量、服务内容、服务效果3个一级指标，8个二级指标	数据包络分析法

三 公共文化服务智慧化发展研究

学者在公共数字文化服务基础上以服务为导向对智慧服务、智慧文化等相关概念内涵进行统筹研究，希望在理论研究的基础上探索公共文化服务智慧化发展路径。

一是将公共文化智慧服务置于"智慧城市"背景下，强调其作为系统因子对于整体环境的促进作用。李丽莉[6]论述了"智慧城市"与"智

---

[1] Kulakov K., Petrina O., Pavlova A., "Smart Service Efficiency: Evaluation of Cultural Trip Planning Service", paper delivered to 2016 19th Conference of Open Innovations Association, sponsored by IEEE, Jyvaskyla, Nov. 7–11, 2016.

[2] 刘玉静、张秀华：《智慧图书馆智慧化水平测度评估研究》，《图书与情报》2018年第5期。

[3] 胡税根、莫锦江、李军良：《公共文化资源整合绩效评估指标体系构建与实证研究》，《理论探讨》2018年第2期。

[4] 戴艳清、戴柏清：《中国公共数字文化服务平台用户体验评价：以国家数字文化网为例》，《图书情报知识》2019年第5期。

[5] 汤金羽、朱学芳：《我国公共文化云微信公众平台服务效率评估》，《图书馆论坛》2019年第9期。

[6] 李丽莉：《公共文化服务与智慧城市建设》，《中国社会科学报》2016年5月25日第007版。

慧文化"之间的关系,认为智慧城市建设的核心目标在于不断满足人们的文化生活需要,必然导致现代公共文化服务体系建设从数字化向智慧化全面转型升级,而智慧城市建设水平的评价内容中不可忽视的一项就是公共文化服务建设水平。

二是公众参与公共文化智慧服务研究逐渐进入学者视野。国外该领域研究从公众作为服务参与方和接受方两个视角展开,研究方法更具象化;而国内倾向于将公众视为服务接受方,集中于对策、问题分析方面的探讨。(1)公众作为服务参与方视角,国外学者[1]着重探讨公众参与公共文化智慧服务的模式。智慧城市情景中,公民通过面对面互动和数字网络传递知识两种途径推动文化开放性创新;Berntzen 等[2]选取来自挪威的案例研究公民在智慧城市文化发展中能力和经验、使用技术收集数据和作为民主价值参与三种不同的参与类型。(2)公众作为服务接受方视角,国内学者围绕重视文化需求、强化数字素养、注重安全隐私等问题展开理论探讨;而国外集中探讨服务接受的均衡性问题。如 Kidd[3] 对美国公共文化政策争论进行述评,提出精英文化可能对民主产生不利影响、文化可以弥合社会差异等观点。

三是公共文化智慧服务建设运营模式的研究成果不断涌现。当前相关实践面临基础设施陈旧、资源供给不畅、机制建设不健全、技术更新滞后、专业技术人才缺乏等方面[4],成为制约公共文化服务智慧化发展的重要因素。国内学者从建设理念、物态载体、建构主体与保障机制等维度围绕公共文化智慧服务建设路径展开了系统论述。(1)建设理念维度,智慧公共文化必须与智慧城市、智慧社区在财政、体制、人力、技术和整合共享等方面联系;知识融合将成为智慧服务阶段研究的核心问

---

[1] Mainka A., Bech-Petersen S., Castelnovo W., et al., "Enhancing Lives Through Information & Technology", *Proceedings of the 79th ASIS&T Annual Meeting: Creating Knowledge*, American Society for Information Science Silver Springs, Copenhagen, October 14 – 18, 2016.

[2] Berntzen L., Johannessen M. R., "The Role of Citizen Participation in Municipal Smart City Projects: Lessons Learned from Norway", in Gil-Garcia J. Ramon, Theresa A. Pardo, and Taewoo Nam, eds., *Smarter as the New Urban Agenda*, Cham, Springer, 2016, pp. 299 – 314.

[3] Kidd D., "Public culture in America: A review of cultural policy debates", *The Journal of Arts Management, Law, and Society*, Vol. 42, No. 1, 2012, pp. 11 – 21.

[4] 徐望:《公共数字文化建设要求下的智慧文化服务体系建设研究》,《电子政务》2018年第3期。

题和重要支撑①；适应全媒体传播模式的智慧公共文化成果推广传播话语体系构建势在必行②；智慧服务在开放共享推动下会实现数据来源更加广泛、数据融合服务更加全面、服务更加精准化、更加注重数据隐私和安全③。(2) 物态载体维度，公共文化智慧服务供给内容既包括线上智慧化形态的文化产品，也包括线下文化活动信息与便捷的参与服务；智慧环境下，文化资源应参照相关标准将不同系统文化机构的资源借助信息技术和各种传播平台进行整合，建设跨系统的"文献资源圈"④。(3) 建构主体维度，公共文化智慧服务建设主体（政府、企业、社会组织等）应形成合力，并以多种模式（如政府购买模式、PPP模式等）进行合作，承担信息整序者、服务提供者和问题反馈者的新角色⑤；肖希明等⑥提出根据参与主体的特征，如从社会组织的性质、业务，公民个人专长、能力等出发，采用分类治理方法探索多样化的公共文化服务社会参与模式。(4) 保障机制维度，一是宏观指导政策层面，公共文化领域法治化保障刚刚起步，保障系数不够高；二是基础保障制度层面，管理、资金、人员保障机制尚不健全，无法形成协同保障机制。

通过对已有相关研究成果的归纳与整合，公共文化智慧服务研究在宏观发展、中观理论和微观应用层面均有所涉及。该领域发文数量国内大于国外。研究主题方面，国外聚焦于技术应用和公众要素，在理念设计和构想的同时，能够初步融入实践；国内集中于公共文化智慧服务的技术应用、路径研究等。总体而言，研究更加强调"智慧化""智能化"，在"互联网+"大背景下，基于人工智能、机器学习等技术的发展，通过对公共文化智慧服务理论体系、数据驱动机制、多源数据融

---

① 罗立群、李广建：《智慧情报服务与知识融合》，《情报资料工作》2019年第2期。
② 马岩、郑建明、王翠姣：《媒体融合视角下的智慧公共文化服务策略》，《图书馆论坛》2020年第9期。
③ 吴丹、刘子君：《大数据视角下的智慧信息服务：应用实践与未来趋势》，《信息资源管理学报》2018年第2期。
④ 何义珠、李露芳：《"互联网+"对跨系统公共文化服务"信息圈"建设的启示》，《现代情报》2016年第2期。
⑤ 马岩、孙红蕾、郑建明：《公共数字文化的服务主体职能》，《图书馆论坛》2015年第10期。
⑥ 肖希明、完颜邓邓：《治理理论与公共数字文化服务的社会参与》，《图书馆论坛》2016年第7期。

合，构建数据治理模型，形成系统平台，这一系列的研究对我国公共数字文化体系的建设产生重大的应用和推广意义。

第二节 公共文化数据治理

公共文化数字化智能化发展需要依托丰富的数据资源作为依据，数据治理从管理多种公共文化数据的视角，以期为公共文化服务资源汇聚、共建共享、数据分析提供参考。当前国外并没有公共文化服务的概念，更缺少公共文化服务数据概念，因此以"cultural sector/goods/services + library/museum/cultural heritage/gallery"和"data management + data governance"为检索词在 Web of Science 核心合集中进行标题检索；国内以"公共文化数据""文化数据""公共图书馆/博物馆/文化馆/文化遗产""数据治理""数据管理"等为主题词在 CNKI 核心期刊中进行组配检索，发现公共文化数据治理的研究数量较少，相关研究多立足于公共数字文化资源、数字文化治理以及公共文化数据相关的基础理论研究。

一 公共数字文化资源建设

（一）公共数字文化资源整合

公共数字文化资源整合致力于将多源、分散、异构的公共数字文化资源加以整理、汇集。学者们着重探讨资源整合的理论、模式和机制以及技术问题。(1) 整合理论方面，肖希明等[1]吸收相关学科成果，引入了丰富的理论。信息生态理论的应用价值主要表现为通过构建公共数字文化资源信息系统，以维持数字文化资源集成系统的动态稳定；新公共服务理论[2]具有整合资源、变被动服务为主动服务、完善服务体系、加速构建服务法规系统及加强相关机构合作五个方面的意义；信息集群

---

[1] 肖希明、唐义：《信息生态理论与公共数字文化资源整合》，《图书馆建设》2014 年第 3 期。

[2] 肖希明、曾粤亮：《新公共服务理论与公共数字文化服务资源整合》，《图书馆建设》2015 年第 8 期。

理论[1]强调成员合作，主要以新科技为基础，从而实现成员间信息共享和信息增值，其对下一步加强公共文化服务机构合作路径与信息共享模式等问题具有借鉴意义。（2）整合模式和机制方面，李金芮、肖希明[2]等运用文献调查、网络调查等方法，将国外公共数字文化资源整合管理体制概括为以政府机构为主导的多类型机构参与模式、跨机构专门性组织的综合持续管理模式、以成员自发组织的局部单位管理模式、基于共同项目成立的跨地域组织联盟模式以及合作机构全面结合模式等。他们[3]分析了多种合作保存模式，比如从机构合作的维度划分的加盟、联盟、整合模式，从资源保存的维度划分的"集中管理—集中存储""集中指导—分布存储""分散存储—集中整合"模式，从资源整合模式维度划分的以教育学习为主要目的的专题资源整合模式、以遗产保存为主要目的的有限资源整合模式、以检索利用为主要目的的馆藏资源整合模式和以共享交流为主要目的的大型综合的整合项目模式，发现国外公共数字文化资源合作保存呈现出图书馆发挥主导作用、合作保存主体多元化、保存对象同级化、保存内容趋同化、保存形式多样化等特点[4]，技术和服务平台建设是数字资源整合研究的重点[5]。秦雪平[6]在对世界数字图书馆管理体制、资源组织机制、技术实现机制以及运行机制分析的基础上认为图博档数字资源整合要解决的突出问题为知识产权、合作机制和元数据互操作。胡心悦[7]通过对国际图联大会、国际档案大会、国际档案圆桌会议和国际博协大会的历届会议按主题整理、分类，提出拥有共同的文化属性和服务对象的图博档在保持特色的基础上的资源整合可

---

[1] 肖希明、李硕：《信息集群理论和公共数字文化资源整合》，《图书馆》2015年第1期。

[2] 李金芮、肖希明：《国外公共数字文化资源整合管理体制模式及其适用性研究》，《图书情报工作》2015年第3期。

[3] 肖希明、李金芮：《国外公共数字文化资源整合模式及其借鉴》，《图书与情报》2015年第1期。

[4] 肖希明、张芳源：《国外公共数字文化资源合作保存模式研究》，《信息资源管理学报》2014年第2期。

[5] 肖希明、郑燃：《国外图书馆、档案馆和博物馆数字资源整合研究进展》，《中国图书馆学报》2012年第3期。

[6] 秦雪平：《图书馆、档案馆与博物馆数字资源整合研究——以世界数字图书馆为例》，《情报探索》2013年第1期。

[7] 胡心悦：《图书馆、档案馆和博物馆资源整合的发展趋势——基于ICA、IFLA和ICOM历届会议主题的研究》，《图书情报工作》2014年第17期。

以产生集群优势。(3) 整合技术方面，引入信任管理机制，建立图书馆、档案馆、博物馆数字化协作可信监督模型，对模型中行为跟踪层和信任管理层所涉及的模块功能探讨[1]。肖希明、完颜邓邓[2]构建了基于本体的公共数字文化资源语义互操作模型。杨蕾、李金芮[3]选取世界数字图书馆项目、欧洲 Michael Culture 项目、美国公共数字图书馆等八个国外典型的公共数字文化资源整合项目，从模式级、记录级和仓储级三个层级对其元数据互操作方式分析，提出加强我国公共数字文化资源整合项目元数据互操作性的建议。刘巧园、肖希明[4]探讨 XML 中间件技术在公共数字文化资源整合领域的应用，构建了资源整合框架。完颜邓邓[5]将 Web 3.0 应用于公共数字文化资源整合平台，设计了公共数字文化资源整合平台的四层框架实现公共数字文化资源的语义整合、资源导航与定位、语义检索、用户交互、个性化服务、多终端兼容等功能。

(二) 数字图书馆和资源数字化建设项目

Ghosh[6]指出把全国学位论文纳入国家数字资源服务体系。Lee[7]认为在构建国家数字图书馆基础体系的全过程中将公众需求放在突出位置。Pae[8]认为应当对数字图书馆的捐赠进行选择性信息披露。Frias-Martinez 等[9]

---

[1] 郝世博、朱学芳：《基于信任管理的图书馆、档案馆、博物馆数字化协作可信监督模型构建》，《情报资料工作》2014 年第 3 期。

[2] 肖希明、完颜邓邓：《基于本体的公共数字文化资源整合语义互操作研究》，《国家图书馆学刊》2015 年第 3 期。

[3] 杨蕾、李金芮：《国外公共数字文化资源整合元数据互操作方式研究》，《图书与情报》2015 年第 1 期。

[4] 刘巧园、肖希明：《基于 XML 中间件的公共数字文化资源整合研究》，《图书情报知识》2015 年第 5 期。

[5] 完颜邓邓：《Web 3.0 环境下的公共数字文化资源整合平台建设研究》，《图书馆学研究》2015 年第 23 期。

[6] Ghosh M., "E-Theses and Indian Academia: A Case Study of Nine ETD Digital Libraries and Formulation of Policies for a National Service", *The International Information & Library Review*, Vol. 41, No. 1, 2009, pp. 21-33.

[7] Lee O., "An Action Research Report on the Korean National Digital Library", *Information & Management*, Vol. 39, No. 4, 2002, pp. 255-260.

[8] Pae S., "Selective Disclosures in the Presence of Uncertainty About Information Endowment", *Journal of Accounting and Economics*, Vol. 39, No. 3, 2005, pp. 383-409.

[9] Frias-Martinez E., Chen S. Y., Liu X., "Evaluation of a Personalized Digital Library Based on Cognitive Styles: Adaptivity vs. Adaptability", *International Journal of Information Management*, Vol. 29, No. 1, 2009, pp. 48-56.

从自适应性和适应性的角度对基于认知风格的个性化数字图书馆进行评价。也有不少资源数字化建设是围绕特定专题项目展开的，如 OCLC[①]；古登堡计划[②]平台交互性更强，充分将用户主体纳入建设[③]；Valtysson[④]借助图书馆、博物馆和档案馆机构合作便利，对欧洲范围文化遗产进行了整合与数字化。

二 公共数字文化治理

（一）公共文化治理

李少惠[⑤]以公共治理理论为基础，认为我国政府公共文化治理的路径包括科学定位政府元治理的角色和功能、合理构建多元主体通力合作体系、积极引入非政府组织、广泛吸收资金管理机制等。颜玉凡、叶南客[⑥]认为科学的公共文化治理体系与政府密切相关。在国家转型层面，公共文化治理需要复苏公共意识以强化社会凝聚力；在公众生活层面，要引导公众的公共文化生活；在文化供给层面，要通过多元主体共治来维护文化产业的公共精神。常莉[⑦]指出共同治理是传统行政管理在新公共管理环境下的发展，是公共文化管理的需要。他认为中国公共文化管理运行需要两个基础：一是转变政府主导型管理格局；二是公共文化管理和服务的社会化和市场化。他认为共同治理行政机构十分重要，不能缺位，同时要关注到社会力量的参与。任珺[⑧]认为公众对公共领域文化

---

① Online Computer Library Center Inc，"OCLC Launches OCLC Worldshare"，*Advanced Technology Libraries*，Vol. 41，No. 1，2012，pp. 1 – 10.

② Hane P. J.，"Project Gutenberg Progresses"，*Information Today*，Vol. 21，No. 5，2004，pp. 28 – 52.

③ Wittenberg K.，"The Gutenberg-E Project：Opportunities and Challenges in Publishing Born-Digital Monographs"，*Learned Publishing*，Vol. 22，No. 1，2009，pp. 36 – 41.

④ Valtysson B.，"Europeana：The Digital Construction of Europe's Collective Memory"，*Information Communication and Society*，Vol. 15，No. 2，2012，pp. 151 – 170.

⑤ 李少惠：《转型期中国政府公共文化治理研究》，《学术论坛》2013 年第 1 期。

⑥ 颜玉凡、叶南客：《政府视野下公共文化治理的三重使命》，《浙江社会科学》2016 年第 3 期。

⑦ 常莉：《共同治理视阈下公共文化管理运行基础和路径研究》，《西安交通大学学报》（社会科学版）2015 年第 1 期。

⑧ 任珺：《文化的公共性与新兴城市文化治理机制探讨》，《福建论坛》（人文社会科学版）2015 年第 2 期。

生活的充分参与有助于重构文化的主体性价值,她提出促进公民文化参与、搭建开放的创意社群网络、构建公私合作伙伴关系,以实现对新兴城市文化的治理。吴理财、贾晓芬、刘磊[1]鼓励和引导社会力量同政府、官方文化部门等形成合作,最终形成多方参与的网络化服务。他认为我国现代公共文化服务体系可以借鉴国外经验,以文化治理思维推动社会力量参与公共文化服务。李国新[2]认为公共文化机构建立法人治理结构有助于转变政府职能、实现政事分开和管办分离、确保公益目标实现、提高运行效率,与国家治理体系和治理能力现代化相适应。刘吉发、吴绒、金栋昌[3]探讨当前我国文化企业参与公共文化服务的现实可能,明晰了文化企业的角色定位。吴文平[4]认为构建多元、民主、协作的公共治理模式来建设和管理西部农村公共文化,既要加强内生机制建设,也要完善和促进外生机制建设,以解决我国西部公共文化有效需求抑制和有效供给不足的难题。张赞梅[5]借鉴公共治理的相关理论,认为公共文化服务供给应由政府主导。

(二) 数字文化治理

(1) 数字文化治理内涵。郑建明等[6]分析了数字文化治理在技术、趋同、互动与开放、共享、非理性等方面的特征,探讨其对文化发展本身、公民素质和国家软实力等层面的作用;倪菁等[7]讨论数字文化、文化治理、数字文化治理机制等概念,分析其特定功能,系统为载体、目标的主观性和存在形式的多样化等特性,探讨数字文化治理的工作机制、激励机制和保障机制。(2) 数字文化治理模式。

---

[1] 吴理财、贾晓芬、刘磊:《以文化治理理念引导社会力量参与公共文化服务》,《江西师范大学学报》(哲学社会科学版) 2015 年第 6 期。

[2] 李国新:《我国公共文化机构的法人治理结构试点》,《图书馆建设》2015 年第 2 期。

[3] 刘吉发、吴绒、金栋昌:《公共文化服务供给的企业路径:治理的视域》,《技术与创新管理》2013 年第 5 期。

[4] 吴文平:《公共治理视域中的西部农村公共文化发展机制研究》,《吉首大学学报》(社会科学版) 2012 年第 6 期。

[5] 张赞梅:《公共文化服务"多中心"治理研究——基于 N 市实践的分析》,《图书馆》2014 年第 6 期。

[6] 郑建明、王锰:《数字文化治理的内涵、特征与功能》,《图书馆论坛》2015 年第 10 期。

[7] 倪菁、王锰、郑建明:《社会信息化环境下的数字文化治理运行机制》,《图书馆论坛》2015 年第 10 期。

王锰等[1]针对我国数字文化治理的社会参与度弱,传统文化管理模式导致服务碎片化和分散化的问题,以整体性治理理论为基础,提出以满足人民群众的需求为导向,从制度基础、资金、人力等方面加强保障,明确事件主体,厘清事业和产业的内涵外延与明确界限,最后建立监督反馈架构的系统化的数字文化治理体系;孙红蕾等[2]分析小数据思维应用于数字文化治理的可行性,以广东文化治理实践为例,分析其在资源与基础设施等基础方面的治理举措,从榜样打造、集群效应、权力制约与顶层设计等角度提出建议[3]。(3)数字文化治理案例。McShane[4]选择澳大利亚图书馆这一研究对象,对公益数字文化机构职责进行了识别,并提出借助 Web 2.0 等交互性工具对图书馆在数字文化建设中与用户的连接有助益。Hunter 等[5]学者选取了科罗拉多大学图书馆与其他公共文化组织合作建立数字文化资源馆藏为典型案例,提出了在信息基础设施建设等方面开展合作的模式,以期对文化事业单位的实践有所启发。

三 公共文化数据相关的基础理论

(一)公共文化服务大数据分类

对公共文化服务大数据进行分类是实现数据挖掘、数据管理、数据处理乃至资源共享的前提,是进行数据标准化与数据质量管理乃至数据利用的重要工作。国内关于公共文化服务大数据的分类研究比较零散,关于大数据的分类研究主要基于以下两种视角:

第一种是基于数据内容主题的划分。李广建等[6]从业务流程视角对

---

[1] 王锰、郑建明:《整体性治理视角下的数字文化治理体系》,《图书馆论坛》2015年第10期。

[2] 孙红蕾、郑建明:《小数据思维驱动下的数字文化治理路径探析》,《图书馆学研究》2015年第18期。

[3] 孙红蕾、马岩、郑建明:《区域集群式公共数字文化协同治理——以广东为例》,《图书馆论坛》2015年第10期。

[4] McShane I., "Public Libraries, Digital Literacy and Participatory Culture", *Discourse Studies in the Cultural Politics of Education*, Vol. 32, No. 3, 2011, pp. 383 – 397.

[5] Hunter N. C., Legg K., Oehlerts B., "Two Librarians, an Archivist, and 13,000 Images: Collaborating to Build a Digital Collection", *The Library Quarterly*, Vol. 80, No. 1, 2010, pp. 80 – 103.

[6] 李广建、化柏林:《公共文化服务大数据研究的体系与内容》,《图书馆论坛》2018年第7期。

过程中产生的数据划分了四个层次：核心数据、业务辅助数据、管理数据和支撑数据；刘炜等[1]划分为资源大数据和运营大数据两类；赵嘉凌[2]从平台建设出发，并且将用户作为重要一环，将数据划分为辅助服务数据、用户数据和平台运行数据；该种视角的划分使用的分类方式是等级列举式，它具有层级简单、反映主题较扁平等弊端。这些弊端将会直接造成分类过宽、界定不清，缺乏体系；还会导致数据识别准确度低、数据利用率低等数据使用问题，尤其在用户数据需求不明确的情况下，这些缺陷将更加突出。

第二种是基于数据维度的划分。嵇婷等[3]依据机构与服务类型、服务平台、信息类型和数据结构、数据来源等维度对公共文化服务大数据进行类型划分，比按内容主题划分视角更加多样并且适应性更强。

（二）公共文化数据治理

学者已认识到数据治理应用于公共文化服务中的价值，为有效应对来自宏观管理、产业链、基础设施建设等方面的挑战，应提高政府公共文化数据治理效能[4]；侯雪言[5]提出数据治理过程性、开放性、流动性的基本特征与公共文化服务共建、共治、共享的理念高度契合，从决策机制、数据平台和运行机制方面提出数据治理是促进公共文化服务效能提升的路径。公共文化数据领域相关研究虽然未直接提及"数据治理"的概念，但是围绕治理客体——"数据"这一要素的理论、技术与应用方面已形成系列成果。（1）理论方面，嵇婷等[6]、孙金娟等[7]

---

[1] 刘炜、张奇、张喆昱：《大数据创新公共文化服务研究》，《图书馆建设》2016 年第 3 期。

[2] 赵嘉凌：《针对公共文化共享服务的大数据采集和分析平台研究》，《四川图书馆学报》2018 年第 1 期。

[3] 嵇婷、吴政：《公共文化服务大数据的来源、采集与分析研究》，《图书馆建设》2015 年第 11 期。

[4] 刘炜、张奇、张喆昱：《大数据创新公共文化服务研究》，《图书馆建设》2016 年第 3 期。

[5] 侯雪言：《政府治理创新：数据治理促进公共文化服务体系效能提升研究》，《领导科学》2020 年第 18 期。

[6] 嵇婷、吴政：《公共文化服务大数据的来源、采集与分析研究》，《图书馆建设》2015 年第 11 期。

[7] 孙金娟、郑建明：《公共文化服务大数据分类体系框架构建》，《图书馆论坛》2020 年第 9 期。

分析了公共文化服务大数据的来源与分类体系框架；李广建等[①]构建了公共文化服务大数据研究的体系（包括理论、方法、技术、用户与应用研究五个部分）。（2）技术方面，围绕公共文化服务数据抽取和数据集成展开探讨，刘仕阳等[②]通过正则表达式对各类公共文化服务机构年报数据建立模板进行匹配、抽取数据并进行有效集成；化柏林等[③]针对公共文化服务机构的多源异构数据构建了大数据集成架构，包括数据来源层、系统集成层、数据融合层、存储层、应用层五个层次。（3）应用方面，研究主题包括应用模式、应用体系与应用场景等，应用模式涉及技术驱动模式（数据驱动型、云平台驱动型与整体驱动型）和社会化模式（用户产生内容、政府与社会资本合作）[④]；应用场景概括为以用户为中心、精细化管理、数据化决策三大类[⑤]；郭路生等[⑥]基于EA理论搭建了公共文化服务大数据应用体系的基本框架，包括服务架构、大数据IT架构和大数据治理架构。

通过文献梳理与分析，与公共文化数据治理直接相关的研究主题相对较少，主要集中于公共文化大数据的概念与分类、大数据研究体系、数据抽取技术、数据治理的应用模式与场景。多数研究聚焦于数字文化资源建设视角以及数字文化治理视角，基于多源多维数据融合应用场景与技术，提供公共文化智慧服务，探讨数据治理体系的构成维度、建设要素、运行模式以及效应等问题，有待于展开进一步探索。

---

① 李广建、化柏林：《公共文化服务大数据研究的体系与内容》，《图书馆论坛》2018年第7期。

② 刘仕阳、王威威、化柏林：《多源数据环境下公共文化服务机构年报的数据抽取研究》，《图书馆杂志》2020年第12期。

③ 化柏林、赵东在、申泳国：《公共文化服务大数据集成架构设计研究》，《图书情报工作》2020年第10期。

④ 张春景、曹磊、曲蕴：《公共文化服务大数据应用模式与趋势研究》，《图书馆杂志》2015年第12期。

⑤ 化柏林、刘佳颖、王英泽：《公共文化服务大数据的应用场景分析》，《图书情报研究》2021年第2期。

⑥ 郭路生、刘春年：《基于EA的公共文化服务大数据应用体系顶层设计研究》，《图书馆学研究》2019年第5期。

第三节　多源多维数据融合

课题组对年发文量进行统计，得到年发文量曲线图，如图 2.3 所示（注：2021 年数据不完整，截至检索日期共计 162 篇）。由图 2.3 可知，1992 年以前，我国并不十分重视数据融合的研究；1992—1998 年，数据融合相关文献开始出现且年发文量逐渐增加，表明数据融合在我国开始受到关注，相关研究开始起步；1999—2009 年，年发文量快速增长，并且在 2009 年达到阶段性峰值，表明数据融合相关研究进入高速发展阶段；2009 年至今，数据融合相关文献年发文量有所回落，但总体呈平稳上升趋势，并且年发文量数值较高，表明国内学者对数据融合研究一直保持着较高的关注度，数据融合相关研究进入平稳发展阶段。

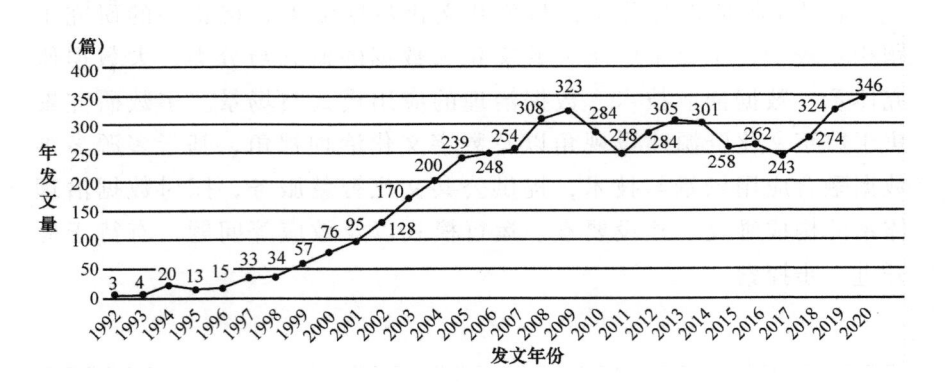

图 2.3　我国数据融合相关论文年发文量曲线图

为了解国内多源多维数据融合的最新研究进展，课题组对近五年的期刊文献进行了分析，把检索时间限定为 2016 年 1 月 1 日至 2021 年 6 月 10 日，共得到 1611 篇文献，对检索结果进行预处理（去重及去除不相关等）后得到紧密相关的文献 1565 篇。运用文献计量学方法，借助可视化应用软件 VOSviewer，对研究样本进行分析。

多源数据和多维数据都是数据融合的处理对象，根据不同的分类标准可以把数据划分为多源数据和多维数据，多源数据是按照数据的来源进行划分，多维数据的划分标准是数据的属性，多来源也可以看作多维度的一种维度，从这个意义上说，多维数据的含义高于多源数据。一般来说，多源数据和多维数据之间没有绝对的关系，单来源的数据按照不同性质可以划分出多个维度，同一性质的数据按照不同来源也可以划分为多个来源，且各种来源的数据大多涉及多维度处理问题，所以在处理数据时，对数据是多源还是多维的判断通常不是绝对的。同时分析整理文献发现，大多数多源多维数据融合研究主要针对多来源数据进行分析，集中于理论研究、方法研究以及应用研究，且不少文献把多源数据融合简称为数据融合，所以主要从数据融合的理论、方法与应用三个层面展开分析。

一 数据融合理论研究

大数据时代，大规模的多源多维数据关联交叉，融合处理难度大，不少学者提出数据融合面临着诸多困境。整体来看，融合过程在融合方式变革、融合规模控制与数据存储维护方面，融合结果在用户隐私保护与实际应用对接方面，融合技术在跨领域、跨学科、跨语言以及跨媒体融合方面存在着挑战与问题[1]。从具体领域来看，图书馆大数据融合面临着多源异构数据关联难度大、实时大数据和历史大数据融合复杂性大、对传感器系统功能性需求大、大数据安全与开放的矛盾大等挑战；高等教育发展也存在大数据融合利用效率低、利用力度不足、浪费严重、数据化水平低等困境。部分学者针对各领域不同的发展目的提出了数据融合的途径，同时还有学者进一步对数据融合的体系建设提出了构想，如张文萍等[2]探讨了包括数据描述模型、数据服务模型、数据管理计划等的科学数据融合体系架构；翟运开等[3]从层次维、时间维和种类维三个角度构建了包括精准医疗多源异构数据融合标准体系框架。

总的来说，近几年数据融合理论相关文献数量不多，研究主要集中

---

[1] 孟小峰、杜治娟：《大数据融合研究：问题与挑战》，《计算机研究与发展》2016年第2期。

[2] 张文萍、宋秀芬、魏银珍、李立睿：《基于FAIR标准的科学数据融合体系研究》，《中国图书馆学报》2020年第6期。

[3] 翟运开、高亚丛、赵杰、崔芳芳、马倩倩、高景宏：《面向精准医疗服务的大数据处理架构探讨》，《中国医院管理》2021年第5期。

在面临问题、融合途径以及体系建设等方面。关于数据融合困境的研究比较片面和泛化,未来还需根据发展需求与实际情况不断剖析数据融合面临的问题与挑战;对于数据融合途径的研究比较薄弱,无论是从整体视角还是具体应用领域来看都有很大的研究空间;许多领域对数据融合体系建设的重视度不够,且没有形成广义的数据融合体系。总之,多源多维数据融合理论不够完善,还需在理论层面进一步展开探讨,构建完整的系统理论体系。

二 数据融合方法研究

受外界环境或传感器性能等的影响,各系统获得的数据存在冗余或不准确的问题,数据融合方法通过对不同形式的数据进行处理,可有效获得准确信息。为更直观全面地反映数据融合方法的发展现状,课题组抽取与数据融合方法研究相关的文献,运用可视化应用软件 VOSviewer 构建关键词可视化图谱(见图 2.4)。分析图 2.4 可知,运用较多的方法

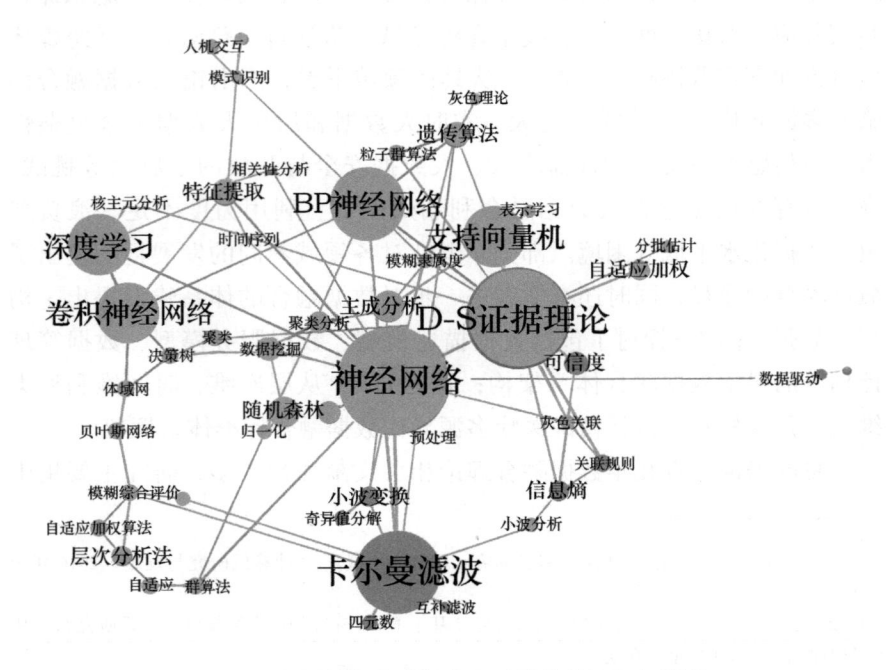

图 2.4 数据融合方法相关文献的关键词知识图谱

是神经网络（BP神经网络、卷积神经网络、深度学习）、D-S证据理论、卡尔曼滤波、支持向量机、遗传算法、信息熵、自适应加权、层次分析法、小波变换、粒子群算法、聚类、蚁群算法等。

（一）基于神经网络的数据融合

心理学家McCulloch和数学家Pitts[①]于1943年提出神经网络概念和M-P模型，自此拉开神经网络研究的序幕。神经网络是模仿人脑进行信息处理的算法，具有强大的自学习、自适应、非线性匹配和信息处理能力，并且随着算法的改进，在浅层神经网络的基础上，深度神经网络被提出并不断发展。

（1）BP神经网络。BP神经网络即反向传播神经网络，属于浅层神经网络的一种，通常由一个输入层、一个隐藏层和一个输出层组成，多层的网络体系结构使得信息的输出更加准确。如有学者设计了一款危化品仓库巡逻机器人，在对收集的泄漏危化品浓度、仓库内环境温度和湿度数据进行拉依达去噪、归一化后利用BP神经网络进行融合输出，大幅度提高了机器人报警的准确性和可靠性[②]。由于外界环境的复杂性以及BP神经网络自身的缺陷，越来越多的学者借助优化算法，如改进蚁群算法、改进粒子群算法、启发萤火虫算法、改进烟花算法等设计BP神经网络数据融合算法，优化了BP神经网络的拓扑结构、权值和阈值，有效地减少了冗余数据传输，提高了融合的精度和收敛速度，改善了数据融合算法的性能。（2）深度学习。深度学习由浅层神经网络发展而来，是深度神经网络的统称，卷积神经网络、循环神经网络是深度学习中重要的算法结构。不同于浅层神经网络，深度神经网络拥有多个隐藏层，且较低层的隐藏层输出可以作为较高层隐藏层的输入[③]。深度学习具有更强的特征表示能力，不少学者将其运用到了数据融合算法中。马永军等[④]提出了以卷

[①] McCulloch W. S., Pitts W., "A Logical Calculus of the Ideas Immanent in Nervous Activity", *Bulletin of Mathematical Biology*, Vol. 52, No. 1-2, 1990, pp. 99-115.

[②] 黄衍标、罗广岳、何铭金：《BP神经网络在巡逻机器人多传感器数据融合中的应用》，《传感技术学报》2016年第12期。

[③] 张红、程传祺、徐志刚、李建华：《基于深度学习的数据融合方法研究综述》，《计算机工程与应用》2020年第24期。

[④] 马永军、薛永浩、刘洋、李亚军：《一种基于深度学习模型的数据融合处理算法》，《天津科技大学学报》2017年第4期。

积神经网络模型为核心的无线传感器网络数据融合算法，有效地提高了数据采集精度；张辉等[1]提出了一种基于深度神经决策森林（Deep Neural Decision Forests，DNDF）的数据融合方法，有效提取了多维数据的关键特征，解决了体域网中多传感器数据采集过程中数据冗余大、特征信息模糊的问题。总的来说，与传统数据融合算法相比，深度学习可以有效地改善高噪声、多维度、大规模、结构复杂数据的融合效果。

（二）基于统计推理的数据融合

（1）D-S证据理论。D-S证据理论于1967年被Dempster[2]提出，后又经Shafer[3]完善推广，是一种不确定性推理的方法，能够高效地处理复杂和不确定信息，在数据融合领域发挥着重要的作用。有学者从维修性数据源中挖掘样本量和分布特征等信息构建证据，采用D-S理论合成证据作为权重，建立了维修性多源数据融合模型[4]。D-S证据理论可以很好地表达和处理不确定信息，然而在挖掘多源数据特征合成证据构建数据融合模型时，需要特别注意冲突数据的融合问题，注重考虑合成规则的适用性、运算量的适中性以及融合结果的正确性等。（2）支持向量机理论。支持向量机是Vapnik[5]于20世纪90年代提出的一种算法，以统计学习理论为基础，从线性可分的情况下寻找最优分类面发展而来，主要用来进行分类和回归分析，在数据融合中有着一定的运用。如蔡世清等[6]以支持向量机为学习机来预测多传感器信任度，使得提出的多传感器数据融合算法具有更高的预测精度和收敛速度；郑毅等[7]提出基于多任务支持向量机的多源健康数据融合方法，有效地融合了具有不同数

---

[1] 张辉、王杨、李昌、张鑫、赵传信：《基于深度神经决策森林的体域网数据融合方法》，《计算机应用研究》2020年第8期。

[2] Dempster A. P., "Upper and Lower Probabilities Induced by a Multivalued Mapping", *Annals of Mathematical Statistics*, Vol. 38, No. 2, 1967, pp. 325–339.

[3] Shafer G., *A Mathematical Theory of Evidence*, Princeton: Princeton University Press, 1976, pp. 85–150.

[4] 徐达、盖鑫、周诚：《基于D-S证据理论的装备维修性多源数据融合方法》，《电光与控制》2020年第6期。

[5] Vladimir V. N., *The Nature of Statistical Learning Theory*, New York: Springer-Verlag, 1995.

[6] 蔡世清、周杰：《基于支持向量机的多传感器数据融合算法》，《计算机工程与设计》2016年第5期。

[7] 郑毅、胡祥培、尹进：《基于多任务支持向量机的健康数据融合方法》，《系统工程理论与实践》2019年第2期。

据源个数的多源数据,且该方法具有较好的分类性能与结构稀疏性。总之,支持向量机分类和回归分析的精确度较高,提高了数据融合算法的性能。

(三) 基于估计理论的数据融合

估计理论方法可以分为线性估计技术与非线性估计技术,为复杂的数据融合过程提供了强大的方法支撑。其中,线性估计技术包括卡尔曼滤波、小波变换、最小二乘等,经典的非线性估计技术有扩展卡尔曼滤波(Extended Kalman Filter, EKF)和无迹卡尔曼滤波(Unscented Valman Filter, UKF)等。(1)线性估计技术。卡尔曼滤波方法是Kalman[1]在1960年提出的,是一种对信息系统当前的状态进行最优估计的算法,一些学者用其帮助解决数据融合系统中信息误差的估计问题。段杰等[2]利用卡尔曼滤波算法对农业大棚环境参数进行数据级的融合处理,去除了数据采集中噪声的影响,使得测量的结果更加稳定、融合精度更高;杨丹等[3]采用卡尔曼滤波算法,设计了融合陀螺仪、加速度计和磁强计多种传感器信息的机器人姿态测量系统,实现了对机器人实时姿态的精确测量。卡尔曼滤波算法具有较强的容错能力,但也存在着系统参数数量影响计算效率、不能处理非线性问题、对状态空间模型的精准度依赖较高的不足,要想进一步提高融合精度,需不断优化和改进卡尔曼滤波算法。(2)非线性估计技术。卡尔曼滤波算法无法对非线性系统的状态进行估计,为解决这一问题,有学者提出了扩展卡尔曼滤波算法[4],该算法一经提出便得到了广泛应用。如为获取准确、可靠的航向和姿态信息实现非线性系统的自主导航,卢艳军等[5]采用扩展卡尔曼滤波算法进

---

[1] Kalman R. E., "A New Approach to Linear Filtering and Prediction Problems", *Transactions of the ASME Journal of Basic Engineering*, Vol. 82, 1960, pp. 35 – 45.

[2] 段杰、姜岩、唐勇伟、王茂励、赵景波:《基于卡尔曼滤波算法的农业大棚数据融合处理技术研究》,《中国农机化学报》2018年第5期。

[3] 杨丹、刘小平、胡凌燕:《基于多传感器信息融合的机器人姿态测量系统》,《计算机工程与设计》2016年第6期。

[4] Rigatos G., Tzafestas S., "Extended Kalman Filtering for Fuzzy Modelling and Multi-Sensor Fusion", *Mathematical and Computer Modelling of Dynamical Systems*, Vol. 13, No. 3, 2007, pp. 251 – 266.

[5] 卢艳军、陈雨荻、张晓东、张太宁:《基于扩展Kalman滤波的姿态信息融合方法研究》,《仪器仪表学报》2020年第9期。

行姿态角和航偏角估计。然而，对非线性强度高的系统状态估计时，扩展卡尔曼滤波算法存在较大的误差，于是精度更高、收敛性更好的无迹卡尔曼滤波算法被提出，并被一些学者应用于数据融合中，孟阳等[①]设计了基于无迹卡尔曼滤波的多传感器最优数据融合方法，用于处理非线性特征明显的组合导航系统的数据融合问题。总的来说，扩展卡尔曼滤波和无迹卡尔曼滤波是适用于非线性系统状态估计的近似估计方法，近年来在数据融合领域得到了学者的大量关注与研究。

（四）基于综合方法的数据融合

为了提高数据融合方法的性能，增强其适用性，数据融合方法呈现出不断改进且朝着综合方向发展的特点，具体表现为将几种常见的融合方法结合起来。如为提高数据融合结果的速度和精确度，有学者将长短时记忆网络、BP神经网络和模糊推理与卡尔曼滤波相结合[②]；或将粗糙集理论与支持向量机相结合[③]。此外，为提高数据融合可信度，还有学者将卡尔曼滤波原理和基于多层感知机的神经网络预测法应用到误差协方差估计中[④]。可见，各种数据融合方法取长补短，发挥各自的特点与优势，得到了优于单一方法的融合结果。

三 数据融合应用研究

分析文献发现，数据融合应用研究是当前的重点与热点，课题组通过整理数据融合应用相关研究，运用VOSviewer软件构建了关键词知识图谱（见图2.5），根据图2.5可知，数据融合应用范围十分广泛，主要用于故障诊断、遥感、目标跟踪、导航、目标检测、交通工程、目标识别、智慧城市、状态评估、图像处理、机器人、产地鉴别、定位、三维建模等。总的来说，针对传统物理传感器的数据融合应用研究偏多，

---

① 孟阳、高社生、高兵兵、王维：《基于UKF的INS/GNSS/CNS组合导航最优数据融合方法》，《中国惯性技术学报》2016年第6期。

② 刘艳红、豆园林、任海川、曹桂州：《接触式传感器测量软体驱动器角度的数据融合》，《计算机工程》2021年第8期。

③ 王国虎、薛进学、王晓强、崔凤奎：《基于粗糙集理论与支持向量机的多传感器信息融合方法》，《现代制造工程》2016年第5期。

④ 吴会会、高淑萍、彭弘铭、赵怡：《自适应模糊C均值聚类的数据融合算法》，《计算机工程与应用》2019年第5期。

"以人为中心"的数据融合应用研究较为缺乏。不同领域的数据融合应用不尽相同、各有侧重，课题组对数据融合在图情领域的具体应用进行了分析。

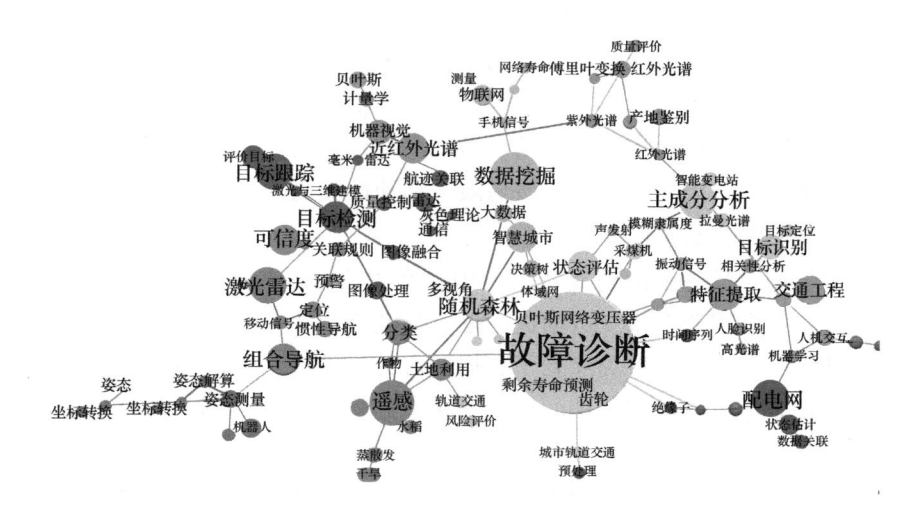

图 2.5 数据融合应用研究关键词知识图谱

（一）驱动智慧服务深入发展

大数据时代，智慧服务的发展离不开多来源多维度数据的支撑，数据融合技术为分析处理这些数据提供了有效途径，受到了不少专家学者的关注，蒲泓宇等[1]通过对政务多源信息筛选整合，构建了政务协同网络，助力政务服务智慧化发展。还有学者构建了产业竞争情报多源数据融合框架，推动了竞争情报智慧检索、个性化推荐、专项定制以及智慧预测四种产业竞争情报智慧服务方式的发展[2]。智慧化发展是当今时代发展的趋势，多源多维数据融合在智慧服务方面的应用依然有很大的潜力，未来可以从各领域智慧服务的具体问题切入，不断增强数据融合应用的广度与深度。

---

[1] 蒲泓宇、马捷、黄山：《基于业务流的智慧政务多源信息协同结构分析——以长春市为例》，《情报资料工作》2020 年第 1 期。

[2] 郑荣、杨竞雄、张薇、常泽宇：《多源数据驱动的产业竞争情报智慧服务研究》，《情报学报》2020 年第 12 期。

(二) 促进用户行为综合分析

数据融合在用户行为方面的应用主要是通过构建用户行为特征提取模型，预测用户潜在需求，为用户提供个性化、精准化服务。孟凡会等[1]利用深度学习算法将多源用户痛点信息进行融合，建立了用户痛点信息核心词库和指标词库，以达到预测用户需求发展动向的目的；张继东等[2]在移动社交网络用户行为感知中加入了多源融合数据，使得对用户行为习惯的分析更加准确。融合多源多维数据可以提高用户行为感知的精准性，但是用户类型不应该局限于移动社交网络人员。

(三) 助力信息资源创新建设

大数据时代各个机构或者系统中存在着许多丰富且高质量的数据，如何对这些多来源多维度数据进行挖掘与使用成为资源建设的重点与难点，基于此，不少学者关注到了数据融合方法。有学者通过判定和总结公共文化服务机构年报文档的格式、文本结构和特定数据项的上下文特征，对各类年报数据建立了模板进行匹配并抽取[3]；还有学者在人物专题数据库的建设与实现过程中注重数据关联，融入了多源数据和自建数据，推动了数据库建设由数字化向数据化方向发展[4]。总的来说，数据融合方法拥有着强大的数据分析与治理能力，为文化等信息资源的建设开辟了良好的路径。

(四) 推动科学前沿精准识别

及时探测、识别科学研究主题的最新前沿有利于科研管理者进行科学决策，但目前相关研究主要是依据期刊论文展开分析，单一的数据分析结果不能全面科学地反映研究领域的整体状况。因此，有学者结合传统 LDA 算法和 Word2vec 词聚类算法的优点，提出了 LDA2vec 模型，注

---

[1] 孟凡会、王玉亮、汪雷：《信息碎片化下用户痛点多源信息融合分析研究》，《情报理论与实践》2020 年第 7 期。

[2] 张继东、李鹏程：《融合多源数据的移动社交网络用户行为感知研究》，《情报科学》2016 年第 12 期。

[3] 刘仕阳、王威威、化柏林：《多源数据环境下公共文化服务机构年报的数据抽取研究》，《图书馆杂志》2020 年第 12 期。

[4] 赵星、李书宁、肖亚男：《数字人文视域下基于多源数据融合的人物专题数据库建设——以上海图书馆 2018 开放数据应用开发竞赛作品"树人者"为例》，《图书馆杂志》2019 年第 12 期。

重多源文本，将论文与专利结合起来进行主题热点分析[①]；还有学者在专利、论文信息的基础上，又融入舆情信息，借助情感分析法、熵值法、CRITIC 权重法与 LDA 模型法多种方法结合，引入更多要素，更加科学地识别新兴技术主题[②]。此外，张维冲等[③]还增加了图书、基金项目、行业报告、政策等多种数据源，分析多源数据的时序性、主题内容和主题关联，以区块链技术为例进行发展趋势识别。从现有研究来看，运用数据融合技术从多源文本中识别科学前沿，结果更加高速、全面和准确。

通过文献梳理可知，目前我国多源多维数据融合已经具有一定的研究规模，研究内容包括理论、方法与应用三个方面。就理论研究来说，部分学者对数据融合的问题、思路与体系等给出了自己的见解；就方法研究来说，不同专业的学者对各自领域的数据融合方法进行了优化与完善；就应用研究来说，各领域根据具体问题通过建设平台、设计系统和构建模型等方式对数据融合技术有了不同程度的运用。其中，图情领域对数据融合方法的使用更多体现在智慧服务发展、用户行为分析、信息资源建设、科学前沿识别、突发事件响应、科学评价优化等方面。

当前研究依然存在以下几点不足：①理论基础研究相对薄弱，对相关概念缺少统一的定义与认识，缺乏系统的理论基础，没有形成完整的理论体系。②数据融合技术的发展面临着数据异构、数据不确定、数据异常和虚假、数据关联等多个方面的问题，但是大多数技术研究只是集中在解决这些问题中的部分，缺少对解决所有问题数据融合算法的整体研究。③应用研究主要集中在"以物为中心"的数据融合上，缺少对"以人为中心"的数据融合的研究，即对物理传感器等设备获得的"硬数据"的融合研究较多，对来自社会网络、数据库等信息系统的"软数据"或"软硬数据"融合的研究相对较少。同时，数据融合方法在图情领域的应用研究还处于起步阶段，发展不成熟，未来还有很大的研究空间。

[①] 裘惠麟、邵波：《多源数据环境下科研热点识别方法研究》，《图书情报工作》2020 年第 5 期。

[②] 唐恒、邱悦文：《多源信息视角下的多指标新兴技术主题识别研究——以智能网联汽车领域为例》，《情报杂志》2021 年第 3 期。

[③] 张维冲、王芳、赵洪：《多源信息融合用于新兴技术发展趋势识别——以区块链为例》，《情报学报》2019 年第 11 期。

第四节　研究进展述评

国内外相关学术研究和业务实践对公共文化智慧服务、公共文化数据治理以及多源多维数据融合领域研究付出了努力，为本书提供了理论与实践参考。文献调研结果梳理归纳如下：

首先，公共文化智慧服务是一个发展而至的本土概念，从传统、现有的公共文化服务到公共文化智慧服务转型是呼之欲出而又刻不容缓的。公共数字文化建设与发展，是公共文化智慧服务的前期研究基础。作为公共一类数字文化的典范，文化部着力推出的三大工程——数字图书馆推广工程、公共电子阅览室推广计划、全国文化信息资源共享工程等公益性数字文化建设项目互为支撑，分批、分层次一起构建了我国数字文化的基础服务体系，并通过文化资源数字化建设共享共建平台，对我国社会经济与文化的发展构成合力。而作为公共二类数字文化的代表，国家科技数字图书馆、中国高等教育文献保障系统、大学数字图书馆国际合作计划、中国高校人文社会科学文献中心等数字图书馆共同构筑了公共数字文化平台。通过资源的共建与共享、技术的互助、标准的互操作、服务的互通，我国公共数字文化对于普及教育、保存文化、促进教学与科研、服务经济等方面作出了巨大贡献。但我们也应注意到，公共数字文化建设在制度建设的透明性与规范性、资源建设内容的丰富性与层次性、服务对象的广泛性与服务内容的个性化等方面还需进一步加强，同时作为一项社会公共文化事业，其公益性与公共性不容忽视。从综合治理的角度来阐述公共数字文化建设，使得公益性文化事业建设具有理论张力和实践价值。从"制度""设施—资源—服务—知识产权"内容上进行综合治理，并对其功效进行评价具有较强的现实意义。公共数字文化治理过程体现了"信息自由、免费、平等、开放、公开、效率、互动、关注弱势群体"等特点，公共数字文化治理不仅强调公平公正，同时也注重公开透明。这就意味着数字资源与服务的再次分配的公平公正，也意味着信息的公开与透明，这需要构建公共数字文化统一的管理机构与法人治理机制；致力于信息公开与信息披露；提升宣传推广与用户参与力度；鼓励基金与社会力量参与，实现多元治理。

其次，目前对公共文化智慧服务的研究较少，多源数据融合与文化服务的交叉领域几乎空白，多源数据融合在公共文化服务方面如何应用仍处在探索规划阶段，尚无具体可操作的实践路径，但已有多源数据融合应用于商用或民用平台构建中，值得参考借鉴。多源数据融合研究至今，逐渐突破原有领域的界限，从军事领域向民用领域辐射，再从遥感技术应用向多领域、多学科方向发展。总体而言，多源数据融合的研究分为三个维度：

（1）数据融合进展研究。数据融合研究源于20世纪70年代的军事领域，在由军用转向民用过程中，主要研究包括数据融合技术、数据融合模式和数据融合技术。数据融合起源于遥感技术领域的研究与实践，在图像处理技术领域，多种多样的遥感图像处理方法和算法应运而生，它们以其高效易用等优势被广泛应用于海量遥感数据的识别、处理、组织和信息可视化。时至今日，遥感数据融合仍然是国内外研究的热点，未来遥感融合技术还向着"时—空—谱"一体化融合的拓展、空天地观测数据的跨尺度融合、传感网环境下的在线融合、面向应用的融合方法发展。

（2）应用领域研究。多传感器数据融合系统的应用从应用领域来划分可大致分为军事应用和民事应用两大类。多传感器数据融合技术发端于军事需要，主要用于包括军事目标的检测、定位、跟踪和识别。遥感在民事领域应用非常广泛，在天气观测、资源勘探、农业管理等方面都有涉及。例如在空间数据研究中，地学数据是典型的多源空间数据，因此在GIS研究中利用大量多源数据融合的模型和方法。例如在海洋研究中，有研究者研究基于多源数据的海域管理信息管理系统等。数据融合的形式越发多源，融合数据类型也越发多样，例如数据融合包括传感数据与社会数据的融合、历史数据与实时数据的融合、线上数据与线下数据的融合、内部数据与外部数据的融合。从应用领域的研究中可以看出，实现多源数据融合的应用的领域，一般都是包含遥感数据在内等多源实测数据，这与基于大数据的多源数据融合的研究有较大区别。

（3）基于大数据的数据集成与数据融合研究。海量实践中数据的关联和交叉，形成了数据多源异构的主要特征。数据发挥着更重要的作用，相应的数据管理与处理难度也大幅增加。如何在新情况下实现大数据的价值最大化成为研究的热点问题，不少学者提出了数据融合这一方案。大数据环境下的数据融合研究，更多是利用多源数据融合的理念，对大数据环境中的各类型、各层次数据进行研究。在此思想影响下，多源数据已经不仅限于多传感器数据，多源数据融合的构成就是由不同信息源得来的数据结构不同的信息合集通过一定整合手段最终达到能够统一利用的目的。大数据条件下的多源数据融合要解决两类数据：一是来自不同信息源但信息内容主题一致的数据；二是数据表现形式多样不统一。而多源数据融合就是将不同层面、不同类型的数据融合，输出成为更具价值、更有竞争力的数据信息。

目前的多源数据融合研究，多源数据融合理论梳理不足，未构成理论体系与方法体系。为此，在现有研究的基础上进行深度挖掘、形成专题专项研究是有必要的。多源数据融合理论不完善是学者们的一致看法，不具备足够的理论支撑体系以及方法体系，对多源数据理论融合的发展是极为不利的。化柏林等[①]在此方面进行了研究，提出了基于多元表示原理、相关性原理、意义建构理论的理论方法体系。他还提出并分析了多源数据融合技术方法与模型，列举了从国家级到企业级的典型应用，可以说化柏林给情报领域设计了一套兼备理论与技术方法多源数据融合的体系。而近年来，多数据融合研究最为集中的点在智慧城市建设研究中。智慧城市中城市多源大数据融合空间系统研究，传统数据与新兴的大数据结合是该领域研究的一大趋势。系统通过云端庞大的存储空间，使得对海量数据的处理成为可能。其中研究的重难点有城市多源大数据的收集、初步筛选、信息输入、信息清洗以及数据可视化，还有关于云端数据的管理。

图书情报学关注多源数据融合主要是因为情报分析需要与知识服务需要。（1）情报分析工作影响力逐渐扩大，诸多行业开始关注到情报分析领域，这使得情报分析的内容更加丰富、需要处理的情况更加多变复杂，这就要求对多源信息拥有较强的分析能力，一个问题需要可能综合

---

① 化柏林、李广建：《大数据环境下多源信息融合的理论与应用探讨》，《图书情报工作》2015年第16期。

多种信息源才能得出完整事实，才能得到更高质量的情报分析结果。化柏林认为多源信息包括：同型异源信息、异质异构信息、多语种信息。在大数据时代，情报工作更应该将多源信息作为研究对象，只拘泥于单一信息源的情报工作是不全面、不充分的，得到的结果自然也是不准确的。（2）基于多源数据融合的知识型服务，首先是对多源数据进行聚合与整理，进而完成知识融合，得到有利于完成知识服务的价值信息；其次，通过数据融合的技术，完成隐性知识向显性知识转变的过程。实现开发型知识发现工作，同时还完成了资源重组、信息融合、深度服务的目标。

智慧文化服务研究目前来看还处在前期摸索与塑型阶段，对于智慧文化的研究分为两个路径：第一，将智慧文化与公共数字文化、公共文化服务体系相联系，在公共数字文化建设与研究的基础上以服务为导向，对智慧数据、智慧服务、智慧文化加以统筹研究，将公共文化智慧服务作为公共文化服务的一部分，也是未来公共文化服务的发展趋势。第二，体现以数据导向，重点研究智能化服务。这部分研究利用大数据以及平台搭建技术，将智慧文化服务实现作为主要研究内容，研究中注重技术应用与数据挖掘与整合，探索智慧化服务的方式与方法研究。

从研究总体情况来看，智慧公共文化的定义属于中国特色的研究，在寻找国外类似研究中，可直接参考的内容并不多，只可见各国在国家公共文化服务领域的数字化建设，而我国的智慧公共文化研究也才开始起步，对智慧公共文化研究的理论探索显得极为重要，找寻理论依据，探寻智慧公共文化研究的科学性，是研究此领域相关研究的基础，在课题研究中，理论方面的研究被视为根基。而智慧公共文化研究，必定要将服务作为最终导向，而公共文化智慧服务中的智慧体现，也是研究中的重点，因此数据研究的分量与视角决定了智慧公共文化研究的深度与可实现性。

网络平台研究是公共文化研究的新内容，网络平台的实践也给了公共文化智慧服务研究很多启发与带动，平台建设内容比较复杂，研究中技术要求也很多，目前的研究中智慧文化服务搭配平台建设，是研究与实践的主流趋势。智慧公共文化研究还有一个重要特征，即公共性，这是有别于其他智能化服务的首要特征，公共性研究既是智慧公共文化研究与应用的出发点，也是研究性质的确定点，更是研究的创新点，同时，也是可以联系公共数字文化研究的重要逻辑点。可见，在公共文化智慧服务研究中还有许多待突破的空间。

一 公共文化服务的智慧化升级

传统的公共文化服务向公共文化智慧服务迈进，重点在于如何"智慧"，核心在于如何运用"治理"的思想将二者有机结合，在多源异构融合的基础上提高数据的效用性和实用性，完成信号、数据、信息、情报、知识、智慧的优化更新过程，环环相扣，以此为基础完成一个又一个服务决策，升级传统的公共文化服务，使其更加智慧。本书的核心在于公共文化智慧服务，手段是多源数据融合，中介是云平台，云平台的建设本质上是治理的过程，云平台是通过多源数据融合实现公共文化智慧服务供应和发展的中介。

二 公共文化智慧服务理论体系构建

当前公共文化智慧服务以及多源数据融合都缺乏成熟、系统的理论和方法论支撑体系，无法对当前实践提供有效的理论支撑。在此背景下，本书将从公共文化服务发展的基本规律出发，结合实际情况，从组织机制、制度安排、运营管理与监督方式等方面进行规律性的探究，从而提出恰当而又具体的公共文化智慧服务体系。探讨公共文化智慧服务的理论背景，依托已有公共数字文化服务体系建设，在主体、目标、路径、格局等方面进行创新优化。

三 基于多源数据融合的数据驱动模式、机制研究

数据驱动是通过移动互联网或者其他相关软件为手段采集海量数据，将数据进行组织形成信息，之后对相关信息进行整合和提炼，在数据的基础上经过训练和拟合形成自动化的决策模型。当新的情况发生、新数据输入时，系统可以用前面建立的模型以人工智能的方式直接进行决策。信号、数据、信息、情报、知识、智慧，一环扣一环，不断地上升迭代，完成一个又一个决策。多源信息融合与大数据一样，是一个实践驱动的领域，从数据层面或实践事实层面出发，驱动数据融合技术或

方法研究的丰富与深入，同时随着融合现象与融合实践的增加，多源信息融合的理论机理与数据驱动机制的研究将会持续增多。

四　多源数据融合下的数据治理探索与信息服务研究

多源数据融合理念下，资源建设的第一步是数字资源的整合，主要有从时间上与空间上两个层面的整合。这一步可以使信息以更加科学的形态进行聚合，从而能够被更好地利用。然后是在应用层面对信息机构的融合进行尝试，最终期望建成统一平台，并从理论、实践和应用三个层面研究大数据背景下信息机构实现数字资源融合与服务的可能性与可操作性，并探讨多源数据融合下资源构建及信息服务可持续发展的正常运行机制与多方保障体系，系统分析多源数据融合与数字资源建设的关系与机理作用。

五　"社会—技术交互论"视角下的公共文化智慧服务平台构建

当前主流"技术决定论"是将技术作为轴心，企图以技术发展推进服务发展，而忽视了社会、文化发展情景对于智慧服务的影响。所以本书的突破点在于将技术、人、文化、服务和社会串联起来，从"社会—技术交互论"的视角研究平台的构建，在平台构建过程中，结合前期的公共文化服务研究以及新型城镇信息化研究成果，强调多元主体的交互作用，分析如何通过"治理"的思想提升和优化技术对社会、文化的构型作用，社会、文化对于服务的承载作用，公共文化智慧服务对人的塑造作用，使云平台置于中国社会、文化情境下，可以"落地"为人所用，运用当前技术（加入区块链技术）构建可实际应用的平台，在平台构建过程中强调人、技术、文化、服务以及社会之间的协同治理，将技术、人、文化、服务、社会串联起来，以"治"谋"智"。

第三章

相关基础理论

面向智慧服务的多源多维公共文化数据治理及政策保障研究是一项具有跨学科性质、实践性较强的工作，需要图书馆学、社会学、文化学、公共管理学等学科的理论基础作为指导。从公共文化智慧服务、数据治理与多源多维数据融合的内涵、理念、目标出发为其寻找理论支撑，发现信息资源管理理论、整体性治理理论、信息场理论和数据管理理论与选题具有较高契合性，本章将详细阐述上述理论的基本内涵和指导意义。

第一节 信息资源管理理论

一 理论内涵

20世纪随着通信技术的迅速发展与应用，"信息"作为一个专业术语在通信理论中被提出。"信息论之父"Shannon于1948年在《通信的数学理论》一文中首次对信息的定义有了明确的阐述，自此以后，信息这一概念的适用领域逐渐扩大，发展至今自然科学、人文科学以及社会科学众多领域关于信息的定义既有相似也有区别。在这一过程中，概念的内涵不断丰富，不同情境下的定义也不尽相同。钟义信归纳各领域对信息的定义，认为其是事物运动的状态和方式。这一定义的范围极宽，基本能够覆盖所有情境下的情况，并且能够灵活变通。我们正处于一个信息爆炸的时代，信息可以说是唾手可得的，重点是如何进行筛选以最大限度地满足需求。

"信息资源"实践的观点由日本率先提出。这一概念提出的背景是

"二战"后的日本，这一时期日本正是亟待发展建设的当口，为了谋求经济的复苏，日本开始推行"技术立国"的政策。技术立国的政策要求主动引进国外先进科学技术并以振兴工业的发展为首要任务。技术立国政策一经制定便得到大力的推行，关于技术的开发如雨后春笋般发展起来，技术投入利用的速度非常迅速，在这一实践过程中逐步形成"信息资源论"的创新理论。从理论的层面来看，美国信息经济学家 G. 斯蒂格勒等在 20 世纪 50 年代至 60 年代初就从微观出发，对信息蕴含的价值、信息转换成的价格、信息耗费的成本、信息与社会资源配置的互动关系等方面进行了分析研究。同一时期，F. 马克卢普等从大处着眼，对整个知识与信息产业进行了调研与剖析。学界业界越发意识到信息也应当与自然资源、人力资源等并列，作为一种重要的经济资源。随着信息知识产业在国家产业结构中的比重逐渐增大，实践中信息资源也愈发常见与重要，社会也开始广泛认同"信息资源论"的思想。

尽管"信息资源论"这一思想已经取得了社会的广泛认可，但由于信息本身的根本性质与信息的度量仍存在争论，从理论角度对"信息资源"的内涵与外延做深入研究的成果在国内外都较少，学界对信息资源尚没有统一的定义。总结来看，学者们对信息资源的定义大致可以分为广义和狭义两类。狭义的理解，认为信息资源就是各种媒介和形式的信息的集合。即信息资源只限于信息本身，而不包括其他因素，并且这里的信息指的是经过人类智慧加工后的能满足一定需求的有用信息；广义的理解，即信息资源是信息活动中各种要素的总称，既包括信息本身，也包括与信息相关的人员、设备、技术和资金等。

不经过加工的天然信息不能算作信息资源。人类可以生产加工信息资源、对信息资源进行管理维护以保障其价值，还可以消费信息资源以实现其价值。信息资源管理是以信息资源的生产与消费为基础的，生产与消费之间的连接实现需要信息资源管理。信息资源的价值实现需要条件，它与信息本身联系，也与过程中参与要素息息相关。信息的检索、选择、组织、储存、传递等全过程是要依靠技术支撑的。专业人力资源可以使信息的利用更加高效便利。技术、人力、设施、资金等同样是信息资源体系的重要组成部分。

Shannon 认为信息的传递是有方向性的，符合运动的规律。一定程度来说，信息工作的内容就是有效对信息流进行组织，这种组织不是独立的，而是存在于社会中人的各种活动之中①。关于信息流的定义也没有形成统一的意见，总的来说有广义与狭义之分。广义的信息流是指人类借助一定手段交换信息或进行信息的交流，既可以是近距离的口头交流，也可以是物理距离较远的、借助媒介工具达成的线上交流，包含了信息从产生到价值实现的全部过程和途径。狭义的信息流是以互联网信息技术为基础的，特指过程中，信息在计算机系统和通信网络中的流动。从信息流的产生角度来看，信息流是指信息从信源经过信道到达信宿的整个传递过程。由此可见，信息仍然是信息流存在的核心与基础，而信源、信道、信宿直接关系到信息流能否正常运行。信源作为信息的直接来源，是信息流质量的保障。信道是信息流动的路径和媒介，它关系到信息的准确性与可信度。信宿是可靠信息到达的目的地和接收处，是信息流能否形成的关键之一。信源是信息的发送者，信宿是信息的接收者，两者没有明显界限，在不同的实际情况中两者可以相互转换。信道作为信息的流动渠道，是信息交流中的关键因素。这三个因素共同影响着信息流的质量，通过控制信息流动环节，密切关注各环节状态，可以达到更好实现信息价值的目标。信息流不是独立存在的，而是与信息用户、信息环境等要素共同构成了有机的信息系统，既有规律性也存在随机情况。

在机构服务中，信息流的分类主要是从空间视角来划分的，大致分为两类，即内部和外部。内部信息流即机构内部信息的流动，主要指部门之间的信息交流，又可以被细分为下行流、上行流、平行流和纵深流，分别对应不同的信息流动方向。下行信息流的方向是自上而下的，即从机构的决策层到管理层最后流向执行层，比如一些发展规划、发展方向等长远性、全局性、统筹性的信息。上行信息流与下行信息流的方向相反，自下而上，主要是针对下行信息的反馈。平行信息流指那些没有层级纵向流动的同级信息流动，机构部门间的合作就需要平行信息流。纵深信息流是指信息较复杂时，纵深方向的信息流动，例如公共服务部门对服务信息进行处理时产生的各类信息。外部信息流主要是将机

---

① 李卫华、李师贤：《信息流理论及其应用研究》，《计算机科学》2006年第7期。

构置于现实环境中,其与其他主体交流从而产生的信息流动,通过信息交流更好地满足机构自身发展需求。在传统的公共服务中,各层级都以需求信息流为中心,都对服务对象负责。获取信息是信息利用的基础条件,所以内部信息流才是业务的重点,如何更好地将外部信息流转化为内部信息流是重要问题。

信息流具有四项基本特征:(1) 系统性。没有加工的信息是混乱无序、分散分布的,信息流通过将信息分类整合而达到对信息系统化加工的目的,信息流是具有系统性的有机整体。(2) 客观性。信息是因时而变、因势而新的,信息流由于其流程的复杂性与信息流通的多主体性,容易出现与客观现实不符的情况,所以在信息流全流程都应密切关注客观性问题。(3) 时效性。信息流的质量与时间因素关系密切,信息流优化策略重要的一条就是时效性,所以为了保障信息流的价值发挥,时效性是不可忽视的关键因素。(4) 连续性。连续性的体现主要有空间与时间两个方面,时间上要保障信息流的时效性,空间上要保障信息流通达与信息的协同共享。所以信息流的通达度和共享水平共同影响着信息流的连续性。

信息交流的动力源于信息流的原动力,从信息流原动力到信息交流动力的传送诱发了原动力与更多连接点动力的生发。信息需求时信息流原动力的成因,也是信息交流的目标结果。信息需求促使信息流动,在信息的流动中满足信息需求。首先用户在实践中产生特定信息需求,驱动相关信息生产,生产出来的信息再通过信息传递最终达到有信息需求的信息用户,这就是一个完整的信息交流过程。另外,利益诉求是信息交流的助推剂。利益诉求有物质层面与精神层面追求两类,物质层面通过交易行为实现,并且信息使用者对信息质量的提升有积极的督促作用[1]。

信息流是涉及多元主体的活动,所以主体间交互方式如何优化是需要关注的问题,信息的自动控制是基础,流程中主体的参与方式是更高阶的改造。信息流的流程变化与各环节参与者息息相关,所以应该从参

---

[1] 娄策群、杨瑶、桂晓敏:《网络信息生态链运行机制研究:信息流转机制》,《情报科学》2013年第6期。

与主体的视角去思考改动策略。信息技术是流程优化升级的重要工具。现代信息技术的发展为信息交流和集成提供了全新的方式,大大拓展了信息交流的空间,打破了物理距离局限。此类工具大大增强了各参与主体的连接,同时主体的参与度更高、积极性更强、拥有更好的体验。例如,平台为有不同需求的用户提供能够满足其多样需求的个性化门户,使服务更有目的性,更好与需求契合。目前快速发展的工作流技术,可以根据任务的不同,自动识别分析达到在不同主体中严密传递,压缩时间成本,最大限度实现信息价值。参与主体的重新组合依靠技术支撑并希望更好发挥参与者的能力,最终目的是形成新的系统化的参与者关系体系。信息流流程的重塑不仅与技术有关联,也是参与者主体的重新排列组合[1],流程重塑的最终目的也是使参与者找准位置,将自我优势发挥出来。

二 对公共文化智慧服务研究的适用性

信息交流自古就有,它是人类社会活动的必然产物。信息交流让人类文明的延续成为可能。信息交流是人类交往的前提,信息借助一定的载体,从信息的生产者流向信息的接收者,这就是信息流的形成,人类社会的正常运行离不开通达的信息流。

现阶段,信息时代的发展对组织结构提出新的议题。21世纪,以微电子技术、信息技术和现代通信技术相结合为特征的信息技术革命浪潮涌动,基于信息技术的快速发展,整个人类社会经历着一场巨大的变革,冲击着传统组织结构模式,从根本上延伸着内在和外在环境,改变了发展要素,促进组织制度和运作模式的创新。新的技术逐渐应用于组织设计、流程、战略和组织与外部的关系中,促使组织内部的操作与整个组织的运行机制发生改变,这些都为变革管理提供着原动力。

信息管理以维护信息流的共享为最终目的。在以往的管理活动中,信息流往往滞后于业务流,信息在传递过程中常丧失准确性,这种信息滞后与失真极大阻碍了业务工作的开展和对相关信息流的控制和调节。通过现代信息技术的应用,可以在业务工作流程中实时地采集信息,并

---

[1] 赵卫东、戴伟辉:《基于信息流的流程协调分析》,《管理工程学报》2004年第4期。

及时对采集到的信息进行集中存储、统一处理整合并有效传递，从而快速反馈信息，以此控制和调节相关业务工作流程，实现信息的追溯性，做出准确判断和实时决策。

信息交流能够保证服务的可持续性。信息系统整体自运行的循环过程，保障了系统的可持续性，并且提高系统中物质、能量的流转速度，不断促进因子间的作用关系，同时维持系统的先进性，进而满足进化需求。信息系统进化涵盖了信息系统内的各个要素自身的优化和各个要素输出的产品的优化两个层面。两层含义的结合凸显了信息系统进化的意义所在。公共数字文化服务有效性的增强，应从系统整体切入，对服务过程中的信息交流方式展开系统的研究，在各个构成要素功能提升的基础上促进整个服务流程的进化，进而保证信息服务的可持续性。

宏观配置能够加强公共文化智慧服务的调控力。在宏观配置中，协调互补的各构成因子之间优化了系统结构使得因子功能得以发挥。从配置的角度研究公共数字文化服务，分析服务主体、服务技术或平台、服务方式及策略等构成要素的作用及相互影响，能够优化服务过程，形成良好的服务功能，进一步促使信息、人才、服务等要素的优化。

协同进化是提升服务有效性的有效方式。信息理论强调人在系统中的主导控制作用。通过调动人的积极能动性，促进信息主体、信息、环境的交互，从而带动系统的平衡发展。服务主体分散、未能整合是目前公共数字文化服务面临的主要问题。在服务中，不同主体的定位出现了严重的偏差，加上主体的能动性不够使得信息服务的主导控制作用无法充分发挥。信息理论为服务主体的互动合作提供了新的发展理念，以协同进化为目标，能够通过调动不同主体的积极性，从而提升信息服务的有效性。在对公共文化智慧服务的研究中，信息系统的核心要素是能在信息环境中发挥能动的、积极的作用的信息主体。

信息管理理论以新视角为文化服务提供理论参考，从构成要素、信息流动方式、模式优化演进等方面来看，公共文化智慧服务是一个类系统，信息管理理论可以为公共文化智慧服务的研究提供理论依据。

系统构成要素相似。信息因子、信息主体因子、信息环境因子之间相互依存、相互制约的有机互动理论有助于分析公共文化智慧服务的多种构成要素以及要素之间的作用关系。在信息管理中，研究信息主体与其周围环境的成果较多，信息技术环境因素与信息主体的关系作为信息管理理论的内容的探讨也较为常见。在由信息主体、信息和信息环境等诸要素构成的公共文化智慧服务中凸显信息主体因素，是因为其可以根据环境的变化协调内部各相关要素，对公共文化服务决策和行为提供有效的有针对性的指导。在公共文化智慧服务中，信息主体之间相互协调、信息因子之间相互作用，促进了信息传递过程中服务效能的实现，减少了信息资源浪费，避免了信息孤岛现象。

信息流动方式优化的选择。信息流是信息主体之间相互关联并产生作用力的形式，信息交流以链式依存。信息交流的方式与特点能够引导公共数字文化服务流程中的信息流动方式，引导贯穿整个服务过程的服务内容资源的流动。信息流动方式的优化能够提高信息服务的效率，能进一步优化服务系统，从而为服务主体注入活力。

促进系统模式的平衡。信息管理理论的目的是实现系统的平衡稳态，保障系统的正常运转。公共文化智慧服务系统的平衡状态也是服务主体所追寻的最佳服务状态，也就是能够实现服务的自行运转，并在运转的过程中不断改进。信息系统本身是一个开放的系统，与信息环境之间有物质、信息、能量的交流，信息系统中原本的信息平衡状态随时可能被破坏，平衡破坏时需要信息系统本身的反馈协调能力和信息系统内部信息因子相互作用、相互关联，以促进系统达到新的平衡状态。

公共文化智慧服务是一个大系统，并不能靠技术的进步解决所有问题。公共文化智慧服务的核心是信息主体。在服务中，信息主体对信息获取、开发、加工、利用发挥着积极的、能动的作用。因此，公共文化智慧服务中信息主体的数量和质量、素质对信息系统的影响并不能完全忽视。同时，体现了自然、社会、科学技术间的交互作用，在自然环境基础上经过人类加工而形成的信息环境是社会环境的一部分。一个国家或地区的信息化水平深受信息环境的制约，并间接影响公众的信息生活质量。处于一定的信息环境的主体一方面不断地进行着信息的交流与传递，另一方面信息主体借助于获取与利用信息的实践活动对信息环境产生影响。公共文化智慧服务需要着眼于信息—信息主体—信息环境三者之间协调发展的理念，重点探析这三个要素及其相互关系形成的有机整体，以有效提升公共文化的服务效能。

第二节 整体性治理理论

一 理论内涵

社会在转变过程中,传统社会体系下的各种主体间的关系、结构组成和观念逐渐土崩瓦解,取而代之的是各种利益群体的不同诉求以及社会成分的碎片化,"各自为政""视野狭隘""部门主义"是其重要表现。碎片化主要表现如下[①]:

权力的碎片化转移导致的国家空心化。结构性权力转移的三种主要方式为水平专业化、垂直结构性和转向政府以外三种主要方式。水平专业化是指部门内部职能的重新界定和根据实际情况对部门结构进行专业化打造重组。垂直结构性权力转移则需要在存在上下级关系的组织之间,上级将权力向下级移交。权力向政府以外的组织转移是指政府将原有职能中一部分商业性质的活动转嫁给企业。但是这种转嫁存在较大的政治和政策风险,尤其是对边界的界定及程序的把握。还值得注意的是,企业追逐商业利润和政府注重公平正义的价值取向不一致,如果监管不力,就会导致公共责任缺位甚至出现公权力私相授受的违法行为。

部门功能碎片化导致机构裂化。目前政府的管理体系是建立在对部门的专业分工上的,然而分工往往意味着"分家",部门主义会导致政府的整体效率偏低。机构责任越明确,机构绩效改善的空间也越大。这种建立在专业分工基础上的部门设置模式,一旦引入绩效管理模式,便会助长部门过分关注自身利益的不良风气,短视行为也更容易出现,长远利益、全局利益和集体利益难以得到保障,部门之间甚至会形成恶性竞争,导致事倍功半。

权力、部门功能碎片化导致公共服务供给碎片化。政府管理包括政策制定、规章设立、服务提供、监督实施等环节。一方面,部门政策和项目会产生冲突。政府部门自己的政策目标根据自身职能进行设定,而

[①] 曾凡军:《基于整体性治理的政府组织协调机制研究》,博士学位论文,武汉大学,2010年。

这些职能在设定之初就已经有重复或者空白的地方，不同项目间也可能相互冲突或重复。例如，有的公共文化机构活动场所有可能空置，而有的公共文化活动因没有场所要去建设，这样就造成重复建设。另一方面，业务流程存在问题。政府部门都有自己处理工作的程序，而不同程序之间也可能会互相矛盾。同时，政府部门开发各类信息系统，然而由于牵头部门不一样，各系统互不兼容，形成信息孤岛，资源无法得到充分利用。最后，政府部门按照专业分工设置，但是公众面临的实际问题具有系统性，需要多个部门联合解决，直接导致公众办事难。

要解决碎片化问题，政府需要通过横向协调和纵向整合的方法打破部门之间的壁垒，把不同利益的主体放在一个整体性利益的框架下进行考虑，实现利益最大化。系统思考是从整体上把握问题解决方案的一个方法，表现为复杂性问题被分解成一个个问题去解决，大目标被分成小目标去实现，对问题系统进行不同的处理，形成不同的实现目标和解决路径。

系统性的方法由于满足解决多元问题的需要，呈现出多元化的特点。系统思考通过探寻复杂性问题的各个方面、各个层次，尽可能全方位地反映这个问题的全貌。系统思考还需要兼顾涉及这个问题的各个利益主体，将更多的注意力放在对各部分关系的把握、对方法的改进和对措施的优化上面，形成包含数据、目标和解决方案的完整体系。系统思考和传统思维在形成解决方案方面有可能相同，也可能不同，其最主要的作用是尽可能识别出解决方案不完善的地方，并留下必要的空间。系统思考能有利于减少解决复杂问题过程中的风险，有利于设定合理的目标以及寻求合适的解决路径。

侧重系统思维的整体性治理方法重在处理各部分关系，同时聚焦于核心关系并采取合理的分析层次，包含三个逻辑过程，对目标进行设定，将各个流程进行连接整合，最终形成一套解决机制。一是作为目标状态的整合，整体性治理首先要考虑的是：这个问题的责任主体是谁？涉及哪些利益相关方？需要哪些"跨界性"的机构相互协作来实现？二是作为对组织间关系协调方式的整合，这个过程将会通过组织层级、组织间或内部和公私部门三个层面的整合，实现对目标的分解与行动方案的执行。三是逐渐紧密与相互介入，这种合作方式更加紧密，显示出高度的一致性。在解决问题过程中，各组织形成良好的合作关系，并且寻求更加长久稳定的同盟关系。

二 对多源多维数据融合研究的适用性

公共文化服务活动产生的数据来源广泛、形态异构，数据分布形态的碎片化促使整体性治理的提出。公共文化数据资源因其公共性，从而涉及复杂权力归属、利益分配繁杂等特性，直接造成数据利用整合度低、无法形成体系等弊端。

由于公共文化数据资源本身仍然可以归属于公共产品，所以它也同样具有公共产品的属性。公共文化数据资源价值挖掘是时下有关数据价值研究的合适切入点，已有研究发现价值挖掘有赖于管理层通过供给侧改革来调整资源结构、使要素实现最优配置，提升数字信息经济量与质的协调发展。多权属特性是指公共文化数据资源由于涉及机构多、权力交接频繁从而各项权益的划归十分困难，只能通过多元共治达到制约与平衡的作用。多利益主体特性是指数据的价值关系到数据生产、选择、组织、存储、传递等各个阶段，并且流程中参与主体也对数据质量有影响。公共文化数据资源的特性影响着它的系统整合与高效利用。

要想更高效地利用公共文化数据资源，进行整合性重组是十分必要的。整合性重组就是指打破政府各个机构之间、机构内各个部门之间、部门中各个流程之间的割裂局面，通过从高维度全局视野的流程厘清与任务划归，建立立体式强交互的整合性治理体系才是整合性重组的重中之重。

第三节 信息场理论

一 理论内涵

信息场（Information Ground）并非本土概念，是由国外引进传播来的，20世纪80年代，费希尔（Fisher，之前名为Pettigrew）通过对实践活动中诊所各个行为主体间信息交流现象的分析研究，首创性地从空间这一层面结合情境理论提出这一概念。总的来看，因同一个需求而聚合在同一特定空间的人，不知不觉地进行信息分享行为，完成信息分享行为的特定的空间就被称为信息场。

费希尔还对信息场概念进行了深挖。费希尔参考引入了民族志相关研究方法，继续对诊室这一研究对象进行分析，将多元主体的细分情境纳入研究范围，分别从物理环境、空间本身活动、医护行为以及病患反应几大因素入手，得出了信息流动随客观空间情境的不同而改变的结论。

信息场理论的另一个灵感来源于欧登伯格（Oldenburg），欧登伯格的研究稍晚于费希尔，他选取了一些供人们休闲娱乐购物的书店、咖啡馆、酒吧等空间为研究对象，这类空间是除开平时生活起居的家和工作场所之外的物理空间，它容易引发一些意想不到的社交连接，迸发出不一样的信息灵感。

哈里斯（Harris）和杜德尼（Dewdney）的信息查询六原则。哈里斯和杜德尼在1994年出版的《信息障碍》（Barriers to Information）一书中，总结信息查询行为的六个原则[1]：信息需求产生于能够帮助查询者获取信息的情境；寻求帮助或不寻求帮助的决定受多种因素影响；人们愿意查找最容易获取的信息；人们更愿意从人际来源处获取信息，特别是愿意从那些和他们自身有相似之处的人那里获取信息；信息查找者期望情感支持；人们在寻求信息时遵循习惯模式。

查特曼（Chatman）的信息贫困与日常生活信息行为研究[2]。查特曼利用"小世界"的概念对日常生活中移民的信息获取与分享行为进行研究，这深刻地影响了费希尔，使得她在其研究过程中重点关注弱势群体，因此她早期的许多研究对象是老年人或是面临经济贫困、信息贫困的人群。在信息场理论的最初构建中，费希尔就重点关注了社区诊所中的老年人，研究他们的信息行为。

格兰诺维特（Granovetter）的联结理论[3]是信息行为分析中的重要理论。根据信息行为者彼此联结的强度，可以分为强联结和弱联结。强

---

[1] Roma M. H., Patricia D., *Barriers to Information: How Formal Help Systems Fail Battered Women*, Westport: Greenwood Press, 1994, pp. 20 – 27.

[2] 张海游：《信息行为研究的理论演进》，《情报资料工作》2012年第5期。

[3] Williamson K., Asla T., "Information Behavior of People in the Fourth Age: Implications for the Conceptualization of Information Literacy", *Library & Information Science Research*, Vol. 31, No. 2, 2009, pp. 76 – 83.

联结是指具有相同或相似社会背景、彼此相互信任、互动频率较高、情感亲密度较高的群体结成的关系,一般来讲,它维系着群体、组织内部的联结。强联结中的个体的优势是容易获得信息,但是由于处于同一圈子,信息的重复性会很高,这就限制了个体对外界新知识的获取。而处于弱联结中的个体之间由于社会背景、经济特征不同,拥有的不同性质的信息会比较多,获取新信息的概率相较于强联结个体比较高。信息场是弱联结优势的一个集中体现。

在上述基础上,为更系统地构建信息场理论,研究者从社会认知角度对信息场特性框架进行拓展。

(一)信息场中的空间因素

信息场是作为一个人们偶然的信息共享场所构建的,所以空间因素是信息场的重要因素。空间因素在具体信息场环境中包括很多细节,比如具体信息场的地理位置、建筑物的类型、环境中具体物理设施的摆放和设置。这些因素可以对信息寻求和分享行为有促进或者限制作用,影响着人们在信息场中信息交换的程度。费希尔等在一项关于纽约皇后区移民的信息行为研究中,确定了一组信息场,如医药诊所、发廊、理发店和日托中心;以大学生为中心的研究表明信息场地理位置的方便性十分重要。方便性因素对于其他因素也会产生影响,如参与到这个信息场的成员的相互熟悉程度、离家近带来的舒适感等。作为信息搜寻和分享的场所,信息场应该是积极的、有吸引力的、自由的和没有限制的。

同时,信息场中的活动者感觉到的可以涉及隐私的程度也会影响人们参与信息场的意愿。例如,那些设置有供谈话的私人领域的场地可以更好地促进涉及个体的谈话,从而可以更好地发挥信息场的作用。相反,"噪声"很大的场所,比如喧闹的小饭馆,可能会减少人们进行信息交流和信息分享的举动。因此,在营造良好的信息场时,要特别注意环境中具体物理设施的设置。总之,从空间因素分析信息场为信息场概念提供了一个全新的视角,其独特之处在于它把具体信息场的空间因素和实践因素结合起来,并且在作为信息场的日常环境中研究二者的相互作用,从而营建更佳的信息场。

(二)信息场中的社会因素

信息场一般被自发地建立,对所有人开放,活动者可以自由、灵活地选择①。信息场的社会因素涉及信息场中人们之间构建的强弱关系、情感因素、活动者扮演的角色和信息场的社会类型等。关于信息场中人们的强弱关系的研究与格兰诺维特的联结理论一致。强联结中的个人之间容易获得信息，但由于处于同一圈子，信息的重复性较高；弱联结中的个人获取新信息的概率较高。在信息场概念提出之初，费希尔调查足疗诊所信息场，注意到护士与老年人的信息寻求和分享的背景。老年人和护士以及其他参与者的互动意愿是构成信息寻求和分享的社会情感因素。对于老年人而言，足疗诊室不仅代表一个得到治疗的一次访问，也是一次与新老朋友进行交流的机会。例如，对纽约皇后区移民的信息行为的研究揭示了这样的现象：当问及他们最倾向的信息源时，这个研究的大部分参与者更喜欢人际信息源。在回答"为什么喜欢这个信息源"时，参与者强调了可靠性、易获取性和熟悉性、便于使用和交流。这都体现了信息场活动者的情感强项，是社会因素中的情感方面。

　　费希尔等也探讨了活动者的角色和信息场的社会类型在分享信息中的作用。活动者角色表明个人在这些场所的位置，在信息交流中影响着其他参与者的信息角色。信息场的类型可以提供独特的信息场入口，人们倾向于自发地参加信息场。但是，在一些特定场景中，比如等公交车或者商场排队等候中，人们的信息交流和分享行为也很积极，并且在信息提供者和信息接收者两个角色中转换频繁。总之，信息场是一个社会结构，结合地点、人群和信息，和人相关的因素是信息寻求和分享的中心社会因素。

（三）三元论视角下的信息场

　　费希尔基于"个体特征—场所状况—信息特征"三元论，进一步丰富了信息场理论。从社会因素视角探讨信息寻求和分享的环境，人的因素是最重要的。因此，构建信息场理论，首先应从个体特征入手。个体特征包括以下几个方面：信息场中参与者的职业、信息敏感度、知识水平等。其中，职业是个体信息需求和行为的决定性因素，参与者的知识

---

① Meyers E. M., Fisher K. E., Elizabeth M., "Making Sense of an Information World: The Everyday-Life Information Behavior of Preteens", *The Library Quarterly*, Vol. 79, No. 3, 2009, pp. 301 – 341.

水平决定着其行为方式，知识水平则往往决定个体的特殊信息需求和行为。

信息场是在具体的环境中构建的，场所状况作为信息场的实现条件决定着行为倾向。与场所相关的因素有环境的舒适度、地理位置的便捷性、场所的持久性、对隐私的保护装置等。

信息行为必然涉及特定信息。信息场发生的一个基本条件就是存在可获取的信息，与信息相关的因素包括：信息是如何被创建和共享的、信息被讨论的频次、话题范畴等[1]。

"个体特征—场所状况—信息特征"三元论从系统角度构建信息场的概念框架，并且随着时间和社会的发展更新和扩展，在此框架下的信息场理论趋于成熟。

二 对公共文化智慧服务的适用性

信息场理论的研究为日常信息收集和分享行为研究提供了一个新的理论框架，为认识特定社会环境中的人类信息行为的复杂性提供了有益的工具。国内学者肖永英等[2]对2001年到2010年间国外日常生活信息查询行为研究，孙玉伟[3]在对信息行为的社会学基础探讨了存在信息场景理论，李鹏等[4]利用场所理论对信息场分析，这些信息场理论和应用同样对公共文化智慧服务建设具有一定启发：

（1）对公共文化智慧服务群体信息场开展研究。数字化智能化背景下，公共文化服务群体处于何种天然信息场，信息场中的行为有何差异，有意识地建立公共文化服务信息场的要素是什么，要素之间如何关联，如何引导建立有利于公共文化服务能力提升的信息场，这些都可以借鉴信息场理论加以明确和解决。

（2）对公共文化智慧服务保障开展研究。信息场应用的目的在于

---

[1] 迪莉娅：《西方信息行为认知方法研究》，《中国图书馆学报》2011年第2期。

[2] 肖永英、何兰满：《国外日常生活信息查询行为研究进展（2001—2010）》，《图书情报工作》2012年第5期。

[3] 孙玉伟：《用户信息行为研究的理论基础探源（下）》，《图书馆杂志》2011年第11期。

[4] 李鹏、韩毅：《基于场所理论的信息聚集地研究——对于信息交流行为场所的思考》，《情报资料工作》2013年第1期。

满足公众的信息需求，帮助公众解决相关问题。通过对信息场的构建特点、信息场中活动者行为的了解，其现实和潜在的信息需求满足情况如何，如何有意识地加强与行为者的互动，主动创建信息场，提供集信息资源获取、技术支持、素养交流提高的智慧化公共文化服务，保障广大人民群众的基本公共文化服务需求，使其充分享受基本文化权利。

（3）对智慧公共文化精准化服务开展深入研究。就物理空间而言，物理场所担负起信息交流的职能是什么，是受哪些因素影响，这些因素的变化对信息场的维持产生多大的影响，不同类型的信息场的持续时间有何异同，公共文化服务群体的信息场倾向是什么；同时网络信息场与传统信息场的不同，在公共文化智慧服务中，如何识别公众特点，不同平台信息流动特点如何影响公众，使用评价如何，这都拓展了公共文化智慧服务研究领域，使精准服务成为可能。

第四节　数据管理理论

一　理论内涵

数据管理概念，源于20世纪40年代初期，经历过三个发展阶段：人工管理阶段、文件系统阶段和数据库系统阶段[1]。从20世纪60年代开始，数据管理成为管理信息系统的核心功能。如今，大数据时代，数据管理已经由数据采集、转换、加载演变为净化和组织非结构化数据[2]。当前，净化和组织非结构化数据已成为数据管理的核心议题以及图情机构追求用户服务创新与优化的有效手段。如今的数据管理内容所涵盖的范畴逐渐广泛，且内容丰富，基本包括了对于数据的开发获取、关联融合、组织分析和共享应用等环节。其中，数据融合是智慧数据服务的重要支撑[3]，主要是指通过各类智能化技术和工具关联与整合多源数据，再对多源数据进行知识或价值抽取与识别，获得更加准确的潜在语义

---

[1] 张建林：《管理信息系统》，浙江大学出版社2004年版，第129—130页。
[2] 江青编著：《数字中国：大数据与政府管理决策》，中国人民大学出版社2018年版，第5页。
[3] 罗立群、李广建：《智慧情报服务与知识融合》，《情报资料工作》2019年第2期。

关系[1]。数据挖掘通常是指用现代化信息技术方法从海量数据中抽取出潜在的、有价值的知识、模型或规则的过程,也是数据库研究、开发和应用的一个分支领域,融合了模式识别、知识获取、数据库技术、高性能计算、机器学习、知识库系统、数据可视化等多方面知识[2]。

信息生命周期源自生命周期这一概念。在1981年,美国学者Levitan[3]首次将"生命周期"纳入数据管理理论,认为信息具有包括信息生产、组织、维护、增长和分配等生命周期环节与特征,自此以后直到数据管理理论应用中也都包含了信息生命周期的概念。直至20世纪80年代初期,美国学者Taylor[4]提出信息生命周期,是生产信息、数据、知识的实际过程,到20世纪80年代中期,美国的Horton[5]认为信息生命周期可包括两个方面:首先,是涵盖需求、收集、传递、处理、存储、传播、利用等过程;其次,是由创造、交流、利用、维护、恢复、再利用、再包装、再交流等组成的一系列过程。近年来,信息生命周期的内容及定义得到了较为规范的统一,信息生命理论也得到了更深入、更广泛的实践与应用,如胡晓庆[6]根据信息生命周期提出档案数据的形成、组织、存储、利用、销毁等环节,进而释放档案中蕴含的数据价值,实现档案价值增值。周慧颖等[7]结合信息生命周期理论,将个人健康资源(Personal Health Resources,PHR)共享流程划分为创建、存储、传输、使用四个阶段,建立PHR生命周期共享模型,并得出PHR不同阶段的共享意愿取决于患者对共享感知利益与风险的衡量。

---

[1] 陈文杰、许海云:《一种基于多元数据融合的引文网络知识表示方法》,《情报理论与实践》2020年第1期。

[2] 李洁:《数据驱动下数字图书馆知识发现服务创新模式与策略研究》,博士学位论文,吉林大学,2019年。

[3] Levitan K. B., "Information Resources as 'Goods' in the Life Cycle of Information Production", *Journal of the American Society for Information Science*, Vol. 33, No. 1, 1981, pp. 44–45.

[4] Taylor C., "Value-Added Processes in the Information Life Cycle", *Journal of the American Society for Information Science*, Vol. 3, No. 5, 1982, pp. 341–346.

[5] Horton F. W., *Information Resources Management*, London: Prentice Hall, 1985.

[6] 胡晓庆:《信息生命周期理论视角下的档案数据治理策略研究》,《山西档案》2020年第6期。

[7] 周慧颖、马敬东:《基于信息生命周期理论的个人健康档案共享影响因素及对策分析》,《中华医学图书情报杂志》2019年第12期。

二 对公共文化数据治理的适用性

对于本书中面向智慧服务的多源多维公共文化数据治理而言，主要涉及对公共文化服务过程中产生的多源多维数据的获取、挖掘、组织、智慧化及应用，其数据管理技术包括数据采集、存储、处理、融合、分析、共享和应用等。该流程符合信息生命周期中的信息采集、处理、存储等各个阶段，信息生命周期理论可为多源多维公共文化数据治理提供指导和借鉴。多源数据处理的各类技术是信息生命周期阶段推进和周期更替的动力，更是技术支撑。多源数据处理主要是采用实时处理技术处理最新的数据，最终输出处理结果。比如，流处理是多源数据处理技术之一，数据的价值随着时间的增加而减少。

由此可见，多源多维公共文化数据治理是信息生命周期理论的实践，信息生命周期理论是指导多源多维公共文化数据产生和应用的理论。对于面向公共文化智慧服务的数据治理亦是如此，公共文化机构要先管理完善本身拥有的数据，保障准确性、完备性等。还要保证对外界多源多维公共文化数据进行获取、关联、融合、合作、共享、挖掘和分析等一系列综合处理活动。这些活动也就必然要遵从信息生命周期实施，根据公共文化服务数据变化及其应用过程进行管理，从而实现公共文化智慧服务，而在现实中这无疑是对公共文化服务机构多源多维数据管理能力的重大挑战。

第四章

公共文化智慧服务体系的理论建构

公共文化智慧服务，建立在公共文化服务、公共数字文化服务的良好发展之上。"十三五"以来，在公共文化服务以及公共数字文化建设方面出台了大量政策、法规，为公共文化智慧服务的发展提供了政策支持。当前，国家推进文化云建设、"互联网+文化"的战略背景之下，公共文化服务智慧化发展是必然选择。公共文化服务的智慧化，依托智慧城市建设背景，让传统的公共文化服务机构积极融入智慧化建设当中，与有关部门、单位完成信息共建共享，探索公共文化服务的创新模式与服务方式，形成"云服务"。通过智能技术手段，将传统公共文化服务转化为实时响应的专业智慧化服务。目前智慧图书馆发展，包括RFID技术、智能机器人技术与硬件虚拟化技术等手段，均可视作公共文化服务智慧化的表现。

当前公共文化智慧服务尚缺乏成熟、系统的理论和方法论支撑体系，无法对当前实践提供有效的理论支撑。科学充分的公共文化智慧服务基础理论是后续研究的基石，也是本书的研究重点之一。思考新形势下公共文化智慧服务的概念内涵，分析公共文化智慧服务发展的逻辑起点，探索公共文化智慧服务发展战略的内容要点与战略框架，以推动公共文化服务实践的智慧化发展和公众文化需求的有效满足，就成为学术界及业界当前亟须承担的一大职责。因此，本书从公共文化服务发展的基本规律出发，对公共文化智慧服务的发展脉络、基本概念、战略体系、学科建设等方面进行规律性的探究。

第一节 我国公共文化智慧服务理论发展脉络

一 公共文化服务发展历史

20世纪70年代，西方国家开始从"无限政府"走向"有限政府"，公共文化服务成为这一转变的重要支点，至此国外关于公共文化服务的研究和实践越来越丰富。相关理论研究主要包括以下三个方面：

（一）公共文化服务发展模式

约翰·梅尔斯考夫（John Myerscough）[1]在《英国艺术中经济的重要性》中提出，西方发达国家过度福利导致的社会危机，应使公共文化服务完全由国家提供的模式转向主要由地方和商业市场提供。彼得·杜伦德在《北欧文化模式》中提出公共文化服务主体应多层次多元化，重点在于本地区普通民众的广泛参与。海尔布伦[2]在《艺术文化经济学》认为公共文化财政支出的规模不断增加，将有助于文化经济的发展，但必须规范与之相匹配的文化经济体系，才能使之成为良性循环。Kernaghan[3]提出公共文化服务机构具有引导共同价值观的重要作用，提出在公共文化服务发展中应建立一个以公开公平的廉正问责制为核心的价值观；Andrews[4]认为一些公共文化服务失败的原因在于低层次的政治参与和个人主义的政治文化，因此公共文化机构在服务过程中的"私利性"和"个人行为"需要被纠正，服务机构与服务对象之间的互动和互助需要增强。

（二）公共数字文化服务建设

2017年以前，"公共数字文化服务"概念多基于胡唐明的"公益性

---

[1] Myerscough J., "The Economic Importance of the Arts in Great Britain", London: Policy Studies Institute, 1988, pp. 225-227.

[2] ［美］詹姆斯·海尔布伦:《艺术文化经济学》，詹正茂译，中国人民大学出版社2007年第二版，第454—456页。

[3] Kernaghan, K., "The Emerging Public Service Culture: Values, Ethics, and Reforms", *Canadian Public Administration*, Vol. 37, No. 4, 1994, pp. 614-631.

[4] Andrew R., "Civic Culture and Public Service Failure: An Empirical Exploration", *Urban Studies (Routledge)*, Vol. 44, No. 4, 2007, pp. 845-863.

第四章 公共文化智慧服务体系的理论建构

数字文化"[1]进行界定,提出公共数字文化服务的内容包括平台、资源、服务等要素。高玉洁等[2]认为公共数字文化服务是一种非营利性的服务形式,以数字技术为基础保存与传播手段,以满足公众的文化服务需求为主要目标,以数字文化资源为基本形态。《保障法》颁布后,公共数字文化服务的定义更加清晰统一,在公共文化服务概念的基础上,有学者[3]认为公共数字文化服务是在数字环境下产生的一种新兴文化形态,其主体包括政府机构和社会力量,根本目的在于满足公众的基本文化需求,构成要素涉及数字化设施、产品、活动和其他服务。

在公共数字文化服务方面的研究中,学者们主要从三种视角出发:(1)数字视角的"内蕴形式"特点,Wolf[4]分析数字文化对新兴读者、有阅读障碍儿童、失学儿童等群体具有重要作用,他从表现形态上来研究数字文化,认为数字文化是一种崭新的文化形态;Rangaswamy[5]认为印度需建立国家数字文化安全与隐私机制,并以非正规的法律和经济等手段化解社会矛盾;Kay[6]从互动、开放、真实等方面阐述了公共文化服务中数字文化的特性;McShane[7]以澳大利亚图书馆为例分析公共数字文化机构的职能,指出公共图书馆可通过 Web 2.0 等互动工具为用户生成和社区发展做贡献。(2)资源整合视角,这一支流的主要贡献在于提出了以政府机构为主导的多类型机构参与模式、跨机构专门性组织的

---

[1] 胡唐明、郑建明:《公益性数字文化建设内涵、现状与体系研究》,《图书情报知识》2012 年第 6 期。

[2] 高玉洁、许静、王艳:《河北省公共数字文化服务体系建设研究》,《合作经济与科技》2015 年第 20 期。

[3] 李文川、陈承、胡雅文:《公共数字文化云资源服务创新研究》,《图书馆》2017 年第 2 期;王锰、陈雅、郑建明:《公共数字文化服务效能的关键影响因素及其机理研究》,《中国图书馆学报》2018 年第 3 期。

[4] Wolf M., "The Emerging, Evolving Reading Brain in a Digital Culture: Implications for New Readers, Children with Reading Difficulties, and Children without Schools", *Journal of Cognitives Education and Psychology*, Vol. 11, No. 3, 2012, pp. 230 – 240.

[5] Rangaswamy N., "Regulating India's Digital Public Culture: A Grey or Differently Regulated Area", paper delivered to International Conference on Human-Computer Interaction, Berlin, Heidelberg, 2007, pp. 183 – 192.

[6] Kay S., "Making Digital Cultures: Access, Interactivity, and Authenticity", *The Electronic Library*, Vol. 29, No. 4, 2011, pp. 552 – 553.

[7] McShane Ian, "Public Libraries, Digital Literacy and Participatory Culture Discourse", *Studies in the Cultural Politics of Education*, Vol. 32, No. 3, 2011, pp. 383 – 397.

综合持续管理模式、以成员自发组织的局部单位管理模式、基于共同项目成立的跨地域组织联盟模式以及合作机构全面结合模式等。并在公共数字文化资源合作保存中强调图书馆发挥主导作用,指出合作保存主体多元化、保存对象同级化、保存内容趋同化、保存形式多样化等特点。其中,技术和服务平台建设是数字资源整合研究的重点,强调公共数字文化资源整合的宏观管理战略需在政策法规与战略规划的引导下,以多渠道的资金做保障,组织管理体系合理。(3) 图书馆视角,法国用国家贷款推动 Gallica 和 European 等公共在线图书馆的发展,推动法国图书馆的数字化进程。[1]

(三) 公共文化服务治理

相关研究从公共产品理论的研究出发,结合经济学的公共产品供给理论、博弈论、服务优化、效率与公平等理论,为社会数字文化建设提供理论支撑,包括对公共文化的供给、管理、服务路径、效益等内容的研究;分析了数字技术的转变与治理的环境下数字文化管理的发展与变革,认为分布式的泛在服务的虚拟化嵌入了数字文化的管理制度变迁中,这有别于以往的新型文化业态的管理形式;治理缘于社会、文化和知识在全球化过程中的不平衡,应通过建构主义的方式对文化进行更为开放的治理,充分体现文化治理的开放性、互动性、透明性;文化治理代表了一种新的自上而下和自下而上的双向的管理转向,既不是分层管理也不是官僚式管理,而是强调一种民主与对话,也体现为政治参与与民主评议,是一种文化自由的实践;探讨社区文化治理与政治的关系,全面分析与比较区域文化治理结构;提出文化与治理对社会的影响,认为社会信息的披露对治理文化具有重要意义;作为一种因变量,文化的治理与治理文化对社会的发展都起着推动作用。

公共文化服务相关实践方面,国外在项目建设方面,十分重视数字文化项目的发展。美国是启动数字文化项目最早的国家,1990 年就发起了"美国记忆"项目;英国政府早在 1997 年就提出了"文化创意产业"一词;2000 年,法国政府开始建设"文化精品数字化项目",

---

[1] Kay S., "Making Digital Cultures: Access Interactivity, and Authenticity", *The Electronic Library*, 2012.

第四章 公共文化智慧服务体系的理论建构

2011年发布了国家战略规划《数字法国2020》，同时法国还用国家贷款推动 Gallica 和 Europeana 等公共在线图书馆的发展，推动法国图书馆的数字化进程。日本和韩国也在不遗余力地建设本国的数字文化，2002年日本实施了著名的"全球数字博物馆计划"，而据2015年国际电信联盟（International Telecommunication Union，ITU）的《宽带状况报告》获知，韩国连续蝉联全球互联网普及率榜首，公共网络基础设施十分发达。同时，以项目建设为着力点进行资源数字化建设代表还包括：OCLC 为增强数字图书馆的价值与功能，利用多种项目建立了资源共享平台；美国除"美国记忆"项目外，还实施了"社区科技中心"计划、DLI1项目、DLI2项目、"国家数字图书馆计划"等数字文化项目；为推动欧洲和世界数字图书馆项目等对公共数字文化保存与传播，Europeana 整合了欧洲的图博档机构的数字资源，全方位展示欧洲的文化遗产。

总体而言，在理论研究上国外公共文化服务研究呈现出与实践项目紧密结合的特征。其研究主要集中在图书馆、博物馆、档案馆等公共文化服务机构的领域，主要包括社区与遗产项目，如美国华盛顿特区博物馆与社区项目等。在这些项目中，博物馆、图书馆、档案馆等作为满足公众知识需求的公共文化服务机构，在服务过程中能够相互补充，为用户带来了丰富的体验。此外，公共数字文化作为一种崭新的文化形态具有即时性、便捷性、全球性、网络性、追求和谐和赋予权力等特征，因此，成为当前研究的热点和重点，但是国外文献在这方面的研究大都强调公共数字文化的"数字性"，主要从产品供给、版权、教育、管理等角度来探讨社会文化与公共文化，少有文献强调其公益性。

回观国内，自2005年《中共中央关于制定国民经济和社会发展第十一个五年规划的建议》中首次从国家层面提出"公共文化服务"概念以来，受到了国家各个层面的广泛重视，相关研究也一直是国内学术界研究的热点。最初，研究者着重于对公共文化服务体系构建的研究，陈坚良[1]、

---

[1] 陈坚良：《新农村建设中公共文化服务的若干思考》，《科学社会主义》2007年第1期。

尹长云[①]、陈立旭[②]、王瑞英[③]、王世伟[④]等从农村公共文化服务体系建设、区域范围内公共文化服务体系构建以及公共文化服务体系建设中的定位等方面对公共文化服务的概念内涵、建设意义、建构主体、物态载体进行了探索性研究。其后，研究者的研究重点集中在对公共文化服务发展模式、绩效评估、中外模式比较、管理体制等方面。随后，进一步探讨了公共文化服务多样化发展的现状，对供给模式、治理机制、服务均等化、服务标准、政策制度、服务效能等方面均有涉及。总体而言，国内对文化方面的研究涉及相关概念内涵、建构主体、管理体制、经验或模式、基础设施建设或物态载体、农村公共文化服务体系建设、绩效评估、涉及资源整合、服务、产权、管理模式及机制、实践等多个方面，成果呈上升趋势。但是，对公共文化服务的内涵和外延的标准并没有达成共识，至于如何定位公共文化服务，在服务中如何设置其架构，如何确立建设重点更显不足。研究呈跨学科分布，在政治学、管理学领域探讨较多，着眼点往往是概念辨析，在内容把握和深入分析方面存在不足；研究方法往往倾向于思辨性的宏观论述，从实证的角度探索如何提升服务效能的成果尚缺；在研究内容上表现为碎片化，系统性的成果缺乏。随着公共文化建设的逐渐深入，为解决公共文化服务过程中存在的碎片化问题，从战略和宏观的高度将公共数字文化作为一个整体进行系统研究是必要的。

在当前公共文化服务研究中，资源整合成为众多学者专家研究的焦点：（1）在整合方向上，刘小瑛[⑤]指出我国图书馆、档案馆与博物馆各自为政的服务模式已不能满足需求，图书馆、档案馆、博物馆应以共同的服务目的、共同的利益为指导，促进资源整合；刘家真[⑥]认为信息时

[①] 尹长云：《农村公共文化服务的弱势与强化》，《求索》2008年第6期。

[②] 陈立旭：《从传统"文化事业"到"公共文化服务体系"——浙江重构公共文化发展模式的过程》，《中共宁波市委党校学报》2008年第6期。

[③] 王瑞英：《公共文化服务体系中公共图书馆的服务定位》，《图书与情报》2009年第5期。

[④] 王世伟：《关于加强图书馆公共文化服务体系结构与布局的若干思考》，《图书馆》2008年第2期。

[⑤] 刘小瑛：《我国图书馆、档案馆、博物馆数字资源整合面临的主要问题及应对策略》，《图书馆学研究》2014年第12期。

[⑥] 刘家真：《我国图书馆、档案馆与博物馆资源整合初探》，《中国图书馆学报》2003年第3期。

第四章 公共文化智慧服务体系的理论建构

代的产业需要在基于信息技术与文化内容基础结构的双轨上发展，图博档等公共文化机构需要在共同的框架内为用户提供服务；肖永英、谢欣[1]认为文化机构应重视政策支持、人员培训、数据库建设、标准制定、组织文化差异、知识产权方面的问题。（2）在整合理论上，肖希明等[2]积极引入信息生态理论、新公共服务理论、信息集群理论，并指出信息生态理论从人与信息环境关系的角度强调信息生态系统功能的发挥，其应用价值主要表现为通过构建公共数字文化资源信息系统，以维持数字文化资源集成系统的动态稳定；新公共服务理论具有整合公共数字文化资源、变革传统服务理念、完善服务体系、完善服务法规及加强公共文化服务机构合作五个方面的意义，但在实践中应当注意国情与体制、理论与实践、公民自身意识等问题[3]；信息集群理论强调集群成员之间协调合作，应用新的信息技术，实现信息共享和信息增值，其在公共文化服务机构信息集群的构建、运作模式和管理机制、新信息技术的应用等方面具有借鉴意义[4]。（3）在整合路径上，赵生辉、朱学芳[5]从整合模式和机制视角出发分析了我国图书馆、档案馆和博物馆数字化协作目标、原则和利益格局，并提出一体化整合目标可以兼顾三方利益的数字图博档战略框架。周磊、郑燃[6]提出了我国图博档合作模式的演化路径：以互补性信息资源共享为基础提供面向用户的一站式检索服务；鼓励馆员个人经验、技能以及机构集体知识的跨组织共享以构建隐性知识交流圈；以混合联盟方式整合图博档信息管理能力以加快联盟内信息价值链增值；肖希明、唐义[7]认为公共数字文化资源整合机制的

---

[1] 肖永英、谢欣：《图书馆、档案馆、博物馆合作机制研究进展》，《图书馆杂志》2015年第1期。

[2] 肖希明、唐义：《信息生态理论与公共数字文化资源整合》，《图书馆建设》2014年第3期。

[3] 肖希明、曾粤亮：《新公共服务理论与公共数字文化服务资源整合》，《图书馆建设》2015年第8期。

[4] 肖希明、李硕：《信息集群理论和公共数字文化资源整合》，《图书馆》2015年第1期。

[5] 赵生辉、朱学芳：《图书、档案、博物数字化服务融合策略探析》，《情报资料工作》2014年第4期。

[6] 周磊、郑燃：《图书馆、档案馆与博物馆合作模式研究》，《图书情报知识》2012年第5期。

[7] 肖希明、唐义：《公共数字文化资源整合动力机制研究》，《图书馆建设》2014年第7期。

动力因素主要包括社会公众一站式获取数字文化资源需求、国家对文化事业的政策与资金支持、现代信息技术的应用、公共文化服务机构与其他机构的竞争等。（4）在整合主体定位方面，肖希明、张芳源[①]结合社会学的"角色理论"和管理学的"职能理论"，认为角色分配应结合《文化部信息化发展纲要（2013—2020）》，考虑从业者的角色期待，为各行为主体分配合理的角色，同时注意第三方机构的协调和中介作用；刘灿姣、叶翠[②]从分工与合作的角度探讨出版社、图书馆、档案馆在公共数字文化整合中的角色与定位；李华新[③]从博物馆与图书馆、档案馆的基本职能、社会功能比较的角度探讨三馆合作的必要性以及信息整合前景；唐义[④]认为信息环境下的公共数字文化信息生态系涵盖信息生态主体、信息本体、信息技术、信息制度、信息时空等因子。（5）在整合技术方面，郝世博、朱学芳[⑤]引入信任管理机制，建立图书馆、档案馆、博物馆数字化协作可信监督模型，对模型中行为跟踪层和信任管理层所涉及的模块功能探讨；刘巧园、肖希明[⑥]探讨 XML 中间件技术在公共数字文化资源整合领域的应用，构建了资源整合框架；肖希明、完颜邓邓[⑦]构建了基于本体的公共数字文化资源语义互操作模型，将 Web 3.0 应用于公共数字文化资源整合平台，设计了公共数字文化资源整合平台的四层框架：分布式信息源层、语义整合层、资源管理与组织层、应用服务层，实现公共数字文化资源的语义整合、资源导航与定位、语义检索、用户交互、个性化服务、多终端

---

① 肖希明、张芳源：《公共数字文化资源整合中行为主体的角色及职能研究》，《图书情报工作》2015 年第 11 期。

② 刘灿姣、叶翠：《试论出版社、图书馆和档案馆的公共文化数字资源整合》，《中国出版》2013 年第 9 期。

③ 李华新：《联合的机遇——博物馆、图书馆和档案馆信息整合初探》，《中国博物馆》2012 年第 1 期。

④ 唐义：《公共数字文化信息生态系统主体及其因子分析》，《图书与情报》2014 年第 1 期。

⑤ 郝世博、朱学芳：《基于信任管理的图书馆、档案馆、博物馆数字化协作可信监督模型构建》，《情报资料工作》2014 年第 3 期。

⑥ 刘巧园、肖希明：《基于 XML 中间件的公共数字文化资源整合研究》，《图书情报知识》2015 年第 5 期。

⑦ 肖希明、完颜邓邓：《基于本体的公共数字文化资源整合语义互操作研究》，《国家图书馆学刊》2015 年第 3 期。

兼容等功能；杨蕾、李金芮[①]选取世界数字图书馆项目、欧洲 Michael Culture 项目、美国公共数字图书馆等八个国外典型的公共数字文化资源整合项目，从模式级、记录级和仓储级三个层级对其元数据互操作方式分析，提出加强我国公共数字文化资源整合项目元数据互操作性的建议。

在公共文化服务实践方面，国家及政府给予了高度重视，早在 2002 年，就实施了全国文化信息资源共享工程，并在 2006 年印发了《2006—2020 年国家信息化发展战略》，随后在《关于加强公共文化服务体系建设的若干意见》中提出了"促进公共文化服务方式多元化、社会化"的发展方针，在 2011 年出台了《关于进一步加强公共数字文化建设的指导意见》，在 2015 年颁布了《关于加快构建现代公共文化服务体系的意见》，在党的十九大报告中指出："要完善公共文化服务体系，深入实施文化惠民工程，丰富群众性文化活动。"在 2017 年 3 月我国开始实施《中华人民共和国公共文化服务保障法》，并在同年，国务院印发了《"十三五"推进基本公共服务均等化规划的通知》。目前，在遵循公共数字文化的公益性、均等性、便利性的基础上，我国文化部着力营运的全国文化信息共享工程、数字图书馆推广工程、公共电子阅览室工程以及中国国家数字图书馆四大公益数字文化惠民工程已颇见成效，全国公共文化服务建设以社区和乡村基层文化设施为基础，以大型的公共文化设施为骨干力量，建成了覆盖面广阔的六级公共数字文化服务网络，包括国家级、省级、市级、县（区）级、乡镇（街道）级、村（社区）级。文化共享工程已初步建成了 1 个国家中心、33 个省级分中心、333 个地市级支中心、2843 个市县支中心、32179 个乡镇基层服务点的六级服务网络设施。全国范围内国家级公共文化服务体系示范区达到 85 个，同时地区公共数字文化建设方式由地方文化部、财政部等多方部门牵头部署、依托公共图书馆以三大文化惠民工程为核心载体进行的，以公共数字文化网站、数字文化资源库、新媒体服务平台为主要模式，例如，天津市的"数字和平"工程、江苏省文化网、浙江网络图书

[①] 杨蕾、李金芮：《国外公共数字文化资源整合元数据互操作方式研究》，《图书与情报》2015 年第 1 期。

馆、上海文化云等。此外，全国共建有 6 个国家公共文化研究基地，分别依托北京大学、清华大学、中国传媒大学、首都师范大学、西南大学和上海市图书馆，这些基地有力为国家公共文化、公共数字文化建设提供智库支持，代表性成果如 2015 年 10 月上海图书馆基地完成了《公共文化服务领域大数据应用研究》报告。

总体而言，随着国家对文化事业投入力度的加大，公共文化事业发展成效显著，文化资源供给总量逐年攀升，公共文化服务形式日益多样化，但不容忽视的是，我国公共文化建设仍面临着资源分散、协同不足、利用率低、个性化与便捷性差等诸多问题，极大制约了我国公共文化事业的繁荣发展，传统的基于载体、孤立分离的公共文化服务模式已不适合当前社会的发展需求，因而在公共文化事业上已取得的效益并未达到与投入相匹配的程度。为此，国家颁布了一系列促进公共文化服务资源整合的政策建议，如《关于加快构建现代公共文化服务体系的意见》提出了"统筹推进公共文化服务均衡发展"的要求；《基层综合性文化服务中心建设指导意见》指出要通过"采取盘活存量""资源整合""调整置换""集中利用"等方式进行基层文化建设；《"十三五"推进基本公共服务均等化规划》则进一步指明在今后发展中要"统筹运用各领域各层级公共资源，推进科学布局、均衡配置和优化整合"；文化部印发的《文化部"十三五"时期公共数字文化建设规划》进一步提出，到 2020 年，基本建成与现代公共文化服务体系相适应的开放兼容、内容丰富、传输快捷、运行高效的公共数字文化服务体系。

二 智慧文化服务

在文化信息化、数字化，文化传媒大融合进程不断加速，网络文化空间不断拓展的当下，人民群众接受文化信息的方式发生了巨变。因而，发展智慧文化服务是推进公共文化服务现代化的必要举措。目前，智慧文化服务还没有一个准确的定义，有学者将其阐述为：文化产业正发展成为国家经济支柱产业之一，将文化视作"智慧城市"建设的重要环节和重点拓展方向，以"物联网"技术为核心贯穿应用，形成"智慧文化"在数字图书馆、数字博物馆、数字档案馆、数字化校园等领域形成智慧应用的核心竞争力。由于智慧文化服务还是一个全新的概念，相关研究较少，主要涉及以下几个方面：

（一）智慧公共文化理论研究

（1）依托智慧城市发展的公共文化智慧服务研究。制度化设计为城镇公共文化智慧服务建设提供政策保障、新型城镇化为城镇公共文化智慧服务建设提供方向指引、物联网应用为城镇公共文化智慧服务建设提供技术支撑。由于城镇公共文化智慧服务作为传统公共文化服务的补充，是在新信息技术发展的基础上，以城镇群众的精神文化需求为中心，通过信息技术与公共文化服务形式和项目的融合，将文化资源得到系统化整合和开发式应用，并广泛服务于城镇群众。因此，城镇公共文化智慧服务建设的现实性途径包括运用数字化手段打造互动交流平台、运用标准化管理打造资源共享平台、运用传感器技术打造实时参与平台。童茵等[①]从公共文化服务与智慧城市间的关系出发，对智慧文化服务进行了阐释，指出城市的公共文化服务水平是构建现代智慧城市的重要组成部分，公共文化服务是中国城市下阶段发展的重点，也是打造宜居城市的核心之一。传统公共文化服务通常姿态被动、产业模式单一，难以跟上文化需求发展速度。信息化技术的快速发展为公共文化服务提供了大量的机遇和便利，新的技术和产品不断涌现，文化服务的载体和形式正在以惊人的速度被刷新，在这种形势下，对传统公共文化服务的改造和变革迫在眉睫，借助信息化科技打造现代公共文化服务体系是大势所趋。（2）智慧文化服务体系建设。李晓丹[②]分析了现代公共文化服务体系主要有以下趋势：终端的多样化、传递的智能化、资源的集聚化和服务的云端化，提出利用智慧城市理念，融合云计算、移动互联、物联网等多种前沿智慧技术，通过集聚博物馆、图书馆、美术馆等区域文化资源，建设可支撑服务庞大文化消费市场的公共服务体系，在实现消费者各类文化消费诉求的同

[①] 童茵、张彬、李晓丹：《智慧技术推进公共文化融合体系建设》，北京数字科普协会、首都博物馆联盟、中国博物馆协会博物馆数字化专业委员会、中国文物学会文物摄影专业委员会《融合·创新·发展——数字博物馆推动文化强国建设——2013年北京数字博物馆研讨会论文集》，中国传媒大学出版社2013年版，第6页。

[②] 李晓丹：《浅谈博物馆公共服务环境建设与文化服务的关系——以吉林省博物院为例》，《耕耘录：吉林省博物院学术文集2012—2013》，吉林省博物院2014年版，第3页。

时也为政府、企业提供支撑服务,从而对推进文化产业链发挥重要作用。徐望[1]认为建设智慧文化服务体系是顺应时代与人民要求的,并总结了时代与人民对智慧文化服务体系的建设要求,包括智慧文化服务体系建设的内涵与内容、智慧文化服务体系建设的基本原则。将建设智慧文化服务体系所面临的主要问题分为基础设施、资源供给、机制建设、技术发展和用户体验五个方面:基础设施主要体现在设施建设落差和设施利用管护两个方面;资源供给主要体现在资源标准、资源更新、资源特色、资源质量、资源类别和资源内容六个方面;机制建设主要体现在运行机制和保障机制两个方面;技术发展主要体现在技术更新、技术平台和技术利用三个方面;用户体验主要体现在供求衔接、操作便捷和使用障碍三个方面。马岩等[2]提出建设"智慧文化"服务体系,提出了要因地制宜,探索通过智能手机、便携式计算机等移动终端和新媒体的集成应用提供公共文化服务的新模式,重视技术服务的稳定性、安全性、可靠性、便捷性和区域普适性,延伸服务方式和服务领域,实现对公众文化产品的普惠和精准投放。(3)智慧文化服务平台构建。徐望[3]打造"全栈式"的"文化云"平台,实现一站式服务,平台运行采取政府主导、社会化市场化运行模式,整合公共文化服务机构、公共文化数字资源、创新开发公共文化云资源,形成文化云资源共享服务链,提高公共文化资源的利用。基于云端技术,实现分散资源集中管理,集中资源分散利用,协同按需智能化个性化服务。(4)智慧文化服务实现路径。智慧数据是大数据时代的高能数据,而形成智慧数据有两个关键路径技术智能化与知识创新化。Michael Fitzgerald 在 MIT 斯隆管理评论上发表了"将大数据变为智慧数据"的观点。智慧数据是从大数据的"大"聚焦到知识层面的数据精华,在一定程度上体现了大数据技术的成果诉求。智慧数据含义在于通过数据的有效组织与提取,利用技术系统,使数据更加智能地匹配需求,智慧数据是具有智能化需求

---

[1] 徐望:《公共数字文化建设要求下的智慧文化服务体系建设研究》,《电子政务》2018年第3期。

[2] 马岩、郑建明、王翠姣:《媒体融合视角下的智慧公共文化服务策略》,《图书馆论坛》2020年第9期。

[3] 徐望:《公共数字文化建设要求下的智慧文化服务体系建设研究》,《电子政务》2018年第3期。

响应的数据，是能为人所用的有价值的知识结合体。曾蕾等[①]指出，智慧数据代表着通过多源数据（包括大数据）的融合、关联和分析等活动实现决策辅助和行动的方法。多源数据融合，是实现数字人文、智慧数据的具体方式。

（二）公共文化智慧服务发展研究基础

公共文化智慧服务是基于公共数字文化而进一步发展的，符合公共文化服务现代化要求的发展模式。了解公共文化智慧服务，首先要对公共数字文化建设发展有充分的了解，并在此基础上理解和区别二者之间存在的"智慧化"差异。在数字城市向智慧城市发展的浪潮中，在数字化、信息化时代背景下，将网络技术、数字技术、信息技术等现代科学技术和传播手段应用于公共文化服务体系建设，提供丰富多样的数字文化产品和服务，满足人民群众不断增长的精神文化需求，是适应时代发展的必然要求，公共文化服务必然要从数字化向智慧化转型。（1）公共数字文化资源建设研究。数字图书馆推广工程专题资源建设，立足地方经济、社会、文化发展，开展地方特色专题资源建设。资源选题方向应体现馆藏特色、地方特色、时代特色，具有较高文化、历史价值或具有稀缺性，确保所建资源的完整性、体系性、可揭示和可服务性。开展适合移动服务的图文、音视频各类型专题资源建设，实现一次建设，多终端发布服务。数字文化资源整合与揭示，开展地方公共数字文化资源整合与揭示，整合本地区文化馆、博物馆、美术馆等公共文化机构数字资源元数据信息。开展数字图书馆推广工程大数据整合服务，完成省、地市级数字图书馆的数据整合和平台整合，包括资源服务、用户数据、平台对接等，由省级馆统筹实施，将每馆的所有持卡用户数据同步纳入推广工程统一用户管理系统，同时面向推广工程提供自建数据库服务链接，逐步实现推广工程资源统一揭示以及本地资源的开放服务。互联网信息资源保存与服务，开展网事典藏项目，采集并保存反映当地政治、经济、文化发展的重要网站和热点专题资源。其中网站采集以当地人民政府及下属机构网站为主，整站采集。专题资源采集应围绕当地重大文

---

① 曾蕾、王晓光、范炜：《图档博领域的智慧数据及其在数字人文研究中的角色》，《中国图书馆学报》2018年第1期。

化事件、地方民风民俗、地方文化保护等主题，采集本地区完整的、延续性较好的重点专题的网络资源，采集对象为网站专题频道和网页。(2) 公共数字文化服务发展研究。基层公共数字文化服务推广，以国家公共文化数字支撑平台为基础，建设基层综合性数字文化服务平台，整合和统一揭示不同部门、不同领域的数字文化资源，实施基层公共数字文化应用服务推广。内容包括：一是与国家公共文化数字支撑平台对接，实现国家平台资源和应用在本地的落地服务；二是整合文化共享工程、数字图书馆推广工程以及本地特色文化资源等各类数字资源，通过基层综合性公共数字文化服务平台发布和导航；三是结合本地公共文化服务实际，开展线上线下"一站式"综合数字文化服务；四是进行建设、管理、服务数据采集，通过与国家公共文化数字支撑平台对接，实现数据上报；五是开展数字文化精准扶贫活动，支持困难群众脱贫致富，由各省（区、市）结合本区域内乡土文化特色和贫困群众实际需求，为贫困地区配送数字文化资源，有针对性地开展面向农村留守儿童、留守妇女、流动妇女、孤寡老人及残疾人等特殊群体的服务，开展基层培训等。(3) 公共数字文化平台建设研究。数字文化馆建设，于 2015—2016 年分两批累计启动了 25 家数字文化馆试点，基本形成了《数字文化馆建设工作指南》。公共文化服务云平台应用，截至 2016 年底，全国已基本建成了 33 个国家公共文化数字支撑平台省级平台，具备了资源共享、应用集成、网络分发、评估管理、互联互通功能，可为公共数字文化服务提供云平台支撑。2017 年开始重点转入应用，主要开展数字资源加载、应用系统接入、数据采集、系统运维。国家公共文化云，以文化共享工程现有六级服务网络和国家公共文化数字支撑平台为基础，统筹整合全国文化信息资源共享工程、数字图书馆推广工程、公共电子阅览室建设计划三大惠民工程升级推出的公共数字文化服务总平台、主阵地。平台包括国家公共文化云网站、微信号和移动客户端，突出了手机端服务的功能定制，具有共享直播、资源点播、活动预约、场馆导航、服务点单、特色应用、大数据分析七项核心功能，可以通过电脑、手机 APP、微信、公共文化一体机等终端获取一站式数字公共文化服务。在此背景下，智慧文化服务体系建设应运而生，为实现公共文化服务的"新常态"发展，适应当前文化与科技融合的进程不断加快的大环境,推进公共文化服务供给改革与创新,优化公共文化服务发展的手段、平台、形式和运行机制创造了新契机。(4)数字文化治理。郑建明等[1]探讨数字文化治理的内涵,分析其在技术、趋同、互动与开放、共享、非理性等方面的特征,探讨了数字文化治理在创新文化管理机制、推进服务均衡发展、促进产业发展、提高公众数字素养、引导数字民意参与、增强文化软实力等方面的作用。王锰等[2]针对我国数字文化治理的社会参与度弱,传统文化管理模式导致服务碎片化和分散化的问题,以整体性治理理论为基础,提出以满足公众数字文化服务需求为目标,增强制度、技术、人力等保障,引入多元数字文化治理主体,明确事业和产业的界限,建立监督机制的整体性数字文化治理体系。倪菁等[3]讨论数字文化、文化治理、数字文化治理机制等概念,分析其特定功能,以系统为载体、目标的主观性和存在形式的多样化等特性,探讨数字文化治理的工作机制、激励机制和保障机制。孙红蕾等[4]分析小数据思维应用于数字文化治理的可行性,她以广东文化治理实践为例,分析了其在健全资源保障、完善基础设施等方面的治理举措,并从标杆管理、信息集群、分权制衡与顶层设计等角度提出建议。

(三)公共文化服务的"智慧化"发展

(1)智慧化技术,技术发展为公共文化智慧服务提供可持续性支撑,为智慧文化的协调发展为提供了知识与技术保障。学者们从公共产品理论的研究出发,结合经济学的公共产品供给理论、博弈论、服务优化、效率与公平等理论,为社会智慧文化服务建设提供理论支撑,包括对公共文化的供给、管理、服务路径、效益等内容的研究;分析现代化技术的转变与治理的环境下数字文化管理的发展与变革,认为分布式的泛在服务的虚拟化嵌入了智慧文化的管理制度变迁中,这有别于以往的

---

[1] 郑建明、王锰:《数字文化治理的内涵、特征与功能》,《图书馆论坛》2015年第10期。
[2] 王锰、郑建明:《整体性治理视角下的数字文化治理体系》,《图书馆论坛》2015年第10期。
[3] 倪菁、王锰、郑建明:《社会信息化环境下的数字文化治理运行机制》,《图书馆论坛》2015年第10期。
[4] 孙红蕾、郑建明:《小数据思维驱动下的数字文化治理路径探析》,《图书馆学研究》2015年第18期。

新型文化业态的管理形式。董晶等[1]提出了基于移动视觉搜索技术的公共文化智慧服务模型研究。在当前公共文化服务机构中蕴含的大量文本、图片、视频等视觉资源，因此用户对智能化搜索和视觉资源高层语义表达的需求将越发强烈。区别于传统的文字描述表达方式，智慧化的服务模式，更加符合公共文化智慧服务的需求，能够解决数据需求表达上的语义鸿沟问题，推动公共文化服务向智慧化方向发展。刘宝瑞等[2]提出深度学习技术在智慧服务中的应用。即结合深度学习技术模拟需求，自动获取海量数据，利用描述无标记数据等技术，针对信息分析、决策支持和图书馆信息服务的现状，提供一个深度学习技术应用于智慧服务的可行方案。实现了数据存储由"结构化"向"智慧化"发展、数据处理由"关系型"向"神经网络型"转变、决策系统由"辅助型"向"全程型"转变。胡桂梅[3]提出利用"媒体融合"技术，服务于智慧服务，媒体融合技术是利用数字化技术与移动互联技术，在减少信息传播成本的同时，提升多媒体内容的传输质量与传输效率，使得资源进一步实现共建共享的要求，同时衍生出新形式的信息产品。（2）智慧化服务，公共文化服务的智慧化服务供给是借助互联网、云计算、大数据等高新技术，加强顶层设计，完善体系架构，以数据驱动，推动决策的科学化、智慧化，实现创新服务，实现公共文化服务的精准化、智慧化。纪东东等[4]提出了以实现"智慧供给"为目标的创新公共文化服务模式，利用互联网与公共文化服务的深度融合，通过网络博物馆、网络图书馆的建设，实现公共文化服务网络化的同时，提供了将网络建立为群众参与、表达、监督的平台，实现"互联网+文化"建设。陈露[5]、苏超等[6]、张

---

[1] 董晶、吴丹：《基于移动视觉搜索技术的智慧公共文化服务模型研究》，《图书与情报》2018年第2期。

[2] 刘宝瑞、王予凡：《深度学习技术在智慧服务中的应用研究》，《图书馆学研究》2018年第6期。

[3] 胡桂梅：《基于媒体融合的高校图书馆智慧服务体系构建》，《图书馆学刊》2018年第5期。

[4] 纪东东、文立杰：《公共文化服务供给侧结构性改革研究》，《江汉论坛》2017年第11期。

[5] 陈露：《我国公共数字文化服务体系研究》，硕士学位论文，南京大学，2013年。

[6] 苏超、徐建华：《文化共享工程建设过程系统分析》，《图书馆学研究》2015年第16期。

第四章　公共文化智慧服务体系的理论建构

小娟[①]分别从文化共享工程、公共数字文化服务体系、智慧城市三个不同的角度，论述了公共数字文化的建设与发展，提出了智慧化服务需要借助制度优势、资源基础、人才建设、技术发展等内外部要素。智慧服务模式尚处于研究的初级阶段，如何利用数据挖掘，对用户需求进行深度分析，提供更加精准、多样、有价值的、专业化、智慧化的系统服务。提出了三种服务模式，包括决策支持型的智慧服务模式、科学研究型的智慧服务模式，以及产品研发型的智慧服务模式。（3）智慧化发展的困境，包括多源数据分散，我国公共文化服务领域，数据资产彼此互补联通，如何盘活应用于各个数据部门、业务部门，各个机构之间、机构内部部门之间的数据，均存在客观技术难题。张璐[②]认为，信息化发展造成的数据孤岛是一个客观的发展阶段，各部门之间的信息数据条块分割，尚未实现跨部门整合，环节上的孤岛则是上下业务流对接的失败，数据之间无法兼容，致使数据智能化服务困难。区域间公共数字文化服务发展情况良莠不齐，造成智慧公共服务开展后续发展水平不一。公共文化服务机构面向用户开展智慧服务需要一定的基础资源作为保证，如数据库资源、计算机硬件资源、电子图书资源等，基础资源总量越多，智慧服务开展越顺利。然而，由于经济发展水平、社会发展水平、工作人员业务能力的差距，中东西部文化机构的数字公共文化服务水平存在差距，影响后续向公共文化智慧服务的进一步发展。张玉斌[③]调研了西部地区图书馆的发展情况，指出西部地区由于基础服务资源总量较少、智慧服务经费投入不足等问题导致智慧服务开展后继乏力的困境。陈露[④]认为公共数字文化服务建设存在信息基础设施建设水平较低、支撑技术落后、专业技术人才缺乏、绩效评估缺乏等问题，认为中国应借鉴西方发达国家的相关经验。曹树金等[⑤]分析广东省公共数字文化网

[①] 张小娟：《智慧城市系统的要素、结构及模型研究》，博士学位论文，华南理工大学，2015年。

[②] 张璐：《大数据时代公共文化服务智慧化供给路径探析》，《中共济南市委党校学报》2017年第6期。

[③] 张玉斌：《我国公共图书馆智慧服务研究》，硕士学位论文，山西财经大学，2018年。

[④] 陈露：《我国公共数字文化服务体系研究》，硕士学位论文，南京大学，2013年。

[⑤] 曹树金、王志红、古婷骅：《广东省公共数字文化网站调查与分析》，《图书馆论坛》2015年第11期。

站建设模式、网站功能、资源建设、网站利用时发现以下问题：网站建设模式为政府主导型，受政策驱动与影响较大；网站检索功能、导航功能和互动功能较弱；资源建设类型较单一，主题主要是民俗文化；网站可访问性有待提高，用户利用网站类型不均衡。

公共文化智慧服务的研究，基于公共数字文化的良好发展的同时，也有利于扩大文化事业理论视野，是文化事业理论与实践研究的有益补充。公共文化智慧服务研究更加强调"智慧化""智能化"，在"互联网+"大背景下，基于人工智能、机器学习等技术的发展，通过对公共文化智慧服务理论体系、公共文化智慧服务数据驱动机制、公共文化智慧服务多源数据融合，构建智慧公共文化服务数据治理模型，形成智慧公共文化服务系统平台，这一系列的研究对我国公共数字文化体系的建设产生了重大的应用和推广意义。

第二节 公共文化智慧服务基本概念

一 公共文化智慧服务内涵

事物是不断发展的，在其发展过程中，其内涵与外延也会随之变化，有时某些变化甚至会引起这一类事物内在性质以及共有特征的改变，即属性的转变[①]。就公共文化服务而言，公共文化服务发展初期，服务资源有限、资源配置不均、服务效能低下，公共文化服务的"标准化"与"均等化"是重中之重。但是，随着社会文化环境的发展，信息技术与公共文化基础设施建设的完善，公共文化服务的智能化程度越来越高，情境化倾向日益显著，"智慧化"与"情境化"成为新形势下公共文化服务最基本的两个属性，公共文化智慧服务呼之欲出。具体而言，公共文化智慧服务的内涵包括以下三个层面。

（一）智慧的主体是服务供给者

服务是为他人做事，并使他人从中受益的一种有偿或无偿的活动，公共文化服务无论今后如何发展，都无法逃脱这一基点的约束。因此，

[①] 何瑞杰：《专业图书馆的属性探析》，《黑龙江档案》2014年第6期。

就公共文化智慧服务而言，其智慧的主体应是服务的供给者，而非接受服务的用户。公共文化智慧服务需要开发服务供给者的"慧"，将其聪明才智具象化在服务形式与内容的人性化与情境化之中。以公共图书馆的智慧服务为例，要使其服务智慧化，需智慧的服务供给者借助多种智慧技术，将图书馆中异构无序的数据条目与知识链接整合，对馆内资源进行深度的语义揭示，当用户就某一主题进行检索时，不仅出现相关的条目数据与知识链接，还可以轻松获得关于这一主题的综合分析报告，了解综合多种观点后形成的概念界定、研究派别、分析方法、发展历史等。

（二）公共文化智慧服务以智能技术为助力

物联网、云计算、5G 技术等智能技术的发展不仅有力地推动了智慧城市的升级，还为我国公共文化智慧服务的发展打开了全新局面。智能技术不仅深刻影响着服务个性化、人性化、精准化的程度高低，还成为公共文化智慧服务效能升级与智慧化水平提升的助推器。可以说，公共文化智慧服务的效能水平在一定程度上是由智能技术水平决定的。随着移动视觉搜索技术等智能技术的发展，智慧服务的有效性、稳定性、安全性、智慧化、针对性等得到了显著的提升，为不同公共文化机构视觉资源的融合，实现高层语义信息的表达以及服务智慧化提供了有力的技术支撑[①]。公共文化智慧服务的发展，需要结合多种新兴技术创新服务方式，推动服务的"智"，让智能化服务更好地满足用户需求。

（三）公共文化智慧服务依托于"社会—技术"情境

公共文化智慧服务产生于这种社会与技术交互的情境中，既受制于此，又需要以这种新情境为支撑，即公共文化智慧服务依托于"社会—技术"情境。这种依托不仅体现在不同"社会—技术"情境对于公共文化智慧服务的承载作用力有明显区别，还表现在异质"社会—技术"交互情境中不同社会与技术交互的结果对于公共文化智慧服务的发展模式与服务形式的要求存在显著差异。

---

① 董晶、吴丹：《基于移动视觉搜索技术的智慧公共文化服务模型研究》，《图书与情报》2018 年第 2 期。

二 公共文化智慧服务发展的基本特性

公共文化智慧服务发展的逻辑起点是公共文化智慧服务发展中最简单、最一般、最基本、最本质的属性，是公共文化智慧服务发展从无到有的发展动因。具体而言，公共文化智慧服务发展包括以下四种基本特性。

（一）系统性

文化是一个复杂的社会系统，公共文化智慧服务是复杂社会系统中一个重要的子系统，子系统与其他系统和整体系统之间存在着紧密的相关性，子系统内部的各种要素之间也有动态的交互作用。公共文化智慧服务的发展是文化内部各个子系统与智慧公共服务系统间相互作用、融合发展、协同共进而产生的结果，并非文化要素与智慧公共服务其他要素的简单堆砌，更不是一种线性的叠加。此外，智慧公共服务系统的每一次变化都对文化系统产生外部性影响，与之相对，文化子系统的些许改变在一定程度上也会对智慧公共服务系统的发展产生"质"的影响。

（二）层次性

公共文化智慧服务发展并非"空中楼阁"，而是与不同区域实践相结合，伴随区域层次的高低不同有着显著的高低层次区分，而各个层次的公共文化智慧服务发展规划又可以继续分解为若干个低于本层次的下级区域智慧文化服务发展策略。高低层次间的等级从属关系是公共文化智慧服务发展层次性的第一个表现。同时，这种层次性还表现在公共文化智慧服务发展内容的层次性，即区域公共文化智慧服务发展是由低水平向高水平发展的渐进过程，可以划分为若干个层次，虽然在某些情况下会出现跨越式发展，但是不同层次各具特色，特征要素和发展内容可辨明。

（三）人本性

虽然智慧公共文化服务以人工智能、大数据、多源融合等多种新兴技术为助力，但归根结底其服务核心是"人"，其最根本的特性是"以人为本"，发展的根本目的是将公共文化服务置于我国特定的社会文化情境中，成为可以为人所用的，可以满足公众日益增长的文化需求的服务。但是，公共文化智慧服务发展中的"人本性"不等同于"以用户为中心",而是强调在社会、技术、文化、服务、人的互动关系中将用户作为核心要素,要求探索如何挖掘服务供给者的"智慧",进而开发出可以更好地满足用户多元文化需求的公共文化服务发展新形态。

(四)社会文化性

公共文化智慧服务根植于我国特定的社会文化环境中,是智慧公共服务与我国具体地域单元内社会文化要素相互作用的结果,其发展过程亦是地域单元间多种固有要素与社会文化要素融合衍生、协同耦合的过程,对不同区域中所具有的社会文化要素有着先天的依赖性。与此同时,公共文化智慧服务的发展变化又会对处于这种社会文化环境中的人产生塑造作用,进而重构区域内整体社会文化结构。因此,公共文化服务的发展具有显著的社会文化性,与所在社会环境紧密相连,相互作用,又共生共进。

第三节 公共文化智慧服务的战略体系

近年来,我国公共文化服务领域呈现繁荣态势,国家公共文化云、国家数字文化网等多级云服务架构已见雏形,公共文化服务资源供给总量大大提高。但由于不同服务机构间缺乏统一标准和规范,资源建设重复,人、财、物等配置不合理[1],公共文化服务效能不平衡、不充分[2],供给结构严重失衡[3],公共文化服务的"智慧化"程度仍然较低。因此,即使供给了多种形式公共文化资源,用户体验仍然较差,用户对智慧化服务的诉求越发强烈。与此同时,随着公共文化服务智能化的推进、智慧城市的建设以及"云"时代的到来[4],国家对于公共文化服务的智慧

---

[1] 马岩、徐文哲、郑建明:《我国数字图书馆协同管理实践进展》,《情报科学》2015年第9期。

[2] 柯平、胡娟、刘旭青:《发展文化事业,完善公共文化服务体系》,《图书情报知识》2018年第5期。

[3] 柯平、朱明、何颖芳:《构建我国基本公共文化服务体系研究》,《国家图书馆学刊》2015年第2期。

[4] 徐望:《公共数字文化建设要求下的智慧文化服务体系建设研究》,《电子政务》2018年第3期。

化发展高度重视。在此背景下，思考新形势下公共文化智慧服务的概念内涵，分析公共文化智慧服务发展的逻辑起点，探索公共文化智慧服务发展战略的内容要点与战略框架，以推动公共文化服务实践的智慧化发展和公众文化需求的有效满足，就成为学界业界当前亟须承担的一大职责。

一 战略定位

公共文化智慧服务发展战略是对我国公共文化领域当前及未来发展的前瞻性顶层设计，明确战略定位，明晰战略方向是战略规划工作中最为关键的工作，这对于规避因前期规划失误或准备不充分而造成的后续人为工作障碍具有重要意义。

公共文化智慧服务并非无根之木，其发展需在传统的公共文化实践基础上，符合公共文化服务发展的基本规律。但是，与传统公共文化服务实践不同，其发展是在推进国家文化云建设、服务效能升级的背景下，依托多种新兴智能技术，与服务所处社会文化情境紧密结合，并具有服务体验满意化、服务方式集成化、服务内容知识化等特点[①]。从短期看，公共文化智慧服务发展战略的目标是通过挖掘与开发服务供给者的智慧，综合运用物联网、人工智能、区块链等智能技术，提升公共文化服务效能，集成多种服务方式，加强服务内容质量，提高用户的文化体验满意度，满足社会公众当前日益增长的多样化需求；从长期看，公共文化智慧服务发展战略的目标是实现文化发展的智慧化，加快现代公共文化服务体系建设，开拓未来公共文化发展的新方向和新形态。

二 战略的组成要素

框架是一种可以用来解决与分析各种错综复杂问题的基本概念结构[②]。借鉴"要素说"的研究思想，以"框架"这一基本概念分析工具来分析智慧公共文化服务发展战略的概念结构，本书认为可从智慧公共文化服务的研究对象入手。基于此，本书设计了一个包括理论体系、技

[①] 初景利、段美珍：《智慧图书馆与智慧服务》，《图书馆建设》2018年第4期。
[②] 郑建明、孙红蕾：《数字图书馆治理的理论建构及其要素解析》，《大学图书馆学报》2017年第5期。

术体系、文化体系、人才体系、供给体系与治理体系六种战略要素的智慧公共文化服务发展战略框架。

（一）理论体系

科学理论是对相应领域内实践经验教训进行的高屋建瓴的抽象归纳与提炼，一套成熟、系统的理论和方法论支撑体系，是统一话语体系、促进学界业界探讨交流、推进智慧公共文化服务相关实践健康持续发展的必要前提。诚然，随着公共文化事业的发展，学界对其发展与实践开展了大量研究，明确了公共治理理论、协同论、人本理论、智慧城市理论等对于公共文化服务理论建构的指导作用，并取得了一些理论成果，但是，新形势下公共文化智慧服务当如何发展，其理论又有怎样的新特征，需向何种方向拓展尚不清楚。因此，本书认为，在公共文化智慧服务发展战略中，首先要建构专属的理论体系。

公共文化智慧服务战略的理论体系建构包括两个层面：一是从公共文化服务发展的基本规律出发，批判性吸收社会学、信息学、管理学等相关方法和理念，如公共文化理论、智慧城市理论、多源数据融合理论等，对相关内容的学术思想、理论体系进行梳理和分析，明确研究范畴，探究公共文化智慧服务的概念、内涵、特点、基本职能及理论发展空间，总结公共文化智慧服务发展现状、水平与趋势，进而构建公共文化智慧服务理论与实践研究的分析框架，为公共文化智慧服务理论体系的建构奠定基础。二是结合当前我国公共文化发展实际情况，把最新学术研究成果运用于公共文化智慧服务实践中，考察公共文化智慧服务理论的有效性与实用性，分析比较理论研究成果与实际工作中的偏差，进而提炼恰当而又具体的公共文化智慧服务理论体系构成要素，系统界定公共文化智慧服务发展中的各种概念，对公共文化智慧服务体系的相关理论精髓进行归纳与综合，分析体系构成要素间的逻辑关联，以及公共文化智慧服务研究方法。

（二）技术体系

技术助推发展与创新，公共文化智慧服务的技术体系构建是智慧公共文化服务发展战略的核心推动力，主要包括智慧数据开发以及智慧平台搭建两个方面，其中，前者是后者的基础。

大数据时代下，公共文化服务数据呈几何级数增长，但由于各种公共文化服务机构间建设标准、规范不一，组织机制、利益诉求各异，公共文化服务实践中存在海量较难利用、不能利用的多源多维公共文化服务异构数据。而数据本质上是愚蠢的，获得更多经常降低了其智慧性[①]，要运用数据帮助人们"Know What""Know How""Know Why"，使人的决策、行为变得更有智慧，就要有效整合、组织、提取与关联多源异构数据，使其从"大"数据提升为具有价值的知识综合体，即智慧数据[②]。因此，建设公共文化智慧服务战略技术体系的首要任务就是实现公共文化服务大数据向公共文化服务智慧数据的转化，即推进公共文化服务数据的智慧化。

在此基础上，可借助数据驱动与多源数据融合的理念，通过"数据化—语义化—可视化—智慧化"的演化路径，将传统公共文化服务积极融入智慧化建设，转化为实时响应的专业智慧化服务，形成公共文化服务的创新模式与服务方式，升级传统服务平台。同时，可从基于机器学习的启发式主动服务、基于用户画像和模型算法的个性化服务、基于多维存储的智能资源处理整合服务、基于多源数据融合的全周期一站式服务、基于风险评估和隐私保护的智能预警服务等多方面展开，对公共文化智慧服务云平台的运行机制进行优化，进而实现公共文化资源的一站式供给。

（三）文化体系

公共文化智慧服务的核心在于文化，而非技术，公共文化智慧服务战略的文化体系是驱动公共文化实践不断向前发展的内在核心价值体系，主要由物质文化体系与精神文化体系共同构成，二者协同共生，既是实践中智慧产生以及服务创新的源泉活水，又是拉动公共文化智慧服务向健康积极方向发展的重要力量。

物质文化体系构建主要是为了对不同地区的实体文化资源进行深度融合与再利用。随着公共文化实践发展及"三网融合"的推进，我国公共文化服务资源总量显著提升，公共文化设施配套日渐完善。但由于不

---

① Fitzgerald M.，"Turning Big Data Into Smart Data（August 04，2012）"，https://sloanreview.mit.edu/article/turning-big-data-into-smart-data/.

② 曾蕾、王晓光、范炜：《图档博领域的智慧数据及其在数字人文研究中的角色》，《中国图书馆学报》2018年第1期。

同行政机构的限制，资源割裂化还较严重，因此，要实现公共文化服务的智慧化发展，对不同地区实体文化资源的深度融合与再利用成为题中之义。

与此同时，改革开放以来各种思想文化交流交融交锋更频繁，虽然多元文化融入给我国原有文化价值体系带来丰富营养，但也使一直以来占据主导地位的传统文化价值理念受到猛烈冲击，固有的文化价值结构在渐渐被重构，文化安全形势更加复杂。尤其是在当前社会转型期，价值观念呈现多元多样多变的复杂态势，各种思想相互碰撞、相互激荡，文化危机与信仰空场的风险大大增加。因此，构建以传统文化为基础，以社会主义核心价值观为导向的精神文化体系对于拉动公共文化智慧服务向积极健康方向发展必不可少。

(四) 人才体系

公共文化智慧服务的主体是服务供给者，要实现服务的智慧，最根本的是开发服务供给者的聪明才智，使其不仅可以通过智能技术挖掘分析海量数据中的有用资源，对多源数据进行融合并从语义层面深度解释资源，还能为公共文化智慧服务的发展规划提供智力支持，开展前瞻性、针对性、储备性政策研究，对公共文化智慧服务相关政策提出专业化、建设性、切实有用的建议。而要做到这些，人才体系的建设势在必行。

公共文化智慧服务战略的人才体系主要由四个部分构成：一是专家队伍建设，专家队伍运用所掌握的公共文化相关专业知识以及综合研判和战略谋划能力，将对公共文化智慧服务的中长期发展战略规划进行统筹，对短期发展路径进行规划。二是专业技术人员队伍建设，这些技术人员的存在将为公共文化智慧服务中多源数据融合、智慧云平台建设、智慧服务创新等提供专业技术支持。三是师资队伍建设，可以为公共文化智慧服务不断培养专业人才的师资队伍，将积极推进公共文化服务研究基地的发展，加快公共文化学科建设，推动相关知识理论等整合成专业课程。四是服务队伍建设，对公共文化智慧服务第一线的工作者进行定期培训，将加深其对公共文化服务发展的理解，开发其聪明才智，使服务可以更加贴近用户的实际需求和行为特征，提高用户的服务满意度。

（五）供给体系

公共文化智慧服务战略的供给体系旨在以云计算、移动互联、多源融合等智慧技术为支撑，在公共文化服务的供需之间搭起桥梁，最大限度满足各个地域不同群体的个性化文化服务诉求，整合利用多源异构多维的文化数据，惠及民众并提高公共文化服务供给质量[1]。而供给智慧的本质不在技术，是对公共文化服务供给侧的深度改革。基于此，要构建公共文化智慧服务战略的供给体系，毋庸置疑要从供给侧视角重新审视公共文化服务供给主体、供需对接、供给结构等深层次问题，并对其中的矛盾进行协调与改革。

具体而言，首先要解决供给主体改革这一供给侧改革的首要问题，推动主体多元化，吸引社会力量进入公共文化服务系统，推动多元化主体共谋发展[2]。其次，要实现供需对接，增强公共文化资源供给的有效性、及时性、均衡性与多样性。此外，还需通过优化组合现有公共文化资源和调整各个区域间、各个行政部门间、各个群体间供给比例关系来推动供给结构的最优化、供给效益的最大化。

（六）治理体系

不同于传统公共文化服务治理体系突出制度安排的作用，智慧公共文化服务发展战略的治理体系更强调从"社会—技术交互论"的视角重新审视如何智慧治理公共文化服务中存在的问题，关注社会、技术、文化、服务与人之间的互动关系，重视人、技术、文化、服务以及社会等的协同治理，突出以"治理"思想提升和优化技术对社会文化的构型作用，社会文化对服务的承载作用，智慧公共文化服务对人的塑造作用，使公共文化服务是实实在在地置于中国社会文化情境下的，可以为我国智慧公共文化服务的发展提供制度保障，并能为人所用的。简言之，智慧公共文化服务发展战略的治理体系主要包括数据治理机制与治理理论实践机制两部分。

智慧公共文化服务发展的数据治理机制旨在构建一套包括运行要素

---

[1] 张璐：《大数据时代公共文化服务智慧化供给路径探析》，《中共济南市委党校学报》2017年第6期。

[2] 葛红兵、许昳婷：《上海公共文化服务供给侧改革对策研究》，《科学发展》2016年第12期。

确定、模式设计优化、系统平台搭建、反馈保障维护等全部流程的完整数据价值体系，系统指明从数据收集、整合、呈现到最终转化成为知识，辅助决策的完整流程。其优点在于可以基于海量数据、自动化技术，以及决策支持模型，确定公共文化服务机构多源数据的治理模式，验证多源数据治理实践，探索多源数据治理的实现路径。

智慧公共文化服务发展的治理理论实践机制着力于从组织机制、制度安排、运营管理与监督方式等方面对现有公共文化相关理论、区域相关实践所产生的规律、试行的公共文化制度等进行实践检验，对现有治理理论的实际效用进行验证，修正完善治理理论中的不足之处，提炼总结公共文化实践中的规律与逻辑，提升治理理论的科学性与有效性，并强化其对相关实践的指导。

三 战略要素间的逻辑关联

公共文化智慧服务发展战略构成要素共生于同一个客观关系系统，彼此间存在广泛而密切的联系。智慧公共文化服务发展战略理论体系是对相关实践规律与逻辑的高度总结与提炼，为技术体系、文化体系、人才体系、供给体系与治理体系的构建和完善提供理论支持；技术体系作为智慧公共文化服务发展的助推器，其发展不仅有助于理论体系的深化、供给体系的优化，还会对人才体系、文化体系与治理体系的构型产生重要影响；文化体系作为公共文化智慧服务战略的内在核心价值体系，一方面将对深化公共文化研究与实践范式发挥作用，另一方面将对智能技术的开发、设计、使用以及实际效果产生重要影响；人才体系将社会文化转化为服务的一部分，并通过服务实践，合理衔接公共文化服务供给与理论研究过程中的具体问题，揭示公共文化智慧服务发展中的内在规律，形成新的理论，强化治理制度的指引性与前瞻性，修正技术开发设计中的不足；供给体系在理论体系指导与技术体系的助推下，不仅使公共文化服务的供给模式更加符合公众的行为特征，还有力地推动着服务内在文化价值的增值，创新服务模式与治理模式，开发公共文化服务的新形态；治理体系将公共文化智慧服务发展过程中的理论与实践经验制度化，为理论体系、文化体系、人才体系、供给体系与治理体系的建设与完善提供强有力的制度保障。

四 战略的整体框架

技术的发展为公共文化智慧服务可持续性发展提供了强有力的支撑力量[①]，但是技术并非万能，公共文化智慧服务的发展不能就技术谈技术，还需关注社会、技术、文化、服务与人之间的互动关系，突出社会、技术、文化、服务与人之间的协同，在设计发展战略过程中充分考虑人本性、系统性、层次性、社会文化性等公共文化智慧服务发展的基本属性，在重视不同战略构成要素对整体战略作用的同时，关注战略要素间的互动关系对于整体战略的作用。基于此，本书认为新时期公共文化智慧服务发展战略的整体框架如图 4.1 所示。

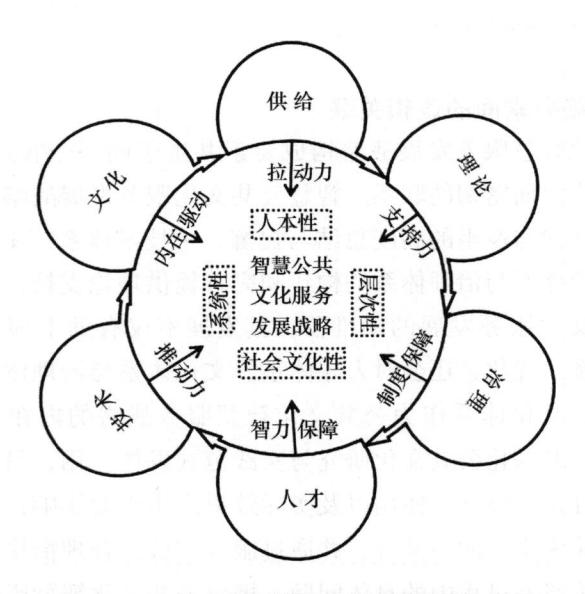

图 4.1 公共文化智慧服务发展战略整体框架

在发展战略的整体框架内，理论体系、治理体系、人才体系、技术体系、文化体系、供给体系六个战略要素共生于同一个客观关系系统内，在彼此联系又相互影响的同时，分别对发展产生着支持力、制度保

---

① 王淼、经渊：《智慧公共文化服务云平台构建研究》，《数字图书馆论坛》2019 年第 2 期。

障、智力保障、推动力、内在驱动、拉动力的作用，推动智慧公共文化服务的发展。因此，公共文化智慧服务发展战略既要关注战略要素间合力的作用，也要重视每种战略要素的影响。

总体而言，虽然公共文化服务的发展历史只有短短十余年，但其发展速度与社会价值是显而易见的，其与时俱进的发展特征是有目共睹的。公共文化智慧服务作为公共文化服务研究与实践不断深化与创新的新形态，不仅显示出公共文化服务不断升级、不断完善的趋势，也反映出公共文化服务发展智慧化、人本化的取向。新形势下，公共文化服务的发展迫切需要从传统公共文化服务向公共文化智慧服务转变，公共文化智慧服务发展战略正是对公共文化智慧服务实践的顶层设计与战略指导。公共文化智慧服务发展战略的提出，对于明确公共文化智慧服务的内涵，把握公共文化智慧服务发展的基本属性，明晰公共文化智慧服务发展的战略定位与战略规划具有重要的现实意义。

第四节 公共文化学科建设

"十三五"提出要基本建立现代公共文化服务体系，随着国家层面上公共文化的重要性逐步凸显，公共文化学术研究持续升温。但由于涉及的学科种类较多且互相孤立，因此使得学术研究发展出现了一些问题。本书在公共文化智慧服务体系的理论建构研究中，系统分析了公共文化研究的学科分布情况及问题，总结公共文化相关学科的建设现状，在此基础上探讨公共文化学科发展的必要性与可行性，并进一步提出公共文化学科建设的策略体系，从学科理论体系、话语体系、人才培养体系和制度体系四个方面探究公共文化学科建设的方向。

一 公共文化学科发展现状

（一）公共文化研究的学科分布

综合考虑研究结果的全面性和代表性，从期刊论文、博硕士学位论文两方面对公共文化研究的学科分布情况进行分析，揭示学科分布存在的主要问题。

1. 期刊论文的学科分布。2019年4月在CNKI数据库中以"主题=公共文化"为检索词进行检索，期刊来源勾选"SCI来源期刊""核心期刊""CSSCI"，年限设为2005—2019年，共检索出3490条结果。以3490条检索结果为样本进行学科分析和发文期刊分析。

期刊论文学科分析。依据CNKI数据库对学科的划分，CNKI期刊数据库中期刊论文的学科分布如表4.1所示，论文数量在40篇以上的学科共10个，其中图书情报档案领域产出的公共文化论文最多，占比35.87%。进一步参照教育部《学位授予和人才培养学科目录（2018年）》[1] 标注CNKI学科所对应的一级学科和所属的学科门类，发现公共文化期刊论文共涉及10个一级学科、6个学科门类，学科分布较分散，综合性和复合性较强。就一级学科而言，公共文化期刊论文集中在图书情报与档案管理一级学科；就学科门类而言，管理学为主导。

表4.1　　　　　　　公共文化期刊论文学科分布情况

排序	CNKI学科划分	论文数量	一级学科	学科门类
1	图书情报档案	1252	图书情报与档案管理	管理学
2	文化	1145	公共管理、中国史	管理学、历史学
3	政治	189	政治学	法学
4	新闻传播	163	新闻传播学	文学
5	法学	129	法学	法学
6	公共管理	118	公共管理	管理学
7	社会	95	社会学	法学
8	财政	60	应用经济学	经济学
9	农业经济	47	农林经济管理	管理学
10	教育	41	教育学	教育学

发文期刊分析。表4.2依据期刊分类对检索结果进行统计，列出发文数量大于40篇的期刊并标注发文期刊的所属一级学科和学科门类。发文数量大于40篇的期刊共14个。从发文期刊的学科分布看，刊登公

---

[1] 教育部：《学位授予和人才培养学科目录（2018年）》，http://www.moe.gov.cn/s78/A22/xwb_left/moe_833/201804/t20180419_333655.html，2022年8月5日。

共文化论文的期刊涉及 5 个一级学科、4 个学科门类，比较多样化。图书情报与档案管理学科占据较大比重，以管理学学科门类为主导。

表 4.2　　　　　　　　公共文化期刊论文发文期刊情况

排序	期刊名称	发文数量	所属一级学科	学科门类
1	图书馆	150	图书情报与档案管理	管理学
2	图书馆建设	142	图书情报与档案管理	管理学
3	图书馆论坛	128	图书情报与档案管理	管理学
4	图书馆理论与实践	126	图书情报与档案管理	管理学
5	图书馆工作与研究	96	图书情报与档案管理	管理学
6	新世纪图书馆	83	图书情报与档案管理	管理学
7	艺术百家	75	艺术学理论	艺术学
8	国家图书馆学刊	70	图书情报与档案管理	管理学
9	图书与情报	62	图书情报与档案管理	管理学
10	图书情报工作	57	图书情报与档案管理	管理学
11	图书馆杂志	55	图书情报与档案管理	管理学
12	人民论坛	47	政治学、社会学	法学
13	图书馆学研究	46	图书情报与档案管理	管理学
14	中国财政	44	应用经济学	经济学

2. 博硕士学位论文的学科分布。2019 年 4 月，在 CNKI 博硕士学位论文数据库中以"主题＝公共文化"为检索词，学位年度限定为 2005—2019 年，检索得到 2063 条结果。表 4.3 展示依据 CNKI 学科专业划分，公共文化博硕士学位论文的学科专业分布情况。论文数量在 25 篇及以上的学科专业共 13 个，其中行政管理专业的学位论文最多，占比 19.24%。进一步标注 CNKI 学科专业所对应的一级学科和所属的学科门类以发现公共文化博硕士学位论文涉及 10 个一级学科、5 个学科门类，涉及的学科较多，学科分布也呈现出较为分散的情况。就一级学科而言，排名在前的一级学科为公共管理、马克思主义理论、图书情报与档案管理等。就学科门类而言，管理学占主导。

表4.3　　　公共文化博硕士学位论文学科专业分布情况

排序	CNKI 学科专业	论文数量	一级学科	学科门类
1	行政管理	397	公共管理	管理学
2	马克思主义理论与思想政治教育	278	马克思主义理论	法学
3	公共管理	213	公共管理	管理学
4	图书馆学	60	图书情报与档案管理	管理学
5	社会学	44	社会学	法学
5	农业经济管理	44	农林经济管理	管理学
7	财政学（含税收学）	37	应用经济学	经济学
8	艺术学	33	艺术学理论	艺术学
9	产业经济学	27	应用经济学	经济学
10	档案学	27	图书情报与档案管理	管理学
11	图书馆、情报与档案管理	26	图书情报与档案管理	管理学
12	城市规划与设计（含风景园林规划与设计）	25	城乡规划学（风景园林学）	工学
	政治学理论	25	政治学	法学

期刊论文数据库和博硕士学位论文数据库的学科分布情况也有差异，公共文化的博硕士学位论文集中在公共管理、马克思主义理论和图书情报与档案管理等领域，而期刊论文集中在图书情报与档案管理、公共管理、政治学等，且各个学科占比有较大的不同。这从侧面说明，由于学科专业的设置，期刊论文和博硕士学位论文的关注点不尽相同。具体而言，由于期刊论文自由度较高，因此期刊论文的学科分布更为多样，而由于受到专业局限，博硕士学位论文的学科分布则相对集中。换言之，公共文化已成为各学科的研究热点，但尚未成为部分学科学生攻读学位时的选择方向。

3. 公共文化研究学科分布存在的问题。首先，学科基础理论不成熟。公共文化相关基础理论包括公共数字文化、公共文化要素、公共文化服务体系的划分、公共文化发展阶段和发展水平等。各学科专家从本学科的视角对公共文化的基础理论提出了自己的见解。以对公共数字文化概念的理解为例，有的学者强调公共数字文化是"资源性文化和政策

第四章 公共文化智慧服务体系的理论建构

性文化的综合体"[1]，有的学者认为公共数字文化是一种"新型文化范式"[2]，两者存在明显出入。各专家对公共文化服务体系的划分也有所不同，有学者认为公共文化服务体系主要包括先进文化理论研究服务体系、文艺精品创作体系、文化知识传授服务体系、文化传播服务体系、文化娱乐服务体系、文化传承服务体系、农村文化服务体系[3]等；有学者认为公共文化服务体系应划分为文化理论和文化价值体系的创新机制、公共文化设施和文化生态环境，公共文化服务事业的混合微观主体，法律政策支持体系和监管体制[4]。虽然这些都属于公共文化领域的基本理论，但彼此孤立和学科间差异使得相关理论尚未达成统一，为公共文化研究带来不便，影响了公共文化服务体系的建立。

其次，学科语境不同。学科语境指的是不同学科有着相对固定、相对独立的专业术语、学科对象、学科使命、学科知识和学科思维方式[5]。在公共文化领域，图书情报与档案管理、公共管理、马克思主义理论、政治学、应用经济学、新闻传播学等都有本学科特定的专业术语、学科知识、思维方式、研究侧重点和研究方法。例如，图书情报与档案管理学科既从宏观层面对公共文化服务体系进行研究，探索公共文化服务的均等化[6]、参与主体[7]、绩效评估[8]、法律[9]等问题，又围绕图书馆这一

---

[1] 王淼、孙红蕾、郑建明：《公共数字文化：概念解析与研究进展》，《现代情报》2017 年第 7 期。

[2] 胡唐明：《我国公共文化数字文化服务体系及其治理研究》，河海大学出版社 2016 年版，第 3—4 页。

[3] 申维辰：《构建公共文化服务体系 发展社会主义先进文化》，《光明日报》2005 年 12 月 30 日第 7 版。

[4] 王磊：《当前我国公共文化服务的理论基础、概念界定与价值取向》，《河南教育学院学报》（哲学社会科学版）2014 年第 1 期。

[5] 向东春、薛天祥：《学科语境：教育研究方法的新视角——以"高等教育产业化"论为例》，《江苏高教》2006 年第 3 期。

[6] 王毅、柯平、孙慧云、刘子慧：《国家级贫困县基本公共文化服务均等化发展策略研究——基于图书馆和文化馆评估结果的分析》，《国家图书馆学刊》2017 年第 5 期。

[7] 李国新：《关于加强农村公共文化服务建设的思考》，《中国图书馆学报》2019 年第 4 期。

[8] 王学琴、陈雅：《国内外公共文化服务绩效评估比较研究》，《情报资料工作》2014 年第 6 期。

[9] 林华、楚天舒：《我国公共文化法律有效实施的思考——以〈公共文化服务保障法〉〈公共图书馆法〉为中心》，《中国图书馆学报》2019 年第 4 期。

公共文化实体，分析图书馆在公共文化服务体系中的定位[①]、制度建设[②]、战略规划[③]、发展模式[④]、均等化服务[⑤]等问题，学科方法多采用文献计量方法（包括词频统计、知识图谱等）总结研究热点和分析研究趋势。公共管理学科的侧重点在服务效能[⑥]、绩效评估[⑦]、服务供给[⑧]、政府职能[⑨]等问题，研究方法多采用案例分析、实证分析等方法。管中窥豹，可见一斑。两个学科间对公共文化研究的学科语境差异较大。这虽然使研究成果更具多元化，但由于共通性和关联性较少，不同学科对相同问题会采取不同的解决方案，使研究成果的实践应用难度加大，进而影响政策的制定、推进和评估。

（二）公共文化学科建设现状

1. 建设主体。建设主体主要为高校和公共文化机构。高校学科建设较为系统和专业，主要面向高校学生，教学内容主要以公共文化理论和政策为主；公共文化机构相对零散，内容多元，多与实践应用相关，主要以社会文化普及推广为目的，面向广大群众。

高校公共文化专业教学实践。近年来，为了满足公共文化服务体系建设的需求，许多院校的部分学科在专业教学体系中加入了公共文化的内容或者正在准备课程改革，其中以图书馆学专业的课程改革最为突出。公共文化服务模块是中山大学课程体系的重要组成部分，包括公共

[①] 林华、楚天舒：《我国公共文化法律有效实施的思考——以〈公共文化服务保障法〉〈公共图书馆法〉为中心》，《中国图书馆学报》2019年第4期。

[②] 金武刚、李国新：《中国公共图书馆总分馆制建设：起源、现状与未来趋势》，《图书馆杂志》2014年第5期。

[③] 柯平、陈昊琳：《图书馆战略、战略规划与战略管理研究》，《图书馆论坛》2010年第6期。

[④] 李国新：《现代公共文化服务体系建设与公共图书馆发展——〈关于加快构建现代公共文化服务体系的意见〉解析》，《中国图书馆学报》2015年第3期。

[⑤] 郭沫含：《公共文化发展战略下公共图书馆均等化服务研究》，《图书馆学研究》2012年第14期。

[⑥] 胡守勇：《公共文化服务效能评价指标体系初探》，《中共福建省委党校学报》2014年第2期。

[⑦] 金家厚：《公共文化机构绩效评估及其机制优化》，《重庆社会科学》2011年第11期。

[⑧] 宋元武、徐双敏：《国外农村公共文化服务供给实践与经验借鉴》，《学习与实践》2016年第11期。

[⑨] 颜佳华、周万春：《整体性治理视角下的政府文化行政职能转型研究》，《学习论坛》2012年第12期。

图书馆与公共文化服务、信息资源、社群信息学、信息与社会、图书馆未成年服务等课程；辽宁大学历史学院图书情报与档案管理学科以公共文化为内核，培养具有公共文化服务精神和文化创意思维的人才；郑州大学图书馆学积极酝酿课程改革，重新研究制定人才培养方案，构建课程体系，举措为"从教学、科研、力量整合及办学方式四个方面采取行动"①。部分院校还面向社会人士开展公共文化教育和培训。例如，浙江大学面向各省、市等相关领导干部开办公共文化服务体系建设专题培训班，课程内容包括公共文化政策、传统文化、公共文化实践、礼仪、音乐、艺术等。

公共文化机构培训实践。公共文化机构主要包括文化馆、图书馆、档案馆和博物馆：文化馆以线上线下相结合的方式举办基层群众文化培训；图书馆的公共文化培养不仅包括图书借阅、参考咨询、讲座培训等常规服务，还包括文献资源数字化、线上培训、为公共文化培训活动提供场所等；档案馆的公共文化培养实践包括保管文化档案、展出文化资料、出版编研成果；博物馆的公共文化培养包括展览、专题讲座、文化研究等方式。

2. 公共文化学科高校分布情况。根据对公共文化研究学科分布的分析，可以看出公共文化涉及的学科比较多，这些学科的建设情况对于公共文化学科建设有借鉴和参考作用。课题组从学科设置、国内开设情况等方面梳理公共文化相关学科的建设现状（见表4.4）。由此可见，很多高校都开设了相关学科专业，包括北京大学、清华大学、中国人民大学、武汉大学、南京大学、中山大学等。

表4.4　　　　　　　公共文化相关学科开设分布情况

学科门类	一级学科	二级学科及分支	主要开设高校
管理学	图书、情报与档案管理	图书馆学、档案学	武汉大学、北京大学、南京大学、中山大学、南开大学、苏州大学等
	公共管理	行政管理（公共文化行政学）	中国人民大学、中山大学、复旦大学、北京大学、武汉大学等
	工商管理	旅游管理、文化产业管理（公共文化服务与管理；公共文化管理）	上海交通大学、中国传媒大学、山东大学、中山大学等

---

① 刘海丽、孟昕宇：《公共文化发展战略下新文科建设之路——2019年郑州大学"公共文化背景下的图书馆学发展研讨会"会议综述》，《河南图书馆学刊》2020年第1期。

续表

学科门类	一级学科	二级学科及分支	主要开设高校
历史学	历史学	考古学（公共考古学/公众考古学）、博物馆学、中国史	复旦大学、南开大学、南京师范大学、四川大学等
文学	新闻传播学	编辑出版学、传播学（公共传播学）	中山大学、中国传媒大学、复旦大学、清华大学、南京大学等
文学	中国语言文学	古典文献学	北京大学、浙江大学、中国人民大学、浙江大学、复旦大学等
法学	政治学	政治学	中山大学、北京大学、武汉大学、中国人民大学等
法学	法学		清华大学、北京大学、浙江大学、南京大学、复旦大学等
法学	社会学	社会学（公共社会学）	清华大学、北京大学、浙江大学、南京大学、复旦大学等
法学	民族学	民族学	中央民族大学、西南大学、西南民族大学等
法学	马克思主义理论	马克思主义文化学	清华大学、北京大学、中国人民大学、复旦大学等
经济学	应用经济学	文化经济学（文化产业经济学；文化市场经济学；文化遗产经济学；国际文化经济学；艺术文化经济学）	中国人民大学、北京大学、中央财经大学、复旦大学等
教育学	教育学	公共教育学（公共艺术教育）	浙江大学、北京师范大学、天津大学、苏州大学等
哲学	哲学	马克思主义哲学	北京大学、复旦大学、武汉大学、中国人民大学、南京大学等
艺术学	艺术学理论	艺术学；艺术管理（艺术文化学）	北京大学、东南大学、中国传媒大学、中央美术学院等
艺术学	设计学	艺术设计学；公共艺术（艺术文化学）	中国美术学院、南京艺术学院等

第四章　公共文化智慧服务体系的理论建构　　107

续表

学科门类	一级学科	二级学科及分支	主要开设高校
工学	建筑学	建筑设计及其理论（公共文化建筑）	清华大学、浙江大学、上海交通大学、西安交通大学等
	城乡规划学		北京大学、清华大学、北京交通大学、天津大学等
	风景园林学		同济大学、东南大学、清华大学等

3. 公共文化学科建设存在的问题。首先，学科建设视角发散。公共文化学科发展其实已是枝节繁茂，散落在各个相关学科，甚至蛰伏于各个学科门类各级学科中。李国新提出，有"11 个学科门类、37 个一级学科、93 个二级学科都涉略了公共文化研究"①。其次，公共文化重实践却无学科，公共文化学的学科属性发展相对薄弱。长期以来，公共文化重实践却无学科，而注重公共文化学科建设的问题近几年才被提起，使得学科属性发展相对薄弱。论证公共文化的学科定位，就是要明确公共文化的存在价值与学科重要性。作为跨越社会学科、管理学科、人文学科以及旅游学科，甚至艺术学、工学的独立学科，整合学科建设力量，建设公共文化一级学科，才有利于其交叉发展。公共文化学科的缺失使其成为一个必须接受其他学科特性束缚的学科，而学科整合使其存在于图书馆学、博物馆学、文化馆学、旅游学、历史学、档案学等学科领域中的学科要素能够集聚，形成公共文化的学科要义。

二　公共文化学科建设的必要性与可行性

（一）公共文化学科建设的必要性

1. 公共文化学科建设有利于繁荣公共文化学术研究。公共文化学科建设不仅能整合各研究队伍，形成学术合力，有利于产出更多更优质的科研成果，实现"集中力量办大事"，还能推动公共文化基础理论体系的完善，明晰公共文化领域基本理论和核心概念，为学术研究奠定理

---

① 李国新：《公共文化研究 10 年：回顾与前瞻》，《图书馆建设》2019 年第 5 期。

论基础，便利学术研究。公共文化学科也可利用学科交叉的优势，融合各学科研究方法和视角，实现研究内容和研究方法的相互渗透，优势互补，促进学术研究快速良性发展。

2. 公共文化学科建设有利于统一学科语境。公共文化学科建设，一方面能将各学科的公共文化研究集中到一个大的学科体系中，统筹规划大学科的研究方向，增强公共文化研究的体系化、全面化和科学化，减少研究失衡现象；另一方面在学科体系的指导下有利于规范学科用语，增强学术研究的规范性和一致性，有利于在多元的研究方法、研究视角中确定公共文化学科的研究范式和核心学科研究方法体系，实现统一学科语境的目的。

3. 公共文化学科建设为相关实践提供理论指引。"十一五""十二五""十三五"公共文化服务体系建设存在不均衡问题依然突出、服务效益有待提高等问题，这些问题的解决需要学术界提供解决思路和解决方案。公共文化学科建设在推动学术研究的同时，有助于针对实践问题提出全面科学的建设思路和解决方法，服务于政府决策。这不仅是国家公共文化服务体系建设大背景下的必然选择，也是时代发展的迫切需求。

（二）公共文化学科建设的可行性

1. 学科核心概念的明确。近年来公共文化领域颁布了一系列法律法规与政策，公共文化学科的核心概念先后逐步确立。其中最具代表性的是2016年颁布的《公共文化服务保障法》将公共文化服务、公共文化设施等概念通过法律的形式确定下来，2017年通过的《公共图书馆法》则确定了公共图书馆的概念。这些概念随后得到学术界的广泛认可，并被应用到各学科的学术研究中。核心概念的明确为学科发展边界的确定提供了有力的支持。

2. 研究成果的丰富。根据对历年发表论文的统计，2005年至今，核心期刊发表公共文化论文达3400余篇、博硕士论文2000余篇。近年来公共文化领域发表的核心期刊论文数量稳定，呈增长趋势。相关研究受国家社科基金、国家自科基金以及地方基金支持，2007—2018年，国家社科基金立项的公共文化项目超过80项。研究成果的丰富以及研究投入的力度显示了公共文化学科建设的巨大潜力。

3. 成熟研究团队的形成。近年来公共文化研究领域形成诸多团队。以图情情报档案学科为例，形成了十多支团队，比如南开大学的柯平团队、于良芝团队和徐建华团队，武汉大学的傅才武团队和肖希明团队，华中师范大学的吴理财团队，兰州大学的李少惠团队，北京大学的李国新团队，南京大学的郑建明团队和陈雅团队，中山大学的程焕文团队，华东师范大学的金武刚团队等均是比较成熟的科研团队，每年均产出稳定数量的科研成果，并为各地现代公共服务体系建设提供智库服务[①]。研究群体的成熟和稳定是公共文化学科可持续发展的重要支撑。

4. 政策的支持。从"十一五""十二五"到"十三五"，国家对公共文化领域的重视程度不断加强，对公共文化的政策支持力度不断加大。"十三五"期间，先后颁布一系列有关公共文化服务、公共数字文化、公共图书馆等方面的政策和法规，为我国公共文化服务体系的建设确定了具体目标，提供了政策保障。政策的出台既推动了公共文化学术研究的发展，又为学科建设奠定了法理基础。

三 公共文化学科建设策略框架

公共文化的学科建设是一条长远之路，需要进行系统规划，既需要从宏观上构建学科建设方向，又需要从微观上设计学科建设的基本框架。

（一）整体构想

公共文化学科的基本目标是：整合学术力量，推动公共文化领域科研发展，为政府和公共文化机构工作的开展提供理论和方法，最终服务于现代化公共文化服务体系建设大局。

公共文化学科属于交叉学科，学科建设符合一般交叉学科建设的规律和原则。具体而言，在公共学科建设过程中，需要遵循以下原则：

1. 立足实践需要。学科建设需紧密结合公共文化实践和学科专业现状，根据实际情况不断调整，使其适应公共文化发展的需要。

2. 坚持科学性和合理性。一方面坚持以科学思想为指导，在学科

---

① 金武刚：《偶然 vs 必然：公共文化服务研究的兴起与发展——兼论图书馆学人的贡献和崛起》，《图书馆论坛》2018年第11期。

建设过程中邀请专家全程参与学科论证、学科体系构建、制度确立和后期调整等过程，遵循学科发展的规律；另一方面遵循实际发展规律，做好前期调研工作，循序渐进。

3. 坚持多学科融合。发挥交叉性学科优势，实现研究内容和方法的相互借鉴和渗透，运用多元的研究方法、研究视角、研究工具和研究手段推进学科融合。

4. 加强公共文化实体间的协作。科研单位和政府职能部门以及图书馆、博物馆等文化实体需加强组织融合，统一到共同的规划和机制中，通盘考虑，建立沟通渠道和反馈机制。科研单位根据政府职能部门和文化机构的实践经验和工作调整科研方向；反之，加速科研成果转化，使科研单位的学术成果服务于政府决策及文化机构发展。

（二）框架设计

公共文化学科构建是一个系统工程，需全方位的框架设计，包括学科理论体系、学科话语体系、学科人才培养体系和学科制度体系等方面。

1. 构建公共文化学科理论体系。构建学科理论体系是学科构建的基石，一般从学科基本概念、逻辑起点[1]出发，通过层层推导，最后形成学科的严密逻辑体系。构建这一理论体系，首先要确定公共文化学科领域的基础理论、应用理论等，并按照一定的逻辑体系组织学科理论框架。其次要加强学科基础研究，明确学科定位和研究方向。学科定位需考虑高等院校专业及各学科的设置，根据公共文化的研究内容确定在整个学科体系中的位置，确定学科研究目标及任务、宗旨、研究对象、研究内容、发展阶段、研究方向等。此外需要确定公共文化学科研究范式和研究方法。在学科共建的过程中，要实现研究内容和方法的相互借鉴和渗透，运用多元的研究方法、研究视角、研究工具和研究手段，最终确定学科研究基本范式和研究方法体系。

2. 构建公共文化学科话语体系。学科话语体系是对外部世界加以解释的系统性理论知识[2]，包括学科概念、学科用语和学科研究范式等。在学科理论体系建立的基础上，为了减弱学科融合带来的不统一和矛盾

---

[1] 彭知辉：《大数据环境下公安情报学理论体系研究》，《图书馆杂志》2018年第2期。
[2] 蔡禾：《社会学学科的话语体系与话语权》，《社会学评论》2017年第2期。

第四章 公共文化智慧服务体系的理论建构

之处，要在大的学科体系之下对学科话语体系进行统一。具体而言，首先，构建公共文化学科话语体系需要明确相关学科和分支学科，根据学科与公共文化学科联系的程度、层次和方式，公共文化的相关学科可以被分为密切联系的学科、交叉关系的学科以及应用关系的学科[①]，依据公共文化领域研究内容和主体的差异可以划分各分支学科。其次，要在公共文化理论体系的基础上，确定学科核心概念，实现学科术语的移植再生，形成学科共识，对学科用语进行规范，减弱不同学科间术语的差异性。此外，在科研机构内部，改变过去各科研团体之间彼此孤立、各行其是的局面，将各高校各院系、各科研机构的科研团队统一到一个学科体系中，在同一个体系下规范学科用语。

3. 构建公共文化学科人才培养体系。公共文化人才培养体系应满足三个基本要求：一是理论层面，学生们要对公共文化各个领域有基本了解，有较高的公共文化素养；二是技术层面，学生需要掌握公共文化的相关技术，包括信息平台的构建、视频制作等技术；三是人才层面，重视交叉复合型人才，以培养造就一批高素质的、具有较高公共文化素养、熟练掌握公共文化各领域基本知识、掌握相关技术的交叉复合型文化人才为目标。要实现公共文化人才培养体系的目标，需要做到四点：一是经过严密的专业认证确定专业设置。在考虑社会实践需要及公共文化专业设置可行性的前提下，综合分析国内高校各院系和专业的设置，确定符合公共文化学科建设的目标和符合各院校的实际情况的专业名称和专业平台。二是培养一批稳定的师资队伍。公共文化现在已经形成了一批比较稳定的专家队伍，在此基础上，需要充分利用公共文化交叉学科的优势，挖掘各院系相关学科内部对公共文化有研究兴趣和研究基础的教师作为储备力量，投入公共文化学科建设的实践中。三是制定专业培养方案[②]，专业培养方案需要紧紧围绕人才培养体系的目标，将每个目标细化成具体的培养方案。四是完成课程体系建设。课程体系包括理论和实践两个方面，理论层面需要覆盖公共文化的理论知识、公共文化相关学科的理论知识，实践层面包括技术

---

① 吴慰慈主编：《图书馆学基础》，高等教育出版社 2004 年版，第 41—44 页。
② 林健：《多学科交叉融合的新生工科专业建设》，《高等工程教育研究》2018 年第 1 期。

课程和相关实践活动。

4. 构建公共文化学科制度体系。学科制度指的是学科主体为达到学科发展目标围绕学科制度的主要方面所进行的建设实践，包括学者职业化、固定教席和培养计划的设置、学会组织和学术会议制度的建立、专业期刊的创办等[①]。学科制度的建立是一个新兴学科成熟的标志，代表学科内部已经形成对学科的发展具有规范作用的明文制度。具体而言，构建公共文化学科制度体系需要做到四个方面：一是确定学科培养计划和培养方案。根据教学情况和实际情况的变化不断调整课程体系和学科培养计划，将其规划化、规范化、制度化。二是建立公共文化学科组织与学术会议制度。公共文化学科组织可以由在公共文化领域有突出研究成果和实践经验的学者们共同创立，将公共文化领域的专家学者集中起来，并成立管理机构，以该学科组织为单位定期召开公共文化学术交流会议，给予专家们学术交流的空间，并逐渐建立学术会议制度，维系组织日常运行。三是创办学术刊物。当前公共文化领域的论文多发表在图书情报与档案管理、公共管理等学科的学术刊物上，研究成果较为分散。在实施中，可先办第一本公共文化学术刊物，保障论文质量，进而逐步创办其他刊物。四是加强制度体系建设。制度体系需要政府单位、文化机构、高校等部门的多方协同合作，共同参与制度体系的确立、修改、推行等过程，促进学科发展。

四 公共文化一级学科建设构想

公共文化学科建设应纳入国家文化发展战略。一方面，公共文化学科建设及发展的基本目标与社会发展需求具有一致性，2005年党的十六届五中全会提出建成覆盖全社会的比较完整的公共文化服务体系[②]。2011年，党的十七届六中全会提出深化文化体制改革，推动社会主义文化大发展大繁荣[③]，"十三五"期间提出基本建立现代公共文化服

[①] 陈子珍、刘谨：《创新学科建设管理制度，促进地方高校可持续发展》，《中国商界（下半月）》2009年第9期。

[②] 《国家"十一五"时期文化发展规划纲要（摘要）》，《中华人民共和国国务院公报》2006年第31期。

[③] 《中共中央关于深化文化体制改革推动社会主义文化大发展大繁荣若干重大问题的决定》，《人民日报》2011年10月26日第1版。

务体系[①],"十四五"期间提出完善公共文化服务体系。公共文化服务体系的完善呼唤公共文化学科体系的建设。另一方面,公共文化学科建设与国家"新文科"战略思想一致,公共文化学科融合多学科的特性契合新文科"传统文科学科融合与重组"的特征,考虑到学科发展的综合性、超前性特征,公共文化一级学科应覆盖包括图书馆学、档案学、博物馆学、文化馆学、古籍与传统文化保护学、旅游文化学、古典文献学等学科在内的二级学科。

(一)公共文化一级学科属性

顺应国家文化发展主流,夯实学科基础,融合相关学科,依据一级学科建设的思路发展公共文化学科。

1. 综合性学科。公共文化学科既包括服务供给理论、社会力量参与理论、文化事业单位参与理论、公共文化服务标准化和均等化等理论,又包括政府服务效能评估、文化空间设计等实践应用。同时,公共文化学科由于其复杂的研究对象使得公共文化学科融合了图书馆学、档案学、古典文献学、编辑出版学等学科的内容,属于综合性学科。

公共文化的学科构架,不仅有自身的理论基础与学科内容,也有与相关学科的交叉与融合,其综合性并非表现为相关学科内容的简单合并,而是其理论、方法、历史的相互融通。

2. 交叉性学科。根据对公共文化研究学科分布的分析并结合不同学科的研究内容和研究范围,可以看到公共文化融合了多种学科,包括图书情报与档案管理、政治学、新闻传播学、公共管理、法学、社会学、应用经济学、教育学等,属于交叉性学科。

公共文化相关学科建设隶属于各自所属学科,但其在各自所属学科的发展并未囿于其所属学科范畴,表现出鲜明的学科个性;各个学科领域的公共文化学科发展均形成了各自不同的视角与范畴,又有所联系,表现出显著的交叉性。公共文化在图书情报与档案管理学科的发展因其公益性、公共性、公平性等共同的基础理论及其学科属性;在人文历史学科的发展因融合核心思想、理念的传承;在管理科学的

---

① 新华社:《中共中央办公厅 国务院办公厅印发〈关于加快构建现代公共文化服务体系的意见〉》,《中华人民共和国国务院公报》2015年第3期。

发展注重生产与运营的机制与策略；在建筑学、工艺学的发展寻求历史与现实雅俗共赏的形态与呈现；在自然与科技领域的发展注重现代技术方法的融合，以汲取自然科学与社会科学的学科元素，焕发出新的生命力。

3. 人文性学科。公共文化学科建设仍坚持马克思主义辩证唯物论为学科认知的基础，尽管社会文化实践是学科基本命题，但认识问题的基本要义是哲学思想观的产物，公共文化学科需要对社会文化实践的动机、机理、过程、机制、内容、属性等进行深层次的梳理与辨析。而且，社会公众是公共文化的参与主体和公共文化服务的被提供者，因此社会公众是公共文化学科体系的最终得益者，这也决定了公共文化学科体系以人为本的思想。

（二）公共文化一级学科定位

依据学理的差异、学科间的关联密切程度和社会发展的需要，公共文化学科可以分为血缘关系学科、交叉关系学科。血缘关系学科指的是与公共文化研究对象和研究范畴有着较大的共通性，可以作为公共文化学科下属二级学科的学科；交叉学科指的是由于各学科不同的研究对象本身具有特殊的联系使得学科之间具有了交叉关系的学科。

1. 血缘关系学科。结合公共文化和公共文化服务体系的内容，在参考传统一级学科的基础和现有相关学科的基础上，血缘关系学科包括旅游管理、编辑出版学、古典文献学、图书馆学、档案学、考古学及博物馆学以及由于文化馆在公共文化服务体系中的重要性而增加的文化馆学。古典文献、旅游资源、编辑出版是公共文化的重要资源和组成部分，而图书馆、档案学、博物馆、文化馆是公共文化服务体系中的基本机构和服务实体，所以这些学科由于与公共文化之间密切的关系而成为公共文化学科的血缘关系学科。

2. 交叉关系学科。根据对公共文化研究学科分布的相关分析，同时结合不同学科的研究内容和研究范围，融合与公共文化学科有交叉关系的学科，包括政治学、新闻传播学、公共管理、法学、社会学、应用经济学、教育学、马克思主义哲学、建筑学等。

3. 学科建设融合机理与机制。学科融合是当今学科高度分化的背景下，不断实现学科研究创新的重要途径①。首先要摒弃各自为政的思维，树立自觉的学科融合意识；其次要建立促进学科融合的良性机制，改变学科分类模式，建立配套的学科建设与管理机制，确立学术共同体内部定期交流的互动机制，善于运用柔性管理理念为学科发展提供空间和自由，同时制定相应的评价标准和管理规范。

（三）公共文化一级学科建设策略

公共文化学科建设必须要树立"小学科，大视野、大格局"的理念，面对公共文化学科融合各学科多元理论和方法的特性，以公共文化各相关学科为切入点，秉持开放的态度，欢迎各学科领域的学者跨越国际、跨越学科、跨越研究范式进行自由交流，促进学术成果的繁荣发展。同时建立宏观体系，在大的格局下进行统一布局，保证学科发展的持续性和科学性。

1. 注重理念融合，树立大文科理念，融合新文科内涵建设。公共文化学科建设秉承新文科建设的基本内涵，融合图书馆学档案学、社会学、法学、教育学、经济学、管理学、建筑学、艺术学等学科门类的认知模式与学科范式，以守正与创新、交叉与融合、协调与协同为学科建设理念，以学科导向、专业融合、战略引领为基本路径，以培养复合型、创新型、应用型文科专门人才为目标，加强学科建设与发展。

2. 注重学科融合，建设学科建设共同体。学科共同体是学科文化的生产主体，可以创造学科知识、发挥学科价值、创造学科范式。公共文化学科共同体是以公共文化学科的发展为核心目标，融合各个相关学科的学科理论和方法而形成的系统化的无形组织。首先要在各相关学科融合的基础上，明确学科基本问题，确定学科理论体系和方法体系，加大各高校和研究机构之间的合作，建立学科联盟，推动公共文化非实体性学科共同体的建设，随着学科发展的条件成熟，进一步推动学科共同体实体转化。

3. 注重历史和现实相结合，加强学科论史法体系构建。公共文化学科体系要注重"论、史、法"三个特性的结合。"论"指的是建立完备的学科理论体系，夯实学科的理论基础；"史"指的是学科的发展史，

---

① 袁小鹏：《论建立促进学科融合的良性机制》，《科技管理研究》2007年第8期。

需要确定公共文化学科发展沿革,确定学科起点,统一学界认知;"法"指的是公共文化学科依托的法律体系,考虑到公共文化服务的公共性特征,法律对于公共文化体系的建立有重要的保障作用,需要注重公共学科法学体系建设和研究。

4. 注重内容融合,重构学科培养模式,构建公共文化课程体系。公共文化学科建设按照新文科建设理念,强调整合相关教学科研力量与学科专业内容,以公共文化事业发展与产业升级为导向培养公共文化专业人才,应对文旅融合背景下文化创意、精品旅游、文旅拓展、公共服务等专门人才需求的不断加强,公共文化专业课程体系适应新业态、新产业、新学科跨界融合体系模式,重构人才培养模式及其课程体系,大小课程相互配合。大课程是指覆盖哲学、社会学、管理学、法学、图书情报与档案管理科学、工学、艺术学等学科门类的基础知识课程;小课程是指公共文化及其相关学科专门领域的理论、技术、方法课程,面向社会公共文化事业与产业发展的应用性课程。大小课程逻辑关联,形成公共文化学科专业课程体系。

5. 对标职业标准,加强实训教学与实践教学体系建设。公共文化学科是一门实践性和应用性很强的学科,实训教学体系应该对标图书馆学、档案学、文化馆学、古籍与文化遗产保护学、旅游文化等领域从业人员的职业要求,按照"专业技能训练—模拟实习实训——综合训练"[①]进行构建。专业技能训练包括文献修复、文献排架、档案归档等;模拟实训实习包括数字模拟、上机实习、情景模拟等;综合训练包括专业实习、毕业实习及毕业论文等环节。同时配备各类实验室和实训基地,以满足学习、研究和教学的需要;并与各类相关企事业单位签订实习或者实践训练协议,为实践教学提供场地支持。

---

① 杨新荣:《本科人力资源管理专业课程体系建设与实践教学研究》,《云梦学刊》2014年第4期。

第五章

公共文化智慧服务治理实践

2021年是"十四五"规划开启之年,"十四五"时期我国进入新发展阶段,在新的历史起点上,公共文化服务面临新的发展形势,公共文化服务体系迈向更广空间、更深层次、更高水平的高质量发展目标和路径也变得更加明确。"十四五"时期,公共文化服务面临新环境、新挑战,如文旅融合、城乡一体化、健康中国、媒体融合等新背景,公共文化服务高质量发展必然需要树立新观念,探索新路径。由于当前公共文化智慧服务发展实践阙如,本书立足于公共文化服务等新环境,统筹考虑公共文化、公共数字文化与智慧公共文化,探讨文旅融合视域下的乡村公共文化发展、健康中国战略背景下公共文化服务发展、乡村公共数字文化服务利用、智慧文旅融合标准化、媒体融合视角下公共文化智慧服务策略等治理实践现状与发展策略等问题。

第一节 文旅融合背景下的乡村公共文化发展

近年来我国乡村旅游热度持续上升,业态日渐繁荣。丰富乡村旅游的文化内涵,通过文化提升旅游品位,有助于实现乡村旅游的优质发展,促进乡村振兴。2018年4月文化和旅游部的组建为更大范围上文化与旅游融合提供了契机,文旅融合不仅体现为经营性合作,公共文化与旅游的融合同样具有重要支撑作用,如充实文化旅游基础设施,增强传播能力及内涵式延展旅游时间等[①]。当前公共文化与文旅融合相关研究

---

① 陈慰、巫志南:《文旅融合背景下深化公共文化服务的"融合改革"分析》,《图书与情报》2019年第4期。

集中于两个方面：一是探讨公共文化，尤其是公共图书馆参与文旅融合的模式和路径，如将设施空间打造为旅游目的地、研发文化创意产品、拓展旅游信息咨询服务、组织文化旅游活动[①]、加强宣传推广[②]、激发文化和旅游消费潜力[③]、提升公众信息素养[④]等；二是围绕图书馆中小学生研学服务[⑤]、"一人一艺"乡村计划[⑥]、地方文献资源宣传推广[⑦]、智能文化云地标[⑧]展开实践案例研究，少见聚焦于文旅融合下乡村公共文化发展的研究成果。文旅融合背景下，乡村公共文化产品内容有所扩展，服务群体扩大，除本地村民外，游客也将消费乡村公共文化产品，服务需求不断升级。因此，要探讨乡村公共文化发展路径，需要依托相关产品层次理论，对乡村公共文化产品进行清晰的层次划分，依据村民和游客群体的多层次需求，引导乡村公共文化服务供给者从产品内涵、形式等层面制定服务优化策略。鉴于此，本书以菲利普·科特勒的"产品三层次理论"为指导，选取首批全国乡村旅游重点村为样本，结合网络调研梳理公共文化实践特征、分析困境成因，并提出发展路径。

一　产品三层次理论与乡村公共文化产品划分

1988 年菲利普·科特勒提出产品三层次理论，认为任何一种产品均可分为核心产品、形式产品与附加产品三个层次。核心产品指产品的使用价值和效用，是消费者购买的动因；形式产品是核心产品的表现形

[①] 金武刚、赵娜、张雨晴、汪岩丹：《促进文旅融合发展的公共服务建设途径》，《图书与情报》2019 年第 4 期；李国新、李阳：《文化和旅游公共服务融合发展的思考》，《图书馆杂志》2019 年第 10 期。

[②] 周芸熠、张磊、董群：《文旅融合时代下的公共图书馆发展研究与思考》，《图书馆学研究》2020 年第 2 期。

[③] 李勇、陈晓婷、王子健：《文旅融合下的省级公共图书馆公众形象感知与质量提升》，《图书馆论坛》2021 年第 8 期。

[④] 查炜：《图书馆与旅游融合发展实践及思考》，《图书馆》2020 年第 2 期。

[⑤] 金铁龙：《文旅融合背景下公共图书馆中小学生研学服务探索》，《图书馆》2019 年第 8 期。

[⑥] 蒋昕、傅才武：《公共文化服务促进乡村文旅融合内生发展的动力机制研究——以宁波"一人一艺"乡村计划为例》，《江汉论坛》2020 年第 2 期。

[⑦] 盛兴军、张璐：《文旅融合背景下公共图书馆地方文献资源宣传推广研究——以浙江省地级市图书馆为例》，《图书馆学研究》2020 年第 5 期。

[⑧] 陆路、秦升：《文旅融合背景下的公共数字文化服务创新发展——以陕西省图书馆"智能文化云地标"的建设实践为例》，《国家图书馆学刊》2020 年第 2 期。

式，包含品质、特性、品牌、包装等特征；附加产品指实体商品外的附加服务与利益，是消费者购买的影响因素①。产品三层次理论能够解释消费需求动机以及实体产品与服务的不可分割性，引导生产者根据消费者需求提供产品和服务。

从公共文化服务的地区不均衡性角度来看，乡村地区公共文化服务属薄弱项。文旅融合下的乡村公共文化建设，既能提升公共文化设施利用率，又能从多渠道增强服务内容和质量。文旅融合背景下，乡村公共文化产品内容有所扩展，具体表现为：（1）公共文化设施，将乡村特色公共文化场馆（如村史馆、乡村博物馆、民俗馆等）打造为旅游景点②，电子阅读机等文化设备嵌入旅游景区；（2）特色文化资源，围绕乡村"人、文、地、产、景"文化资源禀赋凝练出红色文化游、传统民俗文化游、生态文化游等资源类型；（3）公共文化活动，通过乡村群众文化活动、民俗文化活动、非遗技艺展示等公共文化活动丰富旅游内容；（4）文化创意产品，依托乡村特色打造视觉艺术、工艺设计等文化创意产品供游客欣赏购买；（5）旅游信息服务，公共文化服务机构发挥信息开发、整序及传播优势，开展旅游信息服务③。产品三层次理论对于探讨文旅融合背景下的乡村公共文化发展路径具有重要指导价值与较强适用性，具体体现为：

（一）研究对象的一致性

乡村公共文化产品包括有形的公共文化产品和无形的公共文化服务，具备产品最基本的三个层次。其中核心产品指根植于乡村内部的物质与非物质形态的特色文化资源；形式产品指围绕核心产品提供的有形物态载体，包括公共文化设施（如文化广场、村史馆、博物馆、农家书屋）、文化创意产品（如动漫、音像、视觉艺术、工艺与设计）与公共文化活动（如群众文化活动、节日节庆活动、农事体验活动、文艺体育活动）等；附加产品指面向乡村旅游的营销与服务网络，包括宣传推

---

① ［美］菲利普·科特勒：《市场营销原理》，梅清豪译，上海人民出版社2003年版，第454—456页。
② 周亚、李旺：《村史馆：乡土中国的文化力量》，《图书馆论坛》2019年第11期。
③ 李国新、李阳：《文化和旅游公共服务融合发展的思考》，《图书馆杂志》2019年第10期。

广、旅游信息服务及其他增值服务等。乡村公共文化产品整体架构如图5.1所示。

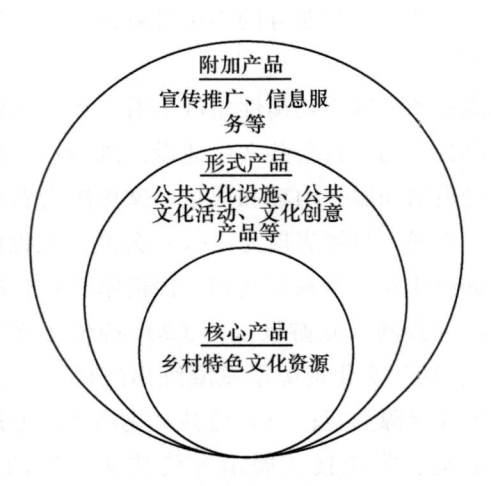

图 5.1 乡村公共文化产品整体架构

（二）多层面消费需求的一致性

文旅融合背景下，需同时满足本地村民的文化需求和外地游客寻找文化差异与文化认同的旅游消费需求。游客消费需求符合产品三层次理论的多层面性特征，乡村文化特色是游客消费文化产品的核心驱动力；公共文化设施、文化活动和文化创意产品体现出的品质、特性、品牌、形式等特征直接决定游客是否消费文化产品；而乡村文化旅游信息服务等附加服务有助于提升消费者的满意度及忠诚度。产品三层次理论可以从内涵与形式上为文旅融合下乡村公共文化发展路径提供理论支持，促进乡村公共文化服务效能和旅游文化内涵的提升。

二 全国乡村旅游重点村公共文化实践现状

（一）数据来源

以特色文化资源、公共文化设施、文化创意产品、公共文化活动、服务营销网络为调研维度，文章选取文化和旅游部及国家发展改革委于2019年7月12日确定的首批全国乡村旅游重点村（共320个，涉及31个省份）为样本。由于这些乡村在文化旅游资源、文化传承、生态环境、基础设施等方面具备综合优势，因此，在全国乡村旅游中具有典型性。通过国家及各省市乡村旅游网主页索引，结合"百度"搜索引擎中各乡村介绍、新闻报道、在线旅游社区中的旅行攻略等信息，逐一浏览网站内容。经剔除、筛选后最终获得304个乡村的有效数据，调研时间截至2020年5月30日。

（二）不同类型乡村公共文化产品实践现状

1. 核心产品——特色文化资源

目前多数乡村能够因地制宜地将传统民俗文化资源（52.7%）、生态文化资源（28.9%）和红色文化资源（6.7%）挖掘与旅游相结合，但约11.7%的乡村仍通过吃农家菜、住农家屋、购农产品等开展农家乐旅游项目。其中，约20.6%的乡村基于两种及两种以上形式的资源开展文化旅游，超半数为"生态文化资源+"的形式。

传统民俗文化资源开发。乡村传统民俗文化资源根植于村民创造、共享与传承的风俗生活习惯[1]，包括物质形态与非物质形态的传统民俗文化资源。其中，非物质形态的传统民俗文化资源可进一步细分为传统习俗文化资源（包括生产、生活方式、服饰、宗教、仪式、庆典、习惯等）、传统手工技艺、民间故事与传说[2]。通过GEPHI软件绘制物质传统民俗文化资源、传统习俗文化资源、传统手工技艺、民间故事与传说四种形式的乡村传统民俗文化资源开发可视化图（见图5.2），可见物质形态的传统民俗文化资源开发以古民居修葺为主（23），古树、古桥、古庙、古祠、古街等资源有限。传统习俗文化资源包括四种形式：（1）各少数民族习俗，如藏族、朝鲜族、布依族、瑶族等；（2）地域性特色习俗，如那达慕习俗、关东习俗、集野人文化、山西习俗等；（3）物质资料生产习俗，如砀山酥梨、颐生酒文化、白芝麻文化、桃文化等；（4）道教、佛教、伊斯兰教等宗教文化。乡村传统手工技艺遗存较为有限，样本中仅11个乡村涉及传统木工雕刻、手工锻铜、大糖火烧、香包、地花鼓、陶艺等。民间故事与传说包括至今广泛流传的杨家将与娘子军等英雄故事。

---

[1] 钟敬文主编：《民俗学概论》，上海文艺出版社1998年版，第4页。

[2] 鲁可荣、曹斐浩：《乡村传统民俗文化的集体记忆重构及价值传承——以妙源村"立春祭"为例》，《浙江学刊》2020年第2期。

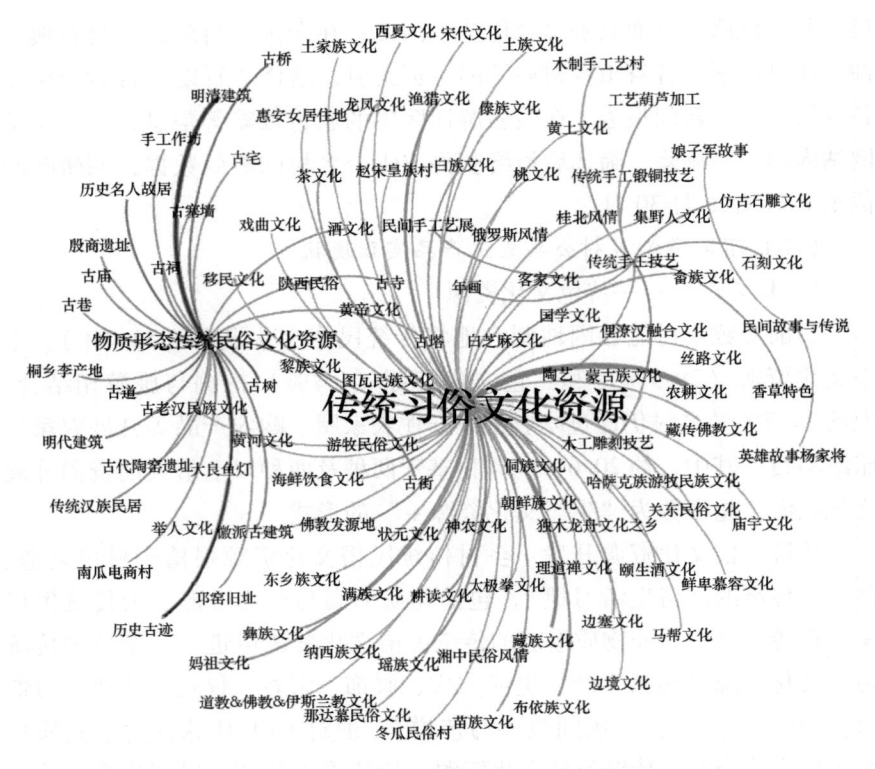

图 5.2 乡村传统民俗文化资源开发可视化图

生态文化资源和红色文化资源开发。生态文化资源开发依赖于良好的生态环境，依托原生性自然资源（占比 68.1%，如山、河、湖、海、瀑布、峡谷、森林等）和再造性资源（占比 31.9%，如花海、温泉景区）两类物质实体传播生态文化内涵（见图 5.3）。红色文化资源开发围绕红色遗存（如红色革命遗址、抗日旧址、红军长征驻扎地）和红色精神（南梁精神、焦裕禄精神、群众路线文化）展开（见图 5.4）。

乡村文化资源开发的地域分布。31 个省份乡村文化资源开发可视化图（见图 5.5）显示，受各地自然条件、历史、地理等因素影响，乡村文化资源开发呈现明显的地域差异。传统民俗文化资源集中分布于云南（11）、湖北（9）、甘肃（9）、浙江（9）；生态文化资源开发以山东（6）、广西（6）、贵州（6）、云南（6）为主；红色文化资源开发以河北（3）、安徽（2）和甘肃（2）为主。

2. 形式产品

公共文化设施。调研共获取 85 个乡村的公共文化设施建设情况，由 WordArt 绘制的词云图（见图 5.6）可知，乡村普遍建有文化广场（30）、文化活动中心（17）、民俗馆（12）、农家书屋（11）、文化礼堂（6）、特色文化墙（6）等设施，但乡村间文化场馆内部建设内容相似，文化特色不明显。除基础性设施，乡村特色性公共文化设施归类为五种形式：①依托特色文化资源配套建设的展示场馆，包括民俗馆（12）、展示馆（10，如乡愁馆、渔具馆、瑶族油茶文化展示馆等）、特色博物馆（10，如篆刻艺术、西夏、提琴与陶瓷艺术博物馆等）、伟人纪念馆

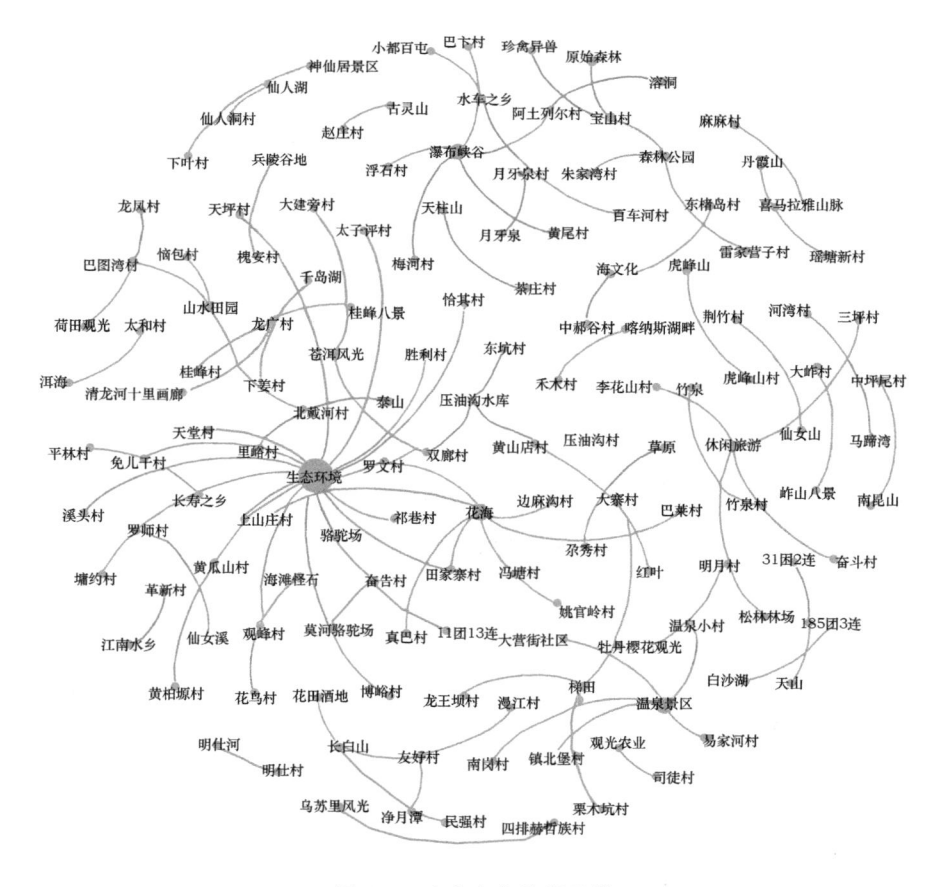

图 5.3　生态文化资源开发

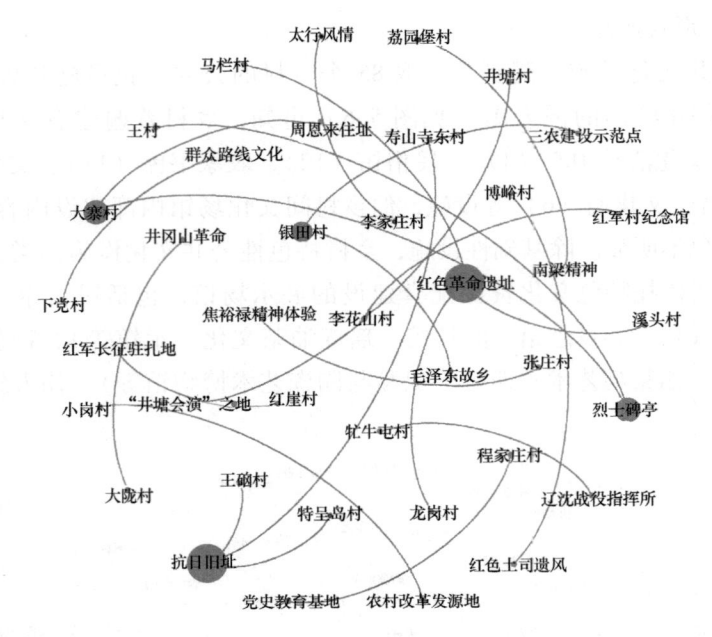

图 5.4　红色文化资源开发

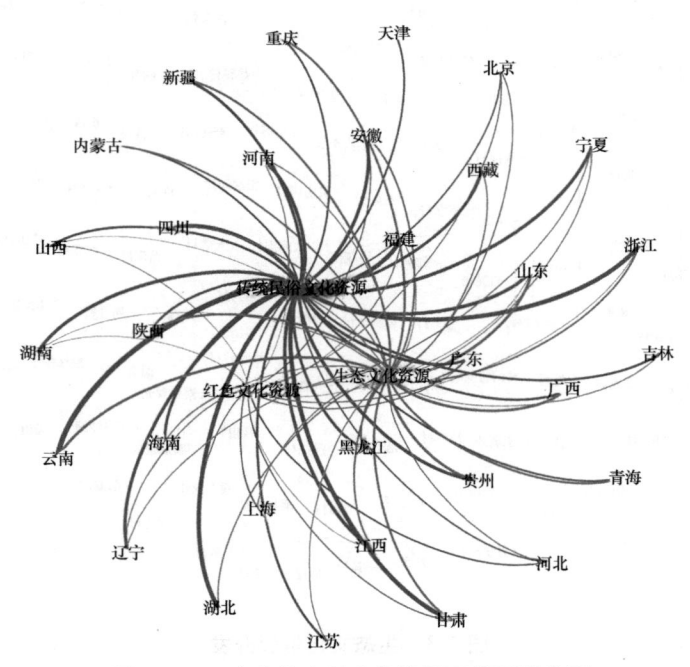

图 5.5　31 个省份乡村文化资源开发可视化图

(4，知青老屋、喻茂坚纪念馆、沂蒙红嫂纪念馆、马烽纪念馆）和村史馆（4）；②传统文化与新时代精神文明宣教场所，如古祠堂（2）、乡村国学堂（2）、孔子广场（1）、传习所（1）和婚育新风园（1）；③手工技艺与现代科技体验式场馆，如乡村文创体验馆（1）、陶艺体验馆（1）、茶艺馆（1）和科技体验馆（1）；④嵌入旅游景区的公共阅读与艺术空间，如明月书馆、公共艺术空间；⑤乡村旅游与文化中心结合建设的文旅之家（1）。这些公共文化设施的建设有助于促进文化教育、民俗活动等多方位的发展。

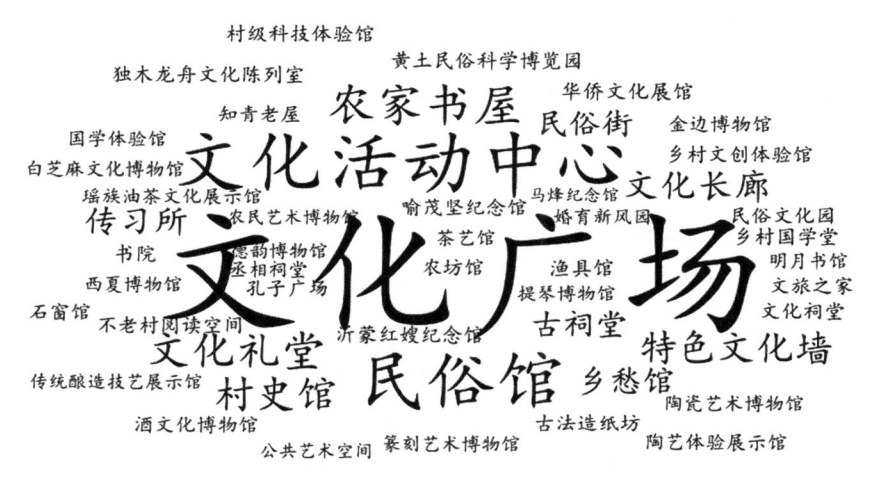

图5.6 乡村公共文化设施建设词云图

文化创意产品。调研获取的12个乡村的文化创意产品体现为两种形式：一是在乡村固有文化资源基础上加以创造，着重根植性和创新性。如北港村将台湾文化融入原始海岛渔村；明月村依托邛窑旧址形成以"陶艺手工艺"为特色的文化创意项目集群；百里峡村以当代著名女作家铁凝的成名作《哦，香雪》为原型，打造香雪故事村。二是引入艺术、表演、音乐元素，为乡村旅游赋予创意文化要素。如周窝村建有音乐吧、音乐饰品屋和制作室；仙桥村、大裕村、马咀村、大激店村、北戴河村邀请艺术工作者长驻乡村，在田间设计艺术作品、在农宅上画墙绘；车家窝堡村开设木屋宾馆、集装箱宾馆、房车露营地、VR、攻防箭等15项体验项目。

公共文化活动。70个乡村的公共文化活动数据中,线上活动未见涉及。多数乡村围绕传统民俗和生态文化资源开展各具特色的传统民俗风情活动(68.8%)和生态文化活动(7.1%);其他较少依赖地方资源禀赋的乡村开展文艺体育活动(18.6%)、节日节庆活动(14.3%)和国学诵读、研学教育、百姓讲堂等活动(4.3%)。活动内容方面(见图5.7):①生态文化活动围绕桃花节、油菜花节、牡丹节、樱花节展开,内容涉及健步行、文艺展演、农特产品展销等;②传统民俗风情活动形式及内容丰富,包括满族、蒙古族、朝鲜族等少数民族特色活动、非物质文化遗产演出和特产文化节,其中"汤河川满族民俗风情节""金达莱国际文化旅游节""陈十四娘娘庙庙会"已形成具有影响力的活动品牌;③节日节庆活动以元宵闹花灯、端午赛龙舟、重阳赏菊登高为

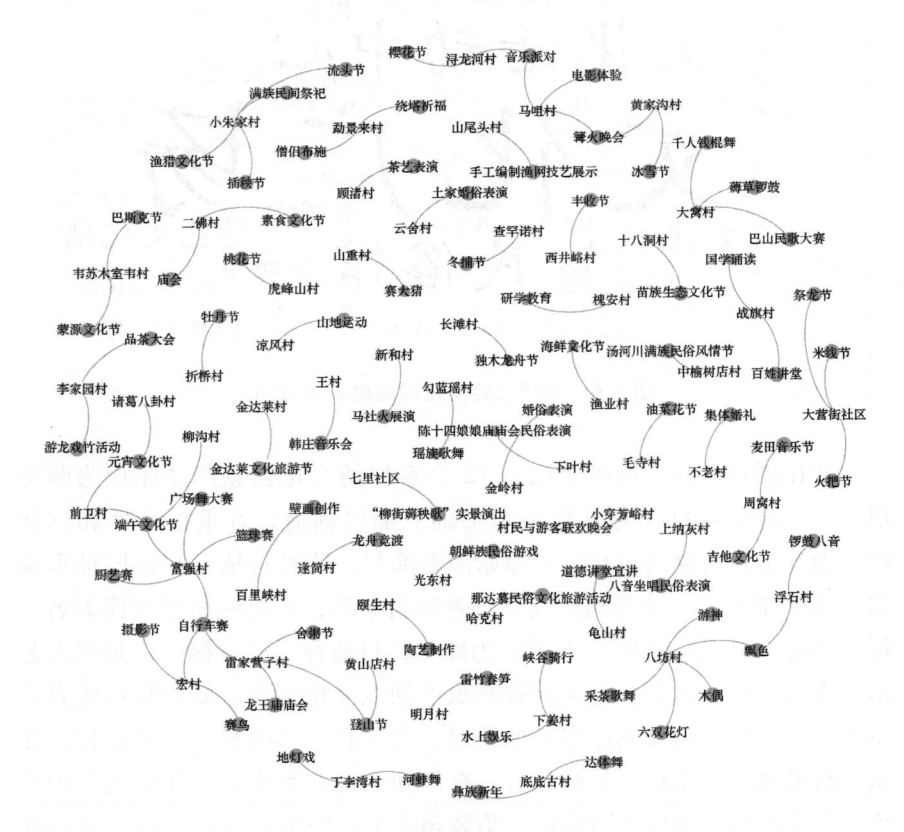

图 5.7 乡村公共文化活动类型

主,其他节日未见涉及;④文艺体育活动围绕音乐(如麦田音乐节、吉他文化节、韩庄音乐会)、美术(如壁画创作)、表演(如上党雄山千古情实景剧、马社火展演)、摄影(如摄影节)、文艺体育赛事(如山地自行车赛、广场舞大赛)展开,但重复建设、模仿现象普遍存在。

乡村公共文化活动以面向游客的观赏体验性活动居多;其次为面向本地村民的娱乐及教育性活动,如广场舞大赛、厨艺大赛及百姓讲堂;而面向村民及游客群体的互动性活动较少,仅小穿芳峪村开展"村民与游客联欢晚会"。村民自发组织的茶艺表演队、腰鼓队、扇子舞队等文艺表演团体发挥了积极作用,但尚未形成规模,仍处于初步、偶发状态。

3. 附加产品

宣传推广。约53.9%的乡村通过线上形式宣传推介地方文化旅游资源,具体表现为四种形式。一是通过人民网(58)、腾讯网(40)、新华网(26)、央视网(19)和人民日报(16)等官方主流媒体进行报道(见图5.8)。二是个人、政府部门和专业视频制作公司通过自制(42)及专题形式(17)推介乡村文化旅游宣传片,自制宣传片内容取材自乡村特色元素(如花海、民歌)、美丽景观和典型人物等;专题宣传片包括《看美丽乡村,庆70华诞》(11)、《寻找北京最美的乡村》(3)、《中国最美乡村》纪录片(1)、《探寻山东最美村落》(1)等。三是作为节目取景地(19),电视剧(1)、电影(1)、综艺(2)将拍摄背景地移至具有田园风情的乡村,如《乡村大舞台》《焦点访谈》《乡村合伙人》等节目将乡村文化旅游资源作为节目素材(15)。四是以乡村为原型制作电视剧(如《绵竹年画传奇》《马咀是个村》《浔龙河》)、文献资料(如《浔龙河报》《特呈岛志》)、单曲(如《遇见娘子关》)、动画片(如《年画村的故事》)等宣传产品。

信息服务。70.5%的乡村开展线上文化旅游信息服务,通过豆瓣(115)、马蜂窝(75)、携程(65)、驴妈妈(23)等在线旅游社区展示目的地信息、旅游产品、游客攻略等内容,但内容丰富性欠缺且攻略数量相对有限;其次是专题性旅游网站及地方政务服务网站,如博雅文化旅游网(59)、浙江政务服务网(5)、回村网(4)、宁夏文化和旅游资讯网(4),此类网站覆盖乡村范围有限,多为乡村基本概况的文字介

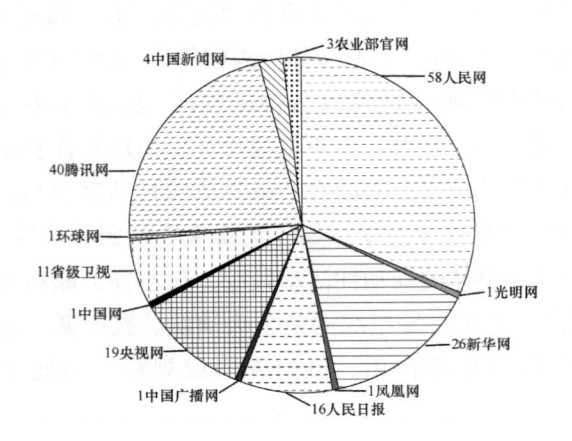

图 5.8　官方主流媒体报道乡村情况

绍。如博雅文化旅游网介绍了 37 个乡村的基本概况，其中 22 个乡村除介绍性文字外还涉及交通路线、门票等指南信息，但信息更新慢。此外，十里海养殖场和马咀村自建有官方网站，前者页面导航内容及形式丰富；后者以乡村文化旅游概况的文字和视频展示为主，未见针对性强、指引精准的攻略类服务内容。

（三）乡村公共文化实践特征

1. 高度依赖内生性文化资源，物质传统民俗文化资源存量不足。乡村文化旅游特色高度依赖于内生性文化资源，以外来资源引进为主的文化旅游项目同质化明显。多数乡村能够依托内生性资源禀赋开展生态文化资源、传统民俗和红色文化资源挖掘，推动与乡村旅游的融合。而反观不具内生性资源优势的乡村，其开展的农家乐形式的旅游项目同质化明显，以现代艺术资源引入为主的文化创意产品形式趋同。三种文化资源中，生态文化资源处于基础性地位，良好的生态环境是其他类型文化资源挖掘的前提；依托传统民俗文化资源开展的文化旅游项目形式多样、内容丰富；而乡村物质传统文化遗存以古民居修葺为主，其他形式的物质传统民俗文化资源及手工技艺存量不足。

2. 特色公共文化设施有限，线上及互动式文化活动不足。满足旅游需求的特色公共文化设施有限。乡村公共文化设施建设以满足本地村民的基本文化需求为主，普遍围绕文化广场、文化活动中心、农家书屋、特色文化墙等建设；特色性、具备文化感的旅游标识性文化设施已有少量先行者，但尚未形成规模。虽然乡村公共文化活动围绕民俗风情、生态文化、节日节庆、文艺体育等线下形式展开，线上形式的文化活动不足；能够体现乡村特色风土人情与村民日常生活的展示类品牌文化活动广受欢迎，但游客与村民间的互动式文化活动未见涉及，村民自组织的文艺团体尚未形成规模。

3. 文化旅游宣传特色不鲜明，信息服务尚未形成常态化。主流媒体宣传、节目报道有效增加了乡村曝光率，但宣传时效性差，面向群体有限；自制宣传片内容多为乡村特色景观和乡村概况展示，文化特色体现不鲜明，以乡村为原型制作的特色宣传产品缺乏。较之面向大城市、著名旅游景点的一般性旅游指南信息，乡村旅游指南信息分散、内容单一、即时性差、精准性欠缺。

三 乡村公共文化建设困境成因

（一）乡村文化资源禀赋局限，文化保护机制缺位

由于资源禀赋局限这一因素制约，单个乡村无法深入挖掘文化内涵，少数乡村只能依托农业资源开展农家乐形式的旅游项目，或采取外来资源引入形式"依葫芦画瓢"，导致同一模式遍地开花。乡村物质传统民俗文化资源和手工技艺存量不足可归结为三个因素：一是城镇化进程中年轻村民流失导致乡村人口空心化，都市文化等外来文化进入乡村对传统文化造成冲击[1]，村民文化认同感逐渐丧失；二是在乡村文化旅游资源的无序性、商业化开发中忽视了对传统文化资源的保护，致使古街、古树、古桥等传统物质文化资源遭到破坏[2]；三是缺少传统技艺传承人培育机制，导致乡村传统技艺和民间艺术传承逐渐断裂。

（二）忽视公共文化设施对于游客的功能适用性

虽然公共文化与旅游融合发展对乡村公共文化设施提出了更高要

---

[1] Wang M., Sun H. L., Chen Y., et al., "Users' Perception of Rural Public Digital Cultural Services in China", *Proceedings of the Association for Information and Technology*, Vol. 57, No. 1, 2020, p. 57.

[2] 徐丽葵：《乡村文化资源传承创新的三重向度——以乡村振兴战略为背景》，《广西社会科学》2019 年第 12 期。

求，但由于长期以来乡村公共文化设施建设的"标准化""基本性"导向，加之以往政府主导模式下的"文化设施堆积"战术，乡村公共文化设施仍围绕文化广场、文化活动中心、农家书屋等建设以保证村民文化需求的满足[①]，忽视了对于游客的功能适用性，由此造成农家书屋等公共文化服务设施利用率低与乡村旅游公共服务设施不足的矛盾并存。

（三）乡村公共文化服务机构文化产品和服务供给效率低

乡村公共文化服务机构作为连接国家文化政策与农民文化需求的纽带[②]，其文化产品和服务供给效率较低，与文旅融合要求和公众多元化的文化需求相比存在较大差距[③]。主要体现为：（1）数字文化资源利用效率低，虽然公共文化服务机构中多存有不同载体的舞台表演作品、群众文化活动视频、艺术档案等数字资源[④]，但在样本乡村中并未加以有效开发应用，公共文化活动仍以线下形式为主。（2）运营管理不当，缺少专职管理人员和文化创意人才，规划团队创新性设计不足，已有文化干事多为兼职人员，稳定性差、变动频繁，影响乡村公共文化工作的开展[⑤]。（3）公共服务被动，公共文化服务机构在乡村旅游信息挖掘、整序、开发及传播方面具有专业优势[⑥]，已有宣传推广和旅游信息推送依托主流媒体和在线旅游社区第三方视角，未从乡村主体视角深入挖掘文化特色，缺少实体文化宣传产品。

（四）自建文艺表演团体缺少培育

长期以来，乡村公共文化建设以"文化惠民"为导向，村民更多作为"服务接受者"，直至启动国家公共文化服务体系示范区建设，乡村

---

① 陈庚、李婷婷：《农家书屋运行困境及其优化策略分析》，《图书馆建设》2020年第3期。

② 刘玉堂、高睿霞：《文旅融合视域下乡村旅游核心竞争力研究》，《理论月刊》2020年第1期。

③ 蒋昕、傅才武：《公共文化服务促进乡村文旅融合内生发展的动力机制研究——以宁波"一人一艺"乡村计划为例》，《江汉论坛》2020年第2期。

④ 李国新：《疫情对公共文化服务发展影响的思考》，《图书与情报》2020年第2期。

⑤ Wang M., Sun H. L., Chen Y., et al., "Users' Perception of Rural Public Digital Cultural Services in China", *Proceedings of the Association for Information and Technology*, Vol. 57, No. 1, 2020, p. 57.

⑥ 李国新、李阳：《文化和旅游公共服务融合发展的思考》，《图书馆杂志》2019年第10期。

公共文化服务模式由"政府供给"转变为"志愿供给与自我服务结合",村民逐渐成为文化活动的"主角"和"明星"。文旅融合下,乡村公共文化活动形式及内容均有所升级,村民理应成为旅游发展的核心,调研中村民自建的文艺表演团体初步显现。但一方面受限于自发性文化活动以休闲娱乐为主、主动参与乡村旅游意识淡薄;另一方面地方政府疏于组织引导,使得许多团体发展数量与质量不足,总体演出水平不高、节目简单雷同、团队组织松散、人员变动频繁,难以开展高质量、常规性的文化活动[1]。当前面向村民的娱乐活动与面向游客的观赏体验活动处于割裂状态,无益于村民和游客共享文化成果。

四 乡村公共文化发展路径思考

乡村公共文化带动文旅融合别出蹊径,注重文化空间的新利用,文化资源的新组合以及文化内涵的新挖掘。结合对文旅融合背景下乡村公共文化实践特征与成因的分析,以及《乡村振兴战略规划(2018—2022年)》中关于"弘扬中华优秀传统文化"与"丰富乡村文化生活"的要求[2],从"产品三层次"理论视角提出文旅融合背景下乡村公共文化的发展路径。

(一)核心层:保护乡村传统文化资源,凝聚乡村文化特色

1. 建立传统物质文化遗产档案,培育传统技艺传承人。面对外来文化介入,乡村文化记忆传承断裂导致的资源依赖问题,建立乡村文化资产档案,开展文化资源普查工作。对文物古迹、传统建筑、民族村寨、农业遗迹等物质文化资源进行梳理、归类、登记,建立乡村文化资产档案和数据库,为文化资源开发提供信息服务;发挥乡村博物馆、民俗文化展示馆、村史馆等收藏、保存与整理职能,对乡村经济社会变迁中的物证进行征藏,修编乡村史志[3];制定乡村特色文化资源保护规定与地方性法规,确保其原真性、特色性和完整性得到切实保护。

---

[1] 李品:《乡村传统文化治理体系的现代性构建》,《图书馆论坛》2020年第3期。
[2] 新华社:《中共中央 国务院印发〈乡村振兴战略规划(2018—2022年)〉》,http://www.moa.gov.cn/ztzl/xczx/xczxzlgh/201811/t20181129_6163953.htm,2020年10月16日。
[3] 新华社:《中共中央 国务院印发〈乡村振兴战略规划(2018—2022年)〉》,http://www.moa.gov.cn/ztzl/xczx/xczxzlgh/201811/t20181129_6163953.htm,2020年10月16日。

重视传统技艺传承人培育机制。许多传统技艺仅限于村中少数老年人掌握，年轻传承人寥寥无几，传承困难主要在于生存及市场困境。对此，一是及时采取措施给予传承人补贴以维持生存，可参考宁波"一人一艺"乡村计划中的"壹艺坊"模式，选取具有特色技艺的村户，帮助其将技艺转化为实际生产力，通过品牌包装手段实现前店后坊，供游客互动体验[1]。二是建立乡村传统艺人数据库，将传统技艺活态化场景记录加以传播，同时为组织各县市传统技艺协会聚集人才，让乡村传统技艺为社会所了解，让艺人们有更多机会接到项目、施展手艺，使古老的技艺得以传承[2]。

2. 建立村际文化资源共建共享体系，凝聚乡村文化旅游特色。鉴于每个乡村资源存储量不同，先天条件不一，在实际建设中由于乡村文化资源禀赋局限难以深入挖掘的乡村，可依据产业集聚和区域集群原理与附近乡村进行集群化建设和资源共建共享[3]，凝聚乡村文化旅游特色，消除雷同式、分散化提供为游客带来的不愉悦体验。构建乡村"十里文化旅游圈"，并优化村与村之间的公共文化服务合作机制等，譬如场地借用、流动演出团、共享会员卡等，实体活动共建共享、通借通还，以此拓展服务功能，提升服务效益。

（二）形式层：加强文化设施设计，丰富公共文化活动形式

1. 升级乡村公共文化场馆功能，加强科技与文化赋能。文旅融合意味着乡村公共文化设施在满足本地村民文化需求的基础上，在功能上兼具外来游客需求。基于现有基础性公共文化设施予以改造，将单一性的文化设施（如农家书屋、文化广场等）拓展为线上与线下相结合、公共性服务与经营性产品相结合的新型文化共享空间[4]。具体方式包括：将乡村文化活动中心改造为集乡村特色文化展示与游客服务于一体的

---

[1] 蒋昕、傅才武：《公共文化服务促进乡村文旅融合内生发展的动力机制研究——以宁波"一人一艺"乡村计划为例》，《江汉论坛》2020年第2期。

[2] 季中扬、张娜：《手工艺的"在地同业"与"在外同行"》，《开放时代》2020年第4期。

[3] 孙红蕾、马岩、郑建明：《区域集群式公共数字文化协同治理——以广东为例》，《图书馆论坛》2015年第10期。

[4] 傅才武、王文德：《农村文化惠民工程的"弱参与"及其改革策略——来自全国21省282个行政村的调查》，《中国图书馆学报》2020年第5期。

"乡村文旅中心";将乡村特色公共文化设施与数字产品相结合,依托影视、动画等载体开发线上体验模式,带动线下公共文化设施的延伸服务;围绕核心文化资源提升文化场馆"颜值",形成特色标识,使其成为乡村文化旅游的地标性建筑;在公共文化设施中融入科技元素,通过智能设备嵌入增强游客的独特性体验;将乡村公共阅读空间嵌入旅游景区,如浙江桐庐"乡村图书馆+民宿"模式,根据民宿主题与游客需求配置图书、图书流通点与借还设施[①]。

2. 培育志愿者和村民文艺表演团体,开展互动式群众文化活动。针对乡村公共文化服务人才欠缺问题,应探索动员社会志愿者力量,建立健全管理保障制度。针对性地将社会力量范围扩展至诸多高校,与高校合作开设乡村公共文化服务实践课程,招募学生做志愿者或管理实习生,通过理论与实际的结合使其真实感受到公共文化建设风貌,形成"文、教、习"融合式的服务形态。

村民既是公共文化服务的受益者,也是公共文化产品生产的生力军。文旅融合下,应深入挖掘乡土文化本土人才,培育乡村文化能人。加强培育村民文艺表演团体,聘用文艺团队负责人担任乡村文化服务中心的文化管理员,提升其参与乡村文化旅游的积极能动性;加强对村民文艺表演团体和团队负责人的业务培训,给予其资金扶持[②]。依托村民自建的文艺表演团队开展村民与游客可共同参与的、体现当地特色文化的互动式公共文化活动,提升可参与性。

3. 凝练乡村数字文化资源特色,丰富线上文化活动形式。数字文化资源利用效率低、线上活动开展不足,应充分运用互联网思维和数字化手段将乡村公共文化服务机构长期保存的特色文化资源按不同群体的需求特征予以加工,将传播渠道数字化。如传统锻铜技艺、土家婚俗表演、木雕工艺等可录制成独家视频存放于视听馆中;乡村大戏可以以音频形式在社交平台进行推送,充实老年人的娱乐生活;而特色菜系可从《舌尖上的中国》《风味人间》等饮食纪录片中获得灵感,出版乡村菜系

[①] 陈锋平、朱建云:《文旅融合新鉴:桐庐县"公共图书馆+民宿"的实践与思考》,《图书馆杂志》2020年第3期。

[②] 陈建:《乡村振兴中的农村公共文化服务功能性失灵问题》,《图书馆论坛》2019年第7期。

独辑纪录片。遴选文化资产档案片段作为艺术普及慕课素材，定期推送，并提供信息查询、在线学习、预约服务等丰富线上文化活动形式[1]。

（三）附加层：扩展文化旅游宣传渠道，提供精准化信息服务

1. 线上与线下宣传同步并进，扩大外部宣传渠道。重视乡村文化旅游宣传渠道的建立和扩展。通过网站、微信、微博等新媒体营销方式，将乡村建设成果以图片、音视频形式予以展示[2]，如在网站页面中，可设立如"云上乡村""漫步云端"等带有文化意向的宣传栏；为各个村落设立专题，让村民有归属感，游客有清晰的景点定位；将乡村文化副产品以自助购买形式链接至网页或淘宝。线下宣传同步并进，如在地铁站、市中心利用电子屏提高乡村知名度，让村民切实看到乡村的喜人变化，通过充足、可信的信息传播渠道吸引游客来访；鼓励文艺工作者创作反映农民生产生活或乡村传统民俗文化的优秀文艺作品[3]。

2. 建设乡村智慧文化旅游服务平台，提供精准化信息服务。针对当前缺乏面向乡村文化旅游指引精准、无缝对接信息的问题，以推动公共文化资源与旅游资源融合为基础任务，整合乡村历史文化资源和公共文化服务设施信息[4]。通过对游客基本信息、行为信息、旅游情境信息进行挖掘，构建标签化的群体画像，根据游客的需求特点个性化推送资源和服务信息；建立全国范围内的乡村智慧文化旅游服务平台，提供信息查询、预约、在线体验、咨询投诉、产品销售等服务。

第二节 健康中国战略背景下公共文化服务发展

近年来，国际社会对健康的认知日益加深，不仅关注健康的内涵与外延，也关注维护健康的方式和责任，国际社会健康政策的导向逐

---

[1] 刘玉堂、高睿霞：《文旅融合视域下乡村旅游核心竞争力研究》，《理论月刊》2020年第1期。

[2] 刘玉堂、高睿霞：《乡村振兴战略背景下乡村公共文化空间重构研究》，《江汉论坛》2020年第8期。

[3] 新华社：《中共中央 国务院印发〈乡村振兴战略规划（2018—2022年）〉》，http://www.moa.gov.cn/ztzl/xczx/xczxzlgh/201811/t20181129_6163953.htm，2020年10月16日。

[4] 巫志南：《公共文化产品和服务精准供给研究》，《图书与情报》2019年第1期。

渐转为以健康为中心,健康社会化与社会健康化成为大势所趋。2016年8月,在全国卫生与健康大会上,习近平总书记提出"大健康"理念,并指出要"将健康融入所有政策,人民共建共享"①。同年10月,中共中央、国务院印发《健康中国"2030"规划纲要》,提出健康中国发展的基本路径在于共建共享,要着力动员全社会的广泛参与,形成多层次多元化的社会共治格局②。党的十九大报告更是将实施健康中国战略纳入国家发展的基本方略,推动健康中国建设进入全面实施阶段③。健康中国战略背景下,公共文化服务健康发展这一新命题的应运而出,其意义不仅在于凸显公共文化服务研究新问题,更重要的是将有助于营造健康文化环境,促进公共文化健康持续发展,响应健康中国战略。

本书对公共文化服务发展与健康中国发展间的关系进行分析,进而剖析健康中国战略背景下公共文化服务发展所衍生的新的发展需求,基于此提出公共文化服务发展的新路径,为我国公共文化服务健康发展提供理论依据,推动公共文化领域成为健康中国战略融入社会各领域的实践样板提供新的思路和方法。

一 健康中国战略与公共文化服务发展的关系

(一)健康中国战略为公共文化服务发展提供新空间

健康中国战略的实施,既需要坚持以政府为主导,也需要全社会力量的广泛参与。公共文化服务机构作为我国公益性服务的主体,有责任承担起建设健康中国的任务,推动健康中国的发展。虽然在参与建设的过程中,将面临许多前所未有的问题,如怎样使提供的健康信息兼顾权威性与通俗易懂、通过何种方式共建公众健康文化氛围④、如何使国外先进健康文化与我国社会文化情境相结合、健康文化建设应采取怎样的

---

① 周晓英:《健康服务:开启公共图书馆服务的新领域》,《中国图书馆学报》2019年第4期。
② 新华社:《习近平:把人民健康放在优先发展战略地位》,http://www.xinhuanet.com//politics/2016-08/20/c_1119425802.htm,2019年9月24日。
③ 李斌:《实施健康中国战略(认真学习宣传贯彻党的十九大精神)》,《人民日报》2018年1月12日第7版。
④ 姚宗桥:《发展健康文化助力健康中国》,《中共山西省委党校学报》2019年第1期。

发展路径与举措等,但这些问题的出现也为公共文化服务发展提供了新的拓展空间,拓展了研究与实践的边界。

(二) 公共文化服务发展是健康中国战略的助推器

目前,我国许多公共文化机构在健康服务业务拓展方面开展了探索性实践,如增加在线培训、组织读书分享会、开展义诊活动、开设健康中国系列讲座等[1],已有实践成果表明,在促进公众健康素养提升、引导公众参与健康活动、传播公共健康信息等方面,公共文化机构因为长期与公众互动、拥有大量公共服务设施、公共文化资源丰富等优势会相对于其他机构有更强的亲信力[2]和可靠性[3]。此外,还有学者指出,相较于政府健康宣传部门与专业的医疗卫生机构而言,公共图书馆等公共文化部门在提供健康信息服务时具有兼顾专业性与通俗性的优点[4]。因此,可以相信,在健康中国战略背景下,公共文化服务机构有能力在健康知识教育、健康理念传播、健康信息保障、健康心理引导等多方面发挥积极作用,成为健康中国战略实施的助推器。

(三) 健康中国战略与公共文化服务发展的契合性

1. 实现全民共享。健康中国战略坚持"公平公正"的基本原则,以"共建共享、全民健康"为战略主题,着力缩小不同城乡间、地区间、群体间的基本健康服务差异,重点关注农村和基层的基本公共服务问题,并对健康领域的基本公共服务均等化水平与基本医疗卫生服务的公益性高度重视[5]。在公共文化服务的发展中,同样注重基本服务的公益性、公平性与均等性,关注基层与农村基本文化服务的健全与完善,如《公共文化服务保障法》不仅在总则中规定保障对象的范围是"全民

---

[1] 金燕、张启源:《我国公共图书馆健康信息服务现状调查与分析》,《图书情报知识》2018年第2期。

[2] 邓胜利、付少雄:《公众健康信息素养促进中的图书馆参与:驱动因素、国外实践及思考》,《图书情报知识》2018年第2期。

[3] 张静仪、张敏:《国外公共图书馆健康信息服务研究述评》,《图书情报知识》2018年第2期。

[4] 王培林:《健康信息服务驱动公共图书馆未来发展——基于〈英国NHS图书馆质量评估标准〉的分析与启示》,《图书情报知识》2018年第2期。

[5] 新华社:《中共中央 国务院印发〈"健康中国2030"规划纲要〉》,http://www.xinhuanet.com/politics/2016-10/25/c_1119785867.htm,2019年9月24日。

族"，明示要促进整体水平的提高，强化对弱势、边缘化群体的帮助，还对老少边穷地区人口的基本文化权益保障问题给予特殊关注，为其保障提出针对性措施，以求对各群体、各地区人民的基本文化权益进行保障[1]。与此同时，全民健身、全民健康等健康中国战略中的战略要点，也是公共文化服务研究领域中的热点，"全民系列"研究如火如荼[2]。因此，从目标的视角分析，健康中国战略与公共文化服务发展具有天然的耦合性。

2. 突出社会服务功能。到2030年大幅提升健康服务能力是健康中国建设的关键性战略目标。在"大健康"理念下，健康服务不再是单维度的专业医疗服务，而是一种既包括传统专业医疗服务，又包括健康素养提升、健康文化教育等健康促进服务的多维度、社会性基本服务，是与人的健康有关的各种服务活动的总称[3]。基于此，大力推动健康服务发展就是要强化健康中国战略的社会服务功能。反观公共文化服务的发展，同样可以观察到这一鲜明的特征，如《宪法》第22条第1款明确要求"国家发展为人民服务、为社会主义服务的文学艺术事业、新闻广播电视事业、出版发行事业、图书馆博物馆文化馆和其他文化事业，开展群众性的文化活动"，从根本法上明确指出我国公共文化服务发展最基本的要求是"为人民服务"[4]。因此，从社会功能的视角分析，健康中国战略与公共文化服务发展具有内在一致性。

3. 倡导健康生活方式。2019年，国务院在《"健康中国2030"规划纲要》的基础上印发《关于实施健康中国行动的意见》，进一步对健康生活方式进行倡导，并在总目标中明确规定到2022年，实现对健康生活方式的加快推广；到2030年，基本普及健康生活方式[5]。倡导健康

---

[1] 孙红蕾、经渊、郑建明：《〈公共文化服务保障法〉之内容分析——基于布尔迪厄文化社会学视角》，《图书情报工作》2017年第7期。
[2] 张歌：《公共文化服务领域相关学位论文研究述评（2007—2018）》，《图书馆建设》2019年第5期。
[3] 周晓英：《健康服务：开启公共图书馆服务的新领域》，《中国图书馆学报》2019年第4期。
[4] 柳斌杰：《依法保护人民群众的文化权益——关于公共文化服务保障法和文化立法的思考》，《中国人大》2016年第10期。
[5] 国务院：《国务院关于实施健康中国行动的意见》，http://www.gov.cn/zhengce/content/2019-07/15/content_5409492.htm，2019年10月12日。

生活方式成为实施健康中国战略的重要路线①。无独有偶，公共文化服务在长期的发展中也坚持通过多种方法来引导公众采取健康的生活方式，如《关于加快构建现代公共文化服务体系的意见》中提出"促进在全社会形成积极向上的精神追求和健康文明的生活方式""培养健康向上的文艺爱好""开发制作有利于青少年身心健康的优秀作品""培育积极健康、多姿多彩的社会文化形态"等，这些指导意见正是倡导健康生活方式在文化领域的投影②。因此，从发展导向的视角分析，健康中国战略与公共文化服务发展具有同质性。

4. 强调多元主体参与。2019 年《国务院关于实施健康中国行动的意见》《健康中国行动组织实施和考核方案》《健康中国行动（2019—2030 年）》三大健康行动指导文件相继颁发，相较于以往行动而言，三大文件在对行动主体规定上突出了"从依靠卫生健康系统向社会整体联动转变"的重要性③，指出要着力加强跨部门协作，坚持政府主导、社会力量广泛参与，形成"人人尽责尽力的良好局面"④。与之相似，在过去十余年的公共文化服务发展中，参与主体也逐步由单一的政府转向多元主体，多元主体是何、为何以及如何参与等研究主题受到了学者们的广泛关注⑤。因此，从参与主体的视角分析，健康中国战略与公共文化服务发展具有较强的相似性。

二 健康中国战略背景下公共文化服务发展的新需求

（一）公众的健康需求

健康需求不仅包括传统的生理性需求，还包括个人或组织在不同生命

---

① 金振娅：《健康中国战略有了"路线图"和"施工图"》，http://www.gov.cn/zhengce/2019-07/16/content_5409887.htm，2019 年 10 月 14 日。

② 人民网—人民日报：《中共中央办公厅、国务院办公厅印发〈关于加快构建现代公共文化服务体系的意见〉》，http://culture.people.com.cn/n/2015/0115/c1013-26387591.html，2019 年 10 月 14 日。

③ 屈婷、王秉阳、陈聪：《聚焦"治未病" 健康指标纳入政府考核——权威解读健康中国行动有关文件》，http://www.gov.cn/xinwen/2019-07/15/content_5409781.htm，2019 年 9 月 19 日。

④ 国务院：《国务院关于实施健康中国行动的意见》，http://www.gov.cn/zhengce/content/2019-07/15/content_5409492.htm，2019 年 10 月 12 日。

⑤ 李少惠、王婷：《多元主体参与公共文化服务的行动逻辑和行为策略——基于创建国家公共文化服务体系示范区的政策执行考察》，《上海行政学院学报》2018 年第 5 期。

周期为维持或提高健康存量而产生的精神需求与社会需求①。随着健康中国战略的推进，公众的健康需求将日益多层次化并对服务的个性化要求越来越高。与此同时，由人口健康模式转变、健康风险加剧、人口结构变化所衍生的大量健康需求将会加大健康服务供求的不对称性，使公众健康需求满足难度日益提升②。公共文化服务机构作为给公众提供公共服务的重要部门，需将满足公众健康需求纳入其战略发展决策中，通过跨组织合作与同行协作等方式，结合自身在公共文化资源、服务经验、服务设施场地等方面的优势条件有计划地开展健康实践，满足公众日益增长的健康需求。

（二）公共文化的全周期服务

健康中国战略以"全民健康"为根本目的，立足于"全生命周期"的着力点，将建立面向"全人群"的从胎儿到生命结束的全生命周期的健康服务模式，以不同生命阶段的健康核心问题与关键影响因素为依据，强化健康干预。目前，我国公共文化服务的实践与研究多集中在对"质"与"量"的提升方面，很少从时间维度上对公共文化服务供给进行探析，随着健康中国战略的实施，对服务"全周期性"的要求将越来越高，公共文化服务机构作为健康中国建设的重要社会参与力量，需结合公共文化服务实际发展的情境知识，对公众在不同生命阶段面临的主要文化问题及其重要影响因素进行探究，确定优先服务方向与领域，为公众提供更有针对性和有效性的服务。

（三）公众健康素养水平的提升

提高公众健康素养水平是健康中国建设的重要方面。2019 年 7 月，健康中国行动推进委员会印发的《健康中国行动（2019—2030 年）》将健康素养界定为"个人获取和理解基本健康信息和服务，并运用这些信息和服务作出正确决策，以维护和促进自身健康的能力"，同时对公众健康素养水平提升目标进行了明确规定，即"到 2022 年和 2030 年，全国居民健康素养水平分别不低于 22% 和 30%"③。然而，根据《中国居

---

① ［美］F. D. 沃林斯基：《健康社会学》，孙牧虹等译，社会科学文献出版社 1999 年版，第124 页。
② 张蕾：《从"共享共建，全民健康"的战略主题看国民的健康需求》，《人口与发展》2018 年第 5 期。
③ 规划发展与信息化司：《健康中国行动（2019—2030 年）》，http://www.nhc.gov.cn/guihuaxxs/s3585u/201907/e9275fb95d5b4295be8308415d4cd1b2.shtml，2019 年 10 月 16 日。

民健康素养监测报告（2018 年）》，2018 年我国公民的健康素养水平是 17.06%，其中，农村居民的健康素养水平仅为 13.72%[1]，提升公众，尤其是农村居民健康素养水平刻不容缓。健康中国战略背景下，公共文化服务机构需以积极姿态参与到公众健康素养培养的活动中，究其原因，一方面，相关研究表明，文化因素对于健康素养有重要影响，如对主流文化适应度低的移民更倾向于通过和他们有着相同文化和语言的健康工作人员那里获取信息[2]；另一方面，健康促进是全社会的责任[3]，公共文化机构作为社会力量的一部分，助力公众健康素养水平的提升是其义不容辞的责任。

（四）战略制定融入健康发展理念

文化发展路上，理念先行，与时俱进的发展理念对于文化战略的后续发展具有巨大影响。2017 年，中共中央办公厅、国务院办公厅印发的《国家"十三五"时期文化发展改革规划纲要》[4] 指出文化发展应以创新发展、开放发展，绿色发展、协调发展与共享发展等新发展理念为基本理念。而随着健康中国战略的实施，将健康发展理念融入公共文化服务发展战略中，在追"质"保"量"的同时，关注公共文化服务发展中所呈现的波动、衰竭等特征，了解服务机构在不同社会文化情境下生存与持续发展的关键因素、探究公共文化服务的社会适应力与社会效益等成为公共文化发展的题中应有之义。

三 健康中国战略背景下公共文化服务发展的新路径

（一）探索公共文化健康服务供给模式

1. 服务主体的协作化。公共文化健康服务是一项需要多行业多部

---

[1] 健康界：《〈中国居民健康素养监测报告（2018 年）〉发布》，《上海医药》2019 年第 17 期。

[2] Goodall K. T., Newman L. A., Ward P. R., "Improving Access to Health Information for Older Migrants by Using Grounded Theory and Social Network Analysis to Understand Their Information Behaviour and Digital Technology Use", *European Journal of Cancer Care*, Vol. 23, No. 6, August 2014, pp. 728–738.

[3] 田向阳、程玉兰主编：《健康教育与健康促进基本理论与实践》，人民卫生出版社 2016 年版，第 3 页。

[4] 新华社：《〈国家"十三五"时期文化发展改革规划纲要〉印发》，http://www.gov.cn/xinwen/2017-05/07/content_5191604.htm，2017 年 6 月 18 日。

门参与的复合型社会性活动,不仅涉及行政管理机构、医疗卫生部门、公共文化机构、医药企业、非政府公益性组织等多行业的交叉融合,还与单一行业内不同部门间的协作互动有密切关系。要确保公共文化健康服务的供给最优化,首先要实现服务主体的协作化,通过跨组织合作与跨部门协作的方式,推动公共文化健康服务中不同行业间、不同部门之间在资源、技术、人员、信息等多方面的协调与配合,通过协作把单一主体的服务优势整合成整体性的健康服务优势。例如,有些国家将具有医学背景的馆员作为健康信息服务的开端,在借助这些专业人才对公众健康需求进行分析的基础上,为公众转介最适合的医护人员,以提供更优质的公共健康服务[1]。

2. 服务供给的系统化。公共文化健康服务并非健康中国战略下提出的权宜之计,而是一项需要长期开展的惠民活动,因此服务供给的系统化非常重要。国外在健康实践上早于我国,在发展中尤为关注系统规划,代表性案例如英国图书馆馆长协会对公共图书馆健康服务的定位、服务内容、服务对象、优先领域等进行明确规定[2]。而回观我国,虽然目前已有一些机构,如公共图书馆,通过健康讲座、健康展览、健康知识培训等方式面向公众开展健康服务,然而,相关实践多是根据公众兴趣点展开的短期的、被动的、临时性活动,缺乏公共文化机构开展健康服务的长期系统规划与保障举措。因此,在公共文化健康服务供给中,需对加强顶层设计,对服务供给目标对象、内容、周期、形式、参与机构、优先领域等进行系统规划,从而保证公共文化健康服务的长期可持续进行。

3. 供给资源的通俗化。长期以来,我国公共文化资源建设以均等化和基本化为主导,在专类资源建设上缺乏深度挖掘,虽然已有部分公共文化服务针对特殊群体开展健康服务,但多基于已有资源而展开。而且相较于其他服务而言,公共文化健康资源通常会涉及较多的医学专有名词或复杂晦涩的药物概念,这就导致公众即使获取到所需的信息或服

---

[1] 王培林:《健康信息服务驱动公共图书馆未来发展——基于〈英国 NHS 图书馆质量评估标准〉的分析与启示》,《图书情报知识》2018 年第 2 期。

[2] 潘玲:《英国公共图书馆基本服务及其对我国公共图书馆建设的启示》,《河北科技图苑》2014 年第 1 期。

务，也很难理解其具体含义、明白如何应用，进一步制约了公共文化健康资源供给的有效性。因此，健康中国战略下，公共文化机构在进行加大公共健康资源建设，提升供给数量与质量的同时，应关注资源内容易读性和易懂性，了解公众的接受能力和理解习惯，通过提供相关概念解释、图片参照、应用案例、音频视频解说等方式使专业知识更加通俗化。

（二）开发公共文化服务循环系统

要实现公共文化的全周期服务，需依循"以终为始"的理念，将公共文化服务的资源系统、服务系统、社会支持系统有效整合起来，形成环环相扣、互联互通的公共文化服务循环系统，以使有限资源得到最有效的利用。

1. 全方位的资源系统。近年来，我国在公共文化服务资源建设上，取得了喜人的成绩，资源总量与质量都有了大幅提升，资源整合与开发也越来越受到重视，为公共文化全周期服务的实现奠定了良好的资源基础。然而，当前公共文化资源建设中多以绩效为导向，虽然已有大量研究与实践对区域间资源配置结构优化进行调整，但是不同领域间资源配置结构还较为失衡。而要保障公共文化服务循环系统的持续稳定运行，势必要提高不同领域间资源配置结构上的合理性与科学性，通过共治共建共享的方式弥补资源建设中的短板，加强对资源缺失领域或是资源建设薄弱环节的投入，形成全方位、立体化的公共文化资源系统，为服务系统与社会支持系统的开发提供支持。

2. 全周期的服务系统。党的十九大报告对全周期服务尤为重视，明确提出要"为人民群众提供全方位全周期健康服务"[①]，而就公共文化领域而言，要实现公共文化服务系统全周期化可从以下两方面展开：一是对公共文化服务不同生命周期的服务流程和具体环节的透明化，虽然公共文化服务历来重视用户参与和用户体验，但在一个网购手机也要求全程了解手机的生产、包装、运输、配送全过程的时代，对公共文化服务在不同"生命"阶段的信息透明化不仅可以促进系统间的信息流动，

---

① 华颖：《健康中国建设：战略意义、当前形势与推进关键》，《国家行政学院学报》2017年第6期。

也有助于强化公众的公共文化服务的了解；二是分析公众在不同时期的需求并以此为依据对各个阶段的服务进行设计，如对老年人开展专家义诊、对新生儿父母开展育婴知识讲座等。

3. 全民参与的社会支持系统。公共文化服务的主体是政府与社会力量，而其中的社会力量不仅包括公益性组织、企业等，还包括其他社会组织与普通公众。政府参与可通过政策法规制定、战略策略设计等方式对公共文化实践进行支持；组织层面的社会力量参与可通过跨部门合作、同行协同配合等方式对公共文化实践中的人、财、物等进行最优化配置，建设支持公共文化服务循环系统健康运行的社会支撑网络；而个人层面的社会力量参与可为公共文化服务循环系统的建设注入更多活力，在公共文化实践中提升自身公共文化素养，对公共文化服务监督评估，营造良好的社会文化氛围，与政府、组织层面的社会力量共同建成全民参与的社会支持系统。

（三）构建公共健康服务智慧云平台

随着公共文化实践的深入，我国公共数字文化服务平台的建设已初具规模，除国家公共文化云平台外，北京云、上海云、江苏云等 31 个地方公共文化云平台亦相继开通，其中大多数平台建有的健康服务栏目为公众的健康素养提升产生了较大助力。但是，相较于国外而言，我国在公共健康服务平台建设多以商业网站为主，如家庭医生在线、有问必答网、39 健康网等，虽然含有大量有用的健康信息，但是广告嵌入、推销倾向等严重制约了平台服务的客观性和权威性[1]。由公共文化服务机构牵头，构建公共健康服务智慧云平台势在必行。

1. 平台功能的定位。健康中国战略背景下，公共健康服务智慧云平台定位于面向全社会和公众的健康咨询平台、健康信息获取平台、健康知识交流平台、健康教育培训平台及健康服务平台，应兼具权威性、通俗易懂性、丰富性、安全性、公益性及易用性等基本属性。基于微观视角，平台建设的目标是培养公众的健康意识，满足公众的公共健康需求，缩小城乡之间的健康信息鸿沟、提高公众健康素养水平，实现全民健康；基于宏观视角，平台建设的目标是弥补我国公共健康服务平台方

---

[1] 钱旦敏：《新市民健康信息精准服务模型构建研究》，博士学位论文，南京大学，2018 年。

面的缺失，对网络健康信息进行有效的监管以提升健康信息质量，形成线上健康促进平台，改善整个社会的健康生态，防范公共健康危机爆发。

2. 多源数据的融合。公共健康服务智慧云平台建设的最大难点在于对多源多维异构健康数据的整合与利用，而要解决这一难题，需满足两个基本诉求：一方面，多源健康数据融合与揭示的内容需综合考虑公众的现实需求、理解能力、理解习惯①、服务形式偏好等，在保证内容权威性、安全性的同时，兼顾易用性、针对性和有效性；二是对多模态、多源头、多维度数据的高度集成，将不同揭示深度的数据智慧化，使其转化为可关联、可认知、可利用、可预测的数据组织形态，对结构化、非结构化与半结构化的数据进行融合。

（四）设计公共文化服务健康度评价体系

将健康发展理念融入公共文化服务发展顶层设计最直接的路径就是识别公共文化服务健康度评价的基本构成要素，设计有效的公共文化服务健康度评价体系，通过为有关机构在公共文化服务评估方案制定提供如何评价公共文化服务发展健康程度的标准和参照，来将健康发展理念切实融入公共文化实践中，促进公共文化服务健康发展的螺旋式前进。

1. 健康度评价的理论体系。公共文化服务健康度评价的理论基础是理论体系的建构，主要包括三个层面：一是明晰公共文化服务的基本理论问题，以公共文化服务健康度的概念解析为理论建构起点，厘清概念的内涵与外延，分析公共文化服务健康度评价应坚持的指导思想、基本原则和需采用的研究方法。二是从公共文化服务发展的基本规律出发，以社会信息学理论、组织健康理论、第四代评价理论、新公共服务理论等相对成熟的理论作为理论基础，批判性地吸收这些理论对于公共文化服务健康度评价理论建构有益的理念与方法。三是通过文献调研及对国内外公共文化服务评价数据的分析，了解公共文化服务评价研究与实践现状，剖析当前不同公共文化服务评价模式中存在的典型问题及优

---

① 侯丽、康宏宇、钱庆：《医学图书馆公众健康知识服务平台的构建与应用实践》，《图书情报知识》2018年第2期。

势特征，归纳成败的一般规律，进而提炼公共文化服务健康度评价的理论建构要素，探究要素间的逻辑关联。

2. 健康度评价的基本标准。公共文化服务健康度评价的基本标准是经过参与主体协商后而产生的公共文化服务健康水平评估的最佳秩序，是以《国家基本公共文化服务指导标准》为基础，从健康视角对服务绩效、社会效益、组织健康水平、参与主体健康水平等多层面对标准的进一步要求与细化，以明确健康度评价中应坚持的基本规范和参照系。具体而言，虽然不同地方社会文化情境不同，采用的地方基本公共文化服务实施标准存在差异，公共文化服务评价开展的动机、形式、态度等各不相同，但是均围绕《国家基本公共文化服务指导标准》而展开，因此，可通过参与主体间的协商，对在不同评价标准下所共有的与公共文化健康发展相关的基本规范进行析出，并探究推广不同地区特有的健康指标的可能性，进而整合成健康度评价的基本标准进行推广，为公共文化服务健康度的评价提供标准规范。

第三节 乡村公共数字文化服务用户流失行为研究

文化振兴是乡村振兴战略的关键部分，如何完善乡村公共数字文化服务体系在当前是必要而紧迫的问题。《中华人民共和国公共图书馆法》规定，地方人民政府应当考虑通过综合服务设施设立图书室，更大限度地服务城乡居民[1]。2018年，文化部印发《"十三五"时期公共数字文化服务建设规划》，提到推进贫困地区公共数字文化服务提档升级，结合精准扶贫，将在中西部贫困地区县级公共文化服务点纳入公共数字文化建设[2]。国务院发布《乡村振兴战略规划（2018—2022年)》[3]，第七

---

[1] 新华网：《中华人民共和国公共图书馆法》，http://news.xinhuanet.com/2017？11/04/c_1121906584.htm，2019年11月9日。

[2] 文化部：《"十三五"时期公共数字文化规划》，https://www.sohu.com/a/161442033_160257，2019年11月9日。

[3] 新华网：《乡村振兴战略规划（2018—2022年)》，http://www.xinhuanet.com./201809/26/c1123487123.htm，2019年11月12日。

篇论及繁荣发展乡村文化，健全公共文化体系。2019 年，中共中央办公厅、国务院办公厅印发《数字乡村发展战略纲要》[①]，提到要发展乡村互联网，以乡村网络文化的蓬勃发展，推动乡村文化振兴建设示范基地。结合当地优秀文化资源，建设"数字文物资源库"，推进优秀文化资源数字化。

乡村公共文化服务体系是一套包含供给、制度、绩效评估等在内的完整系统，是为满足乡村用户基本文化需求，保障其基本文化权利而形成的文化产品、项目和活动的总称[②]。乡村公共数字文化服务则是以资源数字化、传播网络化、设备智能化、信息共享化、管理实体化为形式的服务体系，其职能在于通过基本的数字设备、网络和数字信息资源，引导乡村用户提升自身的媒介素养、数字技能[③]，强化信息和知识存取的能力。但是，乡村数字设施不齐全、资源更新滞后、网络不畅、用户基本信息素养较低，再加上工作人员专业性不强、服务宣传不到位等问题导致乡村公共数字文化服务利用率低下，用户流失问题较严重。本书将着眼于乡村公共数字文化服务中用户流失行为问题，探讨影响用户流失行为的关键因素及关联，发现其间的作用机理，进而提出针对性建议，来促进乡村公共文化服务能力的提升。本书主要回答以下问题：哪些因素对乡村公共数字文化服务用户流失行为产生影响？如何有效避免乡村数字文化服务的用户流失行为发生？

一 研究现状

（一）乡村公共数字文化服务研究

近年来，学者围绕乡村公共数字文化服务这一主题进行了许多方面的探索，如政策、平台、服务差异化、数字设施建设等：（1）乡村公共数字文化服务政策研究。关于政策效用，完颜邓邓等[④]认为乡村公共文

[①] 新华网：《数字乡村发展战略纲要》，http://www.chinaeast.gov.cn/201905/17/c1124506610.htm，2019 年 11 月 17 日。

[②] 胡唐明、郑建明：《公益性数字文化建设内涵、现状与体系研究》，《图书情报知识》2012 年第 6 期。

[③] 杨扬、杨艳文、王艺璇：《信息增能与技术赋权：数字时代农家书屋的发展趋势及创新思路》，《图书馆学研究》2020 年第 9 期。

[④] 完颜邓邓、胡佳豪：《欠发达地区农村公共数字文化服务供给与利用——基于湖南省衡南县的田野调查》，《图书情报工作》2019 年第 16 期。

第五章 公共文化智慧服务治理实践

化供给不到位归因于政策落实不到位,从而导致乡村用户对乡村数字文化服务使用率低;雷兰芳[1]认为可借助文化精准扶贫,将城市的公共图书馆服务延伸至乡村,提高精细服务;王明等[2]则从社会资本的角度,认为社会资本是摆脱农村数字化贫困的重要因素。(2)国家公共文化服务平台及应用研究。在公共电子阅览室研究中,闫慧等[3]发现县级图书馆在资源和话语权方面扮演着重要角色;邸焕双等[4]从供给、监管、信息、协调等角度对农村文化信息资源共享工程的有效运行提出建议。(3)不同地区乡村公共数字文化服务差异化研究。孔繁秀等[5]提出通过"互联网+公共文化服务"的服务方式,保护和挖掘西藏文化,以期提高用户参与度;段宇锋等[6]分析浙江省嘉兴市城乡一体化公共图书馆服务体系建设,认为以总分馆制为基础,与多方组成合作联盟、共建数字资源,并对社会文化资源实施整合共享,是满足城乡居民多样的文化需求的重要路径。(4)农家书屋、乡村图书馆等数字设施建设研究。王华祎等[7]分析农家书屋信息化发展状况;余波等[8]提出营造数字化建设氛围、加强信息素养教育、革新服务内容等贫困地区公共图书馆数字化策略。

(二)用户流失行为研究

对于用户流失行为的分析,主要表现在三个方面。(1)用户流失行为的概念。用户流失行为指用户使用产品后的后续行为阶段中的一种反

---

[1] 雷兰芳:《基于精准扶贫视角的公共图书馆服务研究》,《图书馆工作与研究》2017年第11期。

[2] 王明、闫慧:《农村居民跨越偶现式数字鸿沟过程中社会资本的价值——天津静海田野调查报告》,《中国图书馆学报》2013年第5期。

[3] 闫慧、林欢:《中国公共数字文化政策的评估研究——以公共电子阅览室建设计划为样本》,《图书情报工作》2014年第11期。

[4] 邸焕双、王玉英:《互联网背景下农村文化信息资源共享工程建设研究》,《情报科学》2019年第10期。

[5] 孔繁秀、张哲宇:《西藏康马县数字公共文化服务平台构建研究》,《西藏大学学报》(社会科学版)2019年第1期。

[6] 段宇锋、郭玥、王灿昊:《嘉兴市城乡一体化公共图书馆服务体系建设》,《图书馆杂志》2019年第3期。

[7] 王华祎、熊春林、刘玲辉、王奎武:《农家书屋信息化服务发展的SWOT分析及策略研究》,《图书馆工作与研究》2018年第11期。

[8] 余波、张妍妍、郭蕾、温亮明:《贫困地区公共图书馆数字化建设策略研究》,《图书馆》2018年第6期。

应或决策，主要以放弃、转移等消极行为为主[1]。Keaveney 等[2]在 2001 年对在线服务用户流失这一定义进行了具体的阐述，并将其概括为两种典型类型：一种是用户放弃使用网络服务商的产品，并不再使用该产品及其他类似产品；另一种是放弃使用某服务商的产品后，转而使用其他服务商的类似产品。(2) 用户流失行为研究的相关理论。当前研究用户流失行为的理论与方法都较为成熟，主要涉及 S-O-R 理论[3]、理性选择理论[4]、BP 神经网络理论[5]。(3) 不同主题的用户流失行为研究。Salo 等[6]研究应用程序的用户流失行为状况，发现由于切换至可替代应用程序操作的简便性，用户流失的可能性也较高；陈渝等[7]基于理性选择理论对电子书阅读客户端的用户流失进行分析，得出社会影响是系统和隐私因素之外造成用户流失行为产生的重要因素。

（三）S-O-R 理论及应用

刺激—有机体—反应（Stimulate-Organism-Response，S-O-R）理论是由 Woodworth[8] 在 1926 年提出的，是认知心理学的基础理论之一，主要用来解释环境因素对用户情感和行为的预测影响。20 世纪 80 年代，Mehrabian 等[9]提出由外部刺激因素、内部用户有机体、用户反应三部分

---

[1] 徐孝娟、赵宇翔、朱庆华：《社交网站用户流失行为理论基础及影响因素探究》，《图书情报工作》2016 年第 4 期。

[2] Keaveney S. M., Parthasarathy M., "Customer Switching Behavior in Online Services: An Exploratory Study of the Role of Selected Attitudinal, Behavioral and Demographic Factors", *Journal of the Academy of Marketing Science*, Vol. 29, No. 4, 2001, pp. 374 – 390.

[3] 徐孝娟、赵宇翔、吴曼丽、朱庆华、邵艳丽：《S-O-R 理论视角下的社交网站用户流失行为实证研究》，《情报杂志》2017 年第 7 期。

[4] 陈渝、黄亮峰：《理性选择理论视角下的电子书阅读客户端用户流失行为研究》，《图书馆论坛》2019 年第 9 期。

[5] 冯鑫、王晨、刘苑、杨娅、安海岗：《基于评论情感倾向和神经网络的客户流失预测研究》，《中国电子科学研究院学报》2018 年第 3 期。

[6] Salo M., Makkonen M., "Why Do Users Switch Mobile Applications? Trialing Behavior as a Predecessor of Switching Behavior", *Communications of the Association for Information Systems*, Vol. 42, No. 1, 2018, pp. 386 – 407.

[7] 陈渝、黄亮峰：《理性选择理论视角下的电子书阅读客户端用户流失行为研究》，《图书馆论坛》2019 年第 9 期。

[8] Woodworth R. S., "Dynamic Psychology", *The Pedagogical Seminary and Journal of Genetic Psychology*, Vol. 33, No. 1, 1926, pp. 103 – 118.

[9] Mehrabian A., Russell J. A., *An Approach to Environmental Psychology*, Cambridge, MA: MIT Press, 1974, pp. 65 – 77.

组成的用户流失行为模型,即通过刺激因素对用户有机体产生影响,进而对用户行为进行预测的理论。Belk[1]在 Mehrabian 的模型基础上,构建电子商务的 S-O-R 模型,指出产品及其所在的情景会影响用户的情绪、认知等层面,从而使用户对产品做出积极或消极行为(亲近或流失),正向刺激则造成亲近行为,负向刺激则造成流失行为。当前 S-O-R 模型作为用户行为分析的元模型,被用于实证分析政务 APP[2]、旅游 APP、社交网站等的用户行为模式。

　　总体来看,当前乡村公共数字文化服务和用户流失行为两方面的研究逐渐深入,但是二者结合的成果较少。乡村公共数字文化服务属于社会服务系统的一部分,用户流失行为相关成果可为乡村公共数字文化服务用户研究提供新的思路。结合已有的用户流失行为概念,本书将乡村公共数字文化服务中用户流失行为分为三类:(1)彻底放弃乡村公共数字文化服务的用户行为;(2)用户向其他公共数字文化服务的转移行为;(3)用户向非公共文化性质的其他替代服务的转移行为,采用分析用户行为的 S-O-R 理论作为立论基础,初步设计了乡村公共数字文化服务用户流失行为理论模型,如图 5.9 所示。在该模型中,刺激(S)主要包含外部刺激与内部刺激两个方面,外部刺激主要是服务体系以外的影响因素,包括用户的信息素养[3]、可替代当地数字文化服务的其他数字文化服务等。内部刺激就是服务体系本身因素对用户使用行为的影响,包括公共数字文化服务的系统、信息、服务质量等;有机体(O)包括用户物理、用户认知、用户情感三个方面,如公共数字文化服务的供给质量(内部刺激),影响用户体验,从而导致用户满意度(用户情感)下降;最后反应(R)代表着用户做出的行为预测,当起到正向刺激时,用户会表现出亲近行为,当是负向刺激时,就会产生用户流失行为。在此理论模型基础上,本书以乡村公共数字文化服务用户为对象,进一步设计访谈提纲,了解用户亲近及流失行为状况,着重分析用户流

---

[1] Belk R. W.,"Situational Variables and Consumer Behavior",*Journal of Consumer Research*,Vol. 2,No. 3,1975,pp. 157–164.
[2] 张海、袁顺波、段荟:《基于 S-O-R 理论的移动政务 App 用户使用意愿影响因素研究》,《情报科学》2019 年第 6 期。
[3] 王锰、陈雅、郑建明:《公共数字文化服务效能的关键影响因素及其机理研究》,《中国图书馆学报》2018 年第 3 期。

失行为的影响因素及其机理，构建乡村公共数字文化服务的用户流失行为模型，探讨减少用户流失行为发生和发展的策略。

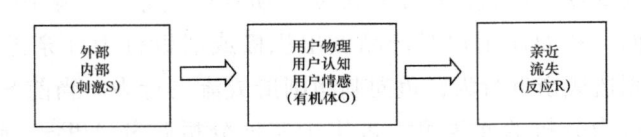

```
外部                用户物理
内部      ==>      用户认知      ==>    亲近
(刺激S)             用户情感              流失
                    (有机体O)            (反应R)
```

图5.9 乡村公共数字文化服务的用户流失行为理论模型

二 研究设计

（一）调研点选择

我国乡村公共数字文化服务发展不平衡，特别是部分中西部地区的公共数字文化服务发展不充分，即使是在发展较好的东部地区示范区基层服务点，也存在有效供给不足、用户满意度低、服务使用不足等问题，因此本书选取在基础设施、设备配备、活动展开、人员支持、综合管理等方面符合国家创建标准，服务相对完善的江苏省镇江市国家公共文化服务体系示范区基层服务点进行调查，以揭示当前我国东部地区乡村服务中存在的用户流失行为发生和发展问题，为我国乡村公共数字文化服务提供一定的参考。本次调查地点是镇江市的G镇和Y镇。G镇服务点包括图书馆及分馆、文化馆、人才服务中心、多媒体教室，拥有图书8600余册，杂志80余种。从2016年起，G镇图书馆及分馆已与上级数字图书馆对接，可实现网上阅读、文献检索、视听播放等服务。G镇文化馆主要陈列当地的特色文化资源，内有电子触摸屏可用于查询资源介绍。多媒体教室主要用于职业培训、专家讲座等，其使用的数字资源多为培训机构自有或上级文艺中心的共享资源。Y镇拥有文体中心、全国示范性农家书屋、季子文化陈列室、电子阅览室、展览大厅、文化广场，计算机、多媒体、电子触摸屏等数字设备齐全，定期会推出图书漂流、电影下乡、文艺演出、艺术品展览等文化活动。Y镇数字资源主要分为四部分：第一部分是文体中心与Y镇政府联合打造具有Y镇文化特色的微信公众号，内有"品读Y镇""微话Y镇""共享Y镇"三个专栏，主要用于记录政务信息、特色文化宣传等；第二部分是Y镇文体中心的农家书屋与电子阅览室的数字图书资源，与县级市数字图书馆系统连接，也有部分自建的数字图书资源；第三部分是围绕当地特色文化打造的"季子文化"数字文化资源，已与上级文化共享资源云平台对接；第四部分是数字广播村村通工程以及由外部企业承包的"电影下乡"项目。

（二）研究方法

本书主要采用的是文献调研法、田野调查法、扎根分析法。文献调研法主要在于了解近年来对乡村数字文化服务的研究情况，借鉴他人研究设计以及研究成果，结合乡村公共数字文化服务的用户行为理论模型，形成访谈提纲。田野调查法用于对 G 镇和 Y 镇各乡村服务点实地走访，了解乡村公共数字文化服务用户流失情况，收集原始语料，同时完成语料文本转化。扎根分析法主要借助 Nvivo 11 质性分析软件，对语料文本重新编码、挖掘，构建乡村公共数字文化服务的用户流失行为模型。

（三）数据采集

2019 年 10—11 月，课题组对 G 镇和 Y 镇文体中心、图书馆及分馆、文化馆、多媒体教室、农家书屋的乡村公共文化服务部门管理人员及周边用户调研，采用半结构化访谈，单次访谈时间在 20—30 分钟不等。在访谈中，简要介绍公共数字文化服务和展示网站或微信公众号等相关的公共数字文化服务并给予用户进行体验，然后依循预先设计的提纲收集数据，但不拘泥于固定的顺序或某种提问方式，主要根据受访者的具体情况以及访谈过程，穿插提出问题，并通过录音或者笔记记录。调查意在了解受访者的学历、职业、年龄等基本情况，以及受访者对公共数字文化服务的使用状况，了解受访者需求及建议。

三　研究过程与结果

本书在剔除重复性或代表性不高的样本后，获得 30 个有效样本。再从收集到的有效样本语料中，选取 24 份作为开放式编码的初始资料，另外 6 份留作理论饱和性检验。访谈对象多为乡村常住人口，少数为返乡人员，样本基本情况如表 5.1 所示。

表 5.1 受访人基本情况表

项目	分类	人数	比例（%）
性别	男性	17	57.0
	女性	13	43.0
年龄	10—20 岁	2	6.6
	21—30 岁	5	16.6
	31—40 岁	8	26.6
	41—50 岁	4	13.3
	51—60 岁	6	20.0
	60 岁以上	5	16.6
学历	小学	4	13.3
	初中	11	36.6
	高中及专科	9	30.0
	本科	6	20.0
职业	干部	6	20.0
	企业职员	3	10.0
	个体户及务工	11	36.6
	务农	3	10.0
	学生	3	10.0
	其他	4	13.3

（一）开放式编码

开放式编码是扎根理论的初始阶段，本书将访谈时所得的 24 份录音及笔记实现文本化，并使用 Nvivo 11 质性分析软件进行开放式编码；在剔除重复次数较少及重叠概念后，一共产生 61 个初始概念（a1—a61）；进一步对初始概念归纳总结，共获得 21 个范畴（A1—A21）。部分原始访谈资料如表 5.2 所示。

表 5.2 开放式编码结果表

范畴	初始概念
A1 用户信息意识	a1 新事物接受能力 a2 信息兴趣 a3 个人发展 a4 个人需求

续表

范畴	初始概念
A2 用户信息技能	a5 检索工具 a6 检索途径 a7 检索技能
A3 服务替代	a8 市级图书馆 a9 市级博物馆 a10 高校图书馆
A4 工具替代	a11 手机 a12 书籍 a13 报纸
A5 资源替代	a13 其他网站 a14 手机应用 a15 其他公众号
A6 工作人员	a16 服务态度 a17 专业素养 a18 业务能力
A7 服务种类	a19 网上查阅 a20 广播收听 a21 数字电视 a22 在线技能培训
A8 宣传推广	a23 宣传主题 a24 宣传形式 a25 宣传效果
A9 系统质量	a26 系统卡顿 a27 平台崩溃 a28 注册问题
A10 系统设计	a29 视觉设计 a30 网站排版
A11 设施质量	a31 网络速度 a32 设备可用性 a33 设备老旧
A12 空间管理	a34 布局合理性 a35 开放时间
A13 信息效用	a36 职业需要 a37 兴趣需要 a38 技能需要
A14 信息形式	a39 文字 a40 图片 a41 视频
A15 信息特性	a42 原创性 a43 真实性 a44 时效性
A16 感知互动性	a45 社交 a46 评论
A17 感知有效性	a47 知识获取 a48 生活丰富 a49 技能拓展
A18 用户满意度	a50 信息满意度 a51 系统满意度 a52 服务人员满意度 a53 环境满意度
A19 用户满足感	a54 学习需求 a55 娱乐需求 a56 文化需求 a57 信息需求
A20 用户流失行为	a58 减少使用 a59 不再使用
A21 用户亲近行为	a60 乐意使用 a61 继续使用

由于编码工作量较大，访谈收集到的原始语料较多。这里仅列举 1—2 个原始材料参考点及其编码形成的初始概念，如表 5.3 所示。

表 5.3　　　　　部分开放式编码范畴化

范畴	初始概念
A1 用户信息意识	a1 新事物接受能力 a2 信息兴趣 a3 个人发展 a4 个人需求
A2 用户信息技能	a5 检索工具 a6 检索途径 a7 检索技能
A3 服务替代	a8 市级图书馆 a9 市级博物馆 a10 高校图书馆

续表

范畴	初始概念
A4 工具替代	a11 手机 a12 书籍 a13 报纸
A5 资源替代	a13 其他网站 a14 手机应用 a15 其他公众号
A6 工作人员	a16 服务态度 a17 专业素养 a18 业务能力
A7 服务种类	a19 网上查阅 a20 广播收听 a21 数字电视 a22 在线技能培训
A8 宣传推广	a23 宣传主题 a24 宣传形式 a25 宣传效果
A9 系统质量	a26 系统卡顿 a27 平台崩溃 a28 注册问题
A10 系统设计	a29 视觉设计 a30 网站排版
A11 设施质量	a31 网络速度 a32 设备可用性 a33 设备老旧
A12 空间管理	a34 布局合理性 a35 开放时间
A13 信息效用	a36 职业需要 a37 兴趣需要 a38 技能需要
A14 信息形式	a39 文字 a40 图片 a41 视频
A15 信息特性	a42 原创性 a43 真实性 a44 时效性
A16 感知互动性	a45 社交 a46 评论
A17 感知有效性	a47 知识获取 a48 生活丰富 a49 技能拓展
A18 用户满意度	a50 信息满意度 a51 系统满意度 a52 服务人员满意度 a53 环境满意度
A19 用户满足感	a54 学习需求 a55 娱乐需求 a56 文化需求 a57 信息需求
A20 用户流失行为	a58 减少使用 a59 不再使用
A21 用户亲近行为	a60 乐意使用 a61 继续使用

（二）主轴编码

主轴编码是在开放式编码范畴化的基础上，进一步梳理各个范畴，发现并建立独立范畴之间的各种联系。结合研究目标、对象特征和理论基础的概念，研究范畴之间的逻辑关系，本书确定主范畴和副范畴，获得9个主范畴（B1—B9 用户信息素养、替代品、服务、系统、环境、信息、感知有用性、满意度、用户反应），如表5.4所示。其中用户信息素养、替代品、服务、系统、环境、信息属于理论基础中的刺激（S），感知有用性、满意度属于用户有机体（O），反应属于用户反应（R）。

表 5.4 主轴编码形成的主范畴

主范畴	副范畴	范畴内涵
B1 用户信息素养（S_1）	A1 用户信息意识	用户能否想到使用数字文化服务
	A2 用户信息技能	用户能否熟练使用数字文化服务
B2 替代品（S_2）	A3 服务替代	可替代当地的其他地区的公共数字文化服务
	A4 工具替代	可替代公共数字文化服务设备的其他工具
	A5 系统替代	可替代公共数字文化服务系统的其他网络系统
B3 服务（S_3）	A6 工作人员	工作人员的服务态度、专业性等
	A7 服务种类	可提供的服务类型
	A8 宣传推广	主要是指有无宣传活动，活动质量及用户接受度如何等
B4 系统（S_4）	A9 系统质量	系统卡顿问题、注册问题等
	A10 系统设计	系统美观性、合理性等
B5 环境（S_5）	A11 设备质量	（电脑、网络等）设施的使用、老旧程度等
	12 空间管理	提供服务的场所布局是否合理、开放时间是否正常等
B6 信息（S_6）	A13 信息效用	用户认为提供的信息对自己是否有用
	A14 信息形式	用户对服务提供的信息载体的认可度
	A15 信息特性	用户认为提供的信息是否具备真实性、原创性、时效性等
B7 感知有用性（O_1）	A16 感知互动性	对于用户来说当地的公共数字文化服务是否能与他人互动
	A17 感知有效性	对于用户来说使用服务可以有效帮助到自己
B8 满意度（O_2）	A18 用户满意度	用户对当地的公共数字文化服务的满意程度
	A19 用户满足感	用户使用当地公共数字文化服务后满足自身需要
B9 反应（R）	A20 用户流失行为	用户是否减少或不再使用这项服务
	A21 用户亲近行为	用户会继续或增加使用这项服务

（三）选择性编码

选择性编码阶段的主要任务是梳理 9 个主范畴之间的关系，挖掘核心范畴，建立并揭示主范畴之间的典型关系结构。结合乡村实际情况，参考乡村公共数字文化服务用户流失理论模型，进一步梳理出 21 个副范畴及 9 个主范畴及其关系，本书确定了主范畴的典型关系，如表 5.5 所示。最后，根据主范畴的典型关系结构表，利用预留的 6 份语料进行饱和度检验，未发现新的重要概念、范畴及典型关系，说明通过饱和度检验。

表 5.5　　　　　　　　　　主范畴的典型关系结构

典型关系结构	关系结构的内涵	代表性访谈语料内容
信息素养→感知有用性→用户流失行为	用户信息素养会影响用户感知有用性，从而影响用户反应	我年纪大了，学历低，这种数字服务操作不来，这种服务对我用处不大，所以这种服务我不会用
替代品→用户流失行为	替代品可以直接影响用户反应，但对用户反应的作用并非绝对性的	我上大学可以用校内的数字信息资源，不需要服务点的数字服务
服务→满意度→用户流失行为	服务的好坏会影响用户满意度进而影响用户反应	（工作人员）态度很不让人满意，让我不想再使用这种服务
系统→满意度→用户流失行为	系统的好坏会影响用户的使用体验，从而影响用户的满意度，进而影响用户反应	网站上呈现的内容……我很难使用下去
环境→满意度→用户流失行为	环境的好坏会影响用户满意度，进而影响用户反应	我觉得他们设计得不合理，阅览室在 4 楼……
信息→感知有用性→用户流失行为	提供的信息对用户是否有用，会影响用户对这项服务的感知有用性，进而影响用户反应	……会去用他们的系统查新闻、资讯……对我的工作是有帮助的
信息→满意度→用户流失行为	提供的信息也会影响用户满意度，进而影响用户反应	……版面却还是 70 周年庆，我们要知道这些滞后的新闻有啥用……还不如不用

四　乡村公共数字文化服务的用户流失行为模型的构建

根据扎根分析结果，本书发现乡村公共数字文化服务用户流失行为模型，如图 5.10 所示。在模型中，刺激（S）的用户信息素养、公共数字文化服务替代品被归纳为外部因素，自身的服务、系统、环境、信息四个主范畴属于内部因素；满意度和感知有用性是用户有机体（O）的体现；主范畴反应（R）则通过流失行为体现。刺激、有机体、反应三个因素及其关系解析如图5.10所示：

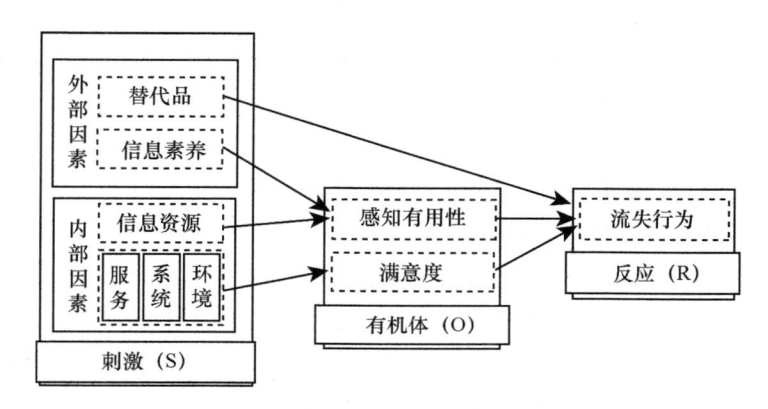

图 5.10　乡村公共数字文化服务用户流失行为模型

（一）外部刺激因素

刺激维度的外部因素由用户信息素养和服务替代品组成。信息素养是人类在信息化社会所需具备的一种基本能力之一，是一种明确自身的信息需求，掌握信息获取技能，从而识别信息价值，解决自身问题或者满足需求的能力。通过采访和实地走访，我们发现在乡镇主要的常住人口以少儿和老年人为主，他们大多文化水平有限、年龄偏大或过小，如"#1 我年纪大了，学历低，没接受过什么教育……"无法判断自身需求且信息获取技能匮乏。他们信息获取方式相对落后，多以书籍、报纸等实体为主，如"#1 我不会使用手机，一般看电视、报纸来了解事情。（报纸）"，更多的是满足自身娱乐的需求，例如棋牌、玩具等，有些甚至并不需要获取信息[①]。而文化水平较高，年龄适中的青年，大多离开当地去外地上学或打工，常住者少。这类群体虽然有较大的信息需求，但是却能找到乡村数字服务的替代品，例如百度、阅读APP、懒人听书等，如"#9 就算我想了解这些消息，也没必要非要看你们说的这个网

---

①　陈建：《乡村振兴中的农村公共文化服务功能性失灵问题》，《图书馆论坛》2019年第7期。

站，而且我觉得 APP 比较方便一点"。可见，替代品可以直接影响乡村公共数字文化服务用户流失行为。

（二）内部刺激因素

服务、环境、系统、信息资源质量组成刺激维度的内部因素。服务方面，两镇各服务点在宣传推广上都存在一定问题，导致受惠人群有限。比如 G 镇服务点宣传效果较差，使周边居民产生"#2 这个广电文化中心里还可以读书上网、健身？"的疑问，他们不知道文化中心提供读书、上网等服务。Y 镇虽会按时组织文艺演出、送书下乡等文化活动，但对数字文化服务这块宣传力度较小。同时，两镇服务点都存在服务人员专业性不足的问题，如"#26 在使用该服务，询问工作人员相关问题，他们的回答也是模糊不清"。在走访 Y 镇下属村庄的农家书屋时，农家书屋的管理员是一位养老社区的老年人，以及一位村委会的行政人员，两人都缺乏专业知识，无法在用户使用服务时提供实质性的帮助。另外，服务人员态度也需改善，"#13 他们（工作人员）的态度不是很好……"。环境方面，文化中心的空间布局不合理，"#26 我觉得文化布局得不合理，行政办公地在 1 楼，图书阅览室却在 4 楼……"，服务场所多处于关闭状态，在农家书屋采访管理员时，他表示"#7 村子里大多是小孩或老人，很少用到农家书屋的电脑、电子阅览室等，所以我就把他关了"。G 镇服务点还存在阅览室书籍大多有积灰，电子设备存在不能使用或很久未更新维护的问题。在系统方面，多数人反映在使用系统平台时，会出现网站跳出慢、界面设计繁杂、注册账号收到验证码时间等待过久等问题，"#11 这个网站给我的第一感觉是界面太杂，也没有针对性"。在信息资源供给方面，服务所提供的信息资源在种类和数量均存在结构性不足的问题，大多数人感觉无用，或者提不起兴趣，他们认为"#26 我更对养生、致富的资讯感兴趣，但是公众号上没有这些内容"。即使有建议，也无法作出评论或者得到反馈，使得信息资源的效用发挥不足，这都影响了用户对乡村公共数字文化服务的满意度。

（三）有机体

有机体维度由用户满意度及感知有用性组成，分别对应的是用户情感和用户认知。用户满意度是指用户在使用乡村公共数字文化服务后，对服务满意、满足与否做出的判断①。服务、系统、环境、信息四个内部因素分析都影响用户满意度。本书将满意度分为服务满意度和服务满足感两个范畴,服务人员的态度、信息更新不及时、设备无法使用、系统崩溃等原因,导致用户对公共数字文化服务的满意度偏低,如"#14 设备上全是灰,所以我也不能用来查资料,完全没有解决我的需求……""#30 工作人员的服务态度让我很不满意,让我不想再使用这种服务"。服务满足感是指用户需求无法从乡村数字文化服务中得到满足,而造成满意度下降,如"#14 设备上全是灰,不能用来查资料,完全没有解决我的需求……"。感知有用性是指用户感知到使用乡村公共数字文化服务的有用程度②。通过访谈语料的分析,感知有用性包含感知互动性和感知有效性,即对于用户来说当地的公共数字文化服务是否能提供互动功能以满足社交需求,以及服务能否满足用户的特定需求。在访谈中,乡村用户更偏好于可以满足他们娱乐需求的"电影下乡""数字电视广播村村通"服务,他们表示"#13 镇里会安排各个村子组织看电影,电影比较好看,而且人在一起可以聊天说话,热闹……",而对"农家书屋""电子阅览室""数字文化平台"等满足基本文化需求的服务不太感兴趣。因为他们不知道这些信息资源,或者及时了解但没有使用这些信息资源的意识和操作能力,导致乡村公共数字文化服务效用较低,最终导致用户流失行为发生。

五 研究中的发现

本书探讨乡村公共数字文化服务仍存在资源建设、服务保障的问题,同时基于群众基本信息素养不高、社会替代品多样、服务人员态度差及专业性不强、宣传策略不到位等,构建了乡村公共数字文化服务用户流失行为模型,得出以下发现:

(1)替代品因素可以直接影响用户流失行为。乡村公共数字文化服

---

① Kim M. K., Park M. C., Jeong D. H., "The Effects of Customer Satisfaction and Switching Barrier on Customer Loyalty in Korean Mobile Telecommunication Services", *Telecommunications Policy*, Vol. 28, No. 2, 2003, pp. 145 – 159.

② Chea S., Luo M. M., "E-Service Customer Retention: The Roles of Negative Affectivity and Perceived Switching Costs", http://aisel.aisnet.org/cgi/viewcontent.cgi? article = 1571& context = amcis 2005.

务的替代品可分为服务替代、工具替代以及系统替代,这些替代品在各方面都优于乡村数字文化服务的情况下,无形之中与乡村数字文化服务形成竞争关系,很容易分流用户,造成用户转移,使用户减少或放弃使用乡村数字文化服务,产生用户流失行为。

(2) 用户信息素养通过感知有用性来影响用户流失行为。大龄乡村用户以及低学历用户的信息技能匮乏,获取信息手段仍以书籍、报纸等传统工具为主。乡村用户多从事体力劳动或简单脑力劳动,获得知识的渠道主要来自自身实践或同行经验,造成用户信息意识薄弱和专业信息技能无法有效利用乡村数字文化服务,使用户对该服务的有用性产生怀疑,导致用户流失行为产生。

(3) 信息资源质量通过感知有用性或满意度影响用户流失行为。乡村用户更偏好于传统文化和自身生活信息,而乡村公共数字文化服务的信息供给多以新闻为主,造成信息资源供给与用户需求不匹配,导致用户的感知有用性偏低;同时,用户在使用信息资源过程中,信息资源有形质差或有形无质,体验与期望有落差,也易产生用户流失行为。

(4) 服务、系统、环境质量通过用户满意度影响用户流失行为。一方面,服务人员较少、专业性不足、服务态度有问题,均导致乡村公共数字文化服务管理和宣传工作不到位,无法营造良好的数字文化服务氛围,形成有效需求困难;另一方面,平台系统及功能、设备可用性问题,空间布局、开放及管理问题,影响用户的满意度,使得用户流失行为产生。

基于上述发现,本书认为可从丰富服务供给渠道、培育用户信息素养、提升信息资源质量、改善服务支撑环境四个方面着手,有效避免乡村公共数字文化服务用户流失,具体如下:

(1) 丰富服务供给渠道,为用户提供多元选择。①促进供给形式的多元化。在分析同类常规替代产品优势的基础上,乡村服务点可加强与社会力量的合作,通过"互联网+服务"的形式,以短视频、直播等作为乡村公共数字文化服务的信息普惠工具,实现供给的多样性。②打造文旅融合的数字文化服务供给平台。乡村服务点可结合乡村振兴、文旅融合、新时代文明实践中心建设三大重点任务加以拓展,围绕自身的区域优势及特色资源,打造一体化的特色数字平台,提供乡村用户喜闻乐见的多元文化产品,拓宽受众群体,增强用户黏性。③提高供给支持力度。在打造优质的数字文化平台的同时,政府可加大资金与技术支持,与社会力量合作,推出符合时代特点的创新性服务产品,加强乡村公共数字文化服务的有效供给水平。

(2)打造专业团队,培育用户信息素养。①重视人才队伍建设。专业型人才营造良好的数字文化氛围是关键。乡村服务点可通过国家基层就业项目着重关注引进专业型文化人才,提高乡村公共数字文化服务的专业服务支持能力。②加强服务宣传推广。乡村服务点可举办相关的数字文化主题活动,让乡村用户了解数字文化服务及其功能,发挥其在用户生产和生活中的积极作用。③开展数字扫盲专项行动。针对乡村中学历较低或不会使用计算机、网络服务等数字工具的用户,乡村公共数字文化服务点(如农家书屋、文化站等)可与市级相关单位和高校合作,以邀请专家开设讲座、数字培训的形式,提高用户的信息意识、信息知识、信息技能。

(3)提升信息资源质量,促进产品供给提质增效。①定位用户信息需求。乡村公共数字文化服务点可建立完善的用户信息需求采集机制,联合村委会、社区服务中心等基层行政机构,定时开展采集工作,充分把握用户主要信息需求,以此作为改善供需关系的重要依据。②加强精准推送能力。针对乡村用户的差异化信息需求,乡村服务点可按照农业知识、致富技能、艺术普及等信息分类供给,按照音频、视频以及视听结合的信息承载形式偏好,精准推送不同的信息资源,以满足用户多样化需求,提高用户对乡村公共数字文化服务的使用及应用能力。

(4)改善服务支撑环境,实现规范化管理。①空间布局与开放时间合理化。乡村公共数字文化服务点的空间布局与开放时间应充分考虑用户便利性,考虑用户客观条件,对文化站、文化中心等文化服务点灵活调整和优化。②数字设施及系统维护常态化。乡村服务点可定期对乡村公共数字文化服务设施进行维护,对服务平台及时更新,确保设施的可用性、平台的易用性,提升用户的使用体验[①],吸引并留住用户,不断提高用户满意度。③完善用户反馈机制。鉴于服务质量对用户满意度存

---

① 戴艳清、戴柏清:《中国公共数字文化服务平台用户体验评价:以国家数字文化网为例》,《图书情报知识》2019年第5期。

在直接影响关系①，乡村服务点可将用户评价和反馈融入服务过程，通过用户打分，甚至开通匿名投诉渠道，确保用户在服务使用中得到有求必应、有问必答的优质体验。

第四节　标准化推进智慧文旅融合的问题与对策

当前，我国处于政治、经济、文化、科技全面发展的新时代，人民群众文旅消费新需求迫切要求文化与旅游服务深度融合。2018 年，文化和旅游部正式组建，从体制上扫清了行业融合障碍，为进一步推动文化和旅游深度融合奠定了基础②。2019 年，党的十九届四中全会审议通过《中共中央关于坚持和完善中国特色社会主义制度、推进国家治理体系和治理能力现代化若干重大问题的决定》在党的十九届四中全会上经过审议并得到通过，明确指出要推进发展完善文化和旅游融合发展体制机制③。与此同时，现代技术的革新与应用，使得传统的旅游和文化行业发生深刻的变革，"智慧旅游""智慧图书馆"等全新命题不断涌现，加快了文旅深度融合进程。在"十四五"战略规划编制背景下，探讨如何推进智慧文旅服务融合具有重要的现实意义。

智慧旅游的概念自 2010 年被提出，是指利用云计算、物联网等新技术，通过移动互联网、上网终端设备，让人们能够及时了解旅游资源、旅游经济、旅游活动、旅游者信息，达到对各类旅游信息的智能感知、方便利用的效果。国家旅游局通过设定智慧旅游年，印发促进旅游发展的一系列指导意见，促进了智慧旅游城市、景区、乡村的建设。在一系列政策的推动下，各地也开始智慧旅游标准规范体系的建设实践，江苏

---

① DeLone W. H., McLean E. R., "The DeLone and McLean Model of Information Systems Success: A Ten-year Update", *Journal of Management Information Systems*, Vol. 19, No. 4, 2003, pp. 9 – 30.

② 张纳新：《文旅融合背景下公共图书馆少儿阅读推广策略研究》，《图书馆工作与研究》2020 年第 8 期。

③ 新华社：《中共中央关于坚持和完善中国特色社会主义制度 推进国家治理体系和治理能力现代化若干重大问题的决定》，http://www.gov.cn/xinwen/2019 – 11/05/content_5449023.htm，2020 年 10 月 12 日。

省、陕西省、河北省等陆续发布智慧旅游的地方标准，从基础设施与服务、旅游管理营销等方面制定了相关标准，走向智慧旅游的规范化。

智慧公共文化服务是指在知识社会环境下，依托新一代信息通信技术对用户需求精准感知，整合公共文化基础设施、公共数字文化资源及空间，并进行智能管理和开发利用的公共文化设施、文化产品、文化活动及其相关服务[①]。文化行业逐渐开始智慧化转型升级，智慧服务平台不断上线[②]。在文化行业智慧化建设中，智慧图书馆的建设较有代表性。智慧图书馆的基础是人工智能与大数据，通过技术环境的加持，帮助图书馆实现信息化，对其信息进行系统化整理，实现在数据中挖掘探索如何发展智慧功能，并达到为图书馆用户提供更好服务的目的。国内图书馆在积极进行智慧图书馆功能的探索与创新，上海图书馆正在全力打造能够全面支撑第三代图书馆智慧功能的系统平台，南京大学图书馆设计出了智慧盘点机器人和智慧问答系统"图宝"，着力建设完全智慧化的图书馆。然而，由于图书馆等文化机构向智慧转型还处于探索阶段，尚没有成熟的建设方案[③]，国家和行业也没有发布较为统一的标准规范体系。

围绕智慧旅游和智慧图书馆标准化建设的探讨具有理论和实践指导意义。当前，智慧旅游的建设正迈入成熟发展的阶段，已有较为完整的地方标准；文化行业智慧化的建设还处于初级阶段，其中智慧图书馆的发展较快，南京大学图书馆、上海图书馆的智慧化实践较为突出。然而，文旅如何在智慧化建设中加快融合，实现文化和旅游深度融合，成为当前不可回避的现实课题，但是从标准化层面探究智慧文旅融合的可供直接参考的成果较少。本书认为在"十四五"战略规划编制背景下，从标准化的角度探讨智慧文旅融合，选取智慧文化和智慧旅游标准化的代表性文本，比较分析共通与差异，以发现智慧文旅融合标准化建设的特点和不足，提出相应的智慧文旅标准融合策略，来推动我国智慧文旅深度融合。

---

① 韦景竹、王政：《智慧公共文化服务的概念表达与特征分析》，《情报资料工作》2020年第4期。

② 徐望：《公共数字文化建设要求下的智慧文化服务体系建设研究》，《电子政务》2018年第3期。

③ 李玉海、金喆、李佳会、李珏：《我国智慧图书馆建设面临的五大问题》，《中国图书馆学报》2020年第2期。

一 研究现状

（一）智慧旅游标准研究现状

"智慧旅游"的概念自2010年被提出，随着大数据及信息化的普及，"智慧旅游"越来越受到众多学者的关注，成为旅游行业的研究热点。陈晨[1]整合国内智慧旅游的相关研究，发现2012年之后智慧旅游的研究呈现上升趋势，并主要集中于概念、核心技术、总体构架和评价指标等方面。刘发军等[2]参考标准体系表三维结构思想、参照国家电子政务及其他领域现有标准体系框架研究成果，从总体标准、基础设施标准、信息资源标准、管理与服务标准等方面初步提出智慧旅游标准体系。此后，在一系列政策的支持鼓励下，各地也开始了智慧旅游标准规范体系的建设实践，江苏省、陕西省、河南省等陆续发布智慧旅游的地方标准，具有较强的实际意义和借鉴意义。

（二）智慧文化标准研究现状

随着信息技术的发展，智慧图书馆、智慧公共文化服务的研究持续推进。智慧图书馆标准是智慧文化标准的重要组成部分，智慧图书馆在智慧化文化建设方面较为领先。马慧萍[3]提出从平台标准、资源标准、服务标准角度构建统一的智慧图书馆标准，并指出在标准构建中面临对实践研究缺乏重视、对标准规范缺少整体性把握、缺少标准完善机制等问题；刘炜等[4]参考图书馆业务管理系统、智能楼宇系统和《人工智能标准化白皮书》，从基础规范、技术规范、服务规范、数据规范等方面探索出较为完整的智慧图书馆标准规范体系框架。然而，由于图书馆等文化机构向智慧转型还处于探索阶段，尚没有成熟的建设标准方案，国家和行业也没有发布较为统一的标准体系。

综上所述，智慧旅游的建设正迈入成熟发展的阶段，已有较为完整的地方标准。文化行业智慧化的建设还处于初级阶段，智慧图书馆的发

---

[1] 陈晨：《国内智慧旅游研究综述》，《环渤海经济瞭望》2020年第5期。
[2] 刘发军、赵明丽：《智慧旅游标准体系建设研究》，《信息技术与标准化》2013年第8期。
[3] 马慧萍：《图书馆的智能化研究——我国智慧图书馆标准体系构建探讨》，《科学咨询》（科技·管理）2020年第2期。
[4] 刘炜、刘圣婴：《智慧图书馆标准规范体系框架初探》，《图书馆建设》2018年第4期。

第五章　公共文化智慧服务治理实践　165

展较快,南京大学图书馆、上海图书馆的智慧化实践较为突出,但是还没有形成较为成熟的标准规范。围绕智慧旅游和智慧图书馆标准探讨的研究具有理论和实践指导意义,然而从标准化层面探究智慧文旅融合的直接成果较少。在文旅融合和"十四五"规划的大背景下,探讨智慧文旅融合标准体系具有现实意义。

本书将围绕标准化如何推进智慧文旅服务融合的问题,使用案例比较分析的方法,调查智慧旅游标准和智慧文化标准建设情况,同时选取《旅游企业智慧旅游建设与应用规范》《智慧旅游设施服务规范》《智慧旅游建设与服务规范》等地方智慧旅游标准,《公共图书馆总分馆业务规范》行业标准,上海图书馆、南京大学图书馆的智慧图书建设标准文本,从建设标准、服务规范、技术标准三方面进行内容整合与分类比较分析,从宏观角度总结智慧文旅标准建设的特点及不足,在此基础上,为从理论、体系、国际化、管理等方面开展文旅标准化建设提供实施策略,以在"十四五"发展时期推动我国标准化建设工作,加快文旅深度融合进程。

二　智慧旅游和智慧文化标准及其基本情况

(一) 标准文本选取

智慧旅游标准方面,选取东、中、西部省份制定的地方标准,比如江苏省的《旅游企业智慧旅游建设与应用规范》[①]、河北省的《智慧旅游设施服务规范》[②]、陕西省的《智慧旅游建设与服务规范》[③]。由于目前没有明确的智慧文化标准,主要选取在文化行业智慧化建设中受到众多关注,已经有先行的实践成果的智慧图书馆标准方案作为智慧文化标准代表,具体包括2020年发布的《公共图书馆总分馆业务规范》[④] 相关

---

① 江苏省质量技术监督局:《旅游企业智慧旅游建设与应用规范:DB32/T 2727 - 2015》,http://218.94.159.231:8012/zjkms/kms/getPdf.rkt? id = 1693. https://www.mct.gov.cn/whzx/zxgz/wlbzhgz/202009/W020200928523169377947.pdf, 2020年10月10日。

② 河北省质量技术监督局:《智慧旅游设施服务规范:DB13/T 2632 - 2017》,http://www.bzsb.info/searchStandard.do? action = searchStandardDetail, 2020年10月10日。

③ 陕西省质量技术监督局:《智慧旅游建设与服务规范 第1部分:导则:DB61/T 1201.1 - 2018》, http://219.144.196.28/std/db_details.asp? id = 1469, 2020年10月10日。

④ 中华人民共和国文化和旅游部:《公共图书馆总分馆业务规范:WH/T 89 - 2020》,https://www.mct.gov.cn/whzx/zxgz/wlbzhgz/202009/W020200928523169377947.pdf, 2020年10月10日。

内容、上海图书馆、南京大学图书馆的智慧图书馆建设[①]相关文本，从中提取智慧文旅服务共同涉及的服务规范、技术标准、建设标准等相关内容，以便与智慧旅游标准进行类目比较。

（二）智慧旅游标准基本情况

江苏省《旅游企业智慧旅游建设与应用规范》于2015年发布，对基础设施、综合管理、游客服务等内容做了规范，是发布最早的智慧旅游相关的标准。但由于其标龄过长，因此较多内容需要适时更新。河北省《智慧旅游设施服务规范》于2017年发布并实行，规范智慧旅游服务，为智慧旅游的管理、营销、平台建设和数据共享等方面提供了参照依据。陕西省《智慧旅游建设与服务规范》，自2019年开始实行，结合了最新的技术标准，在基础设施、智慧服务、智慧管理、智慧营销等方面制定相关的规范，主体包括省内旅游行业运行监测与应急指挥中心、旅游景区、旅行社、旅游饭店等。这些文本或结合最新的技术标准，时效性较强，或规范结构完整，从智慧服务、智慧管理、智慧营销等角度出发制定具体的标准，或者融合性强，结合了国内外最新的理论和实践。智慧旅游涉及的建设标准、服务规范、技术标准内容如表5.6所示。

表5.6　　　　　　　　　　　智慧旅游标准相关内容

	类目	具体内容
建设标准	规划方案	编制建设规划方案；成立旅游信息化技术服务团队。
	基础设施标准	通信设施：实现景区移动通信信号全覆盖、无线宽带网络全覆盖，建有较为完善的宽带信息网络； 电力设施：针对相关的软硬件系统配置备用电源，确保设施正常运行； 交通设施：确保外部综合交通网络体系完善，内部交通体系健全； 信息服务设施：建立提供信息查询、预订、导览、旅游投诉、求助以及救援等多功能的智慧旅游服务设施。
	创新发展	建立智慧旅游服务评价体系；建立政府、产业、学校、研究和金融五种角色合作共进的智慧旅游产业化形式。

---

① 谢蓉、刘炜、朱雯晶：《第三代图书馆服务平台：新需求与新突破》，《中国图书馆学报》2019年第3期；沈奎林、邵波：《智慧图书馆的研究与实践——以南京大学图书馆为例》，《新世纪图书馆》2015年第7期。

续表

类目		具体内容
服务规范	智慧服务	建设有独立域名、以服务游客为核心内容的门户网站；建立微信公众号，做好内容推送；开通官方微博；实现多个渠道的信息发布集成。
		建设数字虚拟景区；实现虚拟旅游体验服务；进行智慧媒体互动体验；配备自助导游；提供在线个性化产品定制服务；形成产品推荐功能。
		建立游客评价系统；建立在线咨询及反馈渠道；根据情况配备智慧医疗装置。
	智慧管理	设有综合管控中心；建立数据中心管理系统，达到数据管理标准统一，具有开放接口的功能，以更好地促进资源共享；完善旅游运行监测体系，对客流、消费、行业、景区、满意度、安全等进行监管。
		建立旅游大数据分析系统，对客流、客源、消费行为及旅游产业、行业等进行统计分析；建设游客旅游行为分析系统、游客消费行为分析系统、游客分享行为分析系统；建立旅游服务评估体系；建立旅游目的地重大事件预警、预测以及处理机制。
	智慧营销	建立景区票务分销平台；创新销售模式，建立合理的销售奖励机制；建立并完善自媒体营销平台、建立第三方营销平台，依托电商平台、互联网门户网站，开展营销信息宣传、建立景区联动的营销平台；利用一些成熟网络互动渠道发布旅游信息，达到旅游营销的目的，和潜在游客进行互动，并作为活动发布平台，帮助游客了解景区动态。
技术标准	数据机房建设	建设或租用专业数据机房；综合布线、网络传输线缆、供电系统应符合通信及计算机网络需求。
	软件系统建设	配备大屏显示系统、视频会议系统、视频监控系统、会议扩声系统；通过统一的 GIS 空间信息处理平台，帮助数据资源能够有条理地整合和展示在平台上。
	数据中心建设	建立旅游信息数据支撑平台、旅游资源整合平台、旅游基础数据库、旅游数据管理平台、旅游数据服务平台，能够达到数据采集，数据交换和数据输出的自动化的智慧程度；建立旅游信息数据上报前的审核会商组织制度；建立旅游数据共享平台，对接相关信息平台，实现旅游数据中心和相关部门、涉旅企业的数据交换共享。
	综合平台建设	建立统一的旅游平台，汇集全市、全省甚至全国的旅游服务信息，保证信息同步，提高服务效率，这些平台应包括应急指挥平台、智慧旅游产业园区、旅游示范与旅游投融资项目数据库、咨询热线服务平台、数据创新创业平台、在线审批服务平台。

（三）智慧文化标准基本情况

《公共图书馆总分馆业务规范》于 2020 年 9 月发布，时效新，覆盖读者服务、业务管理、信息化建设与管理多方面的内容，同时包含自助服务、流动服务、多媒体服务等智慧化服务的内容，可以为智慧文化标准建设提供参考。该标准参考了《公共图书馆业务规范》的内容，《公共图书馆业务规范》考虑到现代信息技术在公共图书馆的广泛应用，专设"信息化建设"一章，全面规范基础设施建设、软件系统建设、系统运行与维护等智慧图书馆建设内容[①]。此外，上海图书馆、南京大学图书馆在智慧图书馆建设具有一定的典型性，其建设标准文本作为补充，可以更加全面地了解当前智慧文化标准建设最新进展。智慧文化标准相关内容如表 5.7 所示。

表 5.7　　　　智慧文化标准相关内容

	类目	具体内容
建设标准	规划方案	编制建设规划方案；服务馆员要具备较强的专业能力等。
	基础设施标准	实现馆内移动通信信号、无线宽带网络全覆盖；建有较为完善的宽带信息网络；配置展示屏幕；配备数字标牌；配备触屏报刊阅读器、多媒体导航触摸屏等。
服务规范	智慧服务	基础服务：加强基础的读者服务、文献借阅服务、信息检索服务、参考咨询服务。将图书馆体系内各馆、服务点的基本信息、服务内容、服务规则等以适当方式向社会公众公开。
		空间服务：采用开放式的布局方式；设立信息共享大厅；营造线上线下相融合、个性化和群组化的支持学习、研讨、交流、分享的智能空间环境。
		虚拟体验服务：提供 24 小时实时虚拟参考咨询服务；配备虚拟图书馆体验设备；建设虚拟体验空间；加强增强现实和虚拟现实技术的应用。
		自助与流动服务：建立自助服务工作机制；配备自助服务设施设备、系统、空间，为读者提供自助借还、智能书架、定位指引、智能咨询以及一站式资源发现与获取等自助服务；除工作机制及相关设备的准备外，还需要注重该服务信息的宣传营销，在总服务台、馆外等地点，网页、微信、微博等服务平台都要进行相关的宣传介绍，及时告知图书馆读者以获取这些自助服务信息。

---

① 张若冰：《〈公共图书馆业务规范〉概述》，《图书馆建设》2019 年第 4 期。

第五章 公共文化智慧服务治理实践

续表

类目		具体内容
服务规范	智慧服务	个性化服务：综合应用信息技术，实现图书馆数据资源的统一集成、关联分析和深度挖掘，为用户提供更加个性化的深层次服务；通过对读者的需求进行调查、收集读者对图书馆服务的意见建议等方法，更深入地了解读者的个性化需求，能够提供不同读者所需的差异性服务。
		智慧云服务：将服务资源通过智慧化设备进行互联互通，对相关信息资源开展一系列的加工处理，有序组织后保存在图书馆的智慧云端中，读者能够凭借网络获取图书馆的云端资源，享受图书馆的线上服务，突破地点限制。
	智慧管理	加强营运过程中的节能管理；配备针对图书馆馆藏资源安全的防盗监控；加强对图书保存条件的自动监测；利用现代技术和设备建设统一的数字服务门户、新媒体服务平台等。
	智慧推广	在微信、微博等新媒体服务平台开设官方账号，并进行日常运营；在这些平台账号上发布图书馆的服务信息以及相关资讯，并利用这些新媒体服务平台提供传统服务平台无法提供的服务，提高读者对图书馆服务的利用率，降低读者的操作难度；公共图书馆总馆发挥统筹作用，协调各分馆有条理地进行社会教育服务活动的举办，如面对社会面的讲座、展览等活动，制订社会教育服务年度计划，统一调配服务资源，对开展的社会教育服务活动进行宣传推广。
技术标准	基础设施建设	建设计算机机房以及搭建网络系统、存储系统、服务器系统等；规划并设计网络系统；合理规划存储系统，进行设备选型、购置、安装、测试、验收、使用等工作。
	软件系统建设	应用系统的操作系统、数据库、中间件、杀毒软件、通用软件等基础软件的选型购置、初始化安装、测试运行；建设图书馆业务自动化管理、数字图书馆管理、资源等管理系统的综合性系统平台。
	系统运行与维护	对服务器、交换机、存储等硬件，设施设备进行巡检、清洁、修理；对硬件支持系统进行升级和系统优化。
	数据管理	系统运行与维护过程中产生的数据进行收集、组织、保存、处理、应用；通过统一的数字服务系统建设，实现数字资源和服务的共建共享。
	综合平台建设	构建不断更新换代的图书馆平台，应该能够实现图书馆在全媒体、全流程的全方位管理和全网域的资源能够迅速被图书馆自动发现的功能目标，除此之外还能够在功能上进行一定的拓展，拥有一定的自由度，并且在后续的业务发展中，能够满足各类图书馆不同特点的个性化服务。

续表

类目		具体内容
技术标准	网络与信息安全	管理网络硬件设备及其运行环境；设计安全的网络结构；通过访问控制、入侵检测等技术手段实现对网络中数据流的监控与管理；对系统信息和应用信息进行管理和维护。

三　智慧文化和智慧旅游标准比较分析

由于设施建设、技术和服务是智慧旅游和智慧文化标准中交叉性较强的事项，具有较强的可比性和融合性，本书主要从建设标准、服务规范、技术标准三个方面作比较。

（一）建设标准

表5.8列举比较了智慧旅游与智慧文化的建设标准。

表5.8　　　　　　　　　建设标准比较

智慧旅游	《旅游企业智慧旅游建设与应用规范》	通信设施：建有供游客使用的公用电话；实现手机信号完全覆盖。 网络接入：宽带、无线热点信号完全覆盖。 支付手段：支持国内银行借记卡、信用卡、国际信用卡；支持主流第三方支付，支持签约预付卡消费。
	《智慧旅游建设与服务规范》	规划方案：编制建设规划方案，明确景区智慧化建设目标、架构体系、景区建设的具体规划、智慧景区的运营与资金管理规划。 基础设施：成立旅游信息化技术服务团队，建设、维护景区信息化基础设施；移动通信信号全覆盖；建有公用电话；具备总体水平较高的宽带网络覆盖，能够提供相关景区的工作人员进行使用；无线宽带网络全覆盖；实现售票计算机化，且售检票信息能够联网、实现远程查询；在出入口设置支持验证身份证、二维码和RFID电子门票的智能闸机；设置信息触摸屏；配置高清LED大屏；覆盖全景区的广播通知系统；建设智慧停车场，部署景区智能停车管理系统。
	《智慧旅游设施服务规范》	基础设施：在重点与旅游相关的地点配备无线上网设施；建立信息查询、旅游投诉和救援等方面服务设施体系；建立旅游投诉平台，汇总投诉信息后对投诉信息进行分级处理。

续表

智慧旅游	《智慧旅游设施服务规范》	创新发展：组织电子商务机构、高校和科研机构的共同配合；完善智慧旅游设施服务评价体系的构建；组织政府、相关产业、学校、研究人员和金融角色共同携手探索智慧旅游如何走向规范化、产业化；完善景区预警、预测机制；建立游客旅游舒适度的实时评价机制。
智慧文化	《公共图书馆总分馆业务规范》	规划方案：编制图书、地方文献、数字资源等年度采集计划；制定专题数据库建设工作方案。
	上海市智慧图书馆建设实践	馆员要求：服务馆员要转变观念，努力学习；提高分析问题和解决问题的能力，要有针对性地为不同的人解决不同的问题。
	南京大学智慧图书馆建设实践	馆员要求：服务馆员应要有充分的智慧，应具备较强的专业能力、良好的创新服务意识和优秀的团队协作精神；智慧图书馆宜开展系统性、全面多元的综合能力训练，培养馆员智慧能力。
		技术设施：网络基础：2G、3G、4G、WiFi、WLAN等覆盖；基础设施：包括"云计算"技术的基础设施设备。

从智慧旅游标准来看，三省的建设标准中都有对基础设施建设的要求，包括通信设施、网络接入等，基础设施建设是保障智慧化进程的基础条件。河北省提出创新发展的要求，认为由于智慧化建设仍在发展过程中，智慧旅游标准应结合新技术的发展不断地更新完善。同时，智慧旅游相关主体需要加强与政府、科研机构的合作，建立起相关评价体系，以推动智慧旅游建设。从智慧文化标准来看，智慧图书馆要求编制规划，规划方案编制有利于主体更有计划地进行智慧化建设，而智慧图书馆实践中对智慧馆员有较高要求。"智慧服务首在人"，即"智慧来源于服务人员，作用于用户"。在智慧文旅标准规范体系的构建中，认为有必要重视智慧服务人员队伍的建设。

智慧旅游和智慧文化在规划方案、基础设施标准方面存在如下共同点：①智慧旅游和智慧文化主体都应编制建设规划方案，明确景区智慧化建设目标、架构体系、景区建设的具体规划、智慧景区的运营与资金管理规划，并结合发展环境更新改进。②两者都要求实现移动通信信号、无线宽带网络全覆盖。

智慧旅游和智慧文化在建设标准方面对智慧服务人员的要求存在差

异，智慧图书馆对服务团队的要求更高。智慧图书馆要求服务人员要具备较强的专业能力、良好的创新服务意识和优秀的团队协作精神，提高分析问题和解决问题的能力。同时，需开展系统性、全面多元的综合能力训练，培养其智慧能力。智慧旅游标准要求成立旅游信息化技术服务团队，对服务人员综合能力和素质方面没有明确的要求。

（二）服务规范

表 5.9 列举比较了智慧旅游与智慧文化的服务规范。

表 5.9　　　　　　　　　　服务规范比较

智慧旅游	《旅游企业智慧旅游建设与应用规范》	游客服务：提供触摸查询设备；提供大屏幕信息显示设备；提供游客自助购票或取票设备提高游客购置门票的便利程度并节约人工服务投入，同时提高效率；提供电子产品的充电便捷服务，为游客提供便利；通过各类电子显示屏，不仅能够展示游览线路，为游客提供游玩建议，还具备发布景区通知等信息的功能；统筹规划各类电子显示屏的展示内容及相关信息；景区不仅需要提供纸质地图，还应提供在线浏览景区地图的渠道，同时展示不同的游玩路线及攻略；提供多语言版本，依据收集游客当前的具体位置信息或设备的感应点击等，自动播报相对应的语音导览、内容讲解等信息；支持根据游客目前的具体位置检索附近的服务场所（游客大厅、购票窗口）、景点和周围的旅游设施（卫生间、母婴室、充电设备、饮用水提供）；针对游客的具体位置提供高效的投诉、求助、报警功能，根据游客位置更快地找到游客提供帮助。
		网络营销：通过搜索引擎、旅游类网站及应用程序、媒体、社交类软件等展开；利用官方网站、微博和微信公众号等在网络上进行营销；探索如何对旅游区的网络营销进行评估，建立相关评估体系。 电子商务：提供旅游区门票和其他旅游产品的在线预订功能；支持网络支付；搭建门票分销系统。
	《智慧旅游建设与服务规范》	智慧服务：建设有独立域名、以服务游客为核心内容的门户网站；建立微信公众号，做好内容推送并开通官方微博；实现多个渠道的信息发布集成，使信息达到一次发布、多方显示效果；应设置呼叫服务中心，提供旅游相关信息查询；设置多媒体展示区域；建设数字虚拟景区，实现虚拟旅游服务；配备自助导游，具备精准定位智慧语音讲解的景区导览导航、导航、路径规划功能；建立游客评价系统；建立在线咨询及反馈渠道，提供多媒体旅游呼叫服务；提供在线个性化产品定制服务，支持模糊查询并通过数据挖掘技术形成产品推荐功能。

第五章 公共文化智慧服务治理实践 173

续表

智慧旅游	《智慧旅游建设与服务规范》	智慧管理：设有综合管控中心，实现各系统的汇集、管理与应急指挥调度功能；建设完善的数据管理系统，达到数据管理标准统一，具有开放接口的功能，以更好地促进资源共享；设有视频监控系统，做到全域监控；对自然资源环境数据进行监测或监控；实现游客总量的实时统计、上报、数据发布功能；做好景区网络舆情的实时监督管理；建有旅游应急预案及救援系统并设有应急救援指挥中心；建设协同办公平台，实现办公自动化；建设游客投诉管理应用系统。
		智慧营销：建立景区票务分销平台，实现第三方分销与景区营销服务平台、售检票系统的一体化；建设游客旅游行为分析系统、游客消费行为分析系统、游客分享行为分析系统；通过网络媒体频道、社交类应用程序、微博、微信等各类发展完善的网络互动渠道作为旅游营销活动的载体，在这些在线渠道进行信息发布，让游客了解相关活动，并进行一定的互动，调动参与积极性。
	《智慧旅游设施服务规范》	旅游管理：建立统一的旅游平台，汇集全市、全省甚至全国的旅游服务信息，保证信息同步，提高服务效率，这些平台应包括应急指挥服务、咨询热线服务、全行业的数据汇总及分析、游玩意见反馈及投诉处理等不同功能的各类平台。
		旅游营销：优化电视、广播、短信等传统渠道进行宣传营销，广泛宣传；尝试在移动客户端、微博、微信等新媒体渠道进行活动宣传，这类渠道主要面对年轻人，通过喜好算法进行精准宣传；搭建乡村旅游公共营销平台。
智慧文化	《公共图书馆总分馆业务规范》	读者服务：制定各项读者服务制度，包括面向读者的读者管理制度、通借通还制度、统一数字服务制度、流动与自助服务制度等，面向全社会的联合社会教育服务制度以及信息公开制度。 借通还服务：建立统一的业务系统平台，实现业务数据的实时交换，提供查询服务以及文献的统一借阅、归还服务。 新媒体服务：建立并运营微信、微博等新媒体服务平台，尝试在这些渠道进行活动宣传，这类渠道主要面对年轻人，通过喜好算法进行精准宣传。 流动服务：建立流动服务工作机制，配备流动服务设施设备、系统、空间，为读者提供自助借还、智能书架、定位指引、智能咨询以及一站式资源发现与获取等自助服务；除工作机制及相关设备的准备，还需要注重该服务信息的宣传营销，在总服务台、馆外等地点，网页、微信、微博等服务平台都要进行相关的宣传介绍，及时告知图书馆读者以获取这些自助服务信息。 自助服务：配备自助服务设施设备、系统、空间，为读者提供自助证卡办理、书目检索、图书预约等基础服务，提高图书馆服务效率。

续表

智慧文化	《公共图书馆总分馆业务规范》	读者管理：通过开展读者需求调查、读者意见反馈等方式进一步了解读者需求，提供针对性服务。 业务管理：通过规划、考评、统计、培训等一系列过程，实现总分馆体系的顺畅、高效运行和各项业务工作的科学化、规范化管理。
		联合社会教育服务：统筹规划、组织、协调体系内各馆联合开展阅读推广、讲座、培训、展览等社会教育服务。制订社会教育服务年度计划，统一调配服务资源，对体系内联合开展的社会教育服务活动进行宣传推广。
		网站服务：总馆统一建立并完善数字服务网站，为用户提供在线数字资源浏览的功能，有的资料甚至可以被下载，网页还会展示活动一览与参考咨询入口，帮助读者快速获取信息。总管还应注重网站信息的时效性、准确性，并通过网页对读者数据进行收集，以便分析改进提供更好的服务。
	上海市智慧图书馆建设实践	空间服务：个性化空间服务和资源配置。 智慧场馆：智能楼宇、业务系统和用户终端互联互通，实现空间的智慧管理和用户的互动参与。
		自助式服务：提供自助借阅、自动导览、自动参与咨询服务。
		个性化服务：通过大数据分析读者阅读和活动行为，精准内容与服务推送；提供基于用户感知的个性化服务。
		机器人服务：提供虚拟或实体机器人服务，实现智能咨询、导航、仓储、物流、盘点等功能。
	南京大学智慧图书馆建设实践	基础服务：加强基础的读者服务、文献借阅服务、信息检索服务、参考咨询服务。应提供自助借还、智能书架、定位指引、智能咨询以及一站式资源发现与获取等服务。
		空间服务：采用开放式的布局方式；营造线上线下相融合、个性化和群组化的支持学习、研讨、交流、分享甚至休闲的智能空间环境；应规划更多物理空间来支持用户的学习和学术研讨活动。
		虚拟体验服务：提供24小时实时虚拟参考咨询服务；配备虚拟图书馆体验设备；建设虚拟体验空间；加强增强现实和虚拟现实技术的应用。
		自助服务：建立自助服务工作机制；配送相应服务资源；配置文献的自助打印、复印和扫描，以及空间与设备的预约使用等功能；加强对自助服务空间与设施的管理与维护，确保馆内自助服务设施正常运行。

续表

智慧文化	南京大学智慧图书馆建设实践	个性化服务：随着科技的进步，图书馆也尝试将物联网、大数据等信息技术运用在图书馆管理中，综合应用信息技术，实现图书馆数据资源的统一集成、关联分析和深度挖掘，为用户提供更加个性化的深层次服务；通过对读者的需求进行调查、收集读者对图书馆服务的意见建议等方法，更深入地了解读者的个性化需求，能够提供不同读者所需的差异性服务；不仅如此，图书馆还尝试将读者在网络环境下对图书馆资源的利用行为和现实环境下的行为综合分析，包括馆藏文献、读者相关资料等，为用户提供全方位的、立体化的个性化服务。

从智慧旅游标准来看，陕西省标准较为完备，包括智慧服务、智慧管理、智慧营销多方面的要求。相比而言，江苏省和河北省的标准标龄较长，类目不完整，缺乏较新的智慧旅游服务内容。从智慧文化标准来看，图书馆规范中针对图书馆基础服务的规范较多。《公共图书馆总分馆业务规范》包含新媒体服务、流动服务、自助服务等相关智慧化服务的内容。而智慧图书馆实践中对智慧化服务进行了更多的规定，包括个性化服务、自助服务、空间服务、虚拟体验服务等。智慧文化标准制定时可以参考南京大学图书馆和上海市图书馆的智慧化实践内容。

智慧旅游和智慧文化标准都对虚拟体验服务、自助服务、个性化服务提出了要求，具体如下：①发挥门户网站、微信和微博等平台的宣传服务作用。②虚拟体验服务是智慧服务的拓展，配备虚拟体验设备，提供智慧媒体互动体验，加强增强现实和虚拟现实技术的应用。③自助服务是智慧服务的重要内容，应提供自助借还等设备，配送相应的自助服务资源。④挖掘用户潜在需求，提供个性化服务是智慧服务的重要内容，综合应用物联网、大数据和人工智能技术，实现数据关联分析和深度挖掘，从而发现用户现实和潜在需求，提供更加个性化定制服务。

智慧旅游和智慧文化差异着重在智慧管理、营销与推广方面。与智慧旅游系统的营销体系相比，智慧文化的信息发布渠道不够广泛，整体的管理体系不够完善。①智慧景区实现多个渠道的信息发布集成，使信息达到一次发布、多方显示效果；应设置呼叫服务中心，提供旅游相关信息查询。同时，智慧景区应建立在线咨询及反馈渠道，通过多种方式实现线上实时信息咨询及意见反馈服务。而智慧图书馆的信息发布渠道较窄，信息查询系统及反馈服务体系并不完善。②智慧旅游通过网络媒体频道、社交类应用程序、微博、微信等各类发展完善的网络互动渠道作为旅游营销活动的载体，在这些在线渠道进行信息发布，让游客了解相关活动，并进行一定的互动，调动参与积极性。建设游客旅游行为分析系统、游客消费行为分析系统、游客分享行为分析系统，对游客行为的分析力度较大。而智慧图书馆主要在数字图书馆、微信公众号、小程序进行内容宣传。

（三）技术标准

表5.10列举比较了智慧旅游与智慧文化的技术标准。

表5.10　　　　　　　　　　技术标准比较

智慧旅游	《旅游企业智慧旅游建设与应用规范》	软件平台：构建旅游信息基础数据平台，统一存储相关信息，便于各单位获取信息，进行规划决策；研发移动通信终端的旅游应用软件，帮助游客在手机上就能够获得专业、真实、时效性较高的信息；研发旅游产品电商平台，为用户的购物提高信任度，减少后顾之忧，在一定程度上提高游客的消费意愿；打造丰富的旅游服务投融资渠道，降低融资难度，促进旅游企业良性发展。
		系统安全：必要的系统安全保障并制定信息安全管理制度；建设旅游区电子商务网站和相关系统。
	《智慧旅游建设与服务规范》	数据机房：建设或租用专业数据机房，综合布线、网络传输线缆、供电系统应符合通信及计算机网络需求。 软件系统：配备大屏显示系统，显示系统应具有信号控制系统，可通过图形处理器连接多个应用系统；配备视频会议系统，可实现不同品牌终端的互联互通；配备视频监控系统，要注意解决品牌、区域、型号具有差异的监控之间整合困难的问题，做到对监控的统筹管理；配备会议扩声系统，具备音响系统；配备GIS应用系统，应具有旅游目的地资源信息化展示和目的地查询功能。依靠统一的GIS空间信息处理平台，对数据进行有序的组织展示。
		数据中心建设：建设旅游资源信息数据库、旅游地理信息空间数据库、旅游电子商务信息数据库，要求实现数据采集、交换和输出的智能化和自动化；实现信息查询、主题分析、趋势分析、数据关联、报表统计、组合查询、系统管理功能；建立旅游数据共享平台，对接相关信息平台，实现旅游数据中心和相关部门、涉旅企业的数据交换共享。

第五章 公共文化智慧服务治理实践

续表

智慧旅游	《智慧旅游设施服务规范》	数据共享：在旅游信息上传前，应设置审核会商制度，对旅游信息进行基础的审核；搭建旅游相关部门和涉及旅游业务企业间的信息平台，有组织地上传、公开有关行业的数据信息，打破双方的信息壁垒，在更多信息的基础上帮助提高决策正确率；打造旅游服务质量的评估反馈系统；对接国家的监控数据平台，同时打造各层次（省市县）的旅游监控数据共享平台，对云计算、物联网、移动互联网等应用项目导入旅游信息。
		数据平台：建立旅游信息基础数据平台；开发移动通信终端的旅游应用软件；开发旅游产品电子商务平台；建立多元化的旅游信息服务投融资渠道。
智慧文化	《公共图书馆业务规范》	基础设施：建设计算机机房以及搭建网络系统、存储系统、服务器系统等基础设施。规划并设计网络系统，合理规划存储系统，进行设备选型、购置、安装、测试、验收、使用等工作。
		软件系统：图书馆各应用系统所必需的操作系统、数据库、中间件、杀毒软件、通用软件等基础软件的选型购置、初始化安装、测试运行；并进行系统运行与维护。
		系统平台：建设图书馆业务自动化管理、数字图书馆管理、资源发现与管理等系统或包含上述功能的综合性系统平台，以实现图书馆业务资源的有效管理与服务。
		数据管理：对系统运行与维护过程中产生的数据进行收集、组织、保存、处理、应用；定期对数据进行维护、备份；对提取的数据进行统计、分析。
		网络与信息安全：管理网络硬件设备及其运行环境；设计安全的网络结构；通过访问控制、入侵检测等技术手段实现对网络中数据流的监控与管理；对图书馆信息化建设中的系统信息和应用信息进行管理和维护。
	上海市智慧图书馆建设实践	技术管理：智慧图书馆各类系统中可能应用机器学习的规范；对各类绿色环保建筑进行规范；对包括作为门户和平台的网站、Web APP 以及移动 APP 应用的各类用户交互。
		数据管理：用于数据交换的接口标准；各类智能应用的底层系统提供分布式接口规范；对图书馆用户数据及资源使用情况数据的分析挖掘；规范图书馆书目数据、特藏数据等将大量使用关联数据。
		智能安防监控：多摄像头联网，应急自动响应，人流监测，风险预警，网络报警，联动控制。

续表

智慧文化	上海市智慧图书馆建设实践	构建不断更新换代的图书馆平台，应该能够实现图书馆在全媒体、全流程的全方位管理和全网域的资源能够迅速被图书馆自动发现的功能目标，除此之外还能够在功能上进行一定的拓展，拥有一定的自由度，并且在后续的业务发展中，能够满足各类图书馆不同特点的个性化服务。
	南京大学智慧图书馆建设实践	系统平台：构建以互联网、大数据技术、云计算、社交网络、个性化技术、虚拟现实及人工智能技术等为支撑的系统平台。

从智慧旅游标准来看，三省在技术方面的相关规范都较为完备，包括平台建设、数据中心建设、机房及软件建设等内容。同时，标准中需要加强网络与信息安全方面的内容。从智慧文化标准来看，图书馆标准包括软件系统、数据管理、平台和设备等内容。智慧图书馆的实践在技术运用方面较为先进，尤其是上海图书馆构建的"第三代图书馆服务平台"充分体现了智慧化，可供智慧化平台建设借鉴。

智慧旅游和智慧文化共性在于计算机数据机房及其系统软件建设，建立数据中心等，比如：①计算机数据机房及其系统、软件建设是智慧服务的基础性必备建设。智慧旅游主体应建设或租用专业数据机房及综合布线、网络传输线缆、供电系统应符合通信及计算机网络需求。智慧图书馆应通过建设计算机机房以及搭建网络系统、存储系统、服务器系统等基础设施，为图书馆的信息服务提供支撑。②在智慧化技术建设中，数据是进行智慧服务的基础要素。智慧图书馆对系统运行与维护过程中产生的数据进行收集、组织、保存、处理、应用。智慧旅游主体应建立旅游信息数据支撑、数据资源整合、数据管理等多个数据平台，要求实现数据采集，交换和输出的智能化和自动化，并进行旅游部门和企业间的数据实时共享。③智慧化平台建设是智慧化建设中的重点之一。智慧旅游主体应建立旅游信息基础数据平台。智慧图书馆应构建以互联网、大数据技术、云计算、社交网络、个性化技术、虚拟现实及人工智能技术等为支撑的系统平台。

智慧旅游和智慧文化的差异主要在于网络与信息安全方面。智慧旅游标准只简单提及系统安全，而智慧文化标准中对网络信息安全方面的内容作了比较明确的规定。智慧图书馆更重视网络与信息安全，通过管理网络硬件设备及其运行环境,设计安全的网络结构,访问控制、入侵检测等技术手段实现对网络中数据流的监控与管理。在此基础上,还可以对相关职能部门、智慧文旅企业与单位、智慧文旅服务人员提出确保网络信息安全的有关要求,相关职能部门做好信息安全监督工作,智慧文旅企业与单位做好信息安全的防控和应对工作,提高服务人员的信息安全意识和防控能力等。

四 智慧文旅融合标准化建设存在的问题

从智慧旅游和智慧文化标准比较中,本书发现智慧文旅融合标准化建设存在以下问题:

(一) 智慧文旅融合统一标准尚未形成

智慧文旅标准规范体系的建设涉及旅游和文化两个行业,主体较为复杂,除了政府行政主管部门,还与文化事业单位、企业等有许多联系,因此也亟须数量、内容都相当丰富的标准对有关的行业、单位、企业进行细致的规范引导。目前,还没有现行智慧文旅标准。在智慧旅游标准方面,有现行的地方标准,如江苏省的《旅游企业智慧旅游建设与应用规范》、陕西省的《智慧旅游建设与服务规范》等,缺少效力更强的国家标准和行业标准。在智慧文化标准方面,目前还没有明确的智慧文化的国家标准和地方标准,也没有较为成熟的智慧图书馆行业标准。随着新技术在文化行业的普遍运用,需要对智慧文化有关内容作一个标准化的规范。智慧旅游和智慧文化标准之间尽管有相近的类目,但是标准之间缺少系统关联,呈现出结构各异、不能融合等特点,难以构成一个有机整体。而当前,我国智慧文旅服务的标准化工作还处于刚刚起步的阶段,对于建设标准、服务规范、技术标准等具体内容并没有一个清晰明确的规定,需要对智慧旅游和智慧文化服务标准等内容进行整合,促进智慧文旅统筹发展。智慧文旅标准规范体系的建设需要一整套相互补充、相互依赖的标准体系。

(二) 智慧文旅融合缺乏标准化理论与方法指导

智慧旅游和智慧文化相关研究成果为我国文旅融合进一步实现标准化、规范化发展奠定了基础。然而,智慧旅游标准和智慧文化标准存在兼容性不足的问题。两者在关注重点、关注重点的多寡、同一内容的关注程度上有所不同。比如，在服务人员要求中，智慧旅游对服务人员综合能力和素质方面没有明确的要求，智慧文化标准中对人员的综合能力要求更高更细；在营销与推广方面，智慧旅游标准规定的信息发布渠道更广泛，信息查询系统和反馈服务体系更完善，并且智慧旅游的营销体系更加系统完备。同时，智慧旅游和智慧文化标准也存在重复建设、内容过时的问题，不同单位建设了许多范围、目标、技术方面差距较小的标准，造成了资源类型重复和项目主题交叉现象，促使严重的重复建设问题出现。此外，与智慧文旅事业快速发展的需求相比，智慧文旅研究中相关定义难以界定清晰，有关智慧文旅的研究中对"智慧文旅"的定义并不统一，大多数文献中对其的定义更侧重于旅游业；文旅融合与智慧化建设相结合的文献研究比较少，智慧文旅融合评价研究缺失，对标准的宣传贯彻与实施情况缺乏追踪和研究，结果反馈不足，存在理论研究滞后的问题，对于融合实践的指导力度不足。

（三）智慧文旅融合标准的国际化水平有待提高

尽管国家大力推进文旅融合的建设，但文旅融合的实践还处于探索阶段，并没有统一的建设方案。智慧文化和智慧旅游在标准融合过程中存在融合方式单一化、标准化工作难以互通、信息资源和人才队伍缺乏交流平台的问题，整体难以做到标准共知共建共享。同时，现行智慧旅游和智慧文化标准中采用、引用国际标准的数量较少，国际化水平不高。我国鼓励标准的国际化融合建设，鼓励吸取国外先进标准的长处，本土化处理后制定适宜国内情况的相关标准，并应用于行业中。之前的智慧旅游和智慧文化的标准化理论和实践相关研究都从国际标准出发，而欧美各国在文旅产业中标准化的建设较为成熟，相关制度、组织、流程具有参考价值，值得借鉴。

（四）智慧文旅融合标准的组织管理机制亟待创新

相比而言，智慧旅游标准的建设较为领先，现行智慧旅游地方标准有7个，归口单位已达6个，起草单位有9个。而智慧文化方面，标准化建设关注的重点还在建设数字化文化服务方面，有关图书馆的标准涉及数字化操作、信息化建设的内容，还没有涉及智慧化建设。同时，相关标准的标龄过长，大多数文化行业的标准标龄已超过5年，需要对其进行适时更新。因此，智慧文旅标准建设需要有众多相关机构和人力资源支撑，需要对来自不同领域、系统的机构和专家进行组织和管理。然而，目前还缺少相关的机制来引导促进社会其他力量的参与、组织与管理工作。

五 标准化推动智慧文旅融合的策略

（一）加强智慧文旅融合标准规范研究，提供科学依据

当前智慧文旅的研究较少，对智慧文旅标准规范体系的研究可从以下方面着手：①推进智慧旅游和智慧文化标准规范研究。对智慧文旅标准体系及其效用进行系统分析，厘清其间关系，进而构建出宏观的标准体系框架，使不同时期的单个标准构成有机整体，发挥系统效应。②关注国外智慧文旅相关标准化成果。通过对各国相关标准的方法、优劣势进行深入的对比分析，为我国智慧文旅标准的制定提供参考。③促进智慧旅游和智慧文化标准规范的实践应用。将智慧旅游标准研究与文旅行业智慧化建设实践密切结合起来，推进智慧文化标准的制定及实施，服务于智慧文旅标准的建设。

（二）建设智慧文旅融合标准体系，提供应用指导

目前，智慧文旅的标准化仍然处在初期阶段，智慧旅游和智慧文化标准建设不成体系，智慧文化一些基本的标准尚未完备。究其原因，主要是智慧文旅标准内容体系尚未明确统一，针对智慧文旅标准体系建设：一方面，应根据国家制（修）订标准的原则和方针为准则，在广泛调研的基础上，明确智慧文旅标准体系结构；另一方面，根据目前智慧文旅发展的实际情况，结合现有旅游和文化领域标准规范情况，促进智慧文旅标准化建设融入中长期规划、年度计划的制定，制定分期规划目标，形成以"建设标准为依据、服务标准为应用、技术标准为支撑"的智慧文旅标准应用体系。

（三）博采众家之长，接轨国际标准

标准化建设是一项开放性的工作，应博采众家之长，兼收并蓄。我国各省区市的标准化程度各不相同，单就智慧文旅标准化建设而言，各个省份的进度不一，江苏、河北、陕西等省份已经率先制定和发布智慧旅游标准规范体系，而其他省份则相对滞后，因此，智慧文旅标准建设中，其他地区可借鉴已有智慧化标准，形成具有自身特色的标准体系。

此外，加强国际交流与合作，吸取国际智慧文旅标准建设的有益经验，也是标准化建设的应有之义。可通过收集和分析国外标准动态，与相关国际组织进行智慧文旅标准化交流与合作，在标准制定时引用国外先进标准。同时，我国还可通过积极参与相关国际标准的制（修）订工作，使我国智慧文旅的标准融入国际标准，发出中国声音，增强话语权作用。

（四）设立专门委员会，整合社会力量完善标准

智慧文旅标准化委员会对智慧文旅标准化建设的作用显而易见，但是我国并没有专门组织，导致标准化建设缺乏顶层设计，只能依赖各相关技术委员会在其职能范围内开展有限的标准化工作。因而，加强智慧文旅标准体系建设过程，其中关键一环是向上级部门建议建立智慧文旅标准化委员会，促进各职能部门的相互协调、统筹兼顾，以及政府、企业和研究机构的合作。在标准化的工作中，政府的职能是进行监督管理及应用，相关科研单位需要加强相关研究，提供理论支持，企业应提供资金及技术支持，而智慧文旅标准化委员会则充分发挥协调职能，支持各方积极参与到智慧文旅融合的标准化建设中，形成合力，从而更好地服务于各省的智慧文旅融合标准化建设。同时，建立有效的衔接机制，促进各单位之间分工互利，协同发展，更好地达到共建共享，但要注意确保各主体自己的正常运营。

（五）增强标准培训，加强人员队伍建设

智慧文旅标准化建设需要通过严格的标准培训，智慧文旅标准化委员会需要在应用方面，也需要专业人员来实施与推广。一方面，注重标准规范的培训工作，从总体上进行实施质量的把控；另一方面，相关人员对规范的理解和认知，让他们在充分理解的前提下，在工作中去达到规范的要求，增强标准制定的相关业务人员对标准规范的可操作性，从而推动智慧文旅标准化建设。智慧文旅标准规范的培训机制毋庸置疑的是标准规范能够落到实处的关键一环，因此要完善标准规范培训机制，提高相关人员对标准规范的认知程度、应用水平等。

第五节　媒体融合视角下智慧公共文化服务策略

随着"智能+"时代的到来，公民所处的信息环境发生重大变化，

其对公共文化服务的需求越来越复杂。传统的文化服务方式已经不能满足其个性化、高层次的精神追求。文化服务走向智慧化成为必然。智慧公共文化服务，依托大数据技术，利用现代信息手段，生产、整合优质公共文化资源，实现"一次生产，多次推广，协同共享"，在助力公共文化服务均等化的同时，注重个性化、精准化和深层次服务的开展，积极发展互动式文化服务，强调公众体验，打造公平的、便利的人人可共建共享的文化服务格局。

2019年1月25日，中共中央政治局在人民日报社就全媒体时代和媒体融合发展举行第十二次集体学习，"全媒体时代"和"媒体融合发展"成为热议话题。3月16日，习近平总书记在讲话中指出"要全面把握媒体融合发展的趋势和规律"，"加快构建融为一体、合而为一的全媒体传播格局"。截至2018年12月，我国已有8.29亿互联网用户，其中使用手机上网的网民占比达98.6%[1]。提高互联网意识，科学地把握网络传播规律，对于信息内容制造、信息服务创新具有重大意义。媒体融合发展道路是媒体行业顺应移动网络时代公众信息行为变化的必由之路。所谓"媒体融合发展"，简而言之，就是既重视传统主流媒体影响力、竞争力的打造，又重视自带移动信息化属性的新媒体的发展，依托虚拟现实技术，注重发挥其生动可视、交互性强等优势，与传统媒体相互补充，打造服务对象能覆盖全体人员，内容涉及各个领域，传播不受时间、空间限制的新旧媒体融合一体化发展格局。

媒体行业与文化事业有着千丝万缕的联系。一方面，数据挖掘、云计算和虚拟现实等高新技术在创新媒体信息生产技术的同时，也催生文化领域的生产和服务方式的变革，表现在公共文化服务的领域，就是人工智能技术为公共文化内容创造和形式创新发展注入新的动力，催化了智慧公共文化服务的诞生与发展。另一方面，媒体作为我国公共文化服务传播推广的重要媒介，在媒体融合发展的大趋势下，智慧公共文化服务内容和推广方式也必将面临着新的机遇和挑战。

---

[1] 国家图书馆研究院：《中国互联网络信息中心发布第43次〈中国互联网络发展状况统计报告〉》，《国家图书馆学刊》2019年第2期。

一 智慧公共文化服务现状调研

当前我国智慧公共文化服务已取得一定进展，已有的智慧公共文化服务项目发展已有一段时间。为了解智慧公共文化服务的服务效果以及用户对其服务的评价，本书采用简单随机抽样的方法，通过网络渠道进行了一次问卷调查，问卷内容设计参照狩野纪昭等[1]的 KANO 需求识别模型和于良芝等[2]的"个人信息世界"信息测度模型，对用户目前可获取智慧公共文化服务的内容（必备型服务、期望型服务、魅力型服务、无差异型服务、反向型服务[3]）、利用情况（服务获取方式、使用时长、利用频率、利用内容、服务涉入程度）、参与互动情况（有无互动、互动频率、回应及时度）以及服务满意度（软硬件设施、活动内容、个性化服务、活动参与目标实现度）等方面进行调研，回收有效问卷 152份，通过对受访者个人信息描述部分的统计，可以看到受访者涉及江苏、广东、河北、北京、四川、贵州等东、中、西部城市，收入 3000元以下到 20000 元以上均有，年龄遍布 18—65 岁，其中 18—45 岁年龄段占到 70%，文化程度中学至博士均有涉及。可见本次随机抽样的样本分布较为广泛，调研数据具有一定的代表性。由于篇幅限制，本书不在此对问卷问项进行单独阐释，而是在下文智慧公共文化服务面临的问题一节中对能反映服务效果的问卷数据进行列举分析。

问卷调查法可以获取用户的直观想法，可以在短时间内获取个人对公共文化服务项目直接、有效的体验信息，但是数据不够深入，对于智慧公共文化服务的宏观发展状况不能有效地显示。因此，本书在问卷数据分析的基础上，还使用了文献调研法和实地考察法。结合以上可以发现，我国的智慧公共文化服务在全国的影响力和知名度还是十分有限的，智慧公共文化服务云平台运营时间相对较短，对公共文化智慧成果

---

[1] Ajayi O., Garba N., "Association of Some Blood Group Phenotypes and Risk of Myeloid Leukaemias in Kano, Nigeria", *International Journal of Laboratory Hematology*, Vol. 41, September 2019, p. 7.

[2] 于良芝、周文杰：《信息穷人与信息富人：个人层次的信息不平等测度述评》，《图书与情报》2015 年第 1 期。

[3] 梅正午、谢舜：《农村公共文化服务需求识别方法的缺陷及其优化研究——基于 KANO 模型的分析》，《湖北行政学院学报》2019 年第 3 期。

的深层次服务还不到位,在推广意识、宣传手段、内容打造以及公众互动方面存在一些问题。

二 当前智慧公共文化服务面临的问题

(一) 成果推广意识薄弱、舆论引导力差

我国公共文化服务的提供主体是各级政府,运营资金也主要依赖于各级政府的财政补贴,资金获取的多少不是根据公众对公共文化服务质量的反馈,而是各级政府的财政收入状况[①]。这就造成我国的公共文化服务机构缺乏市场意识,忽视公众的文化需求,对公共文化服务建设成果推广不够重视。对于智慧公共文化服务,由于其服务不受时间、空间限制,服务对象也没有严格的范围限定,这就决定了其传播主要依靠线上平台,媒体的宣传对于其平台的推广显得十分重要。

我国的智慧公共文化服务平台在媒体宣传推广方面做得十分欠缺,主流媒体对智慧公共文化服务平台的宣传推广和舆论引导使用方面还十分不到位。根据课题组的调查,传统媒体如电视台、报纸、杂志对我国现有的智慧公共文化云平台的报道主要集中在举办主体、发展历程、模块内容等表层次的介绍,缺乏深入的功能、使用指导、资源特色介绍等对平台较深层次的揭示。智慧公共文化服务平台影响力的构建需要智慧化成果的推广传播和国家主流媒体的宣传,对大众进行舆论引导,让公众对自己可以享受的公共文化服务有所了解,并从思想上接受,才能触发其从行动上的服务和资源利用。另外,我国传统媒体宣传语言风格比较刻板,缺乏亲和力,大众理解和接受度差,公众内心易形成排斥心理,媒体引导力和舆论影响力大打折扣。

(二) 传播手段单一,主流媒体为主

我国较为成熟的智慧公共文化服务平台构建运营已有三四年的时间,但是根据课题组的调查来看,除了公共文化领域相关的研究者,普通大众对我国已开展的智慧公共文化服务知之甚少。公共文化服务主体的宣传推广手段单一,基本依靠主流媒体,各种短视频、娱乐、社交新

---

① 韦楠华、吴高:《公共数字文化服务营销推广现状、问题及对策研究》,《图书馆学研究》2018年第17期。

媒体平台几乎没有公共文化平台的相关信息。即便是在中宣部主办的"学习强国"新媒体平台上,本书也只检索了"上海云""山西云"等少量地方公共文化服务平台的报道,没有关于国家公共文化云平台的整体系统报道,这与国外智慧文化平台的营销推广渠道和力度有很大的差距。

在手机网民占总网民比率达到 98% 以上的 4G 时代,社会公众,无论年龄、性别、社会阶层等,都是智能手机的忠实用户,大家的文化消费行为和审美品位构建已离不开各种手机 APP 端的信息获取,因此拓宽新媒体宣传渠道是扩大智慧公共文化平台影响力的重要手段。我国的公共文化服务平台经费主要由各级财政支付,其经费用于公共文化内容制造和平台维护较多,用于宣传推广的很少;与经费配比面临同样窘境的是人员配置,公共文化服务机构普遍没有设置专门的营销推广团队,没有专职人员从事智慧文化平台的宣传和推广工作,与新媒体平台的合作缺乏资金和人力等资源的支持,在新媒体平台上的推广困难重重。新媒体平台的宣传缺位使得智慧公共文化服务平台成果推广不能覆盖更广泛的用户群体,就容易造成目标用户的信息获取不到位,用户文化信息需求得不到满足,造成潜在用户群流失,公共文化资源浪费。

(三) 内容专业性强,用户需求把握不准

我国公共文化服务机构对于"文化生产"还是普遍较为重视的,其在文化资源构建上投入的经费和人力资源是最多的。公共文化服务资源从数量上来讲还是很可观的。国家数字文化网视听空间拥有数字文化音视频资源 30000 余条,20000 余小时、15000GB。国家公共文化云视听空间有 14 个频道,2000 多个视频页面。但是,在这些文化资源中,有相当一部分专业性较强,需要拥有一定的专业知识才能理解,普通民众接受度差,用户黏度低,持续使用动力缺乏。这与智慧公共文化服务实现最大限度的公共文化服务均等化是相违背的[1]。

资源内容是否符合大众需求是决定智慧公共文化服务平台影响力和竞争力的根本因素。创造贴近公众生活、满足其多样性精神需求的文化

---

[1] 淳于淼泠、李春燕、兰庆庆:《新公共治理视角下公共文化服务供需关系的三重建构》,《图书情报工作》2019 年第 3 期。

产品是公共文化品牌树立的核心。智慧公共文化服务平台的用户是全体公民,不同职业、地区、社会阶层和年龄段的公众,其文化信息需求是有很大差异的。一味追求高端、优雅、高层次的文化产品只会让智慧公共文化平台披着"高冷"的外衣,游离于公众之外。此外,根据课题组对智慧公共文化服务平台的体验者的调查来看,65.3%的用户表示在使用了平台一段时间后,没有接收到平台针对自己的偏好推送的文化资源,或收到部分资源不是自己感兴趣的。可见,我国的智慧公共文化服务平台针对用户的行为数据、体验数据的收集不到位,利用大数据技术准确判断用户需求能力差,用户需求把握不准,实现用户个性化资源精准定制困难,对用户潜在信息需求激发少,难以吸引用户持续利用。

(四)用户互动性差,社会影响力有限

大数据时代,公众的信息获取行为发生重大变化,他们已经不仅仅满足于被动地被给予信息,而是更偏好于参与信息生产、传播的过程[①]。文化需求也是信息需求的一部分,对于公共文化产品的供给,更多的公众愿意参与到文化服务和产品的生产过程中,和文化服务供给主体共同为文化产品质量负责。这对公共文化服务更能符合用户需求有积极影响,也是公民民主权利的一种体现。我国的公共文化服务平台在邀请用户参与文化生产和改善过程中还存在明显缺失,用户互动功能不够完善,在娱乐交互方面影响力小。

以国家公共文化云平台为例,平台设置了三大互动模块,用户满意度调查模块采用调查问卷的形式,收集用户对平台视听、直播、文化活动等板块内容以及网站总体的满意度。这种方式对于调查者而言虽然比较省时省力,但是相对比较刻板,不能了解到被调查者生动、具体的情况,根据课题组对该平台的用户调查来看,七成以上用户没有提交问卷,提交问卷的用户中,有半数以上非认真思考后填写。由此可见,平台用户满意度调查问卷回复率和有效比都比较低,对于用户使用潜力的激发效果有限。公共文化交流系统模块链接速度慢,网页打开不顺畅,甚至根本打不开,严重影响用户体验。直播录播申报入口个人用户进入

---

① 徐望:《公共数字文化建设要求下的智慧文化服务体系建设研究》,《电子政务》2018年第3期。

后是平台用户使用数据展示页面，没有个人用户上传文化产品的入口，公众个人参与文化生产被阻断。公众每天面对各类媒体推送的海量资源，在信息过度膨胀的环境中，很容易忽视智慧公共文化服务平台的资源。

三　媒体融合视角下的智慧公共文化服务策略

（一）策略实施的合理性和可达性

智慧公共文化服务体系的构建可以实现公共文化服务效能的最大发挥。媒体融合发展带来公共文化服务内容建设、文化传播平台建设方面的智慧化升级。

1. 媒体融合趋势下公众需要智慧公共文化服务内容创新。全媒体时代，文化事业服务对象的信息获取方式越来越趋向于移动化、网络化。这是全媒体时代信息环境变化所致。截至2018年底，我国的互联网普及率已超过六成。作为文化事业的主体用户，很多都是网络时代的原生民。传统的公共文化服务方式对网生代的用户吸引力低。他们崇尚科技美学，对于文化服务的内容有了更高的要求，更追求科技含量高、便捷度高、交互性强、多元化的新型公共文化服务[1]。要满足公众新的文化服务需求，智慧化的公共文化体系构建是公共文化事业健康蓬勃发展的必然趋势。全媒体的发展为公共文化服务数字化、网络化传播提供了强大助力，也为智慧化的公共文化服务内容提供了多样化的载体平台。

在全媒体环境的助推下，我国已开始对公共文化服务体系智慧化的初探，公共文化服务和产品数字化逐步推进，初现成果。全国数字图书馆工程为全民 E 阅读的实现提供了资源和技术基础[2]；VR 技术支撑下的数字博物馆让公众足不出户随时观展成为可能；公共文化服务网站由各级政府单独构建逐渐走向区域联合，公共文化服务系统化，拓展了公共文化服务范围；各种新媒体服务内容也逐步呈现，例如微信公众号、微

---

[1] 魏大威、姜晓曦、邵燕：《数字图书馆推广工程数字文化帮扶工作实践与思考》，《图书馆论坛》2019 年第 1 期。

[2] 范兴坤：《我国纳入公共文化服务体系的"联合图书馆"建设研究》，《图书馆》2016 年第 11 期。

第五章 公共文化智慧服务治理实践

博服务平台以及抖音、快手等短小视频内容发布。这些初步解决了我国智慧公共文化服务"有没有"的问题。

2. 媒体融合发展开启智慧公共文化服务"云升级"。随着新媒体的迅猛增长、新旧媒体不断融合，我国的公共文化服务平台也迎来了升级换代，公共文化服务由 PC 端网站建设推广到移动端、物联网端，"智慧城市"[①]"智慧社会[②]"理念影响下，借助 Web 3.0 环境，人工智能技术主导的公共文化服务"云平台"得以出现。我国智慧公共文化服务开始迈向解决"好不好"的问题。智慧公共文化平台是公共文化服务实现"一站式服务""全方位获取"的应用平台。其建设发展对于推进公共文化智慧化、现代化必不可少。目前，全国范围内有较大影响的智慧文化服务平台主要有国家数字文化网[③]、国家公共文化云平台。

国家数字文化网作为公共文化服务领域新媒体平台的排头兵，国家数字文化网是由文化部主办的，其于 2012 年开放运营，目标是推进公共文化发展，促进全国公共文化数字资源共建共享，实现文化惠民。在该平台上，用户可以获取国内外公共文化领域的新闻动态、文化服务新鲜资讯。目前该平台已开通微博账号和移动 APP 端。除了国家数字文化网主站，还开通了北京、天津、河北、辽宁等 23 个地方数字文化网，针对本地区区域特点有针对性地提供地方公共文化服务。

国家公共文化云平台是由文化部主办的于 2017 年上线的一站式公共数字文化服务总平台。是全国文化信息共享工程、国家数字文化网、国家数字图书馆工程的整合和延伸。作为我国智慧公共文化服务的先锋者，除了主体网站，还设有微信公众号和移动 APP 端，提高公共文化服务的便利性和可选择性。在信息交互方面，平台设有在线培训、在线"点单"、国家公共文化云满意度调查、直播留言评论等功能；另外还设有对接线下活动的接口，例如各地图书馆、博物馆、文化馆的场馆导航，各文化单位组织线下文化活动的在线预约报名，文旅产品交易信息

[①] 宋生艳、段美珍：《智慧社会发展背景下智慧图书馆内涵、服务与建设路径》，《图书情报工作》2018 年第 23 期。

[②] 戴艳清、王璐：《"国家数字文化网"服务营销策略研究——基于7Ps 营销理论视角》，《国家图书馆学刊》2018 年第 3 期。

[③] 吴江、申丽娟、魏勇：《贫困地区公共文化服务均等化：政策演进、效能评价与提升路径》，《西南大学学报》（社会科学版）2019 年第 5 期。

的发布和浏览等。目前，除了国家云总站，还开通了北京云、上海云、河北云、山西云等 31 个地方公共文化云平台。

（二）策略实施的目标

对于公共文化服务平台而言，用户数量、社会知名度和影响力是其效能发挥程度的直接评判标准[①]。智慧公共文化服务平台作为国家打造的文化新媒体平台，除了加强与各种新旧媒体平台的高端协作，充分借助已有媒体的成熟资源宣传推广外，其自身影响力的构建也是公共文化服务体系建设至关重要的环节。在媒体融合发展的大趋势下，要提高智慧公共文化服务平台服务效能，需要智慧公共文化服务机构树立成果推广意识，构建适应全媒体传播模式的智慧公共文化成果推广传播话语体系，打造全媒体融合的服务推广宣传链，提高用户需求精准分析能力，完善社交互动功能，以实现智慧公共文化服务推广策略升级。

（三）策略实施的要点

1. 加强推广意识，构建时代化的传播话语体系。智慧公共文化服务机构首先要从只重视文化产品生产，不重视产品宣传的传统意识中走出来，提高成果宣传推广意识。一是对文化机构服务人员开设营销推广相关课程，针对文化营销进行专业培训，让全员树立公共文化服务推广宣传理念，并具备基本的营销知识，在各项工作具体规划时，把营销理念贯彻其中。二是要建立专门的营销推广宣传小组，招聘营销专业技术人员，设置专项资金用于智慧公共文化服务成果的宣传推广，制定考核制度定期检查成果推广效果，从人员、资金、制度上保障公共文化成果宣传推广效率。

在具体的智慧公共文化成果推广执行时，要使用适应全媒体宣传环境的，大众容易接受的话语体系[②]。传统的官方化的宣传语调不易被大众接受，舆论引导力弱。适应全媒体传播的宣传话语体系应该是客观性的、亲和性的。客观性要求智慧公共文化服务推广时，尽量不要直接使用政治性的语言，而是要把公共文化产品和服务自身所带的意识形态隐

---

① 崔乐：《区域公共文化服务体系建设现状及对策研究》，《佳木斯职业学院学报》2019 年第 6 期。

② 李雪：《媒体融合发展趋势下新型智库成果推广体系创新探索——广东省社会科学院副院长、研究员章杨定访谈录》，《经济师》2018 年第 9 期。

含在产品成果中,让使用者在潜移默化中接受春风化雨般的新时代中国特色社会主义文化熏陶。故宫文创产品的爆红是一个值得参考借鉴的典型案例。

亲和性要求智慧公共文化平台的推广宣传语言要直白、通俗易懂,适当使用网络用语,改变公众对公共文化服务"高冷"的印象,以"接地气"的语言吸引大众的关注。只有这样,才能获得公众的认可,引导公众使用,在其日常生活中实现智慧公共文化服务价值理念的有效渗透。

2. 拓宽推广手段,打造全媒体传播链。智慧公共文化服务平台推广渠道窄,是智慧公共文化服务影响力低的一个重要因素。新时代,智慧公共文化服务要抓住媒体融合的发展机遇,构建适应全媒体的宣传推广链。通过与各类媒体合作,充分利用各类媒体的成熟平台,推送各类智慧公共文化服务宣传文案和活动预告。同时,注重智慧公共文化服务自身新媒体平台影响力的打造,形成实时高效的全媒体高端协作宣传综合体系[1],全面提升智慧公共文化服务平台的社会影响力。

一方面,与全媒体平台协作,充分利用各种媒体已有的成熟平台,宣传推广智慧公共文化服务资源。可以通过召开产品和资源推介发布会、邀请权威媒体采访报道、在各大论坛开设智慧公共文化服务主题帖、在各大网站和搜索引擎设置智慧公共文化服务平台链接等。对于与各种新媒体平台的协作,可以创建微博、微信、Twitter、Facebook 等社交平台账号,推送相关资源,以适应信息爆炸时代大众碎片化的信息获取方式,扩大智慧公共文化服务的影响力。在抖音、快手等小视频平台上推送高科技公共文化活动和高颜值文化场馆掠影等,打造文化品牌,将智慧公共文化鲜活生动的一面展现出来。

另一方面,要注重对智慧公共文化服务平台自身影响力、竞争力的打造。平台展示页面要把用户体验放在首位,功能设计要注重用户友好性[2]。同时注重高新技术的使用,例如数字科技、智能交互等技术,将多样化的资源数字化、智能化,给用户耳目一新的文化体验。另外,要

---

[1] 戴艳清、戴柏清:《中国公共数字文化服务平台用户体验评价:以国家数字文化网为例》,《图书情报知识》2019 年第 5 期。

[2] 王君:《试论媒体融合的发展"轨迹"》,《中国广播》2018 年第 5 期。

注重自身特色资源库和文化 IP（知识财产）的打造，开发出一批人们争先体验的多样化的文化创意产品，以"网红"之势提升智慧公共文化服务的传播效度和强度。

3. 精准分析用户需求，增强文化新媒体平台用户黏度。对用户需求的准确把握程度直接影响着文化平台资源推送效果[1]，也是影响用户黏度高低的一项关键指标。根据用户使用行为数据，分析用户对公共文化服务和产品的偏好，进而实现文化资源精准推送，激发用户潜在文化需求，是公共文化服务走上个性化、深层次、智慧化的一种体现。智慧公共文化服务平台作为新媒体平台的一种，在与传统媒体合作的基础上，更要注重自身影响力的打造。要充分利用大数据技术[2]，精准发现并把握用户文化需求信息，构建以需求带动的智慧公共文化服务平台精准化信息服务模式。

首先，对用户数据的收集要做到全面、客观。建立用户信息库，收集用户多维数据。除了包含用户基本属性的静态维度数据，如性别、专业、用户类型等，还要有复杂变化的包含用户行为属性的动态维度数据，如登录和浏览时长、频次数据、检索记录、下载和收藏记录、移动数据等。利用网络"爬虫"对用户的"数字足迹"进行抓取，尽量全面、客观。其次，要对收集到的多源用户信息进行整合、处理。这就涉及异构数据的整合处理难题。智慧公共文化服务平台可以利用协同过滤和内容过滤技术对多源数据进行清洗和标准化处理，以解决这一难点。此外，对于用户动态维度数据，由于其具有动态化特征，还要对其进行动态监测，以便有效及时反馈。最后，通过掌握不同用户的信息行为，聚类出用户兴趣图谱，构建核心用户画像，分析其个性化信息需求，提供有针对性的、深层次的智慧公共服务。吸引用户持续使用智慧公共文化服务。

4. 加强用户互动，自主提高文化新媒体平台影响力。信息时代，单纯由文化服务提供者单方向地向用户输出服务资源的方式已经不能满足用户需求[3]，增强智慧公共文化服务新媒体平台自身的交互性，邀请

---

[1] 秦珂：《图书馆 3D 打印服务与版权法研究》，《图书馆建设》2016 年第 10 期。
[2] 裴惠麟、邵波：《基于用户画像的高校图书馆精准服务构建》，《高校图书馆工作》2018 年第 2 期。
[3] 王发兴：《基于娱乐营销的理论基础探究》，《肇庆学院学报》2019 年第 4 期。

用户使用公共文化服务资源参与到文化资源的互动中来可以提高用户的体验度和沉浸感，有利于用户与智慧公共文化服务平台之间良好互动关系的构建。

一方面，智慧公共文化服务平台网站主页和各种移动端自身要完善用户互动功能的开发。对于智慧公共文化服务平台用户满意度的收集，可以通过设置互动小游戏、趣味小测试等多样化的形式代替单一的问卷调查。另外，要改善智慧公共文化服务平台互动板块的用户体验，缩短网页响应时间、提高网页流畅度。设置用户参与文化产品制作的途径，允许用户个人上传文化产品，当然还需要建立审核制度来对用户上传的文化产品的质量、意识形态、时长等进行把关。

另一方面，可以开展娱乐营销，以娱乐元素自身所带的吸引力，加强智慧公共文化服务平台与用户的感情联系。智慧公共文化服务平台可以将自身的特色资源以拟人化的形式进行经营。通过将资源创造成一个特定的虚拟角色，用户可以通过与这个虚拟角色的对象完成资源检索、满意度反馈、意见建议传达等，平台也可以通过虚拟人物向用户推送个性化定制资源、功能或者资源更新介绍等。例如清华大学图书馆的"小图"、日本 VOCALOID 的"初音未来"等。这种虚拟人物造就如同真人交互版的体验，符合用户对于互动式的文化服务的需求，利于文化品牌的打造，可以全面提高智慧公共文化服务平台的影响力。

第六章

公共文化多源数据治理体系及保障举措

大数据时代，信息爆炸式增长，公共文化机构在服务过程中也产生了大量多源异构的公共文化服务数据。这些数据往往以分裂割据、杂乱无章的形式呈现，难以满足人们对精品文化内容与智慧文化服务的需求，但其蕴含着不可估量的潜在价值，选择睿智的数据治理工具挖掘数据资源价值，进行开发和利用，可以极大地提高公共文化服务的效能。数据治理是治理概念的扩展和延伸，是数据要素与治理要素的结合体，也是数据和数据系统管理的基本要素。从国家治理和大数据视角出发，数据治理是国家治理体系下重要的治理范式，成为提升公共数字文化治理能力现代化的新视角。打造数据治理新范式，可以推动公共数字文化治理实现更多的数据外部访问与内部共享，通过数据驱动实现智慧知识服务。当前以多源异构数据治理为载体的新型治理模式，正在推动着公共数字文化治理现代化的形成，这意味着我国公共数字文化利益相关者获得数据主体参与权，迫切需要建立起一种行之有效的基于多源异构公共数字文化数据化过程的治理模式，从而为管理者建立健全大数据辅助科学决策提供成功的治理数据。

本书对公共文化大数据的概念和内涵进行界定，通过分面组配式分类法构建公共文化服务大数据的分类体系框架；对多源异构公共数字文化数据治理的内涵、逻辑、运行机理和外在框架进行理论探索；在此基础上构建公共文化数据治理的体系框架，提出政策保障举措；并以四川文旅资源数据开发利用实践为例，总结文旅资源数据开发利用的关键因素，提出文旅资源数据开发利用的推进策略。从理论与实践层面为公共文化多源多维数据治理的可实现性与可操作性，多源多维公共文化数据

第六章 公共文化多源数据治理体系及保障举措

治理多元化、兼容化、智慧化问题等研究提供参考。

第一节 公共文化服务大数据分类体系框架构建

一 研究现状

分类是人类认识世界的基础,通过分类过程建立对象实体的身份[1]。对公共文化服务大数据进行分类是对公共文化服务大数据实施科学管理、实现公共文化资源共享的前提,是公共文化服务大数据标准化建设和质量控制的重要工作。但经文献调研,国内外关于公共文化服务大数据的分类研究非常少。国外没有公共文化服务概念,更没有公共文化服务大数据概念[2],国内关于公共文化服务大数据的分类研究也比较零散。吴素舫等[3]从基层标准、技术标准、管理标准和应用与服务标准四个方面构建了文化大数据标准规范体系,但未对数据分类体系的构建展开论述。其他关于公共文化服务大数据的分类研究主要基于以下两种视角:

第一种是数据内容主题的划分。李广建等[4]划分了四个层次:核心数据、业务辅助数据、管理数据和支撑数据;刘炜等[5]划分为资源大数据和运营大数据两类;赵嘉凌[6]划分为辅助服务数据、用户数据和平台运行数据;郭路生等[7]划分为公共数字文化资源、公共文化活动大数据、公共文化场馆大数据、公共文化交流大数据等。基于数据主题的分类采用等级列举式的分类方法,呈现简单扁平化特点。为尽量减少数据分类

---

[1] Hall D. L., Llinas J., "An Introduction to Multisensor Data Fusion", *Proceedings of the IEEE*, Vol. 85, No. 1, 1997, pp. 6 – 23.
[2] 廖迅:《公共文化大数据研究现状综述与趋势研判》,《图书馆》2019 年第 7 期。
[3] 吴素舫、柯平:《我国文化大数据标准规范体系构建》,《现代情报》2018 年第 1 期。
[4] 李广建、化柏林:《公共文化服务大数据研究的体系与内容》,《图书馆论坛》2018 年第 7 期。
[5] 刘炜、张奇、张喆昱:《大数据创新公共文化服务研究》,《图书馆建设》2016 年第 3 期。
[6] 赵嘉凌:《针对公共文化共享服务的大数据采集和分析平台研究》,《四川图书馆学报》2018 年第 1 期。
[7] 郭路生、刘春年:《基于 EA 的公共文化服务大数据应用体系顶层设计研究》,《图书馆学研究》2019 年第 5 期。

层次，分类目录大都只有一、二级的深度，类目边界、内涵不清，缺少系统性和全面性，分类深度和精度达不到数据共享和重用需求。数据分类深度不够直接导致语义信息描述不完整，数据精度不够就无法准确识别数据，尤其是在用户数据需求不明确、对数据不了解的情况下，这种扁平化、缺少深度和精度的分类方法成为公共文化数据管理和共享使用的主要障碍。

第二种是数据维度的划分。嵇婷等[1]依据五种不同的维度对公共文化服务大数据进行类型划分：根据机构和服务类型不同，分为图书馆大数据、博物馆大数据、文化馆大数据、科技馆大数据、美术馆大数据等；依据服务平台不同，分为传统文化服务大数据和数字文化服务大数据；依据信息类型不同，分为资源数据、用户数据、运行服务数据、用户行为数据；根据数据结构不同，分为结构化数据、半结构化数据和用户行为数据；依据数据来源不同，分为业务数据、网络数据和管理数据。这种基于数据维度的划分具备多维数据分类的初步特征，但只是就分类结果进行简单列举，未对分类方法和分类过程展开详细论述，未脱离等级列举式分类方法局限。

二 分类体系框架的构建

（一）分类方法的选择

本书选择分面组配式分类法来构建公共文化服务大数据的分类体系框架。分面组配式分类法是以《冒号分类法》为代表的系统化分类理论。它的核心理念是依据概念分析与综合组成"分面—亚面—类目"的分类结构体系，通过各分面内类目之间的组配来表达信息资源主题[2]。分面分类法具有组配能力强、标引结果专指性高、适应新主题与复杂主题标引等优点，其内含的多维视角与多元表达理念与大数据时代的多源多维数据融合理念达成高度一致。继承其基本原理并面向公共文化服务大数据等领域数据的主题呈现与价值开发，可实现面向用户、机器可读、自动组配等大数据分类设计目标。本书借鉴了分面分类法的基本方

---

[1] 嵇婷、吴政：《公共文化服务大数据的来源、采集与分析研究》，《图书馆建设》2015年第11期。

[2] 叶继元主编：《信息组织》（第2版），电子工业出版社2015年版，第85页。

第六章 公共文化多源数据治理体系及保障举措

法和原理,并为了适应网络环境下数据分类的特点和操作便捷性,对该分类法进行了简化和改造,具体包括主题领域、基本维度结构、分面组配三个方面。

(二) 主题领域

基本部类是对信息组织的对象所做的最本质、最概括的划分,对基本部类的划分是分类法开展的基础[①]。大数据分类虽然与传统的信息资源分类有很大不同,但对数据进行主题领域分析、构建基本部类仍然是数据分类的基础和起点。根据马克思主义哲学理论,人在本质上是社会关系的总和,社会关系中的个人才是构成社会的基本实体[②],因此可以认为公共文化服务大数据本质上就是关于人的数据,人就是公共文化服务大数据的主要实体。可以把公共文化服务大数据的基本部类以人为中心归纳为人和物两大范畴,其中人的数据划分为人的客观属性数据、主观感受数据、行为轨迹数据;其他服务于人、产生于人、与人间接相关的数据划归为物的范畴,包括资源数据、基础数据和管理数据。主题领域的分类情况及其说明如表 6.1 所示。

表 6.1　　　　　　　公共文化服务大数据的主题领域表

分类范畴	主题领域	说明
人的数据	客观属性数据	公民的身份信息、学历信息等
	主观感受数据	各种访谈与问卷调查数据
	行为轨迹数据	各种公共文化网站和应用系统、平台终端的访问数据
物的数据	基础数据	馆舍面积、经费、设备等数据
	资源数据	图书、视频、图片等数字资源
	管理数据	系统运营等数据

[①] B. C. 维克里、秦明、云野:《分面分类法——专业分类表的编制和使用指南》,《宁夏图书馆通讯》1984 年第 3 期。

[②] [美] 卡罗尔·C. 古尔德:《马克思的社会本体论:马克思社会实在理论中的个性和共同体》,王虎学译,北京师范大学出版社 2009 年版,第 13 页。

将前文提到的公共文化服务大数据分类研究成果与表 6.1 中的主题领域进行对比发现（见表 6.2），本书提出的公共文化服务大数据主题领域划分可以很好地容纳不同维度的分类目录，具有一定的适用性与合理性。

表6.2　公共文化服务大数据分类研究的大类对应表

文献来源	类目名称 一级类目	类目名称 二级类目	主题领域
文献 A[1]	核心数据	资源数据	资源数据（物）
	核心数据	用户人口统计学数据	客观属性数据（人）
	核心数据	用户行为数据	行为轨迹数据（人）
	业务辅助数据		基础数据（物）
	管理数据		管理数据（物）
	支撑数据		基础数据（物）
文献 B[7]	资源大数据		资源数据（物）
	运营大数据		管理数据（物）
文献 D[8]	辅助服务数据	历史统计数据	基础数据（物）主观感受数据（人）
	辅助服务数据	公共文化网站数据	管理数据（物）资源数据（物）
	平台运行数据	应用系统终端采集的用户行为数据	行为轨迹数据（人）
	平台运行数据	用户使用共享平台产生的用户行为数据	行为轨迹数据（人）
	平台运行数据	平台运行日志数据	管理数据（物）
文献 E[9]	公共数字文化资源		资源数据（物）
	公共文化活动大数据		管理数据（物）
	公共文化场馆大数据		基础数据（物）
	公共文化交流大数据		管理数据（物）
	公共文化交易数据		管理数据（物）
	公共文化用户及用户行为大数据		行为轨迹数据（人）
	文化机构各类传感器数据		行为轨迹数据（人）
	公共文化机构外部数据：互联网数据、公民身份信息等		客观属性数据（人）行为轨迹数据（人）

（三）基本维度结构

分面就是把观察到的事物的某一共同属性抽取出来概括为一个维度，并依据该维度聚集一组类目，这一组类目就组成一个分面①。事物不同的属性形成不同的维度，不同的维度组成不同的分面，所以分面划分本质上是对事物的属性认知划分，也就是维度划分。传统分面分类法中并无维度概念，本书根据大数据的特征和使用习惯，用维度代替分面分类法中范畴的概念。维是一种度量，简而言之，0维是点，1维是线，2维是平面，3维是立体空间，4维是时间，静态系统通过点线面体的空间维进行描述，而动态系统就必须加入时间维度②。无论是古代朴素的整体思想还是现代对复杂系统的定量研究，都离不开维数的概念，多维分类的思想其实早就根植于信息组织的思想和方法当中③。不同行业在数据分类的实践过程中总结了灵活实用的维度结构，如面向水利科学数据的"科学属性、获取方法、数据载体、时空特征"维度结构④。公共文化系统是一个复杂的综合性系统，公共文化服务大数据类型多样，维度众多，各维度之间的关系复杂。错综复杂的维度关系影响了数据价值的发挥，因此，公共文化服务大数据分类框架的构建并不致力于穷尽所有维度，而是要在参考其他分类维度结构的基础上，根据主题分析寻找最能概括数据特征的维度，初步概括为四个最基本的维度：内容描述维、获取方式维、时间维和空间维。

1. 内容描述维。内容描述维描述的是分类对象（主题领域）的内容特征，根据不同用户的不同需求，可以设立一级类目、二级类目甚至更多。例如，主题领域之人的客观属性数据，其一级类目可以包括姓名、性别、学历、年龄等；一级类目学历可以生成二级类目：专科及以下、本科、研究生；二级类目研究生还可以生成三级类目：硕士研究生、博士研究生。如有必要，还可依据授予学位的学科不同，生成四级、五级类目，直至与用户的搜索目标匹配。现代信息处理技术无须考

---

① 范炜：《数字环境下分面分类法解读与拓展》，《图书情报知识》2010年第5期。
② 王旭烽主编，任重副主编：《生态文化辞典》，江西人民出版社2012年版，第165—166页。
③ 郑丽航：《多维分类的解读与思考》，《图书馆学研究》2016年第3期。
④ 耿庆斋、张行南、朱星明：《基于多维组合的水利科学数据分类体系及其编码结构》，《河海大学学报》（自然科学版）2009年第3期。

虑类目深度造成的标识复杂，只需以满足用户需求为标准。

2. 获取方式维。获取方式维依据数据获取方式分类，如调查数据、统计数据、测量数据、传感器数据等。随着信息技术发展和传感器的普遍应用，公共文化系统中的人和物不断数据化，极大丰富了公共文化的数据量[1]，统计数据、测量数据、传感器数据成为公共文化服务大数据的主要来源，然而传统问卷调查等方式生成的调查数据仍然重要，如人的主观感受数据虽然也可以通过数据建模与算法从人的行为轨迹数据中推测与模拟，但问卷调查与访谈方式获取的调查数据将更准确更直观。

3. 时间与空间维。时间维和空间维共同描述定位数据的时空情境。前者是与数据直接相关或间接相关的各种主题现象发生、发展的过程与周期，划分尺度可以是某个时间点或某个时间区间；后者是与数据实体相关联的空间位置，能以区域或省为单位，也能以具体图书馆或博物馆为单位。两种维度的粒度都可依据用户的数据需求进行缩放。世界数字图书馆（World Digital Library，WDL）网站和美国公共数字图书馆（Digital Public Library of America，DPLA）网站都提供按时间线和互动地图进行资源的可视化浏览：用户点击某个时间点或某个地点就可方便获取在此时或此地发生的所有数据资料，有助于帮助用户对数据内容的理解和意义的建构[2]。

以上四个维度是主题领域共有的、最基本的维度，每个主题领域还可以提出自己的特色维度，可以细分二级主题、三级主题等，每级主题都可以根据面向用户对象的不同，依据用户需求的不同形成不同的维度结构，最终生成不同层级的分面类表。为了表达的简洁性，这些维度在进行公共文化服务大数据分类体系的框架设计时不予展开，应用时可根据需要进行扩展或调整。

（四）分面组配

分面组配是以主题为轴，与其他组面按照一定次序排列，形成对主

---

[1] 陈国青、吴刚、顾远东、陆本江、卫强：《管理决策情境下大数据驱动的研究和应用挑战——范式转变与研究方向》，《管理科学学报》2018 年第 7 期。

[2] 唐义、肖希明、周力虹：《我国公共数字文化资源整合模式构建研究》，《图书馆杂志》2016 年第 7 期。

题的多维度阐述[①]，其分面组配方式如图 6.1 所示。换言之，主题是个相对比较特殊的维度。在传统分类法中，主题维一般都是核心维度，其他维都可称为进一步描述核心维度的边缘维度。对于用户来说，数据维度没有主次之分，只要是自己需要的，数据主体的任何维度都有可能是核心维度，如上文提到的时间维和空间维。公共文化服务大数据的分面组配就是以分类对象的某一维度为轴，与其他维度构成的分面一起组配组成分类体系。多源多维数据分面组配并非要把来源于不同系统、不同渠道、不同结构的数据简单合并，而是要根据不同的目的和情景需求把相应的数据内容整合并分析，集成一体，化繁为简，化难为易，将海量复杂的多维数据可视化，实现高低维间的协同转化，为决策所用。

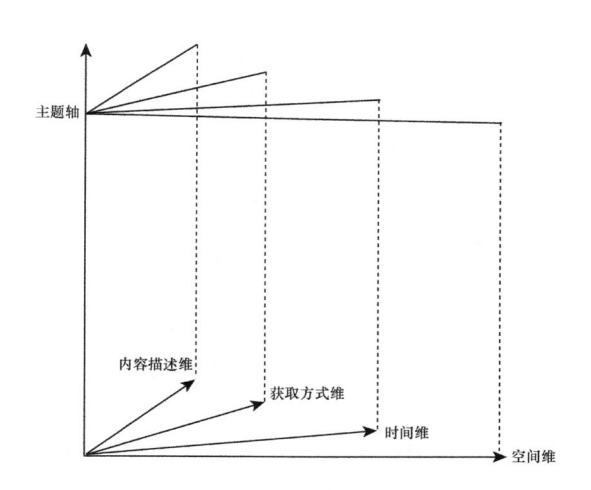

图 6.1　公共文化服务大数据分面组配示意

（五）概念模型

基于前文对主题领域分析、维度和组面的确定、分面组配的分析，本书设计的公共文化服务大数据分类体系框架由主题领域、基本维度结构和分面组配三大部分组成，其概念模型如图 6.2 所示。在该分类体系框架的指导下，可以编制形成公共文化服务大数据目录，使多源公共文

---

① 邱均平、张聪：《分面组配思想在馆藏资源知识组织中的借鉴研究》，《图书情报工作》2014 年第 7 期。

化服务大数据映射至该数据目录中，经标识后被计算机和人工识别与处理，实现高效率的数据检索、存储、共享和服务。

本分类体系框架只是为公共文化服务大数据分类提供了一种思路，此框架是开放和自适应的，并非一成不变，应充分考虑不同数据管理、应用与服务的情境需求和数据源特征，尤其是要考虑用户需求。无论是主题领域的确定还是基本维度结构的设计，都要围绕收集与理解用户显性公共文化需求、发现公众隐性文化需求、促使隐性文化需求向显性文化需求转变，为用户提供智慧公共文化服务这一最初的出发点和最终目标，为用户正确认识数据和有效发现数据提供帮助，同时为计算机系统准确标识和著录数据做好准备工作。

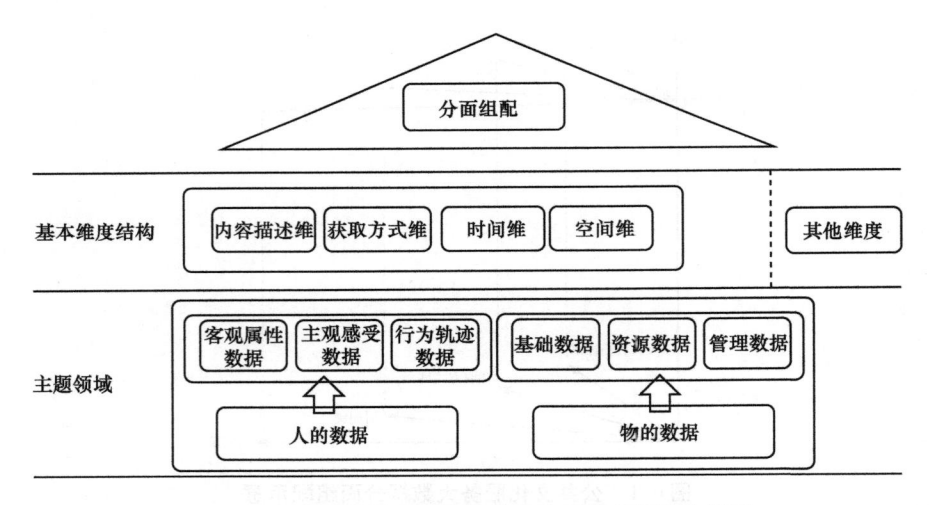

图 6.2 公共文化服务大数据分类体系框架的概念模型

三 分类体系框架的应用

公共文化服务大数据分类体系框架主要面向各类公共文化服务大数据服务平台，为其数据组织架构和用户数据检索路径规划提供参考。只有经过科学分类的数据才能被准确标识和著录，然后才能被分析、计算或挖掘[①]。现以国家公共文化云的资源数据分类实践为案例对公共文化服务大数据分类体系框架做进一步分析。

---

① 赵一鸣、马费成：《大数据环境对信息组织的影响》，《图书情报知识》2017 年第 1 期。

（一）国家公共文化云的资源数据分类标准

2017年11月国家公共文化云开通[①]。国家公共文化云是统筹整合全国文化信息资源共享工程、数字图书馆推广工程、公共电子阅览室建设计划而推出的，是文化共享工程在"互联网+"时代抢占移动服务的3.0版。国家公共文化云作为国家公共文化服务的大数据平台，目标是整合全国的公共数字文化资源和数据。国家云与其他地方公共文化平台的对接主要分为四个层面：端口互访、资源数据对接、统计数据对接和用户数据对接，其中资源数据的分类、标识和著录形成了一系列的标准规范，包括《国家公共文化云平台标准规范1：数字资源知识组织分类标准规范》[②]（下文简称《标准规范1》）、《国家公共文化云平台标准规范2：数字资源唯一标识符规范》[③]、《国家公共文化云平台标准规范3：数字资源加工格式规范》[④]、《国家公共文化云平台标准规范4：数字资源元数据标准规范、交换标准规范及著录规则》[⑤]。《标准规范1》依据资源内容把公共文化资源数据分为12个基本大类，如表6.3所示。其中，B—P为主体类目，W为资源类目，Z为地区与民族语言类目。每个大类设置若干二级类目（如有必要可以扩充三级类目）。资源数据的分类组织整体上采用"列举—组配"相结合的编制方式，主体类目以列举的方式层层展开，对多重属性的数据采用复分、仿分技术深度揭示，必要时利用超文本链接技术重复反映，多维揭示。此外，为方便计算机自动处理，该分

[①] 国家图书馆研究院：《国家公共文化云正式开通》，《国家图书馆学刊》2018年第1期。

[②] 文化部全国公共文化发展中心、北京大学：《国家公共文化云平台标准规范1：数字资源知识组织分类标准规范》，https://haidian2.hanyastar.com.cn/book/0_1531483136153.pdf，2019年9月10日。

[③] 文化部全国公共文化发展中心、北京大学：《国家公共文化云平台标准规范2：数字资源唯一标识符规范》，https://haidian2.hanyastar.com.cn/book/0_1531483430521.pdf，2019年9月10日。

[④] 文化部全国公共文化发展中心、北京大学：《国家公共文化云平台标准规范3：数字资源加工格式规范》，https://haidian2.hanyastar.com.cn/book/0_1531483519611.pdf，2019年9月10日。

[⑤] 文化部全国公共文化发展中心、北京大学：《国家公共文化云平台标准规范4：数字资源元数据标准规范、交换标准规范及著录规则》，https://haidian2.hanyastar.com.cn/book/0_1531483545974.pdf，2019年9月10日。

类标准对每一级类目都赋予了代码，并采用字母和数字混合号码的方式对类目进行统一编码。

表6.3　　国家公共文化云平台资源数据组织分类基本大类

一级类目代码	一级类目名称
B	文化
D	文学
E	艺术
F	历史、地理
G	人物
H	政、法社会
J	经济、商贸
M	医药卫生
N	农业技术
P	科技与服务
W	资源类型
Z	地区、民族语言

（二）国家公共文化云资源数据分类体系框架

国家公共文化云平台对资源数据的分类组织标准与本书提出的公共文化服务大数据分类体系框架理念一致，都是采用多维结构和多维处理技术实现对多重属性对象的多维揭示。《标准规范1》的编制目标是建立分类查检工具，供浏览检索。基于此目标，国家公共文化云平台资源数据分类体系舍弃了不便于浏览展示的获取方式维和时间维，增加了与数据主题密切相关的文献类型维和民族语言维。在公共文化服务大数据分类体系框架的概念模型的指导下，构建国家公共文化云资源数据的分类体系框架（见图6.3），其中主题领域为资源数据，设置的四个分面维度分别是内容描述维、文献类型维、空间维和民族语言维。主题领域与四个分面维度通过分面组配，可科学、便捷、多维度地揭示复杂的公共文化云资源数据，表述更简洁，层次也更清晰，混合号码的编码方式同样适用于公共文化服务大数据分类体系。

公共文化云资源数据可归属于主题领域：物的数据——资源数据。

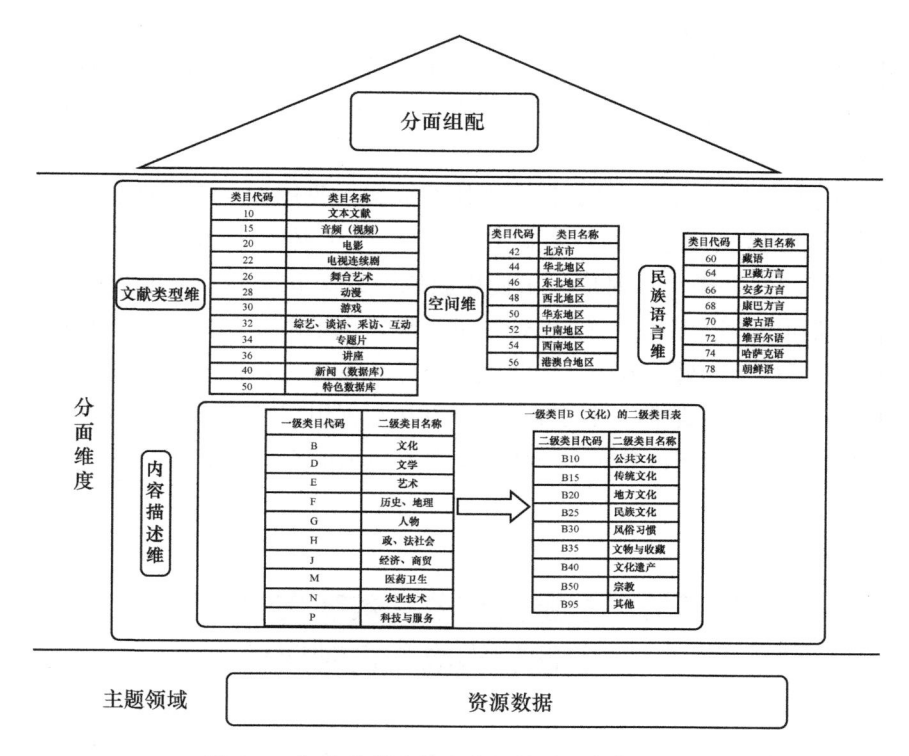

图 6.3 国家公共文化云资源数据分类体系框架

资源数据主要来源于各公共文化机构购买或自建的数字图书馆，除了图书、期刊等传统数字资源之外，还包括电影、电视剧、歌曲、戏曲等。资源数据是公共文化机构开展服务的基础和前提，是公共文化领域最核心的数据，也是公共文化领域管理最完善的数据，因此成为国家公共文化云平台首先整合与共享的数据类型。

分面维度的内容描述维设立多级类目，图 6.3 框架中列举前两级类目，其中 B—P 为一级类目，是根据公共文化系统的性质，结合资源数据的内容，大体按照文化、社会、科技的次序设类：B、D、E 属于文化层面的类目，F、G、H、J 属于社会层面的类目，M、N、P 属于科技层面的类目。二级类目是对一级类目的进一步细分，如一级类目 B 文化可细分为公共文化、传统文化、地方文化、民族文化。根据用户检索浏览需要，这些类目还可以进一步细分，但要综合考虑整体门类划分的均衡和资源数量的支撑。文献类型维、空间维和民族语言维三个维度是根据资源数据的性质，从国家公共文化云平台资源数据基本大类表的 W、Z 类目拆分出来的，提供从资源类型角度、地区角度、民族语言角度的资源揭示。

国家公共文化云资源数据分类体系框架（见图 6.3）分面维度的划分与本书提出的公共文化服务大数据分类体系框架的概念模型（见图 6.2）并未一一对应：未使用获取方式维和时间维，增加了文献类型维和民族语言维。一方面这种不一致体现了图 6.2 概念模型的开放性与自适应性；另一方面也说明该分类体系有进一步提升的空间，如资源数据的获取方式维和时间维虽然可以在数据组织层面通过调用对应元数据的相关元素予以揭示[1]，但却失去了揭示的直观性和用户获取的便捷性。

第二节 多源异构公共数字文化数据治理的构成和机制探析

一 多源异构公共数字文化数据治理概念解析

（一）公共数字文化数据治理概念阐释

公共数字文化数据治理是公共数字文化治理和公共数字文化数据管理的重要组成部分，是公共数字文化管理的新形态、新技术、新体验，其是由公共数字文化治理和数据治理这两个概念合成的。一是从公共数字文化治理应用于公共文化治理领域和治理目标这些元素，为适应新的治理条件和时代背景，而进行的治理工具转型和支持创新；二是数据治理为公共数字文化治理这一合成空间提供了基本属性和特征比较，通过一定的技术手段和治理程序达到某种治理目的，将公共数字文化治理与数据治理二者创造性地连接在一起。公共数字文化数据治理是基于数据生命周期内，对公共数字文化数据进行全面的质量统筹与协调

---

[1] 文化部全国公共文化发展中心、北京大学：《国家公共文化云平台标准规范 4：数字资源元数据标准规范、交换标准规范及著录规则》，https://haidian2.hanyastar.com.cn/book/0_1531483545974.pdf，2019 年 9 月 10 日。

管控的过程①。其由治理的认知度和治理的协调机制两个维度构成,包含顶层设计、数据治理环境、数据治理域和数据治理过程等内容。公共数字文化数据治理工作就是结合业务、技术、流程、组织架构、专业人员和专业方法的各项工作的集合,这些工作主要由公共数字文化数据治理工具来实施落地。

(二) 多源异构公共数字文化数据治理概念的内涵

1. 有效集成公共数字文化海量多源异构的空间数据。公共数字文化治理和数据治理提取部分结构,在这一空间上形成自我层创结构。从而使得多源异构数据源的复杂场景下,公共数字文化数据治理项目落地成果的基础上,以逐步递进方式不断提升数据治理能力,为公共数字文化数据赋能业务及数据催生业务创新打下坚实基础。公共数字文化数据治理的前提是鼓励更为开放的公共数字文化空间并赋予其新的内涵,并促使创新大数据、创新治理效能和数字化转型。随着大数据数智技术的发展,数据系统规模出现爆炸式增长,导致公共数字文化数据通常分布在多个数据源中,数据源之间种类、结构、实现、版本、部署环境等各不相同②。数据治理、大数据治理能力和数据系统数据呈现多源的特点,业务系统数据多源异构的特点。从有效结合数据、元数据、数据质量管理的角度,开展对多源、异构数据的元数据进行收集、存储、查询和更新,以及数据验证和数据清洗,数据维护和数据溯源等问题工作入手。对多源异构数据的提取、解析、模型构建及数据存储进行分析,从而有效集成公共数字文化海量多源异构的空间数据,以方便用户的快速浏览查询、系统的三维展示和数据的实时更新。

2. 确保数据在其生命周期的任何一个阶段都具有高质量。公共数字文化数据治理的主要目标是实现数据价值的最大化,数据治理的内容是确保数据在其生命周期的任何一个阶段都具有高质量。挖掘新一代技术数据蕴藏价值,通过对多源异构数据治理平台进行管控、处置、格式化和规范化的过程,不仅具有处理大规模异构数据源的能力,还要具有

---

① 安小米、白献阳、洪学海:《政府大数据治理体系构成要素研究——基于贵州省的案例分析》,《电子政务》2019年第2期。

② 明欣、安小米、宋刚:《智慧城市背景下的数据治理框架研究》,《电子政务》2018年第8期。

长期治理多个数据源的能力。由此实现全方位、多维度的互联、互通、互动以及彼此间的协调运作的重要保障，使得数据治理作为一套数据治理工具。通过治理工具实现对数据治理工具的降本增效，成为适应不断发展的数据治理新形态，重塑全量数据治理新格局。目前需要对公共数字文化数据治理带来的变革、其应用的内在逻辑和具体应用进行探索，实现多源异构数据对公共数字文化治理的全面驱动。使得公共数字文化数据治理已然成为整个社会数字文化转型的重要赛道，数字化新时代下公共数字文化事业已进入多层次、多领域、多效能的全域数治的关键期。面对当前数字化转型变革新形势，以公共数字文化数据治理作为基础性工作，也是需要长期投入的工作，影响范围及复杂度高，涉及业务和技术等方方面面。公共数字文化数据治理效率十分重要，需要进一步增强对数据治理工具的认知，助力优化公共数字文化治理高效能，潜心研发为数字公民量身定制的数据治理工具，进一步推动公共数字文化数据治理在实践中的研发和应用。

二　数据驱动下的多源异构公共数字文化新治理工具转型

（一）公共数字文化治理需求驱动提升精准治理质效

1. 实现公共数字文化数据驱动就是要创建一个数据供应链。数字是未来供应链的决定性力量，数字进步是供应链利益相关者的首要任务。数据驱动是公共数字文化治理转型的主线，而数据驱动的基础是建立在高质量数据之上的。实现公共数字文化数据驱动就是要创建一个数据供应链，一个强大的数据供应链系统需要核心要素共同工作，以提供可见性和驱动效率。保证全过程中的数据质量，在集成、可见性、洞察力的协作方面推动改进，并且能确保合适的时间拥有正确的数据，每个过程都有合适的人在为业务目标服务。近年来，我国公共数字文化治理工具面临着需求识别—技术驱动—政策转型，向数据治理转型成为我国公共数字文化治理实践的必然趋势。面临着获取跨机构的数据整合技术壁垒和元数据描述标准多源异构，系统之间数据兼容的问题凸显。公共数字文化服务应需求而变，寻求广泛的数据资源、多样化的数据处理方式及利用现代大数据技术不断拓展服务功能。随着公共数字文化事业的发展，公共数字文化领域内的需求规划、预测分析与管理能力等，以引

第六章 公共文化多源数据治理体系及保障举措

导公共数字文化治理做出更加科学的决策和更加有效的行动。

2. 实现最大范围内的数字融入，优化社会数字关系。面对到来的全新数字文明时代，从管理到服务、从技术到价值，公共数字文化的建设要以社会数字关系的优化作为重要抓手。首先，随着我国公共数字文化服务深入，现代公共数字文化服务体系建设推进，公共数字文化治理内容更加复杂，具体治理问题的指向更加精益化、精细化、精准化。在对多源异构数据进行数据验证的过程中，搭建起了功能完善的多源异构数据治理系统，保证数据的正确性和一致性。其次，为了提升公共数字文化数据治理实效，需要进一步优化社会数字关系，共担数字时代的责任和担当，有效促进数字文明建设，驱动数字经济和数字社会发展。在治理过程需要将更多的影响因素考虑其中，如社会数字公正、数字生态、数据文化、数字安全、数字赋能等[1]。最后，实现最大范围内的数字融入，社会数字关系一定要有足够的包容度，同时面临一个更多元、更复杂的治理对象和治理需求，增加了公共数字文化治理问题的特殊性。

3. 实现公共数字文化服务整体专业化、智治化、高效化。加快推进数智治理、整体智治与高效协同，实现公共数字文化治理科学化、精准化、协同化、高效化，以满足公众对高层次、多样化、均等化公共数字文化服务需求。多源异构数据治理带来全新的工具和价值，其治理工具也随着公共数字文化事业的公众需求、技术工具和国家政策趋向等因素的变化而革新。公共数字文化治理的发展，利益主体的多元化及利益诉求多元化交织，迫使治理主体寻求更为适切的治理范式和治理技术。精准治理、精细治理、全域治理和智慧治理就是利益相关者深度参与公共数字文化治理过程，要求治理手段和治理技术更加专业化、数字化、智能化。特别是需要借助大数据的力量走向数智时代的变革，促使公共文化服务机构提供实时动态的业务监测与管理，采用数据驱动的精准治理方式，加快数字化协同治理进程，实现公共数字文化服务整体智治高效化，这也就为公共数字文化数据治理提升了精准治理效能。

---

[1] 向江、陈移兵、杨毅：《全国公共数字文化共享云服务平台研究与设计》，《计算机工程与应用》2018 年第 13 期。

（二）公共数字文化技术驱动提供技术创新和开放治理的保障

1. 数字技术将成为强化公共数字文化的最有效工具。在新技术发展的背景下，公共数字文化相关活动的痕迹将以数据形式保存下来，利益相关主体对公共数字文化治理的态度以及期望也会形成多源异构大数据的获取和融合。此外，有关公共数字文化治理活动的数据、公共数字文化治理结构及其变化的轨迹数据等都会被纳入公共数字文化的大数据序列中。随着大数据技术的发展，公共数字文化机构均建立不同的数据资源管理系统，在面对公共数字文化数据多源、高维、海量、实时、多维以及敏感的特征时，数据多源异构、高维多类的特性也更加明显。以及不断增加的惊人数据量，公共数字文化多源异构数据给数据的查询、获取和使用，及数据系统、迭代和维护数据系统数据的处理、存储和管理带来的挑战。为了处理大规模数据，数据系统通常采用分布式的体系结构，导致数据具有多源、异构的特点。数据也呈现出多样化趋势，对这些数据集成以后进行分析与挖掘，有着广泛的应用典型场景。因此，急需一种技术或平台解决上述问题，以提高多源异构数据在公共数字文化治理中的集成利用。数字技术将成为强化公共数字文化的最有效工具，会有更多、更全面的数据被治理主体所利用，不断成熟的数据采集、清洗、可视化技术也会促进数据成为规范的治理证据。

2. 公共数字文化开放治理具有更为先进的技术保障。大数据正在改变公共数字文化数据质量、采集、处理、存储、开放治理模式。譬如：从网络点播到文化云、从馆际互借到文旅融合等内容与指标的海量数据既有结构化、半结构化特征，还有大量的非结构化特征；既呈现出多源性和异构性，也存在相互兼容问题[1]。所有这些都很好地把多源异构甚至跨区域的资源数据、用户数据打通到一起并集成关联起来，构建面向精准服务的公共数字文化数据系统，实现多源异构的数据集成。数据处理依靠数据画像和数据主体的分析技术，而带来的数据公开可以有效从技术层面提升治理的公开性和透明性。数智时代的技术赋权助力公众有效参与，更注重保障公众对技术治理的知情、参与、监督，吸引数

---

[1] 唐义、肖希明、周力虹：《我国公共数字文化资源整合模式构建研究》，《图书馆杂志》2016年第7期。

字空间多样态网络用户为数字技术注入更多人文向度，数字文明新时代成为数字文化科技积极向善发展的新引擎。在现实情况下，开放共享是大数据的重要社会属性，数据开放过程中的透明传递和价值实现是最大制约因素。因此，在数据正义的指引下，通过优化和提升公共数字文化数据治理的架构、质量和安全要素来显著促进公共数字文化的服务创新，使得公共数字文化开放治理具有更为先进的技术保障。

（三）公共数字文化政策驱动多源异构数据治理实现优化决策

1. 以大数据科学思维对公共数字文化政策的优化再造。大数据时代，社会数字化步入了全面渗透，借助以移动互联网、云计算、大数据、区块链大数据为代表的技术手段应用和综合集成，实现公共数字文化治理能力现代化成为政策顶层设计与实施的重点。大数据思维是一种开放共享的思维，是基于多源异构、多样类型和跨越关联的海量数据，进行关联分析而创造产生数据价值的一种智能思维。以大数据科学思维对公共数字文化政策的价值理念、价值排序、价值目标、政策方案等进行优化再造，以大数据技术丰富公共数字文化政策工具，以大数据手段服务于公共数字文化政策全生命周期，形成基于大数据的能够创造新的公共数字文化价值的公共政策模式。构建一种由技术驱动向数据驱动转变，并且向场景驱动跨越的公共决策模式，从而实现大数据驱动的公共数字文化政策转型。具体在数据扩展中：一是线上线下的多源数据获取；二是目标数据预处理；三是建立模型；四是结果呈现与使用；五是价值体现；六是有力的保障体系。所有以上这些都需要出台数据方法和行政规章制度加以明确和规范制度保障。

2. 推动公共数字文化制度创新释放更大治理潜能。公共数字文化治理能力现代化是指公共数字文化治理的价值观可以得到认同，其构建将更加智慧化、精准化和科学化，也是一个价值不断展示的过程，可以根据实际调适制度实施等[1]。所以是否可以根据政策需求调整治理工具，从而推动公共数字文化制度创新成为衡量文化治理能力现代化的标准。通过对海量多源异构空间数据进行集成，进一步认识数据之间的联系、

---

[1] 包冬梅、范颖捷、李鸣：《高校图书馆数据治理及其框架》，《图书情报工作》2015年第18期。

寻找其内在规律，为各级文化行政主管部门的文化数据综合应用与决策支持提供服务。近年来国家对文化治理能力现代化做出了顶层设计，同时也对应用以文化大数据为代表的数据化技术，以提升文化治理能力现代化做出了规划，促使公共数字文化制度创新释放更大治理潜能，这些政策趋向都直接推动数据治理日益成为公共数字文化治理重要的工具选择。

三 公共数字文化治理工具转向多源异构数据治理后的治理逻辑变革

（一）公共数字文化治理价值追求将转向实验正义与设计正义并重

1. 具有追求或要求的多元公共数字文化价值的特质。公共数字文化治理转向数据治理是一个系统的变革，公共数字文化治理在具体实施过程中的价值追求、实施模式和治理依凭等，具有追求或要求的多元公共数字文化价值的特质。虽然合理的治理形式对治理效果具有重要意义，对治理目标是否符合利益相关者的利益诉求更值得关注，明晰为何要治理才是根本。公共数字文化数据治理将不同利益相关者的利益诉求，以多源异构数据的汇总融合形式展现出来，为治理决策者提供足够的数据支撑。由大数据中提取有用数据最大限度地呈现了不同利益相关者的诉求，决策者在综合衡量的基础上，实现决策参与机会和结果的公正性，做出体现公共利益最大化的决策，使利益相关者的利益诉求都得到合理的表达和体现。

2. 利用现代化机制保障治理的实验正义与设计正义。公共数据治理整体的价值追求，是以治理过程要素的实验正义来实现治理的设计正义。实验主义治理基于框架性规则制定，以及建立在不同环境背景下执行结果递归评估基础上的不断修正，为通过在公共数字文化实践中提高治理能力，公共数字文化数据治理过程需要借助数理模型进行实验主义治理，将不同治理方案的治理结果以数据结果的方式呈现，这种通过数据来表达和体现利益相关者诉求的过程有效弥补了实验治理自身的短处[①]。公

---

① 李硕、肖希明：《公共数字文化资源中视频源数据映射研究》，《图书馆杂志》2016年第8期。

共数字文化数据治理的设计治理方式可以在最大程度上遵循内容盈余、渠道多元和传播生态创新①。充分利用现代化机制保障治理的设计正义，同时也有效实现了治理的实验正义，使得不同治理主体的利益诉求得到有效平衡。

（二）公共数字文化治理实施模式将转向整体性治理的整体超越

1. 公共数字文化治理实施模式转变。公共数字文化治理转向数据治理新方式成为必然。以数据治理创新公共数字文化治理方式，提升公共数字文化现代化治理能力。公共数字文化治理转向数据治理后，其基本的治理逻辑即将发生转变，公共数字文化数据治理的首要任务在于相关数据的获取，集中存储的方式将数字资源对象和元数据以既定的格式统一提交存储，也可以采用数字对象分布式及云存储的方式，平台通过统一的数据发现技术来检索不同文化机构的馆藏资源。对于异构的数据资源，在互操作的选择上，平台可以根据不同的用户需求选择元数据映射、数据复用与集成、互操作协议、结构转换、API 甚至语义关联数据等不同的数据操作方法②。除了自动抓取部分大数据外，还需要相关部门提供治理所需要的数据材料，以及不同部门之间的数据共享，这本身也就同时促进了各部门之间的协作。

2. 实现整体性治理的整体智能超越。数据治理是以大数据为基础的分析、决策和监督反馈的治理过程，强调在大数据获得后的治理过程中，不同类型数据将部门、利益整合在一起，以整体性的视角看待公共数字文化治理中的问题。运用大数据实施整体性治理的思维、资源和能力，就是从整体性角度考虑治理、技术和公共数字文化的多重逻辑关系，进行整体性治理的战略、格局与行动的协同。强化数据治理的顶层设计，提升数据治理的基本素养，优化数据治理的基础条件，完善数据治理的运行程序。大数据为公共数字文化整体性治理的大部门式治理、一站式服务提供必要的数据服务，为整体性治理直接提供技术支撑，发挥元数据的价值支撑数量质量提升，实现整体性治理的整体智能超越。

---

① 张宁、袁勤俭：《数据治理研究述评》，《情报杂志》2017 年第 5 期。
② 戴艳清、戴柏清：《创新融合发展背景下公共数字文化工程供给要素配置优化》，《图书馆学研究》2020 年第 1 期。

（三）公共数字文化治理依凭转向基于证据共识的多源数据融合治理

1. 公共数字文化数据治理成为治理主体互动的证据。多元治理主体基于严谨、科学的方法形成研究证据，利用证据进行公共数字文化治理。新时代公共数字文化治理格局强调共建主体的多元化、共治过程的专业化以及共享结果的公正性。公共数字文化治理需要数据作为证据，必须要确立基于共识的行动逻辑[①]，这就需要保持治理主体之间在互动中形成治理共识，以此建立有利于文化治理现代化的体制、机制。多源异构公共数字文化数据治理则是遵循循证的治理范式，围绕科学证据在循证决策中的应用，坚持以证据驱动决策。从循证决策到循证治理的转换和进阶，不仅可以将宏观的治理活动数据化，以数据治理模型推演产生治理证据；还可以将公共数字文化服务等微观层面的活动以数据形式清晰地刻画出来，成为治理主体互动的证据，促进数据价值更大实现，逐步实现数据治理能力。

2. 基于证据共识的多源数据融合集成与治理。数据要集成、要融合、要在控制之下，数据治理的目的是实现唯一可信的数据来源。所有的标准、规范、流程、方法等都应该围绕这一目的来实现。多源数据融合技术能够在多层次上综合处理不同类型的数据，处理的对象可以是属性、数据、证据等。按照数据抽象程度可以分为数据级融合、特征级融合和决策级融合。公共文化服务机构有着丰富的数据资源，数据资源密集，而且很多数据是各种文本、视频、音频、图片、电子书等非结构化数据。把多源的、异构的数据集成到统一的框架与平台下，促进跨部门、跨层级、跨维度的多源空间数据集成与融合，促进公共文化大数据治理的智能协同。在基于证据互动的基础上，消弭不同利益主体之间的利益鸿沟，基于大数据挖掘分析获得的"证据"进行决策，进而能做到精准决策，更好地支持业务创新，让数据持续流动起来，快速实现公共数字文化多源数据治理。

[①] 许晓东、王锦华、卞良、孟倩：《高等教育的数据治理研究》，《高等工程教育研究》2015年第5期。

四 多源异构公共数字文化数据治理的内在机理与外在框架

（一）多源异构公共数字文化数据治理内在机理

1. 公共数字文化数据治理从收集感性数据到理性治理。公共数字文化数据治理之所以可以被称作一种新治理工具，是因为其有一套内在规则维持自身的运转。公共数字文化数据治理的内在机理是其理论核心，也是治理实施的技术支撑。公共数字文化数据治理可以将不同类型、不同性质、不同来源的客观数据转变为治理决策的策略方案，即完成公共数字文化数据治理从收集感性数据到理性治理的程序。随着数据量激增，新用户持续增长，来自数据化系统与数字服务平台新的数据类型不断增加，云端数据和边缘数据成为关注点①。针对实时的消息类数据、各类结构化的报表数据和属性类数据、非结构化的文本图片、各类的视频语音的流式数据等多源异构数据的汇聚和共享问题。多源异构数据的汇聚、抽取、清洗、转换和合并，进而保证数据治理的真实有效和可靠性。且这些海量、动态的数据均应纳入数据治理的对象，产生的数据类型种类多样，多样化数据类型连接的有组织机构内部或外部产生的结构化或非结构化数据，有静态数据和动态数据，包括业务交换数据、传感器数据、音频流和视频流数据、空间数据和时空数据、万维网数据等。

2. 建立统一的数据平台，打通数据壁垒，提高数据价值。公共数字文化数据治理的对象应该包括所有业务流程中产生的多样化数据，是公共数字文化建设活动中方方面面所产生的数据。建立统一的数据平台解决数据分散性问题，降低数据之间互联互通的复杂性，打通数据壁垒，提高数据价值②。建立统一的视频元数据标准，积极拓展公共数字文化共享的数据应用，吸引用户参与、分享和生产内容，应用新一代的数据技术对公共数字文化资源的元数据和主数据进行收集、管理、整合，数据发现、挖掘，把公共数字文化创造、叠加、传输、再生价值作为体系化建设的生命线，面向全国范围的公共数字文化共享云服务平台的架构

---

① 张宏宝：《数据源流高等教育治理体系建构与发展》，《教育发展研究》2016年第3期。

② 彭雪涛：《美国高校数据治理及其借鉴》，《电化教育研究》2017年第6期。

设计和关键技术，提供分布式资源共享、网络分发、业务管理三大核心功能，对涉及复杂的海量数据进行摄取、处理、管理和洞察，解决系统面临的共性技术与关键技术问题。

（二）多源异构公共数字文化数据治理的外在框架

1. 主体多元化及新型治理互动方式的构建。为实现数据成为生产要素在公共数字文化领域的落地，善于运用数量丰富的数据资源，彻底激活公共数字文化领域的数据。在公共数字文化数据治理的应用上，智能化提升检验数据要素价值，用数字化转型实现数据驱动的创新增长，并根据实际需求进行不断调整和优化，从而实现公共数字文化数据要素的价值变现。治理主体更加注重多元化，转变为政府、市场、社会与公众各界力量来挖掘，形成公共数字文化大数据生产的良性生态。由于产生数据的主体多元，数据的主体有政府、企业、个人，数据权归属、数据使用权和共享权均需要明确。其中，政府在数据治理过程中占据主导地位，并且需要与企业和个人交换共享数据并提供数据服务；企业在产生数据的同时，需要与政府合作协同开发利用数据整合服务；公众在关注数据的各项治理的同时，帮助政府利用数据改善服务。在新型的治理关系中，政府不再是唯一的实质主体，要素性主体（公众、社会）将拥有足够的自主权和利益表达权等治理权利，同时必须承担对等的治理义务。数据治理主体担负着数据生产者和数据处理者的双重身份，参与数据治理活动既是主体的权利，也是其义务职责所在。

2. 主体与系统互动关系的建立。数据系统是指公共数字文化数据治理中数据的处理中心，也是公共数字文化数据治理的技术核心。公共数字文化数据治理所需要的数据均要汇聚于数据系统，数据的清洗、结构化、可视化等均在系统中完成。公共数字文化数据治理，以数据系统为中介和中心，各治理利益主体及治理过程都主要集中于数据系统；对于治理利益主体而言，数据系统是其表达和实现合理治理利益诉求的中介，所有的数据和治理诉求在数据系统汇合、构建与实践。公共数字文化数据所需要的数据来源于不同利益主体，对数据治理的主体、活动和对象都提出了新的要求。跨组织的多元主体交流协作，实现数据治理共享与互补，发挥各自最大的整体协同融合优势。政府、企业、公众个人都是数据治理的主体，在数据治理过程中应积极协作、多方需要参与协同合作，实现多维数据联通，参与数据治理的各个流程，共同治理数据①。为保障数据供给和共享，必须将公共数字文化治理的利益主体纳入治理体系之中，公共数字文化数据治理互动中，不同主体之间的关系最为重要的是为彼此提供必要的反馈，并且要建立新型的互动关系。

3. 主体—系统实际运行与操作。公共数字文化数据治理的主动治理方式，需要系统自身利用数据抓取技术时抓取大数据，进行流式处理，并将处理生成的数据归类、存储，以便下一步处理和应用。数据治理活动需要遵循数据管理活动的变化规律和数据运动变化规律，多维度活动过程联通，产生数据的活动流程多维，数据来源于多个领域，以求寻找最合适的管理方法和策略。数据的流式处理主要是为了监测公共数字文化舆情，发掘可能出现问题的领域，给予管理者日常管理参考。公共数字文化事业发展规划等确定相关治理议程，以数据系统为中心，与相关治理主体进行数据互动，为数据治理活动中的运转和流动提出了可信性的要求及相应解决途径，从而生成具有利益共识的治理策略。使得数据开始走向在线化、集聚化和应用化，成为一种动态的流动资源，依托数据技术将多源异构数据通过采集、处理、利用并加以高效组织与科学管理，确保数据的准确应用、合理共享与敏感数据保护。推进多源异构数据的数据集成应用，需要对多源异构公共数字文化数据提供统一的表示、存储和管理方法，能够让公共数字文化的数据资产得到进一步的整合利用。

第三节　公共文化数据治理体系及其保障举措研究

一　公共文化数据治理的概念及功能

（一）公共文化数据治理概念

我国公共文化服务机构包括图书馆、博物馆、文化馆（站）、美术馆、纪念馆、科技馆、群艺馆、文物保护单位等，这些机构在业务运行过程中持续地产生数据。根据机构类型，分为图书馆大数据、博物馆大

---

① 吴刚：《高校大数据治理体系构建刍议》，《教育评论》2018年第7期。

数据、文化馆大数据、科技馆大数据等①。根据数据来源，分为内部数据（资源、用户、馆情、使用数据等）和外部数据（上下游、地方政府交换共享、跨领域合作数据等)②。根据数据结构，分为结构化数据、半结构化数据和非结构化数据。根据数据内容类型，有多种划分方式：①核心数据、业务辅助数据、管理数据和支撑数据；②资源大数据和运营大数据；③公共数字文化资源、活动、场馆和交流数据；④关于人的数据和物的数据③。

大数据作为一种新的技术现象逐渐引起广泛关注，在社会治理领域，也提出了数据治理问题，开展了数据治理研究。"数据治理"的概念界定莫衷一是，当前学者的观点可以总结为两种视角。①对数据及其相关事务进行治理。通过制定数据相关标准、制定数据安全管理规则、完善政策法规等手段提高数据可用性、促进数据流动和交换、规范数据事务，从而促进数据价值的实现。②以数据为治理手段。将数据视作治理工具，通过数据挖掘、分析与应用等支撑组织管理、服务和决策④。本书对数据治理的认识基于"对数据及其相关事务进行治理"这一概念范畴开展研究。因此，公共文化数据治理是指通过建立系统化的制度、流程和方法对公共文化资源、活动、场馆和交流数据及其相关事务进行规范、控制和管理的活动及过程，其目标是将数据转化为资产并服务于业务实践，确保公共文化数据高效运行，促进数据价值实现。

（二）公共文化数据治理功能

1. 数据治理推进精准化管理。公共文化数据治理涉及数据采集、保存、清洗、交换、共享等多个环节，各环节间相互关联。公共文化服务机构通过上述流程对系统内的资源、活动与用户数据进行整合和挖掘，实现数据在系统内部的纵向贯通与机构之间的横向协同。有利于通

---

① 嵇婷、吴政：《公共文化服务大数据的来源、采集与分析研究》，《图书馆建设》2015年第11期。
② 化柏林：《"数据、技术、应用"三位一体的公共文化服务智慧化》，《中国图书馆学报》2021年第2期。
③ 孙金娟、郑建明：《公共文化服务大数据分类体系框架构建》，《图书馆论坛》2020年第9期。
④ 董晓辉：《活动理论视角下高校教育数据治理体系构成要素研究》，《中国电化教育》2021年第3期。

过数据分析与挖掘、数据可视化展示、即时查询等途径将机构运行数据与服务效能数据及时呈现给管理者，推进管理水平由低效到高效、由被动到主动、由粗放到精准的变革。具体体现为两点：一是通过搭建用户服务响应渠道和政策落实监督平台，破除了传统"层级制"模式下下级机构汇报工作中"彰显业绩、夸大实效"的弊端，拉近了政府与公众的距离；二是通过数据共享帮助公共文化服务机构跨越地理空间局限，客观方便对比不同区域间的服务运行状况与发展水平评估。

2. 数据治理助力个性化服务。公共文化数据治理通过场景、管理与服务流程的重组充分激发数据活力，驱动业务创新。公共文化服务机构在数据治理的基础上，通过采集公众服务利用行为数据进行整合与分析，系统掌握不同群体的公共文化服务需求并加以预测，进而构建基于用户情境的公共文化服务精准化推荐系统，有助于形成个性化的服务模式，优化公众服务体验，提升公共文化服务满意度。实现公共文化服务机构更精准地"提供"，公众更有针对性地"接受"。如早在 2016 年上线的"文化上海云"，协助政府将服务供给侧的"端菜"模式转变为贴近百姓需求侧的"点菜"模式①。通过大数据的集成化采集与分析精准推送服务和活动项目，进一步提升了服务效能。

3. 数据治理推动科学化决策。公共文化数据治理通过对公共文化相关数据的收集、分析、研究和论证，发现公共文化服务的运行规律，进而推动政府部门实现科学化决策。相较于传统决策模式，数据驱动的主体和客体可发生更多互动，通过动态优化的秩序推动决策优化，实现由"简单决策"向"依数治理"的转变。宏观层面，为公共文化发展规划、政策提供决策支持，通过公共文化数据治理揭示当前发展特征与未来发展趋向，为政府决策制定提供数据参考；中观层面，为地方政府部门公共文化政策与规划制定提供依据，通过数据可视化与对比分析功能实现与其他同类对象的综合评估比较，为适合地方发展的决策制定提供帮助；微观层面，为公共文化服务机构日常业务决策提供解决方案，通过数据挖掘与分析开发服务产品、优化服务设计。

---

① 人民网：《"文化上海云"上线 9 个月，每月访问量达 1500 万人次》，http://sh.people.com，2021 年 10 月 20 日。

二 公共文化数据治理体系框架构建

(一) 构建依据

活动理论是一个研究作为发展过程的不同形式人类实践的跨学科框架，指出人类与环境客体之间的关系由文化内涵、工具和符号中介联系起来。其基本内容是人类活动的过程，是人与自然和社会环境中，以及社会群体与自然环境之间所从事的双向交互过程。活动系统包含三个核心成分（主体、客体和共同体）和三个次要成分（工具、规则和劳动分工）[①]。

活动理论近年来已广泛应用于人机交互、计算机学习、竞争情报、教育学、数据治理与开放等多个领域。Ruijer 等基于活动理论构建了开放数据民主活动模型，探讨政府数据开放活动对推动民主进程的重要性[②]；王卫等从活动理论视角出发考虑政府数据开放中各要素之间的相互作用，构建政府数据开放活动模型[③]；董晓辉基于活动理论剖析了高校教育数据治理体系构成要素及其内容[④]。应用活动理论研究公共文化数据治理具有一定的适用性，主要体现在：①活动理论是一种分析和理解人类活动的一般性框架，强调在社会文化情境中，以规则为基础，应用工具要素与共同体进行交互，进而对客体进行加工的过程。公共文化数据治理过程正是在不同主体所建构的社会情境中互动完成的，构成了一个社会化的活动系统。②活动理论在图情领域能够发挥三个方面的作用，即概念分析框架、开发新分析框架的理论基础、实证分析的概念性工具[⑤]，本书旨在开发公共文化数据治理体系的参考框架，故尝试将活

[①] 高文、徐斌艳、吴刚主编：《建构主义教育研究》，教育科学出版社 2008 年版，第 51—53 页。

[②] Ruijer E., Grimmelikhuijsen S., Meijer A., "Open Data for Democracy: Developing a Theoretical Framework for Open Data Use", *Government Information Quarterly*, Vol. 34, No. 1, January 2017, pp. 45–52.

[③] 王卫、王晶、张梦君：《活动理论视角下政府数据开放模式研究》，《情报理论与实践》2019 年第 6 期。

[④] 董晓辉：《活动理论视角下高校教育数据治理体系构成要素研究》，《中国电化教育》2021 年第 3 期。

[⑤] 孙晓宁、赵宇翔、朱庆华：《社会化搜索行为的结构与过程研究：基于活动理论的视角》，《中国图书馆学报》2018 年第 2 期。

动理论引入公共文化数据治理活动的分析中。

公共文化数据治理是治理活动在公共文化服务情境中的体现，活动理论视角下的公共文化治理活动具有如下特点：①公共文化治理活动是一个系统整体，包括目标、主体、客体、方式等多个要素及要素之间的相互关联；②公共文化数据治理活动是动态发展的，系统内要素相互促进，共同推进公共文化数据治理活动不断发展；③公共文化数据治理以价值创造为目标，实现数据的增值利用，促进精准化管理、助力个性化服务、推动科学化决策，最终实现公共文化数字化智能化高质量发展。

（二）构成要素

公共文化数据治理体系是围绕公共文化治理活动而形成的由一系列要素及其相互关系构成的有机整体，为数据治理实践提供指导。主要涉及"Why""Who""What""How"的问题，由治理主体、治理客体、治理目标、治理方式等要素构成[①]。在此基础上，本书引入活动理论尝试建立公共文化数据治理体系，结合活动理论的成分构成（主体、客体、共同体、工具、规则和劳动分工），认为公共文化数据治理体系的构成要素包括治理目标、治理主体、治理客体与治理方式四个要素，其中治理方式要素下又细分为工具、规则和分工三个子要素，下文将展开分析。

1. 治理目标。治理目标回答了"为什么治理"的问题。公共文化数据治理目标是促进公共文化数据价值的发挥，其价值是在数据治理活动中治理主体与治理客体相互作用的产物。公共文化数据治理主要有三个层面目标：微观层面体现为对于数据本身的要求，包括数据可访问性、数据质量、数据安全与数据隐私等；中观层面体现为通过数据采集、整合和挖掘，促进公共文化数据的价值实现，促进机构精准化管理、助力公众个性化服务与推动政府部门科学化决策；宏观层面体现为适应公共文化数字化智能化发展要求，提升公共文化治理水平，促进公共文化高质量发展。

2. 治理主体。治理主体是公共文化数据治理活动的组织实施者，

---

① 安小米、白献阳、洪学海：《政府大数据治理体系构成要素研究——基于贵州省的案例分析》，《电子政务》2019年第2期。

回答了"谁来治理"的问题。由于治理是一种多元利益相关者共同参与、协商的活动，强调"去中心化"，因此系统中的主体与共同体在治理活动中均可被视作治理主体，共同参与治理活动。在公共文化数据治理过程中，其数据来源于多个信息系统，需要依托不同主体力量加以整合、共享与利用，需要文化和旅游部、地方各级文化旅游部门、公共文化服务机构、第三方机构及公众等多元利益主体共同参与。

3. 治理客体。治理客体是公共文化数据治理活动的面向对象，回答了"对什么治理"的问题。公共文化数据治理的治理客体包括公共文化数据及其相关事务。公共文化数据包括公共文化资源、活动、场馆和交流数据等，在治理活动中，主要按照数据主题进行管理与应用；公共文化数据相关事务指围绕数据生命周期产生的数据活动，包括数据标准化、数据质量管理、元数据管理、数据服务与可视化分析（如公共文化服务在线系统可视化展示、大数据智慧墙系统、用户画像平台、公共文化场馆人流量统计与预警等）以及数据安全管理（如数据备份管理与监控运营等）。

4. 治理方式。治理方式是治理活动中采用的方法、手段和举措，回答了"如何治理"的问题。基于活动理论视角，治理方式由工具、规则和分工三个子要素构成。

（1）工具要素。工具是治理活动的物质基础和基础支撑，主要涉及公共文化数据基础设施和数据相关技术。其中，公共文化数据基础设施包括互联网、新一代信息基础设施（通信网络、三网融合、数据中心等）、服务系统、应用终端、大数据挖掘和分析平台等；数据相关技术包括数据采控技术（如泛在网络技术、日志采集技术等）、数据分析挖掘技术（如数据预处理技术、多源多维数据融合技术、文本挖掘技术等）、结果展示技术（如跨媒体展示技术、数据可视化技术、报告辅助生成技术等）和数据安全技术[①]。

（2）规则要素。规则是治理主体间互动所依据的行为准则。公共文化数据来源于多个部门和渠道，不同机构间数据类型、数据量与数字化

---

① 化柏林：《"数据、技术、应用"三位一体的公共文化服务智慧化》，《中国图书馆学报》2021年第2期。

第六章　公共文化多源数据治理体系及保障举措

程度差异很大，为了实现有效的数据整合与利用，需要对各类数据和系统进行标准化、对数据处理流程进行规范化。因此，公共文化数据治理规则主要体现为两个方面：一是标准；二是制度规范。标准方面涉及公共文化数据建设标准（如数据采集、组织、利用与开放共享标准等）、数据技术标准（如硬件配置标准、软件应用标准与可视化技术应用标准等）、数据管理标准（如数据管理人员资质标准、经费保障标准等）、数据服务标准（如服务平台呈现标准、个性化推荐资源标准等）[1]。制度规范方面，主要指文化和旅游部、各级政府及公共文化事业单位发布的数据管理办法，是数据战略目标实现的具体举措，包括数据来源、数据类型、数据治理原则、数据生命周期的操作规范、主体的角色与职责等方面。

（3）分工要素。分工是对多元治理主体间的任务分配，通常体现为组织机构形式。公共文化数据治理体系中包括文化和旅游部、公共文化服务机构、地方各级文化旅游部门、第三方机构及公众等多元主体，稳定的组织结构和清晰的职责划分是公共文化数据治理工作有效开展的重要支撑。在上述主体中，文化和旅游部负责制定公共文化数据治理的顶层规划；地方各级文化旅游部门负责制定符合当地实际情况的公共文化数据治理方案，将宏观概念与指导转化为具体执行政策发布；公共文化服务机构对公共文化数据进行采集、保存与共享；第三方机构和平台负责公共文化数据的获取、组织、知识挖掘与可视化报告展示，为决策方政策制定提供参考；公众是公共文化数据的重要供给者和需求者，公众参与公共文化活动产生的数据是公共文化数据的重要来源之一，同时公众也向政府和公共文化服务机构表达数据需求，并提出反馈建议。在各主体内部，同样存在较为清晰的层级划分体系，其组织结构包含决策层、统筹层与协同层。决策层具有顶层设计、监督指导的作用；统筹层负责统筹协调与组织实施，建立采集、挖掘分析、开放利用等标准、规范与平台；执行层承担相关具体工作，制定和维护数据流程。

（4）构成要素的内在关联。公共文化数据治理体系各构成要素共生

---

[1] 石庆功、郑燃、唐义：《公共数字文化资源整合的标准体系：内容框架及构建路径》，《图书馆论坛》2021年第8期。

于一个体系内，彼此间存在密切的关联。治理目标是公共文化数据治理的根本目的和指导方向，对于治理客体和治理方式具有决定和指导的作用，并受二者的反馈不断调整和完善；治理主体负责制定治理目标、对公共文化数据及其相关事务实施治理活动、制定与实施治理工具、治理规则并统筹组织分工；治理方式受治理目标制约，由治理主体实施，并直接作用于治理客体。同时，治理方式由工具、规则及分工三个子要素构成，三者间彼此相互联系和制约。治理工具作为公共文化数据治理的主要推动力量，其发展为治理规则和分工带来了机遇和挑战，在重构规则和业务流程、提升服务运营效率的同时，也带来了新的由信息技术不确定性引发的数据安全与隐私等系列问题；治理规则通过将公共文化数据治理中的实践经验和理论问题规则化、标准化与制度化，为治理工具与组织分工提供制度保障；分工作为实现公共文化数据治理目标而建立的分工协作体系，根据数据治理目标建立相应的组织架构，有助于治理工具和治理规则的有效运行。

（三）体系框架构建

根据上述构成要素及运行机理的阐述，本书构建公共文化数据治理体系参考框架图，为有效发挥公共文化数据价值、促进我国公共文化数字化智能化高质量发展提供参考（见图6.4）。体系框架共包括四个基本

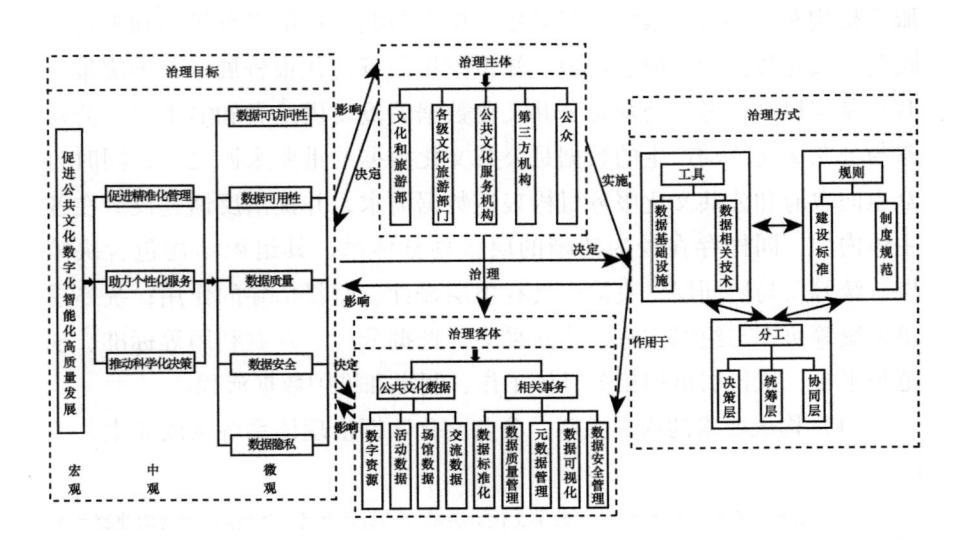

图6.4 公共文化数据治理体系参考框架

组成要素：治理目标、治理主体、治理客体和治理方式，其中治理方式由工具、规则和分工三个子要素构成。为了提升公共文化数据的可访问性和可用性，保证数据质量、数据安全和数据隐私，促进公共文化数据在业务管理、用户服务和领导决策中充分发挥价值，助力公共文化数字化智能化高质量发展，国家文化和旅游部、公共文化服务机构、地方各级文化旅游部门、第三方机构和公众作为公共文化数据治理主体，通过制定公共文化数字治理微观、中观及宏观层面的目标，对公共文化数据及其相关事务实施治理活动。在此过程中，形成了稳定的组织架构和职责分工，依托互联网、服务系统、应用终端、数据分析平台等数据基础设施和覆盖数据采集、挖掘、分析、结果展示等全生命周期的技术手段，制定系列公共文化数据处理标准和服务制度，推进公共文化数据治理活动的顺利开展。

三　公共文化数据治理体系保障举措

数据治理的实施是一个复杂的、反复迭代的过程，保障举措有助于治理目标的顺利达成和治理活动的有效开展。公共文化数据治理体系保障的本质在于通过政策规范、价值导向和技术落地，确保顶层目标的实现。本书分别从治理目标、治理主体、治理客体以及治理方式视角出发，提出公共文化数据治理体系保障举措。

（一）规划治理目标，多阶段渐进式实施

公共文化数据治理具有渐进性的特点，需要持续改进、分步实施才能规避大数据难以量化评估带来的风险和不确定性问题。因此，治理目标的设立应重点关注其可实现性和可评估性，多阶段、分步骤实施。制定依据应以国家公共文化数字化智能化发展目标为导向，一方面来自管理者、决策者等相关群体的数据需求，另一方面关注公众相关数据服务需求的实现。在此过程中开展周期性评估，包括项目实施前后的对比，数据治理现状是制定阶段性治理目标的依据，相关群体的数据需求既是治理目标制定的驱动力，又是目标实施效果的评估依据。

（二）多元主体协同共建，加强治理能力建设

公共文化数据治理体系中，多元主体共生治理模式可促成全方位数

字文化治理和整体协同服务①。公共文化数据治理实践需要专门人员负责实施，为公共文化服务机构日常运营带来了较大负担。因此，在组织实施公共文化数据治理实践中，应有效扩大主体参与范围，大力吸收社会力量参与公共文化数据治理建设，形成"政府—公共文化服务机构—社会力量—企业—公众"的多元治理格局，以减轻公共文化服务机构的工作负担，降低独立建设所需投入的成本。此外，当前我国公共文化服务部门的治理能力落后于大数据时代的要求，普遍缺乏数据治理意识，一些主导公共文化数据共享利用的部门专业性不足，缺乏对相关流程、内容、范围和方式的清晰认知。为了充分利用数据治理的相关工具与规则提升公共文化建设水平，有必要通过构建治理能力评价指标体系的方式，探索治理效果考核、执行效果考核、参与情况考核等内容。

（三）以效益促治理，专注有限数据及事务

公共文化数据治理是一项较为复杂的活动，需要投入大量的人力及财力资源，在现实工作中往往因为投入产出效益较低而未能持续开展治理活动。因此，应该专注于有限的数据及其相关事务开展小项目建设，以此作为切入点，由点及面，解决公共文化服务机构业务部门在管理及业务服务中的现实痛点问题，实现业务流程的优化、服务模式的改进以及决策效率的提升。进而激发数据治理的内在需求，通过切实可见的阶段性效益促进治理活动的持续高效开展。

（四）健全制度建设，改进组织管理模式

1. 制定数据标准，促进公共文化数据共建共享。数据标准是数据治理的基础性工作，当前公共文化数据分布在图书馆、博物馆、科技馆、文化馆等不同机构以及业务平台、网络平台和管理平台等多个系统，缺乏统一的公共文化数据标准，无法保证多源、多维异质数据的融合共享。当前，国家文化大数据体系建设已经在法律和政策层面得到国家强有力的支持，内容涉及文化大数据基础应用、监管、供给端、生产端、云端、需求端在内的标准体系②，但自上而下的公共文化数据标准

---

① 王淼、孙红蕾、郑建明：《公共数字文化：概念解析与研究进展》，《现代情报》2017年第7期。

② 中国公共关系协会国家文化大数据产业联盟：《国家文化大数据标准体系》，http://www.518museum.com/show/297.htm，2021年10月20日。

体系建设尚缺乏。因此，中央同各级公共文化服务机构应遵循唯一性、合理性、可扩展性、规范性等原则，通过需求分析、实地调研、专家咨询等方法，制定公共文化数据存取使用标准[①]。

2. 健全体制机制，强化公共文化数据治理制度建设。制度建设是实现公共文化数据治理目标的重要保障，当前公共文化数据治理相关制度仍局限于国家层面，地方政府、公共文化服务机构的政策制定与执行尚有待进一步强化和细化。一方面，加强促进性制度建设，建立相应数据治理激励机制和问责制度，纳入部门和人员绩效考核评价中；另一方面，应细化制度规范，遵循"一数一源"原则，根据部门业务职能和业务属性，确定每一类数据的归口来源单位，为各利益主体建立数据采集、治理、共享、安全等方面的操作依据和流程规范，为实现跨系统、跨部门的数据共享提供保障。

3. 完善组织架构，改进传统的公共文化组织管理模式。在国家公共文化治理体系的发展历程中，"纵"向的共享往往带有一定程度的行政色彩，在现实执行中存在很多难以克服的先天性障碍。因此，在条件成熟的情况下，公共文化数据建设项目可设立理事会，将决策层、统筹层和执行层相分离，实行理事会领导下的主任负责制，进一步打破我国现有与传统的行政条块分割的行政管理体系，促进隶属于不同机构、不同管理系统的数据共建共享，构建中心机构虚拟和工作现实相结合的建设模式，开拓一种数据共建共享全新的建设模式和"联合、共享、开放"的运行机制。

第四节 文旅资源数据开发利用的实践探索与推进策略

一 我国文旅资源开发利用实践的总体特征

（一）新兴技术助力文旅资源数据化

随着智慧社会与科技强国、质量强国、网络强国、数字中国被

---

① 周炜：《大数据视域下高校数据治理优化路径研究》，《教育发展研究》2021年第9期。

正式写进党的十九大报告，以"智慧"理念助力文旅融合升级成为一种趋势，诸如 AR 技术、VR 技术、人工智能、全息技术等新兴技术被大量应用到文旅资源的开发利用中，使文旅资源的展现形式更加智慧化，进而给人们带来层次更加丰富的文旅体验感。例如，抖音、快手等社交媒体的发展为文旅资源提供了全新的呈现形式，以流动化和碎片化的形式将地域文化融汇成个性清晰、文化形象鲜明的视听多维数据①。

（二）文旅资源开发利用从粗放型转向精细化

2018 年之前，由于部门壁垒的存在，文化部门与旅游部门虽然存在一定的合作，如打造文旅系列活动品牌、开发文化旅游纪念品、举办文化旅游项目洽谈会等，但文旅资源的开发利用多是机械、简单地结合②。而随着文化和旅游部正式挂牌以及一系列制度、政策、规划的出台，文化与旅游融合日渐精细化，努力实现文化与旅游更高质量、更有效率、更持续地发展成为文化和旅游融合发展的工作导向③。在此背景下，精细化开发利用文旅资源成为大势所趋，并出现了一些相关实践，如文旅资源大数据服务平台建设④、乡村文旅资源开发⑤、基于多源数据的文旅图谱构建⑥等。

（三）文旅资源数据开发利用制度有待进一步细化

从 2009 年文化部与国家旅游局最早联合发布的《关于促进文化与旅游结合发展的指导意见》到 2021 年《中华人民共和国国民经济和社会发展第十四个五年规划和 2035 年远景目标纲要》指出"推动文化和

---

① 柴焰：《关于文旅融合内在价值的审视与思考》，《人民论坛·学术前沿》2019 年第 11 期。

② 吴理财、郭璐：《文旅融合的三重耦合性：价值、效能与路径》，《山西师大学报》（社会科学版）2021 年第 1 期。

③ 雒树刚：《雒树刚：推动文化和旅游融合发展》，http://www.gov.cn/xinwen/2020-12/14/content_5569244.htm，2020 年 12 月 28 日。

④ 吴爱云、黄东霞：《吉林省文化旅游资源大数据服务平台建设研究》，《图书馆学研究》2020 年第 24 期。

⑤ 潘颖、孙红蕾、郑建明：《文旅融合背景下的乡村公共文化发展路径》，《图书馆论坛》2021 年第 3 期。

⑥ 杨佳颖、邓璐芗、许鑫：《觅江南佳馔：多源古今文本数据融合的沪上饮食图谱构建》，《图书馆论坛》2020 年第 10 期。

旅游融合发展"需要"坚持以文塑旅、以旅彰文，打造独具魅力的中华文化旅游体验"①，文旅融合制度建设越来越完善。但是，目前有关文旅资源数据利用开发的制度内容多是一些原则性的规定，要真正落地，还需根据实践发展情况与现实需求配套建设与之相衔接、相配套的标准、规范、指南、方案等，形成系统的文旅资源数据开发利用制度体系，用于实践操作、指导具体工作开展。

（四）文旅资源开发利用效率相对较低

随着文旅融合进程的推进，文旅资源的开发利用热度持续上升，文旅资源普查、乡村旅游产品开发、国家文化公园建设、全域旅游示范区验收、红色故事短视频拍摄等相关实践如火如荼②。然而，由于文旅数据规模庞大、无序性的商业化开发利用、文化内涵挖掘浅层化等问题的存在，现有文旅资源开发利用多停留在对资源的收集、整理与分类阶段，缺乏对资源内在知识的系统、深度开发与提取，文旅资源开发利用的效率还比较低，进而导致文旅资源挖掘方式同质化、文旅产品内容同质化、文旅活动设计同质化等现象丛生。

二 文旅资源数据开发利用实践分析——以四川为例

文旅深度融合背景下，如何高效、有序地推进文旅资源数据开发利用工作？如何深入开发文旅资源数据的内在价值？如何有效利用文旅资源数据开发成果？针对这些问题，四川省进行了积极探索，并取得了较好的成效，为全国文旅资源数据开发利用工作提供了"四川经验"，具有示范性作用。基于此，以四川省文旅资源数据开发与利用实践为例，分析该区域在推进文旅资源数据开发利用实践中所采取的总体思路与具体举措，进而提炼文旅资源数据开发利用的关键因素。

（一）总体思路

四川省自古就有"天府之国"之称，不仅是我国文化与旅游资源最

---

① 新华网：《（两会授权发布）中华人民共和国国民经济和社会发展第十四个五年规划和2035年远景目标纲要》，https://baijiahao.baidu.com/s?id=1694070586590764765&wfr=spider&for=pc，2021年3月13日。

② 中华人民共和国文化和旅游部：《中华人民共和国文化和旅游部2019年文化和旅游发展统计公报》，https://www.gov.cn/xinwen/2020-06/22/content_5520984.htm，2020年12月28日。

丰富的省份之一，还是文旅融合后我国首个文化和旅游资源普查试点省①。在文旅资源数据开发利用实践中，四川省依据"统一规划—协同行动"的行动逻辑，在顶层设计的基础上，对三个互为依存关系、层层递进的方面展开行动：以文旅资源数据分类序化为前提条件，文旅资源数据知识化为支撑，发展文旅智慧服务为升华，从而实现文旅资源数据开发利用的总目标，为四川省文化旅游高质量发展提供助力，为全国文旅资源数据开发利用贡献"四川力量"。

(二) 具体做法

1. 文旅资源数据的分类序化。大数据时代，文旅资源数据的复杂度、异构性、无序性进一步加剧，要实现文旅资源数据的有效开发利用，将区域内多源异构的文旅资源数据转化为结构化的有序文旅资源数据是前提条件。基于此，2019年1月，四川省正式启动省内文旅资源普查工作②，对省内21市（州）183个县（市、区）的文化资源和旅游资源同步开展全方位、系统化的普查，梳理与掌握四川文旅资源数据整体情况。具体而言，四川省文旅资源数据分类序化分为三个阶段：

第一阶段（2019年1—7月）：普查工作伊始，四川省文化和旅游厅联合中科院地理所专家以及省内科研机构100余位专家学者，参照"中华文化资源普查工程"规范与旅游资源国家标准，研究制定《四川省文化和旅游资源分类、调查与评价》标准③。从全局的角度，对文旅资源普查工作的各方面、各层次、各要素统筹规划，将总体规划具体化为可依据的行动规范，确定文旅资源数据的采集与分类标准。

---

① 规划指导处：《推广试点先进经验助推文旅资源普查》，http://wlt.sc.gov.cn/scwlt/wlyw/2020/10/27/7d0f086badfd4d0ca2f9779aaf686c0f.shtml，2020年12月31日。
② 四川日报：《200多万条文旅资源数据上"云"端》，http://wlt.sc.gov.cn/scwlt/hydt/2020/11/13/6c0f0e854d7c46799f8e963782345cbe.shtml，2020年12月30日。
③ 郭静雯：《文化和旅游资源普查圆满收官全省查明文旅资源超300万处》，http://www.sc.gov.cn/10462/10464/10797/2021/4/13/aab5e4d70db34ce9bf80a5ea9234e8ae.shtml，2021年4月15日；四川省文化和旅游厅：《〈四川省文化和旅游资源分类、调查与评价〉标准编制全面启动》，https://www.mct.gov.cn/whzx/qgwhxxlb/sc/201903/t20190329_841237.htm，2021年4月29日。

第二阶段（2019年8—11月）：这一阶段，四川省通过兴文县等试点实践，探索出"223344"普查工作模式[①]与"双表双标三查四核"普查模式[②]，修正省内文化和旅游资源普查在前一阶段完成的初步顶层设计，落实普查对象、普查方式、普查方法、普查工作人员等标准。在此基础上，编制出《四川省文化和旅游资源普查工作手册》，为大规模普查工作提供行动指南和实用工具[③]，保障文旅资源数据采集的科学性与有序性。

第三阶段（2019年12月—2021年4月）：以2019年12月24日《四川省文化和旅游资源普查实施方案》发布并实施为标志，四川省文旅资源普查工作全面启动。工作开展过程中，省市县三级有关部门（单位）协同推进，在依据统一标准和操作流程填报相关资源调查表并对文旅资源分类、综合评估与价值分析的基础上，按照既定程序编制、报审区域范围内的文旅资源普查工作总结与普查报告[④]。其中，为实现文旅资源数据全生命周期管理，四川省推出了全国首个以文旅资源为主题内容构建的云平台——四川省文化和旅游资源云（以下简称资源云）。资源云贯穿了文旅资源数据采集、填报、审核、分析、评价与应用的整个工作流程，推行采集填报—审核修改—统计分析—应用开发的四阶段数据管理制度，文旅资源数据从一线普查人员实地采集填报到开发应用的整个生命周期都在资源云上可溯源，有迹可循。

截至2020年9月底，资源云已汇聚295.57万条结构化的文旅资源数据。其中包括资源描述文字4.5亿字，视频1.4万部，资源照片约300万张，涵盖普查中所获取的古籍、文物、地方戏曲剧种、非物质文

---

① 四川日报：《全省文化和旅游资源普查首批试点成果通过专家评审》，http://www.sc.gov.cn/10462/10464/10797/2019/11/19/5fb041414b8a4f03b1e834165e23b223.shtml，2021年3月14日。

② 宜宾新闻网：《"先试点后全面"宜宾市率先完成文旅资源普查工作》，https://www.yibin.gov.cn/xxgk/jryb/tpbd/202010/t20201030_1370593.html，2020年10月30日。

③ 规划指导处：《全省文化和旅游资源普查首批试点成果新闻通气会在成都召开》，http://wlt.sc.gov.cn/scwlt/wlyw/2019/11/18/8c37338707844dd799e20afa768c0fa4.shtml，2021年1月22日。

④ 四川省人民政府办公厅：《四川省人民政府办公厅关于印发四川省文化和旅游资源普查实施方案的通知》，http://www.sc.gov.cn/10462/c103046/2019/12/25/eb62e699f97a40178e1583f9c62dc61e.shtml，2020年12月11日。

化遗产、美术馆藏品、传统器乐乐种六大类文化资源与历史遗迹，建设与设施，人文活动，旅游购品，天象与气候景观，生物景观，水域景观，地方景观八大类旅游资源。这些兼具集成性与相关性的结构化文旅资源数据为挖掘文旅资源数据潜在价值、开发文旅资源数据中的知识奠定了基础。

2. 文旅资源数据的知识化。文旅资源数据知识化是文旅资源数据开发利用的支撑条件。四川省在通过资源云对文旅资源数据进行全生命周期管理的基础上，进一步采取以下三种方式挖掘与开发结构化文旅资源数据中高品质的、有用的信息，实现从结构化文旅资源数据到文旅知识的转化。

第一，普查结果可视化。资源云以大数据分析技术、关联数据技术与可视化技术等为支撑，对普查结果进行可视化展示。一方面，资源云以云图谱、文旅资源分布图、资源分类与分级统计图表等对省市县各级文旅资源的具体情况进行可视化，通过地图对古籍、美术馆藏品、不可移动文物等文化资源类型进行分区展示。另一方面，资源云为各个文旅资源配以详细文本介绍和美图视频，公众可自行选择任何指定区域资源，获得资源的图文展示和视频呈现。

第二，特色资源显性化。资源云在对省市县各级区域内旅游资源进行分类分级后，进一步提炼了美食旅游资源、阳光康养资源、彝族文化资源、健康旅游资源等19类特色旅游资源，并开发出宗教文化旅游、红色旅游、巴蜀历史文化旅游、少数民族文化旅游等特色文旅项目。在使用中，用户可通过对区域（省内各市县行政区域）、特色旅游资源类型、等级（将资源分为一级到五级）、特色文旅项目等维度下设标签的指定，来获取最符合自身需求的旅游资源图文视频数据。与此同时，资源云还对在普查中新发现的特色文旅资源进行标注，方便用户迅速找到小众旅游景点，合理安排旅游计划。此外，资源云还发布了建筑与设施专刊、天然氧吧专刊、地文景观专刊、非遗专刊等一系列文旅普查导刊，对不同类型的特色资源进行系统介绍。

第三，统计分析自动化。资源云可分类、分级对省市县各级普查结果进行统计分析与横向纵向比较，并自动生成管理工作中所需的资料、图表和统计数据，轻松实现对全省文化资源和旅游资源的分类统计、分级统计、汇总分析、交叉分析与时序分析。这些功能使管理者基于数据分析结果全维度、全方位地了解四川省内文旅资源的发展动态与特色优势，发现可以进一步挖掘的省内文旅资源，并通过项目、活动等方式对其进行深入开发。例如，兴文县针对新发现的仙峰康养区招商建设了群鱼木屋项目，打造了川南生态康养避暑度假区。

3. 文旅智慧服务的发展。在对省内文旅资源数据分类序化与知识化的基础上，四川省文化和旅游厅与四川省旅投集团、阿里巴巴集团等共建了四川省级智慧文旅平台——"智游天府"四川文化和旅游公共服务平台（以下简称"智游天府"平台）。"智游天府"平台与资源云串联，在储存与分析四川省文旅资源数据的基础上，接入省内旅游景区预约预订系统数据与监控系统数据，并在《文化和旅游资源编目编码规范》《文化和旅游数据库设计与运维管理规范》与《文化和旅游数据交换规范》等 10 个标准的支持下将多源文旅数据融合，从而发展了服务内容知识化、服务场景泛在化、服务手段智能化的文旅智慧服务。

首先，服务内容知识化。服务内容知识化是文旅服务智慧化的内核。为满足公众日益提升的文旅需求，提升服务内容的知识含量，"智游天府"平台利用大数据技术、关联数据技术等分析四川文旅资源普查数据的内在关联，探究其中的文化意蕴及独特价值，进而开发了一系列形式多样、内涵丰富的文旅项目、文旅活动与文旅品牌。例如，品非遗服务模块下，通过对省内非遗资源的整合与开发，形成"非遗传承""非遗美食""非遗试听""非遗资讯"等栏目；大讲堂服务模块下，通过对省内特色文化资源的知识揭示，开设"天府文旅大讲堂""川菜普及课""民族舞蹈课"等课程。

其次，服务场景泛在化。在集成全省重点图书馆、博物馆、美术馆、文化馆等预约预订系统的基础上，"智游天府"平台汇聚全省文旅资源数据，通过 APP、微信公众号、小程序等多种路径为公众提供"安逸住""安逸吃""品非遗""看直播"等 17 项文旅服务。这些服务全面覆盖文化与旅游的方方面面，从衣食住行到精神生活满足，打破传统文旅服务的时间与空间界限，使公众可以通过移动终端随时随地地享受文旅服务。例如，在 2021 年春节期间，"智游天府"平台通过 APP 和微信公众号上线四川文旅特色年味活动"2021 云上天府过大年"，以云展播的形式丰富公众春节生活，使公众足不出户就可观看文旅节目。

最后，服务手段智能化。"智游天府"平台在5G、云计算、大数据等新兴技术的支撑下①，有效减少人力投入，并提升服务智慧化水平。一方面，打通国家"防疫健康码"和省内各地"健康码"，推动健康码互认，实现"一码游四川"。另一方面，通过感知用户需求与偏好，提升服务的个性化与精准化，使文旅资源定位、推送、定制、管理等服务智能化从愿景变为现实。例如，在行程定制功能中，游客在输入出行时间、地点后，可进一步选择旅游偏好、出行方式、目的地景区等，进而获得一份系统自动生成的个性化"行程单"，全面把握出行路线、景区预约、游玩时长、附近吃住等全方位的信息。

（三）文旅资源数据开发利用的关键因素

1. 多元协作，实现资源与优势互补。文旅资源数据开发利用是一个涉及多领域、多部门的综合性问题，建立"1+n"的多元主体协作模式，有利于提升社会力量的参与程度，实现政府主体与社会主体间资源与优势的互补，从而产生"1+1>2"的效果。四川省在对文旅资源数据采集整理过程中，政府作为指导部门以及政策制定机构，肩负了统摄全局和顶层设计的职责；文化和旅游厅发挥着组织、协调具体工作的作用，如联合科研机构科学制定标准规范、组织省地矿局提供资源普查技术保障、开展活动鼓励公众推荐资源等。四川旅游规划设计研究院、四川省文物考古研究院、电子科技大学、西华大学等科研机构与成都中科大旗软件股份有限公司、四川省容大九州旅游科技有限公司等企业，作为参与文旅数据融合的主要力量和实施者，不仅与政府协同合作，参与制定技术操作标准与数据转换标准，搭建文旅资源数据管理与服务平台，还发挥了开发文旅资源数据衍生品、维护文旅融合项目运营、创新文旅服务等作用。

2. 完善制度，发挥标准化优势。文旅资源数据多源异构且规模庞大，要实现各种文旅资源数据的高效融合与开发利用，需要制定一套统一的融合标准与操作规范来推动文旅资源数据开发利用工作的常规化与

---

① 腾讯视频：《四川省文化和旅游资源云平台介绍》，https://v.qq.com/x/page/g3164grb4yz.html，2021年3月21日。

标准化，通过发挥标准化优势提升文旅资源数据融合质量，提高开发利用效率。通过分析四川实践可以发现，四川省在文旅资源数据开发利用制度建设上投入了大量的精力。具体而言，四川省在制定《四川省文化和旅游资源分类、调查与评价》标准的基础上，还相继制定、颁布与实施了《四川省文化和旅游资源普查标准体系》《文化和旅游资源编目编码规范》《文化和旅游数据交换规范》《四川省文化和旅游资源普查实施方案》《四川省旅游资源保护与利用指南》等一系列的标准、规范、方案、指南等。由此形成了系统的资源数据采集存储规范、技术标准、工作路径和组织模式，使文旅资源数据开发利用工作可以高效有序地开展。

3. 技术融合，强化技术支持力。多元技术的融合应用既是支持文旅资源数据开发利用工作顺利开展的关键条件，也是开发利用文旅资源数据内在价值的核心要素。一方面，融合应用多种新兴技术有利于提升文旅资源数据开发利用效率，助力全链条服务发展，如"智游天府"平台建设中利用物联网、云计算、大数据技术等对文旅资源基础数据、景区监控数据与预订数据等进行融合，打通服务链条，提升服务效率。另一方面，多元技术的融合应用为提升公众文旅资源体验满意度提供助力。例如，四川文化旅游资源3D互动服务展示平台综合运用多源数据融合技术、3D空间信息整合技术、虚拟现实互动技术、大数据技术等将文旅资源立体化展示给观众，优化用户的体验感。

4. 深挖内涵，凝炼文旅知识。文旅知识的凝炼提取在文旅资源数据开发利用中具有承上启下的作用。一方面，这是对文旅资源数据内在价值的挖掘和揭示，多源异构的文旅资源数据本身的价值并不高，需要经过有效的融合、组织、关联和提炼才能转化为具有价值的知识综合体。另一方面，这是发展文旅智慧服务的前提条件，没有知识化的服务内容就无法发展文旅智慧服务。在四川实践中，对文旅知识的凝炼提取高度重视，并通过多种路径去凝炼提取文旅资源中的知识内容，形成许多可进一步应用的成果。例如，四川旅游规划设计研究院在系统分析省内文旅资源保护利用重点、特色、分区、时序基础上，编制出《四川省旅游资源保护与利用指南》，为省内重大文旅规划提供科学依据。

三 文旅资源数据开发利用的推进策略分析

（一）探索多样化的主体协作模式

不同地域文旅资源形式、数据类型千差万别，区域内社会参与主体发展程度参差不齐，主体间关系及分工有较大差异，如果"一刀切"地以统一的主体合作模式推进融合，不仅难以调动融合主体参与积极性，还将限制其特长及优势发挥。基于此，在推进文旅资源数据开发利用实践中，应依据"统一规划—协同行动"的运行逻辑，在明确全局性问题（如长期规划、数据标准等）的基础上，注重地方文化惯习特质，向地方"放权"，鼓励各个地区结合区域内地方文旅资源特点，不同主体的参与意愿、优势确定各主体具体工作的优先顺序，自主探索有利于充分发挥地方主体优势特长与积极性的、适合不同主体结构关系的多元主体合作模式。此外，还需建立文旅资源数据开发利用行动的激励机制，鼓励与培育更多社会力量参与到文旅资源数据开发利用工作中，寻求多元主体协作的新模式，提升主体间的价值共创能力。

（二）建立文旅资源数据开发利用制度体系

文旅资源数据开发利用中，不仅涉及数据复制权、知识产权、隐私权、合理使用权等一系列法律问题，还需要处理参与主体间的复杂利益关系、协调当前发展以及长远发展的关系等。基于此，在推进文旅资源数据开发利用实践中，应逐步建立文旅资源数据开发利用制度体系，以制度形式保护数据生产者和所有者的合法权益，落实文旅资源数据开发利用实践中的总分目标、人员管理、经费保障等规章，明确各参与主体的责任与义务，把控文旅融合的发展方向，保障文旅资源数据开发利用工作有效、有序开展。值得注意的是，在文旅资源数据开发利用制度体系建立过程中，应积极调动多元主体制度建设热情，重视对地方实践中逻辑与规律的制度化揭示、提炼与升华，在现有的文旅融合制度框架基础上丰富与充实文旅资源数据开发利用的制度内容，完善文旅资源数据开发利用工作的法律法规、规章制度、技术标准、数据保存转换规范等，落实文旅资源数据开发利用工作的运行规则、数据伦理规范、技术操作标准等实施细则。在此基础上，建立从国家到地方的文旅资源数据开发利用制度体系，保障文旅资源数据开发利用工作的高效、稳定、持续开展。

(三) 提升多元技术融合应用能力

文旅资源数据开发利用需要完成数据的采集、转换、集成、应用等一系列流程，在这个过程中，多源数据融合技术、元数据技术、平台搭建技术、VR 技术、虚拟现实技术等多元技术的介入不是简单孤立地对融合工作产生影响，而是需要技术人员将多元技术有机融合，进而对融合工作产生技术支持的合力。因此，在推进文旅资源数据开发利用实践中，还应加强文旅多源数据融合活动中各种技术使能要素（人员、设备、网络、平台、协议等）的全面互联，实现多元技术使能要素的互联互通，为多元技术的融合应用提供支撑。在此基础上，完善多元技术间的交互规则，建构面向整个数据生命周期的文旅资源开发利用的技术支持体系，打破融合活动各部门间、数据生命周期各环节间的技术壁垒，在文旅资源数据开发利用实践中不断加强技术支持体系的开放包容性，提升多元技术融合应用的能力，进而强化对文旅资源数据开发利用工作的技术支持力。

(四) 探索文旅知识应用的差异化路径

文旅知识是文旅资源数据内在价值的集中体现，因此，凝练提取文旅知识在文旅资源数据开发利用工作中得到了高度重视。然而，知识的凝练提取是为了投入应用，提升文旅资源数据的效益产出，但目前文旅知识凝练提取后主要是应用在管理与服务两个场景，其应用路径还比较单一。基于此，在推进文旅资源数据开发利用实践中，还应结合市场差异化需求，细化各种需求之下文旅知识被应用的场景，并形成文旅知识应用的初步行动方案。在此基础上，通过计划、行动、观察及反思四个行动环节验证初步行动方案有效性，发现初步行动方案中存在的问题，提出下一步的行动改进计划，使文旅知识应用实践螺旋式地不断向前，逐步确定文旅知识应用的不同场景，进而形成文旅知识应用的差异化路径。

第七章

面向智慧服务的公共数字文化治理能力现代化建设

  面向智慧服务的公共数字文化治理能力现代化是基于中国国家治理体系和治理能力现代化的背景之下提出的，是中国语境下的公共数字文化特定概念，国外并没有直接相对应的概念，但其所蕴含的内容却是世界范围内的。当今中国公共数字文化正在快速融入到开放的全球化网络之中，展现在人类社会文明进步的历程中，为世界文明样式注入全新的价值理念和文化理念。中国的公共数字文化具有极为丰富的智慧内涵，从而滋养着国家公共数字文化现代化治理能力，构成了中国特色公共数字文化自信的重要根基。面向智慧服务的公共数字文化服务象征精神丰富的"能力准绳"，成为新时代国家公共数字文化治理能力现代化的战略引擎。其现代化建设治理能力的重要性日益凸显，且我国已具备了建设智慧公共数字文化治理能力现代化的条件，面向智慧服务的公共数字文化治理现代化的能力建设将是大势所趋。加快公共数字文化治理能力的现代化建设智慧化进程，探索建设智慧公共数字文化治理能力现代化的建设思路，符合当前公共数字文化治理的现实图景和发展形势。

  为此，本书在探讨公共文化智慧服务体系理论建构、治理实践、多源数据治理体系及保障举措的基础上，分析面向智慧服务的公共数字文化治理能力现代化的相关概念内涵、治理现状、公共数字文化治理能力现代化的结构要素、动力机制和治理策略，以及公共数字文化治理能力现代化评价等问题，为面向智慧服务的公共文化治理能力现代化建设研究提供参考与启示。

第一节 公共数字文化治理能力现代化的内涵与特征

一 文化治理

文化治理概念是治理理论在文化领域的应用和发展，与传统意义的文化管理相比，更具系统性、全面性、高效性。文化治理理论研究最早出现于20世纪90年代。托尼·本尼特最早关注到文化领域中的治理问题，运用福柯的治理理论对文化治理理论进行建构[1]。目前学术界对文化治理理论主要存在两种认识：第一种认为文化是治理的工具，强调社会主义核心价值体系的弘扬及精神文明建设，利用文化感染力和潜移默化作用实现国家治理[2]；第二种认为文化是治理的对象，即治理是一种方法和手段，强调治理主体的多元性，即国家、社会组织、公民等共同参与，对文化建设和文化发展方向进行多中心、多层次的管理与引导，使公民的文化权益得到保障，从而达到社会治理的目的[3]。在国家治理现代化背景下，第二种观点更接近文化治理现代化的核心理念。

二 公共数字文化治理能力

公共数字文化是数字文化与公共文化结合形成的新的文化类型，不仅有社会服务的资源性质，也有社会管理的政策性质。公共数字文化治理能力是政府和社会等治理主体在公共数字文化建设和服务中的能力，是一个复杂的综合概念。基于公共数字文化的特性和公共数字文化治理的过程性，将公共数字文化治理能力划分为五项子能力。

（一）制度建构能力

指公共数字文化治理体系中，通过制度的合理性筛选和建构，形成

---

[1] ［英］托尼·本尼特：《文化、治理与社会》，王杰、强东红等译，中国出版集团、东方出版中心2016年版。
[2] 张良：《论国家治理现代化视域中的文化治理》，《社会主义研究》2017年第4期。
[3] 倪菁、王锰、郑建明：《社会信息化环境下的数字文化治理运行机制》，《图书馆论坛》2015年第10期。

从政府顶层到基层的制度架构，使政府能更好地对公共数字文化治理进行宏观把控。

（二）政策执行能力

不论是在制度体系构建中，还是在法规颁布和政策实施后，政策方针的执行程度无疑影响着公共数字文化体制的改革和创新发展情况。在公共数字文化治理体系构建的前提下，治理主体综合协调与利用文化、人力、技术等资源，制定可行性执行方案和措施，能够确保公共数字文化治理政策的有效执行。

（三）监督管理能力

指公共文化治理过程中治理主体依据相关的制度和政策对公共数字文化治理中的各项事务进行监督和管理的过程。加强监督管理能力不仅能够提高治理政策落实的效率，也能提高政府的公信力。

（四）改革创新能力

基于公共数字文化的数字化属性，以数字化技术为驱动力，进行自我革新，调整原有的治理理念、方式和手段，探索新型的公共数字文化治理体系，从而满足当前公共数字文化治理能力现代化的发展需求。它是治理能力现代化的核心力量，也是推动文化体制改革和发展的内在驱动力。

（五）公平保障能力

公共数字文化本身具有公益性、开放性的特点，服务均等化是公共数字文化治理的目标之一，也是治理能力现代化的重要任务。通过公共数字文化制度、政策、方案的实施和服务的开展，能够解决公共数字文化发展不均衡、资源获取阻碍等问题，从而保障资源的共建、共治、共享和公民基本的文化权益，体现社会公平正义、平等自由[①]。

三 公共数字文化治理能力现代化

"现代化"是一个动态的过程性的概念，是工业化、城镇化、信息化、民主化、人性化等多项内容的社会变迁过程，也是一个适应时代积

---

① 王淼、郑建明：《公共数字文化治理能力现代化基本构成及特征分析》，《图书馆》2018年第10期。

极变化的过程,具有整体性、综合性、时代性、技术性和动态性等特性。公共数字文化治理能力现代化就是通过制度体系的构建、完善和运作,使制度理性、多元共治、公平正义、协商民主等理念渗透于公共数字文化管理与服务的各个领域,进而实现由传统管理向现代化治理转变的过程。公共数字文化治理能力现代化必须遵循公共数字文化自身的发展规律,保障人民的文化权利。

公共数字文化具有公益性、技术性、开放性、虚拟性等特点,结合国家治理现代化的多重表征,公共数字文化治理能力现代化的具体表征主要包括制度化、民主化、协同化、创新化、高效化五方面[①]。(1)制度化是公共数字文化治理的有效工具和遵循的基本原则,也是治理能力的关键性要素和基本表征。(2)民主化是公共数字文化治理能力现代化的本质特点,主要体现在治理主体的多元性、资源配置的合理性和公平性、社会和公众的监督权。(3)协同化是公共数字文化治理的内在要求,也是治理能力现代化的重要特征。公共数字文化治理是一个多层次、多分支的复杂性系统,各分支系统间的相互作用和影响,要注重整体规划和统筹安排,保证各分支系统的协同进化。(4)创新化是现代社会发展的内在动力,也是公共数字文化治理能力现代化发展的动力,既包括治理机制创新,也包括资源内容创新。(5)高效化是公共数字文化治理现代化的重要表征,治理现代化必须依靠科学的体制机制,保证治理方案执行的有序化和高效化,使公共数字文化治理的社会效益达到最大化。

第二节 我国公共数字文化治理现状

一 公共数字文化治理政策法律

自 2002 年全国文化信息资源共享工程实施以来,国家、文化部和旅游部及地方政府等发布一系列涉及公共文化服务体系建设、公共数字文化建设等方面的政策法规。在国家层面,2006 年中共中央办公厅、国

[①] 刘建伟:《国家治理能力现代化研究述评》,《上海行政学院学报》2015 年第 1 期。

务院办公厅在《2006—2020年国家信息化发展战略》中对信息基础设施建设、信息资源开发、缩小数字鸿沟等方面提出指导意见；2007年印发的《关于加强公共文化服务体系建设的若干意见》明确公共文化服务体系建设的指导思想和目标任务；2011年颁布了《关于进一步加强公共数字文化建设的指导意见》；2015年颁布了《关于加快构建现代公共文化服务体系的意见》《国家基本公共文化服务指导标准（2015—2020年）》；党的十八届三中全会通过的《中共中央关于全面深化改革若干重大问题的决定》对数字媒体资源融合、舆论格局建设方面提出新思路；2015年文化部印发《公共数字文化工程管理办法》，提出推动公共数字文化工程的设备升级和机制创新意见；2017年文化部印发《"十三五"时期公共数字文化建设规划》，明确"十三五"时期公共数字文化建设的重点任务；同年国务院印发《"十三五"推进基本公共服务均等化规划的通知》，提出公共文化服务均等化要求；2017年3月《公共文化服务保障法》在全国范围内实施，弥补多年来公共文化立法缺失，是公共文化治理法治化迈出的重要一步，也为公共数字文化治理提供了法律保障。

为响应国家的政策号召，地方政府相继出台关于公共数字文化建设的政策、文件。2012年实施的《广东省公共文化服务促进条例》是我国第一部地方性公共文化服务类法规[①]；同年江苏省文化厅与财政厅联合下发《关于开展公共数字文化建设的实施方案》，提出完善公共数字文化保障体系的具体方案，次年江苏省文化厅发布《江苏省公共数字文化系统建设标准》；2014年浙江省文化厅发布《关于开展浙江省公共数字文化重点工程建设督导工作的通知》；2018年山东省文化厅发布《关于提升全省公共文化机构服务效能的意见》。

近年来国家及地方相继出台多项公共文化服务体系建设、公共数字文化建设政策法规，仅2011—2018年出台的公共文化政策中涉及公共数字文化治理方面内容的就达45项[②]。其中，《关于进一步加强公共数字文化建设的指导意见》《公共数字文化工程管理办法》《"十三五"

---

① 王淼、孙红蕾、郑建明：《公共数字文化：概念解析与研究进展》，《现代情报》2017年第7期。

② 《公共文化服务政策基础数据库》，http://bz.reasonlib.com/，2019年2月11日。

时期公共数字文化建设规划》作为专门针对公共数字文化治理的纲领性文件，明确了其地位及建设目标，使公共数字文化治理走向标准化、制度化。

二 公共数字文化治理实践

公共图书馆、博物馆、文化馆承担着公共数字文化服务的基础性工作。我国公共图书馆、博物馆、文化馆建设初具规模，截至2018年底，全国共有博物馆3331个、公共图书馆3173个、文化馆3326个，电视节目综合人口覆盖率99.3%[①]。国家数字文化网由国家文化和旅游部主办，设有新闻资讯、文化资源推介、公共文化工作交流三个板块，是公共数字文化的综合性新媒体服务平台。仅2018年，国家数字文化网登载各类文化信息就达15000条；累计提供音视频资源73588小时，电子图书408本，多媒体课件5438个[②]。2012年以来，为保障公共数字文化公益性，文化部着力运营的三大基础性惠民工程建设成效显著[③]。公共文化服务建设以社区和乡村基层文化设施为基础，以大型的公共文化设施为骨干力量，初步建成覆盖面广阔的六级文化服务网络。截至2017年，全国文化信息资源共享工程和数字图书馆推广计划资源总量近700TB[④]。国家公共文化云是以公共数字文化服务网络和支撑平台为基础，整合和升级三大惠民工程，推出的服务总平台，通过电脑、手机APP、微信、公共文化一体机提供公共数字文化服务。截至2018年底，公共文化云加载更新资源总量达14604条，全年总访问量达1.61亿余次。上海、江苏、安徽、河南、成都、北京海淀等省市级地方公共数字文化平台与国家公共文化云实现对接，累计对接资源6091条[⑤]。

---

① 国家统计局：《中华人民共和国2018年国民经济和社会发展统计公报》，http://www.stats.gov.cn/sj/zxfb/202302/t20230203_1900241.html，2019年2月21日。

② 《2018年国家数字文化网网站介绍》，http://www.ndcnc.gov.cn/about/jieshao/，2019年2月21日。

③ 陈则谦：《我国文化云的服务现状及展望》，《图书情报知识》2018年第5期。

④ 中华人民共和国国务院新闻办公室：《改革开放40年中国人权事业的发展进步》，《人民日报》2018年12月13日第13版。

⑤ 《2018年国家公共文化云稳步发展》，http://www.ndcnc.gov.cn/gongcheng/dongtai/201901/t20190115_1402352.htm，2019年2月21日。

三 公共数字文化治理面临的困境

（一）治理理念薄弱、主体失衡

公共文化长期处于自上而下行政管理和公共文化服务机构按部就班执行上级政策的状态，公共文化服务机构无法充分发挥效能，公民对基本的公共文化权益缺乏认识，社会组织、公民等其他社会主体参与数字文化治理的意识薄弱。

（二）治理制度体制不完善

近年来国家、文化和旅游部以及地方政府颁布和实施了大量公共文化服务建设方面的政策和法律，但从总体层面看，公共文化制度建设大多从宏观角度考量，处于顶层设计阶段，仍不够完善，存在大量空白，在处理公共数字文化实践问题时缺乏指导性和可操作性的政策法规。

（三）区域公共数字文化发展失衡现象明显

在公共数字文化体系建设过程中，地区之间、城乡之间公共数字文化服务资源配置失衡现象依然明显，数字鸿沟依然存在[①]。西部等欠发达地区受地理条件、历史、经济等制约，公共数字文化资源、基础设施、人员储备及服务模式上仍然与发达地区存在明显的差异，东西部地区存在阶梯性失衡现象。

第三节　智慧公共数字文化治理能力现代化的动力机制

一　智慧公共数字文化治理能力的现代化结构要素

智慧公共数字文化治理能力现代化的多维融合发展，凸显了主体、机制与目标协同耦合的三维新结构，这便是智慧公共数字文化治理能力现代化三位一体的结构。具体而言，可从以下三个维度进行分析。

（一）主体要素——重塑正在分化的治理主体

主体要素是智慧公共数字文化治理能力现代化的核心要素，在这里

---

① 孙红蕾、马岩、郑建明：《区域集群式公共数字文化协同治理——以广东为例》，《图书馆论坛》2015年第10期。

需要明晰主体理念和角色认知，重新定位政府、公众、企业、社会组织和数字媒体等各重要主体的职责与任务边界，在相对平等的多元主体相互信任基础上，成为通过协调的方式建立起来的一种非强制性的自律能力，在公共数字文化治理能力体系中各主体公共数字文化治理格局的良性互动、相对均衡。从机制的载体、机制运行的功能及现代化创造条件来看，各主体发挥的作用分别是：政府是治理的核心行动者，也是政策性支持分主体；数字媒体是治理的践行者和利益相关者，也是知识性支持分主体；市场是利益相关者，也是功能机制支持分主体；企业是治理的共同行动者，也是创新型支持分主体；社会组织是公共数字文化资源的最有效整合主体，也是参与度和活跃度支持分主体；个体或公众是治理的践行者和利益相关者，也是具有公共精神的支持分主体[1]。智慧公共数字文化治理能力现代化则是共生性的多元治理主体合作共治而共同努力的结果，对此，应当重塑正在分化的多中心治理主体，给予多元主体的赋权与增能，以及主体性的塑造与强化。并提升重要的治理主体的素质，进而强调结构化的力量与个体的文化自觉，使其回归新时代国家公共数字文化治理能力现代化之途。

（二）机制要素——共同决定着运行机制的效果

我国公共数字文化问题治理能力现代化的机制也就是实现现代化的具体操作方法。智慧公共数字文化治理需要建立起一套具有相当灵活性和创新性的运行机制，它是一个由若干要素结合而成的有机整体，每一个组成要素都对运行机制有着不同的影响，共同决定着运行机制的效果[2]。它的基本功能是指其所追求或达到的效果或作用，其基本功能的发挥，将以不同的形式和程度影响着活动的方向、目的、过程和结果，也表现为作用于公共数字文化治理能力现代化的一种无形力量。智慧公共数字文化治理机制是文化发展的新动力，决定着数字文化发展方向、质量、软实力和发展政策。鉴于智慧公共数字文化现代化治理机制是一个由不同维度的机制组成的复合性机制，它的完善可从自上而下的执行机制、

---

[1] 高永久、孔瑞、刘海兵：《我国民族问题治理体系和治理能力现代化的结构研究》，《中南民族大学学报》（人文社会科学版）2016年第1期。

[2] 赵欢春：《论社会转型风险中国家治理能力现代化的建构逻辑》，《南京师大学报》（社会科学版）2014年第4期。

自下而上的采集机制、多元协同的互动机制等建立三大机制入手。

（三）目标要素——确保更好实现公共利益最大化

公共数字文化现代化智慧治理能力建设的目标是实现国家公共数字文化治理能力系统跨界、创新、开放、自由、共享、共创、共治、共赢的最优化和更加精确的关涉相关利益群体公共文化利益的最大化。实现这一目标则必须要以共享发展理念实现更加公平的公共数字文化现代化建设绩效。一是要使公共数字文化大平台在服务运行过程中体现出"1+1>2"的良好协同效应，通过协商制定出共赢的目标，实现宏观层次的战略协同；二是应使公共数字文化云平台的整体服务能力得到提升，核心竞争力得到强化；三是按照按需服务的思想和目标来为用户提供一体化的综合服务，对外形成集成化的服务能力；四是参与公共数字文化服务的协同各方和各个子系统具备环境感知能力，不仅可以使之及时感知用户的信息需求，还可以主动感知其他各方及子系统对自身的服务要求，对内具备协作感应能力。目标维度具体包括：培育国家公共数字文化市场、创新公共数字文化管理体制、构建国家公共数字文化服务体系、丰富公民公共数字文化精神生活和整合公共数字文化资源五大能力目标。

根据上述分析，构建了智慧公共数字文化能力现代化治理的三个结构要素及其相互关系，如图7.1所示。

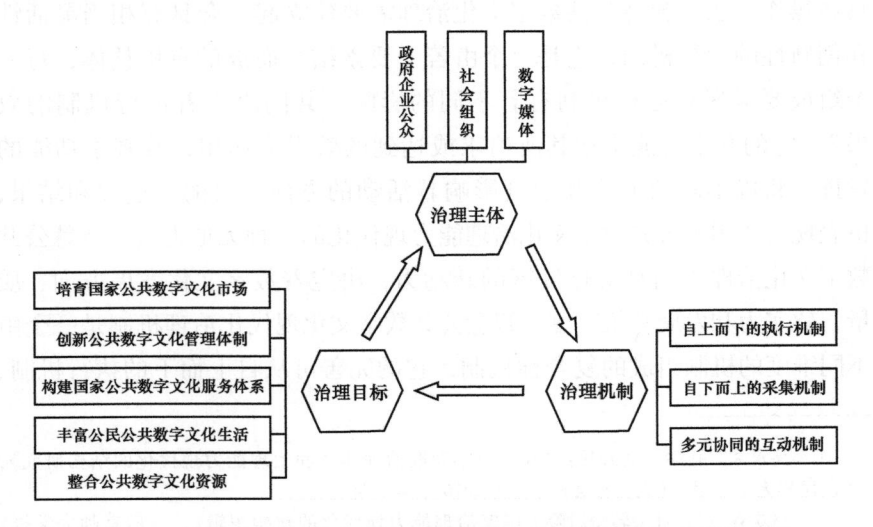

图7.1 智慧公共数字文化能力现代化治理的结构要素及其相互关系

综上，我国智慧公共数字文化现代化治理能力的结构框架由相互联系、依赖的主体、机制和目标三部分组成，即治理主体通过切实可行的治理机制实现治理目标的过程。总而言之，在各主体的有效互动和各机制的良性运作中，目标完成之时，也即智慧公共数字文化现代化治理能力迈进现代化之日。

二 智慧公共数字文化治理能力现代化的动力分析与机制构建

智慧公共数字文化治理能力的现代化建设，其运行过程的驱动力系统不仅需要外在力量的推动，还需要内在动力的承接与驱动。外部动力与内部动力的对接与耦合是智慧公共数字文化治理能力的现代化动力机制运行的根本保障，成为新时代智慧公共数字文化治理能力现代化的核心驱动力，并与驱动环节和条件一起为数字文化共同体的治理能力创新发挥更强的驱动动力作用。

（一）运行过程的驱动力系统——内在驱动动力和外部驱动推力

智慧公共数字文化及其优化发展不断催生新业态，将成为新兴领域促进业务创新与增值、提升核心价值的重要驱动力。其内在驱动动力和外部驱动推力是相辅相成的，是内外相互关联、相互融合组成的，共同构成现代化发展、演化的驱动力系统，从而形成公共数字文化治理现代化有序运行的主要过程。同时智慧公共数字文化治理能力现代化既是一种进行全面再造、追求现代性的过程，又是一种全部数字化、在线化理性务实的过程[1]。

1. 内在驱动动力——催化创新治理主体的凝聚。智慧公共数字文化治理能力的内驱动力通过催化创新治理主体的凝聚，从而形成其内部智慧力量。具体是指能够有内生的力量推动系统组织实现卓越，对系统组织形成的内部数字文化具有持续创新发展的内生驱动力。

公众对智慧公共数字文化服务需求的拉动。社会公众成为推进智慧公共数字文化治理能力现代化过程中不可忽视的重要力量。公众的诉求将拉动整个公共数字文化治理能力体系的变动与调整，其形成的内驱动

---

[1] 吴刚、陈桂香：《高校大数据治理运行机制：功能、问题及完善对策》，《大学教育科学》2018年第6期。

力主要体现为公众的数字信息需求，公众的数字信息需求是其产生并发展的内在动力和根本动因。只有不断有效激励各个层次的公众，对现实问题进行快速识别并精准提炼公众需求，快速发现并满足其心理要求，取得公众的差异化需求的认同。而公民获得了利益表达空间，同时也满足了自身的合理诉求。这就需从公众的智慧文化需求出发，尊重公众的合理需求，实现精准服务和推动共享发展。并以用户信息需要的满足程度和满意度作为评价智慧公共数字文化服务活动的重要标准，这将是探索公共数字文化服务创新的动力来源。

建设目标的价值选择与追求。信息化时代，智慧公共数字文化治理能力建设目标的应有之义，就是满足公众的信息需求成为公共数字文化服务的价值追求，更加注重对公民精神价值的尊重[1]，以及站在社会公众的立场开展公共数字文化智慧治理。通过推动公共数字文化工程融合创新发展的转型升级、深度融合，使得"智慧"体现在更智能、便捷和有效的获取方式上。以及维基、Fablab、Livinglab等工具和方法强化用户的参与，汇聚公众智慧，创新公共数字文化服务业态。当前契合国家价值认知层面转变的趋势，最亟须的是现代公民公共数字文化的植根与深入，必须把公民追寻意愿、品格、精神和梦想的需要放在第一位，最终呈现的共同价值成为公众智慧、民众的自觉。认同公共数字文化倡导的各种价值、理想和目标，最为突出的就是其对公众的关注和需求的确定、实现、维护与发展。

自身发展的需要和利益牵引。政府、社会、公众等各个主体利益的获得和满足也是推动公共数字文化治理能力现代化发展的又一重要动力来源，它产生于公众的大量需求和其服务价值观的转变，使其在各种文化自由而平等的交往中共创、共享共同利益得以提倡，以及各主体采取特定行为前所考量和追求效益最大化的利益牵引。具体来说，智慧公共数字文化发展引擎能有效推动数据价值要素的网络化共享、集约化整合、协作化开发和高效化等的聚合利用，进而成为不断探索并创新发展的内驱动力。只有这样，才能有效凸显共治、共享、共赢理念，才能给

---

[1] 徐猛：《社会治理现代化的科学内涵、价值取向及实现路径》，《学术探索》2014年第5期。

一切公共数字文化形态的资源拥有者，以及满足多层次多样性需求者，创造一种共创共有的共享智慧平台；才能在基于一种在公共数字文化创造过程中展示出来的文化自信和文化发现的重要表现，成为推进公共数字文化治理现代化的新理念和新手段。

2. 外部驱动推力——重要的凝聚和促进作用。多个要素系统的外部文化即系统存在的发展环境，外部文化对于系统的发展和成长具有重要的凝聚和促进作用。公共数字文化治理能力形成的外部因素主要包括数字信息技术的推动和数字环境的推动两个方面。

数字信息技术的推动，是最重要的外部动因。当前在新的技术场景之下，向智慧公共数字文化建设的现代化治理持续有效的深层推动力，深刻影响着公共数字文化全方位地向信息技术支持的智慧公共数字文化演进。针对智慧公共数字文化治理能力现代化建设的需要与之同频共振，依托技术赋能、技术使能的精耕细作并以增强信息科技含量，信息技术以核心推动力量成为建设与提升公共数字文化服务的新动能。目前数字技术将成为公共数字文化发展的重要力量和现代形态演进的重要表现，数字媒介技术的进步和社交媒体的迅速崛起不仅极大地刺激了人们的信息需求，同时也对公共数字文化服务提出了更高的要求。因而以海量的数据对生态发展的空间进行挖掘，寻求可以拓展的智慧发展平台[1]。数字信息技术是治理能力现代化产生、发展的前提和基础，现阶段信息技术提供了共享信息，物联网技术、云计算技术、智能地理信息系统技术等均是实现智慧公共数字文化建设的重要技术。

新数字媒体环境的推动，成为创新发展的外在动力。充分利用公共数字文化及相关新媒体提升服务效率，打通"线上"与"线下"公共数字文化服务通道，整合聚拢现有嵌入资源和服务宣传渠道，梳理盘活公共数字文化工程存量资源，加强与国家公共文化云、其他文化惠民工程和"学习强国"等平台有机衔接，互联互通协同开展公共数字文化品牌活动与服务。并朝着实现公共数字文化资源的众筹共享、公共数字文化流程的再造优化、公共数字文化形态的创新发展、公共数字文化成本的有效管控、公共数字文化效能的聚合提升的方向迈进。为公共数字文化

---

[1] 李抒望：《正确认识国家治理体系和治理能力现代化》，《求知》2014年第5期。

服务活动创造有利的环境，提供更加丰富的信息资源和更好的服务系统及设施，提供公共数字文化治理能力创新的驱动环境要素，促进公共数字文化服务工作创新发展的外在动力和强大推力。

（二）生成驱动动力作用的条件——核心环节形成的环境和条件

公共数字文化生态系统朝着良性、互动、高效的方向发展，作为共生型的公共数字文化现代化平台驱动组织，在对公共数字文化大系统价值重塑的过程中，内外部动力因素的作用机制还须具备生成驱动动力作用的条件。

1. 利益驱动的基础条件——增强利益整合能力。衡量治理能力是否现代化的标准正是在于其能否保障参与公共数字文化活动的利益相关者的权益。从治理理论上讲，智慧公共数字文化现代化治理能力就是向世界展示的一种共同社会智慧公共数字文化治理形态。从国家治理角度来看，一个国家、一个民族的公共数字文化作为有一定利益冲突、观点冲突的复合体，在每个时期都有着具体的社会文化内容、独特的理念规范。从而使各民族、各地区、各城市的文化相互碰撞和融合，有助于为国家公共数字文化现代化开拓动态文化的价值空间，推动文化流动和开放包容。现代化水平是公共数字文化建设创新治理必须具备的基础条件，只有使每个参与者在其间实现共赢，增强利益整合能力，强化公益表达能力，才能无可阻挡地跨越国界、族界、业界而构成新时代智慧公共数字文化现代化治理能力的联动体系。

2. 专业驱动的支撑条件——促使专业驱动的价值增长。专业是营销的基本技能，相信专业的力量，专业才是第一生产力。通过专业赋能、专业驱动的常态化、体系化、数字化等多个层次的搭建，提供系统化、信息化、数据化、数字化、智慧化、智能化的品牌形象，实现精准有效的品牌推广目标①。通过提供专业驱动及其治理新技术，促使专业驱动的价值增长，助力公共数字文化服务的建设步伐，使得公共数字文化治理能力的现代化建设持续创造价值。然后采用智慧化、主动化和精准化相对应的手段，开拓推动公众文化福祉的共创、共享、共治和共赢

---

① 李宗富：《信息生态视角下政务微信信息服务模式与服务质量评价研究》，博士学位论文，吉林大学，2017年。

的动态公共数字文化价值空间，为智慧公共数字文化治理能力现代化提供文化治理的内生力量与价值认同。

3. 使命驱动的催化条件——打造成使命型驱动组织。

使命源自需求，明确公众的真正需求。使命驱动变革，锁定用户价值作为未来的方向，重塑文化及行业价值。同时清晰使命要素，对使命的共识，公众个体与公共数字文化大系统的使命连接是提升智慧公共数字文化服务创新品牌的催化剂。而打造成使命型驱动组织，为了创造更大更高的使命价值。在走向深度智能社会之前，高度关注智慧公共数字文化建设与治理的预测、规划和顶层制度设计。始终将智慧公共数字文化治理的主动权掌握在手中，协同推进智慧公共数字文化等领域的与时俱进，真正赋能整个社会文化行业，真正实现智慧公共数字文化的价值，真正践行智慧公共数字文化的使命，这是智慧公共数字文化服务要去践行的方向。

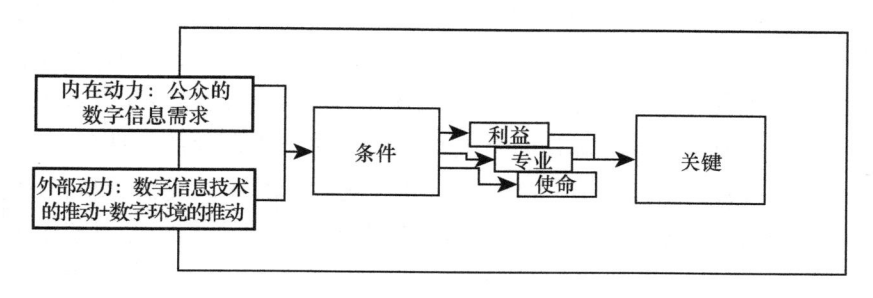

探究国家公共数字文化治理能力现代化的形成机理，其动力要素及相互作用的机理，共同有机地构成智慧公共数字文化治理能力现代化的动力机制。在这里，关键是研究三个核心环节形成的环境和条件。显然，公共数字文化治理能力形成的内在驱动动力和外部驱动推力是促成三个基本条件形成的关键，它们直接驱动着包括利益、专业和使命三个基本条件的形成。通过以上剖析试图深入了解智慧公共数字文化治理能力现代化的动力形成机制，构造了智慧公共数字文化治理能力现代化形成机理模型，如图 7.2 所示。

图 7.2 智慧公共数字文化治理能力现代化的形成机理模型

三 智慧公共数字文化治理能力现代化的治理策略

智慧公共数字文化治理能力现代化为当代中国公共数字文化治理的解决提供了一种全新的理论视野和实践空间，有助于进行发展路径和治理策略的研判。

（一）路径建构——路径的有效性成为关键环节

为进一步打造成开放兼容、内容丰富、传输快捷、运行高效、便利智能的智慧公共数字文化治理能力体系建设，需要从顶层设计、制度、机制、法律等多方面，采取积极的措施，协同推进提供有力保证。智慧公共数字文化治理能力建设是一个多样化的复杂系统，需要根据未来发展的方向，有长远的目光，强化顶层设计与科学规划；加强整合信息资源提升公共数字文化质量，实现公共文化发展上的跨越，提高智慧公共数字文化治理能力的综合效能；建立多元化公共数字文化服务供给渠道，创新实施智慧公共数字文化服务全覆盖，建设全覆盖、普惠型公共数字文化服务体系①。总之，公共数字文化治理能力路径的有效性成为智慧公共数字文化治理能力现代化建构的关键环节。

（二）目标建构——提高公众的满意度及获得感

只有明晰公共数字文化治理现代化的目标状态，深入实施公共数字文化治理创新驱动发展，才能有的放矢地探寻实现治理现代化的基本路径。智慧公共数字文化治理能力现代化的目标建构，还须在四个维度上下功夫。

1. 激发智慧公共数字文化创新活力和创造力。在当前利益多元化、文化多样化的条件下，公共数字文化智慧治理既要确保公共利益和主流道德价值不受侵害，也要根据实际情况尊重差异、包容多样、考虑个别，特别是要保障宪法确认的个人自由，承认合法合理的个性化追求，培育和促进社会组织的成长和壮大，让公民和社会组织充满生机活力，提高公众的满意度及获得感②。丰富公共数字文化产品和平台，为公共数

---

① 陈建国：《浅析国家治理体系和治理能力现代化》，《中共山西省直机关党校学报》2014 年第 4 期。

② 屠静芬、马博：《人的现代化视阈下的国家治理体系和治理能力现代化》，《理论导刊》2017 年第 6 期。

字文化发展和建设的有效推进注入新动力。进一步激发公众在知识生产上的创新活力和创造力作为重点,着力增强公共数字文化引导力、创造力、竞争力,为中国特色公共数字文化治理的健康发展提供深厚的文化土壤。

2. 强化社会力量参与公共数字文化建设的责任担当。当今新一代技术极大地拓宽了公众表达诉求的渠道,而且也丰富了公众的日常生活,更创新了我国治理能力现代化的新思路。拓宽社会力量参与渠道,广泛发动各类社会组织和公民参与公共数字文化的智慧治理工作,赋予他们在公共数字文化事业中更多责任,使得各类社会组织和公民的真知灼见成为公共数字文化治理能力现代化的智慧源泉。以智慧化项目为载体,以数字化服务为手段,以公益化运行为导向,以云计算技术为支持,进一步发挥民间的智慧价值,调动公民主体的广泛参与,推动形成多方联动、协同有序的公共数字文化治理运作格局。

3. 实现智慧公共数字文化的思想规范作用。公共数字文化治理能力的现代化就是要缩小数字鸿沟、维护社会公平,完善对保障公众的公共数字文化获取权益和教育权利。本着倡导在各种文化自由而平等的交往中平等、开放、互动、共创、共享共同利益的基础上,实现在理念、战略、资源和技术等相关因素的最大化集成[①]。以分众化的方式精准传递信息,有利于推动公共数字文化治理由多元化向精细化、智慧化转变。深化公共数字文化力量认知,进一步提高国家文化软实力,发挥文化引领风尚、教育人民、服务社会、推动公共数字文化工程融合创新发展的作用。

4. 增进公众精神文化福祉。树立以公众为中心的发展思想,树立合理的评价导向,引导权责益的有机耦合。注重与用户构建自由交流平台,让融合平台既成为用户获取信息的场所,也成为用户体验的场所,为国家公民提供更好的高质量的文化产品与文化服务,让广大公民享有更多的文化权利与文化权益[②]。当前我国公民数字文化强国意识的不断觉醒,通过公共数字文化多元化、地域化、动态化的文化需求互动推动

[①] 张植卿、苏艳红、张海丽:《河南省社会事业开放的总体设计及对策研究》,《经济研究导刊》2014 年第 26 期。

[②] 江必新:《国家治理现代化基本问题研究》,《中南大学学报》(社会科学版) 2014 年第 3 期。

文化公民权利的提升,公众可以超越时间和空间的限制参与到新时代国家公共数字文化治理的全过程,使得公共数字文化治理能力建设的成效大大增强。不仅公共数字文化项目和活动更能反映公众的实际诉求,而且建构具有不同文化诉求的精神秩序。使其更有效率与更有创意地实现公共数字文化治理能力现代化,此乃深层次的智慧公共数字文化治理能力的现代化。

(三)整体性构建——遵循整体性的优化路径

智慧公共数字文化治理能力现代化的转向是从标准化建设到多元价值追求的过程,这一过程要求在治理主体上真正将文化行动者纳入同一共享聚合数据大平台,致力于培育文化土壤与建构社会文化资本,增强社会信任度,以透过公共数字文化治理形塑文化软实力[1]。推动服务方式创新、提高资源使用效率、形成整合共享格局和打造技术支撑平台,并通过一定的互补和互济的形式表现出来,取得共识、步调一致所形成的相互关系,进行合理化整体性的重构[2]。这就要求治理主体必须要有一个整体性的认识与把握,特别是在精准大数据获得后的治理过程中,使得智慧公共数字文化的整体功能得到最大限度的发挥,这将是目前可以预见的最有效的发展路径。

第四节 公共数字文化治理能力现代化评价体系的构建

公共数字文化治理能力现代化高度统一于国家治理能力现代化的愿景和使命,其理论支撑、实践途径都根源于国家治理能力现代化,是公共数字文化可持续发展的要求,也是在观照公共数字文化治理能力领域特殊的治理需要和治理目标的条件下建构和实施的。公共数字文化治理能力现代化作为一种可度量、可操作的实践过程,不仅仅基于一种美好理念的范畴,更是公共数字文化自身功能强化以及社会功能放大的重要

---

[1] 刘建伟:《国家治理能力现代化研究述评》,《探索》2014年第5期。
[2] 王婷、宋永平、陆卫明、李景平:《现代化视角下中国文化中的理性之张力》,《西安交通大学学报》(社会科学版)2018年第2期。

过程。提升公共数字文化治理能力现代化水平，已成为新时代公共数字文化发展的核心命题，公共数字文化治理能力现代化的评价体系是公共数字文化治理能力建设的重点，是形成高效科学治理能力的基础，而公共数字文化治理能力则是治理体系完善与否的重要体现。为此，有必要构建一套科学可行的指标体系，作为提升公共数字文化治理水平的重要标尺，更好地促进公共数字文化治理能力现代化能够在国家治理现代化整体框架下发展，通过对公共数字文化治理能力进行统一化的测度分析、量化评价和实际检验，提升评价工作的科学性和准确性，重塑评价流程，提高评价效率，从而推进其治理机制与体系的转变。

一 研究现状

公共数字文化治理能力评价研究既属于文化治理能力评价的研究范畴，也属于公共数字文化评价的研究领域，因此，本书将对这两个方向的研究文献进行回顾，分析公共数字文化治理能力评价的研究现状。

（一）文化治理能力评价研究

国内学界专门论述文化治理能力评价的研究较少，一般将其作为政府治理能力评价体系的一部分进行探讨。胡膨沂等[1]在构建中国地方政府社会治理能力评价指标体系时，将文化治理能力作为评价维度之一，并从科教发展和公共文化两个方面对文化治理能力进行考量，其中公共文化又可以通过文化艺术和文物事业机构数、文化体育与传媒支出、互联网宽带接入用户数量来测评；谢斌等[2]将社会文化治理能力作为贫困县政府治理能力评估体系的一级指标，并通过科研能力、社会治理、历史文化底蕴来评价社会文化治理能力；李靖等[3]认为文化治理能力可以从教育发展、科技发展以及公共文化三个维度进行评价，其中公共文化的具体测度指标包括博物馆参观人次、文化支出增长率以及每万人文化馆/公共图书馆/博物馆数量。从已有研究可以看出，文化治理能力是政

---

[1] 胡膨沂、王承武：《地方政府社会治理能力评价及提升路径——以江苏省为例》，《科技和产业》2021年第6期。

[2] 谢斌、许珂：《贫困县政府治理能力评估指标体系初探——以优化营商环境为视角》，《西安电子科技大学学报》（社会科学版）2020年第4期。

[3] 李靖、李春生、董伟玮：《我国地方政府治理能力评估及其优化——基于吉林省的实证研究》，《吉林大学社会科学学报》2020年第4期。

府治理能力的重要组成部分，公共文化是文化治理能力的主要构成。但是，当前的评价仅涉及文化事业机构数量、文化支出、入馆参观人数等基础指标，公共数字文化相关指标尚未纳入考量范围。

（二）公共数字文化评价研究

目前，针对公共数字文化治理能力的评价研究较为紧缺，相关的仅有一篇学术文献，即胡海燕和经渊[①]于2021年发表的《公共数字文化协同治理评价模型研究》，通过分析公共数字文化协同治理的主体、对象、内容和路径，最终构建出相应的评价体系模型。这一成果对开展公共数字文化治理能力评价研究具有一定的借鉴意义。公共数字文化治理与公共数字文化建设是一体两面的关系，治理的目的是促进更好地建设，建设的成效是治理能力的重要体现。换言之，公共数字文化治理能力越强，其建设水平就越高；公共数字文化建设的高水平，在一定程度上能够体现和说明其治理能力的高水准。因此，本书通过梳理公共数字文化建设评价相关文献，分类归纳和比较分析具体的评价指标和评价方法，为公共数字文化治理能力评价研究的开展提供一些思路。

公共数字文化建设评价研究主要围绕资源建设、网站建设、服务绩效、服务质量、用户体验等具体评价对象展开（见表7.1）。就资源建设来说，常用的评价指标有资源内容、资源组织与检索；就网站建设来说，常用指标涉及网站流量、网站链接数、网站关注度以及网站影响力等；就服务绩效来说，保障条件、资源建设、用户服务等常被作为具体的评价指标；就服务质量来说，信息资源、服务环境、服务效果、交互能力等是学者较为常用的指标；就用户体验来说，感官体验、功能体验、服务体验、情感体验最常被关注。就评价方法来说，层次分析法、德尔菲法、灰色关联度法的使用频率最高。公共数字文化治理能力是难以直接观测的抽象概念，表7.1梳理的各评价指标可以作为治理能力评价的具体指标参考，通过层层细化实现化抽象为具体的目的，再通过表7.1归纳的评价方法将评价结果转化成数字形式，使公共数字文化治理能力能够被直观把握。

[①] 胡海燕、经渊：《公共数字文化协同治理评价模型研究》，《图书馆学研究》2021年第8期。

第七章　面向智慧服务的公共数字文化治理能力现代化建设

表 7.1　　　　　　　公共数字文化建设评价指标和评价方法

评价对象	评价指标	评价方法	文献来源
资源建设	资源内容、检索功能、用户使用、资源成本、数据库商服务	层次分析法	安宗玉等①（2019）
	资源内容、资源组织与检索、资源访问、个性化服务、健康关注度、需求满足度	德尔菲法	戚敏仪②（2018）
网站建设	资金投入、管理队伍、技术标准、界面布局、色彩设计、信息资源、网站服务、用户体验、网络影响力	"全评价"框架	卢文辉③（2019）
	网站流量、网站信息被链接度、搜索引擎可见度	灰色关联度法	戴艳清等④（2019）
	网页数、总链接数、外链接数、网络影响因子、外部网络影响因子、PR值、网站关注度、网站流量	链接分析法、灰色关联度法	卢文辉等⑤（2019）
服务绩效	保障条件、资源建设、公众服务、服务效能	德尔菲法	韦楠华⑥（2020）
	平台建设、运营成本、数字资源存量、年使用总量	数据包络分析法	李岱等⑦（2017）
	制度规范、基础设施与技术、资源建设、用户服务、财务管理、文化与人力资源管理、知识产权	平衡计分卡理论、层次分析法	胡唐明等⑧（2014）

①　安宗玉、郑玲：《图书馆电子期刊资源评价指标体系的构建及实证研究》，《情报探索》2019 年第 2 期。

②　戚敏仪：《少儿数字资源评价指标体系构建与实践研究——以广州少年儿童图书馆为例》，《河北科技图苑》2018 年第 4 期。

③　卢文辉：《"全评价"分析框架下图书馆网站评价体系的分析与构建》，《图书馆学研究》2019 年第 16 期。

④　戴艳清、戴柏清：《我国公共数字文化网站互联网影响力评估研究》，《图书馆建设》2019 年第 5 期。

⑤　卢文辉、高仪婷：《基于链接分析法的大学图书馆网站影响力评价研究》，《数字图书馆论坛》2019 年第 1 期。

⑥　韦楠华：《公共数字文化服务绩效评价指标体系构建研究》，《图书馆研究》2020 年第 5 期。

⑦　李岱、汝萌、洪伟达：《基于数据包络分析的公共数字文化服务绩效评价体系研究》，《情报探索》2017 年第 5 期。

⑧　胡唐明、魏大威、郑建明：《公共数字文化评价指标体系构建研究》，《图书馆论坛》2014 年第 12 期。

续表

评价对象	评价指标	评价方法	文献来源
服务质量	信息资源、服务环境、交互质量、服务效果	层次分析法、BP神经网络模型	储昭辉等①（2020）
	用户个性化、交互能力、知识服务、检索服务、动态通知、易用程度、主动推送	层次分析法	胡媛等②（2017）
	移动及网络环境、信息获取、服务效果	LibQUAL模型、德尔菲法	廖璠等③（2015）
用户体验	感官感知、服务感知、技术感知、效能感知	犹豫模糊Kano-Taguchi方法	汤森等④（2020）
	审美体验、认知体验、交互体验、情感体验、用户体验	APEC模型	龚花萍等⑤（2020）
	感官体验、内容体验、功能体验、服务体验、价值体验、情感体验	实验研究法、追踪访谈法	戴艳清等⑥（2019）
	感官体验、交互体验、功能体验、情感体验、社会影响	层次分析法	魏群义等⑦（2018）

总体而言，当前我国对公共数字文化治理能力现代化还没有建立起比较有效的评价指标体系。而该方面的评价还是非常重要的，因为科学的评价指标体系是指挥棒，如果运用得好，就可以对公共数字文化治理

---

① 储昭辉、储文静、徐立祥、许小超：《基于AHP-BP神经网络的城市移动图书馆服务质量评价优化模型构建》，《图书馆学研究》2020年第10期。

② 胡媛、曹阳：《数字图书馆微信公众号平台服务质量评价研究》，《现代情报》2017年第10期。

③ 廖璠、许智敏：《基于LibQual+©构建高校移动图书馆服务质量评价指标体系——运用德尔菲法的调查分析》，《情报理论与实践》2015年第3期。

④ 汤森、王铁旦、彭定洪：《用户感知移动图书馆服务质量评价的犹豫模糊Kano-Taguchi方法》，《情报理论与实践》2020年第3期。

⑤ 龚花萍、周江涌、张小斌、张佳：《基于APEC模型框架的移动博物馆用户体验评价研究》，《山西档案》2020年第4期。

⑥ 戴艳清、戴柏清：《中国公共数字文化服务平台用户体验评价：以国家数字文化网为例》，《图书情报知识》2019年第5期。

⑦ 魏群义、李艺亭、姚媛：《移动图书馆用户体验评价指标体系研究——以重庆大学微信图书馆平台为例》，《国家图书馆学刊》2018年第5期。

起到很好的引领作用。为此,本课题从国家公共数字文化治理能力现代化评价的价值理念、逻辑框架、评价主体、指标维度等方面进行阐释和分析,提出了公共数字文化治理能力现代化的评价框架、评价主体和评价的主要维度,对我国公共数字文化治理能力现代化指标体系建设进行初步探索。

二 公共数字文化治理能力现代化评价理念

（一）公共数字文化治理能力要建立更具广度、深度和多元的评价体系

理念是行为的先导,理念问题是公共数字文化治理能力现代化评价的关键问题。因此,通过对公共数字文化治理能力的基础理论、基本内涵和主要内容等进行探讨和研究,并在此基础上选择设计并尝试构建一个适用于衡量出反映公共数字文化现代化进程的多维指标评价体系,选择正确的评价理念就显得至关重要。针对公共数字文化治理能力现代化的评价理念,则需要在厘清"治理能力"蕴涵的基础上,针对治理能力的特殊指向,选择引领评价的导向。我国从文化大国向文化强国迈进的进程中,在国家层面,公共数字文化治理能力现代化评价首先要凸显中国特色,目标是扎根中国大地,根植于中国优秀传统文化的沃土,传承和弘扬中华优秀传统文化,但同时又不能抱残守缺、复古守旧,必须在扬弃中继承、在转化中创新,赋予中华传统文化新的时代内涵和现代表达形式。这是公共数字文化治理能力现代化评价的出发点和归宿点。

从实践来看,现代化阶段的公共数字文化治理能力具有多维度、多层级性质,按照马斯洛的需要观点以及奥尔德弗的需要观点,存在着量化成分及相互替代的不可区分。为此,本书提出新的需要层次维度观点,涉及国家、社会、城市、乡村等诸多领域的数字文化治理,需要通过对治理能力评价的理论和方法进行较为系统的研究,找出其内在特点及相互关系,兼顾公共数字文化治理能力的综合功能和个性特色,对其展开评价时,也就要建立更具广度、深度和多元的评价体系。

（二）体现在吸引、创造、竞争和影响行为四个逐步递进的层面

现代化进程至少体现在吸引、创造、竞争和影响行为四个逐步递进的层面:吸引是发展前提和基础方向,价值创造与可持续发展是切实保

障，全球公平竞争和推动影响行为是数字文明的综合体现。在这四个层面中，怎么进一步发展，进行联动"发展吸引"无疑是决定其他方面的最根本原因。正是"发展吸引"的可持续联动发展，才塑造了现代意义上的创造、竞争和影响。换言之，公共数字文化治理能力吸引、创造、竞争和影响的实施和形成的现代化之路，将为新时代公共数字文化建设带来诸多治理理念的更新和发展。吸引是践行数字文化强国战略的必由之路，在公共数字文化发展更具吸引力的基础上探索，数字文化吸引能力为推动公共数字文化治理能力的提升提供新手段，并且需要强大制度保障的数字文化创造能力，从而支持国家公共数字文化治理能力的不断发展，在这里创造治理被视为未来促进国家公共文化数字治理体系吸引的"核心理念"；当数字文化创造能力发展到一定水平，一个国家的数字文化价值也会不断提高成效，这时会产生更强的数字文化竞争能力；在数字文化治理能力不断提升的过程中提供发展支撑，由此决定着数字文化影响能力、辐射力和竞争力的全面提升，促使公共数字文化发展样态在全世界流动、共享[1]，创新公共数字文化服务与建设的新发展，保证公共数字文化治理能力水平不断提高是公共文化服务现代化的最终目标。

三　公共数字文化治理能力现代化的评价要素与构成

（一）公共数字文化治理能力现代化的评价要素

将公共数字文化治理能力现代化这一评价对象具化与细化，是进行评价的重要步骤，也是决定治理指标体系指标选取与数据来源的前提。评价的核心是选择公共数字文化评价的内容以及针对的指标，评价内容的确定要考虑其实现程度以及可操作化。根据前文对治理能力现代化的分析，对于公共数字文化治理能力现代化的评价内容与现代化表征一致，而评价指标则以公共数字文化治理能力类型为指标，进而开发具体的测量指标。通过对现有相关文献梳理、研究及综合国内外学者对治理能力现代化的不同理解和认识，本书从吸引、创造、竞争和影响的全方面视角出发，给研究者审视和把握公共数字文化治理能力现代化的推进

---

[1] 倪菁、郑建明、孙红蕾：《公共数字文化治理能力的现代化》，《图书馆论坛》2020年第1期。

状况创造了学术空间。

从公共数字文化治理能力现代化内涵的认识得知，必须通过创造能力的合理协调、影响能力优化提高以及对于吸引能力和竞争能力的积极培育而发生作用、彼此互动，从而提升整个系统的治理绩效。治理能力的现代化主要包括吸引能力、创造能力、竞争能力和影响能力四个方面，而这些"力"必将助推打造公共数字文化发展新增长极，为公共数字文化未来发展构筑新的战略支点。本书采用"实施与形成"方法，即实施—吸引、创造，形成—竞争、影响，即吸引力、创造力、竞争力和影响力四个方面能力出发，认真研究其内在特点及相互关系，所有这些能力的结构按照实施—形成进行构建，以此方面展开。即实施包括吸引、创造要素；形成包括竞争、影响要素。从公共数字文化吸引能力、创造能力、竞争能力和影响能力四大评价要素出发，探寻其不断发挥重要作用的真正内核的动力源，以及重要标志和精神价值的集聚吸引。具体如图7.3 所示。

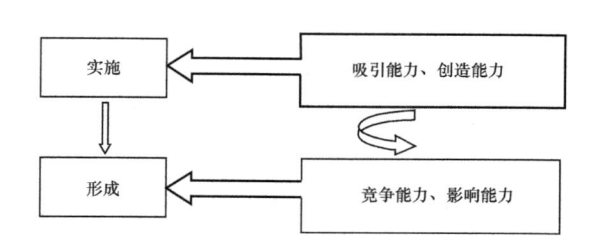

图7.3 治理能力框架

（二）公共数字文化治理能力现代化的主要构成

1. 持续提升文化吸引能力。随着数字化转型在全球展开，不断提升数字文化吸引能力，打造数字版文化中国，做好数字文化的真正活化和重新演绎，关系着国家数字文化治理现代化的全局。公共数字文化治理能力优势需要长期自我主体能力的发现和不断的吸引与能力再生，这种更新必须通过文化吸引才能实现。在数字文化整体性吸引实施过程中，以运行技术吸引推进数字供给优化升级，不同维度的数字文化差异需要细化提升数字文化吸引的质量。在国家层面，坚持吸引的核心地位，推动实施吸引驱动发展战略，提高公共数字文化吸引能力，实现内容、技术、模式、业态和场景吸引，把文化吸引、保留、培育和建立作为吸引发展的四个方面之一，构建全方位、多视点、广渠道的立体化大宣传格局，搭建智能化、系统化传播平台及渠道，讲好数字文化故事，传播数字文化声音，构建真正有影响的数字文化内容生产与交流体系，让中国走向世界，也让世界真正了解中国。以高质量发展为目标主线，坚持问题导向和需求导向，瞄准"痛点"，进一步解放思想、创新发展和主动作为，全面提升新时代数字文化治理现代化的吸引力，不断增强公共数字文化的吸引力程度。从治理的目标取向角度来看，国家公共数字文化治理能力现代化集中体现在增强数字文化创新驱动能力的现代化等方面。包括基础吸引、核心吸引、情感吸引，其中核心驱动能力是内核，是一切数字文化与社会的动力源。

2. 激发知识创造能力。数字文化的品牌价值在于创造，创造能力是国家数字文化治理能力现代化的本质内涵，是推进国家数字文化治理能力现代化的内在动力，以及夯实国家数字文化治理能力现代化的根本保证。作为国家数字文化治理能力虽为一种行为，但又蕴含参与创造和自治，数字文化创造能力的作用是十分重要的。

数字文化创造能力是建立在对知识的生产、传播和应用的基础之上的。当前，要推动中华优秀传统文化创造性转化和创新性发展，以优秀的文化产品和服务讲好中国故事、传播好中国声音，需要以守正创新为根本要求，以体制机制创新为动力，着力提升内容创新能力、优化文化产品供给，促进可持续发展创造增效，精耕、创造、突破，价值创造与实现，最终形成总体效应、取得总体效果，打造形成整体治理合力。未来属于那些能够有效创造各种社会资源的公众、数字媒体、社会与政府。在文化领域，围绕多元文化交融互鉴，夯实价值基座，开辟数字文明发展新境界，尊重和鼓励社会力量参与数字文化事业，以多元发展增进文化活力和竞争力[①]。

3. 提高技术竞争能力。随着数字化时代的到来，5G、人工智能、物联网、大数据、云计算、区块链、虚拟现实、增强现实、北斗导航、

---

① 王淼、郑建明：《公共数字文化治理能力现代化基本构成及特征分析》，《图书馆》2018年第10期。

第七章 面向智慧服务的公共数字文化治理能力现代化建设

区块链等各种创新技术在公共数字文化领域不断涌现，推动着文化创新能力的不断提升。数字技术目前不仅是"载体"和"手段"，而且它对创意形式、内容、模式、方式及创意活动本身产生影响，支持存量数字文化资源的创作性转化，带来新的数字文化产品和服务，基于大数据和人工智能等技术，比以往任何时候都更清楚创意的规律，可以更好、更高效地进行创新，技术创新将是数字化时代竞争力的核心，从而生产出更高质量的数字文化产品。数字化技术竞争能力也逐渐成为一国数字文化治理能力发展水平的重要标志。因此，全方位打造文化软实力，提升数字文化核心技术，增强数字化技术创新能力，要从提高数字文化技术竞争能力入手。

公共数字文化技术竞争能力作为发展的一项重要资源，是在一定的外界环境下，在竞争的微观环境和可持续发展的宏观环境中，为了获取价值最大化，包含长远发展，采取协同自身组织，整合数字文化，有效配置资源，包括技术、人才、管理等，以期实现数字文化价值最大化的过程。在这里最关键的是拥有核心技术的竞争优势，营造数字化智能化发展生态，让数字技术创造可持续的未来。这种可持续发展的过程是一种综合能力，它具有特殊性、不易被竞争对手模仿的优势、动态竞争优势的特征。持续发展数字技术，开拓探索数字技术的前沿应用，感知确定价值的能力是竞争力的质量指标。而管理能力、基础能力和创新能力等对技术竞争力起着重要的作用。数字文化治理亟须打造现代化的运行模式，促进数字文化组织优化与吸引发展，持续提升公共数字文化服务力与技术竞争力。数字文化技术竞争力是一个从理念到实施并体现的过程，塑造数字文化竞争力，培育数字文化竞争力，掌握数字文化的必备技术和能力，打造数字文化竞争力平台。在数字化进程的今天，以数字化、智能化转型打造公共数字文化技术核心竞争力，实现技术创新和公共文化业务深度融合，从而重塑数字文化竞争力并达到稳定、准确、可靠。在今天数字文化云时代，数字化技术竞争能力还是以文化资源内容为标志，其重点首先是文化资源数字化；其次是渠道的开发和价值效应。数字文化出口量就是技术竞争力，打造数字文化出海品牌，实现数字化时代的价值共生，数字化技术竞争力已成为国家间竞争的关键一环。推进公共数字文化融合开放与利用共享，洞见共享数据赋能新价值,提升数字文化技术竞争能力是一国凭借其文化传统与特色在数字文化治理中地位和作用的象征。

4. 有效提升科技影响能力。数字文化影响能力为建设中国特色社会主义提供精神价值。当前科技发展打破文化传播的时空界限,网络与数字文化内容出海成为提高文化软实力、提升中国全球文化竞争力和影响力的重要途径。中华民族创造的科技成果变成对精神发展创造必要前提的最强大杠杆,数字文化强国之路的动力在于科技的全面崛起,通过运用新科技不断创造数字文化新样态,加快布局国家数字化战略科技力量,提升实现数字化科技创新体系化能力的不断跃升,夯实崇尚科学、崇尚创新这一社会文明的重要标志和国家发展的重要文化基因。

在多元文化竞争的国际环境中,只有能满足公众个体文化需要的文化才有吸引力,进而才能影响世界,增强数字文化影响力和软实力,成为引领全球化的重要文化力量。推动科技向善、践行科技为民,以革新鼎新的创新气魄开启科技塑造数字文明新形态。用科技创造美好精神生活,才能塑造全球联动、网络共振系统,赋予全球性色彩,肩负起科技为民的天赋职责,共享现代化数字化科技文明。考量经济影响力与文化影响力往往不同步,文化创造力决定着文化影响力。如若没有数字文化现代化的治理能力作为支撑,就勿论参与数字文化现代化治理的影响力和积极效果。以满足公众日益增长的精神文化需求为目标,提高我国数字文化在世界文化当中的贡献度,在数字文化治理中发挥其影响力,增强我国数字文化的总体科技实力和国际影响力,进而为提高国家公共数字文化科技影响力创立丰功伟绩。

四 公共数字文化治理能力现代化的指标体系与评价内容

(一) 测量现代化指标体系的指标选取

对公共数字文化治理能力现代化进行评价,这将是一项持续性的能力建设工程,必须全方位综合考量包括文化吸引能力、知识创造能力、技术竞争能力、科技影响能力等各个方面,能否达到聚力打造、优势提升、优化管理、提质增效等特性。只有这样才能够建立一整套合乎实际情况的系统化的量化评价指标体系,这一个过程考验的就是研究者所构建的指标体系内涵是否合理、层次是否清晰。在研究制定指标时，依据公共数字文化事业发展战略和公共数字文化治理能力建设内涵，以及发达国家公共数字文化治理能力测量现状水平分析，采用德尔菲（Delphi）方法充分采集有关专家的经验，基于专家的反馈信息进行梳理与分析，遴选出公共数字文化治理能力测量现代化4个一级指标、12个二级指标（见图7.4）。研究还需继续将每一个维度进行分解，设计具体的三级指标完善每一个维度的评价，用于实际评价工作进行检验，逐步修正形成一套比较完善的评价体系。

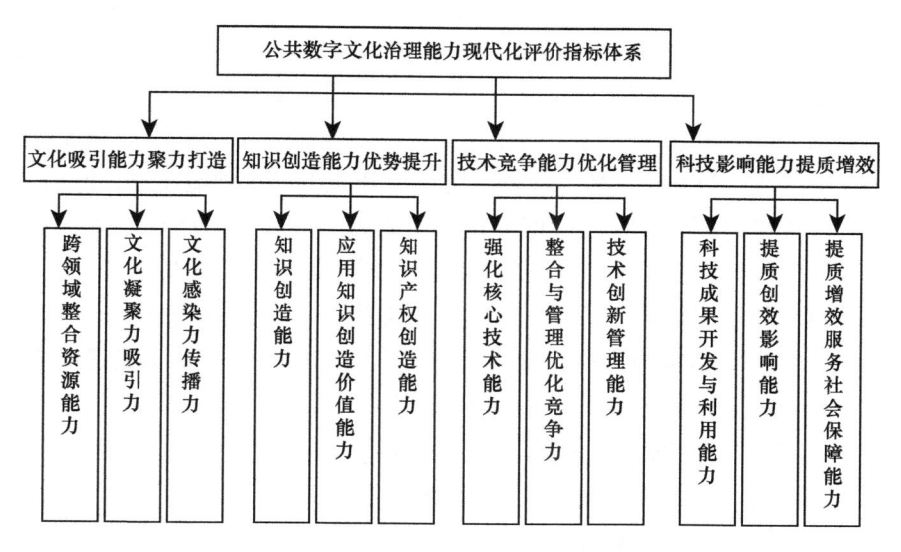

图7.4 公共数字文化治理能力现代化评价指标体系

（二）评价指标内容

1. 文化吸引能力聚力打造。首先，以多层次科学化的吸引体系作为理论基础，为公共数字文化治理能力现代化吸引提供基础和保障。其次，以多载体系统化的公共数字文化治理能力现代化特色吸引系列实践活动项目作为载体和核心，强化文化吸引，发挥示范引领作用，为提升公共数字文化治理能力现代化吸引能力提供实践机会和支撑平台。再次，合理划分吸引的层级和类型有助于科学评价国家公共数字文化治理能力现代化研究的价值。行动、组织和社会（战略、战术和战技）三个吸引层级的养成①。最后，无论何种吸引，必须有传承、有规矩、有新意、有拓展，都必须对国家公共数字文化治理能力现代化"学术知识大厦"有贡献。公共数字文化吸引能力主要靠对外部的吸引力表现出来，公共数字文化的吸引能力归根结底是文化的吸引力。文化吸引能力聚力打造的评价维度大体包括跨领域整合资源能力、文化凝聚力吸引力、文化感染力传播力等方面。

2. 知识创造能力优势提升。真正要达到治理能力现代化的状态和目标，就必须具备或拥有一种政策引导社会创造的能力，更重要的是知识创造管理的能力。强调多元主体的创造治理，是社会各方力量进行互动的结果，从而全面激发各类社会主体的积极性和创造力，从而达到治理效果的目的。实施知识环节的创造能力，强化知识创造力，激发创新创造活力，发挥数字文化资源优势，掌握创造数字文化的态度与能力。以系统集成强化知识创造，以更大力度提升知识产权创造质量，厚植知识产权优势，提高知识产权创造和应用能力。加大知识产权服务供给，提升知识产权创造、运用、管理、保护和服务能力，从而形成科学合理的规范框架。应该看到，这一进程是顶层设计和分层对接的"有机集成"②。知识创造能力优势提升标准的评价维度主要涉及知识创造能力、应用知识创造价值能力、知识产权创造能力三个方面。

3. 技术竞争能力优化管理。随着科技进步，经济全球化和需求高级化，产品、服务和品牌上竞争发展到技术竞争。核心技术的进步提高了公共数字文化管理复杂系统的能力，优化管理机制建设，引领管理能力提升。在这里，技术竞争是通过提高技术水平，能够使同样的成本、产品，得到更高的利润率。技术管理是公共数字文化核心竞争力的基础，优化技术管理为核心进一步围绕强化技术能力支撑、优化业务、管理能力，融入国家经济社会发展大局，为国家竞争力储能、赋能、提能，提升公共文化服务的整体竞争力，使数字文化事业成为更好适应、支撑、引领经济社会发展的"快变量"。加强自主研发技术知识产权保

---

① 李文彬、陈晓运：《政府治理能力现代化的评价框架》，《中国行政管理》2015 年第 12 期。

② 许才明：《民族乡政府治理能力现代化：意蕴与测评指标体系研究》，《天水行政学院学报》2016 年第 6 期。

护，加强供应链安全管理，提高管理效率，增强国际竞争能力和管理能力。培育中国数字文化品牌竞争力的战略思路，强化技术竞争力，并提出我国公共数字文化品牌竞争力提升的创造性策略。技术竞争能力优化管理的评价维度其中的强化核心技术能力、整合与管理优化竞争力、技术创新管理能力尤为重要。

4. 科技影响能力提质增效。科技的影响无处不在，以科技为砺剑提质增效，增强科技创新能力和行业影响力。科技能力是人类在生产中主要的基本的智力，指影响科技发展的所有因素的综合能力，科技能力是最富有创造性的能力。面对现代化建设对科技创新的战略需求，为此，要用科技提速提质，以提质增效助力高质量发展，强化文化战略科技力量，推动科技创新变革融合，实现系统性提质增效新阶段。

数据化是将数字化的信息进行条理化，数据化带来科学的决策。通过智能分析、多维分析、查询回溯，为决策提供有力的数据支撑。从众多的数据中抽取出信息，庞大的数据需要转向"内容+关系"的多维度研究①。当前公共数字文化科技研发领域利用计算机集群来大批量采集、存取、处理、分析、挖掘、预测和呈现数据的方法和手段，全面借助数字科技作为生产要素和科技引擎的存在，借助5G商业模式、智能硬件、AR/VR、数字媒体、短视频等主要业态提升科技研发能力，强化科技影响力，相信未来数字化对于科技研发领域的影响会逐渐提升。科技影响能力提质增效标准的评价维度包括科技成果开发与利用能力、提质创效影响能力、提质增效服务社会保障能力三种。

五 公共数字文化治理能力现代化评价的主体与方法

（一）优化评价的主体

对于参与公共数字文化主体各方治理能力的评价要给予重视。确定好参与治理主体之后，应该采取一定的方法对其进行国家数字文化治理能力的确定及评价。公共数字文化治理能力现代化的评价主体包括政府、社会组织、企业、专家、重要人物、智库、公众、服务对象等。由

---

① 张国山、刘智勇、闫志刚：《我国市场监管现代化指标体系探索》，《中国行政管理》2019年第8期。

第三方组织评价,糅合政府和政府以外两方面的主体优势,是提高评价公正性的理想选择①。

（二）评价体系的多元化

1. 评价目标的多元化。评价体系的构建要遵从构建原则、实现原则、构建过程、多元化评价方式的运用。以目标多元、方式多元为标志,确保公共数字文化治理能力以及多元化评价目标定位的清晰,尝试创新探索多元评价方式,是有效促进公共数字文化治理能力的动力创新评价方式,彰显公共数字文化治理能力的现代化特色；优化评价行为,促进公共数字文化治理能力评价行为的优化策略。

2. 评价内容的多维度。对公共数字文化治理能力评价方式进行多维度设定、完善、改进是重要的现代化目标。公共数字文化治理能力评价体系使用的指标既有客观性指标,也有主观性指标；既有正向性指标,也有逆向性指标；既有结果性指标,也有投入和过程性指标,所有这些定性与定量的指标交叉组合在一起共同构成一个相对科学的体系。

3. 评价方法的多样化。首先是开发动态式评价,实现评价更即时。采用客观评价和主观评价相结合,当前评价与未来调整相结合,定量分析和定性分析相结合,将自我评价与动态评价相结合,两者的结合可以实现对公共数字文化治理能力的全面评价。不同的治理评价类型和不同的测量工具决定着不同的评价。践行全员大众参与,让评价更具实效。其次是开发新媒体评价,实现评价更广泛。采用新技术直播开放,让公众和社会参与评价,社会的关注度和满意度更高,更激励公共数字文化的发展。最后是开发多维度评价,实现评价更多元。搭建多元评价平台,实现多维度评价,让公众和社会看得见,激发潜能。

（三）关于测评指标体系的补充说明

指标权重的确定对于公共数字文化治理能力现代化程度的测量有着极其重要的作用,有效的指标权重确定得运用正确的方法,但每种方法使用的宽度和深度都是受限的②。根据本书研究主题和指标体系的实际

---

① 吕朝辉：《边疆治理体系现代化视域下的规制稳边研究》,《湖北行政学院学报》2018年第5期。

② 高永久、孔瑞、刘海兵：《我国民族问题治理体系和治理能力现代化的结构研究》,《中南民族大学学报》（人文社会科学版）2016年第1期。

需要，可以拟采用专家咨询法来确定指数的权重，即征求多个不同研究领域专家的意见以避免不同个体之间存在专业、经验甚至个人性格特点等方面的不足，以便进一步确保权重的客观性、全面性和科学性。

作为国家治理能力现代化重要内容和组成部分的公共数字文化治理能力测量服务需求迅猛增长，使得公共数字文化治理能力为决策提供科学支持的作用日益凸显。公共数字文化的治理能力是公共数字文化发展的优化形态，发展目标具有阶段性特征的动态发展过程，未来也将成为公共数字文化发展战略方向的行动指南，有助于全面提升我国公共数字文化管理决策工作水平，进而提升公共数字文化管理在公共文化发展中的地位和影响力。国家公共数字文化治理能力现代化的实现需从文化吸引能力聚力打造、知识创造能力优势提升、技术竞争能力优化管理、科技影响能力提质增效四个方面同时发力，实现中国公共数字文化吸引思维、融合创造、竞争战略和影响力的重大跃升。公共数字文化不仅成为中华民族凝聚力和创造力的重要源泉，而且成为综合国力竞争的重要元素。公共数字文化的建设与应用如何评价，评价的出发点也在于公共数字文化服务是否"以人民为中心"——能够惠民和便民[①]。为切实提升公共数字文化治理状况进程的当务之急，设计一套适合我国实际的公共数字文化治理能力评价体系，作为能力现代化评价的最终目标，为公共数字文化治理能力的衡量提出一项科学合理的理论依据，从而使公共数字文化治理现代化水平达到一个崭新的研究高度。

---

① 李宗富：《信息生态视角下政务微信信息服务模式与服务质量评价研究》，博士学位论文，吉林大学，2017年。

第八章

公共文化智慧服务云平台的构建

公共文化服务平台是公共文化服务步入数字化时代的产物，随着现代信息技术的发展，我国公共文化服务平台建设已经具备一定规模，以国家公共文化云、国家数字文化网为代表的多级云服务架构已见雏形，各级各地图书馆、文化馆、博物馆等公共文化服务单位信息化、数字化建设也已初具基础，可以实现资源共享、应用集成、网络分发、评估管理、互联互通等功能。"有没有"公共文化服务的问题已得到一定程度的解决，"好不好"的问题开始浮出水面并成为公共文化服务平台建设的突出问题。种种迹象表明，公共文化服务平台的智慧化演进是公共文化服务发展的必然。人们越来越享受新型公共文化服务，越来越要求公共文化服务超越信息化数字化，向智能化智慧化转型。但现阶段公共文化服务平台建设却存在"孤岛"现象严重、智慧服务成分缺失等问题。一方面，来自不同体型的各种服务平台缺乏统一的标准和规范，导致存在严重的"数据孤岛、应用孤岛、硬件孤岛、管理孤岛"现象。另一方面，现有公共文化平台架构多基于传统网站架构，虽然汇集了电子图书、数字图像、在线音视频等各类数字文化资源，也面向包括农村地区在内的社会各层面用户开放服务，但智慧程度较低，用户体验颇差。

因此，本书根据公共文化服务的发展现状和态势，以云技术为支持，采用广泛接入、多维聚合、多维存储、模型算法、微服务等理论和技术，构建公共数字文化服务的多边平台以及基于机器翻译的图书馆多语言自动翻译平台。在平台构建过程中，综合权衡技术先进性与现实可达成、可接受之间的平衡，使平台置于中国社会、文化情境下，达成人、技术、文化、服务以及社会之间的协同治理。并在此基础上，对智慧公共文化服务云平台的用户利用和传播影响力问题展开评价研究。

第一节 公共数字文化服务的多边平台构建

一 多边平台理论的发展及应用

（一）多边平台理论

2001 年 Tirole 等①首次提出"双边市场"（Two-sided Market）概念，被视为"双边平台"（Two-sided Platforms，TSPs）理论的起源。此后，Wright②指出双边（多边）平台是连接两类或两类以上群体之间的交易，起中介作用；Rysman③提出广义上的双边市场是指两组代理通过中介或平台进行交互；Hagiu 等④指出多边平台使两个或两个以上的群体参与，并使之相互作用成为可能；等等。在现实环境中，平台容纳的群体种类通常远多于两种，所以称为"多边平台"（Multi-sided Platforms，MSPs）。总体而言，多边平台理论就是建设一个由多个主体相互作用的生态圈，在网络效应作用下，不断创造、传播、实现价值的商业逻辑。多边平台能够在两个或两个以上不同的群体之间进行直接交互，并且每一边都与平台紧密联系。其核心在于，以双边（多边）平台为研究对象，利用群体关系建立起平台各方增值的可能。

（二）经典多边平台架构

互联网应用的发展促进了多边平台理论和实践的深入，Facebook、Amazon、阿里巴巴、百度等平台的崛起催生了平台战略学。目前，经典的双边（多边）平台架构主要有三种⑤。

1. 以"商家—消费者"为基本架构的双边平台框架，是多边平台

---

① Rochet J. C., Tirole J., "Platform Competition in Two-Sided Markets", *Journal of the European Economic Association*, Vol. 1, No. 4, June 2001, pp. 1 – 45.

② Wright J., "The Determinants of Optimal Interchange Fees in Payment Systems", *Journal of Industial Economics*, Vol. 52, No. 1, March 2004, pp. 1 – 26.

③ Rysman M., "The Economics of Two-sided Markets", *The Journal of Economic Perspective*, Vol. 23, No. 3, 2009, pp. 125 – 143.

④ Hagiu A., Wright J., "Multi-Sided Platforms", *International Journal of Industrial Organization*, Vol. 43, November 2015, pp. 162 – 174.

⑤ 陈威如、余卓轩：《平台战略：正在席卷全球的商业模式革命》，中信出版社 2013 年版。

框架的基础构建单位。图 8.1 中的圆形"平台"是指一个能够包容双边（多边）市场的交易服务中心，梯形则代表特定的使用者群体。目前互联网上的电子商务平台基本上均属于这种双边模式。

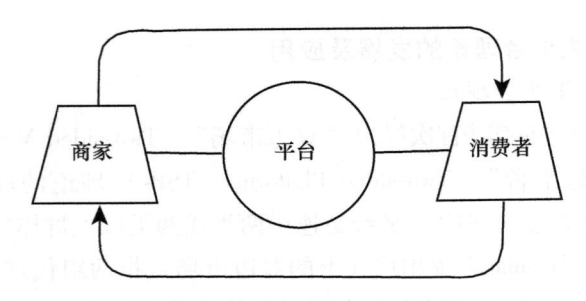

图 8.1 双边平台模式基本架构

2. 以"三边"为平台生态圈的核心，图 8.2 讲的是内容产业平台，即"内容—使用者—广告商"三边平台框架①。三个群体以循环方式吸引彼此（即广告商被使用者吸引而来、使用者为了内容而来），缺一不可。搜索引擎的商业模式大多属于这种"三边"模式，其连接的三边是"网站—网民—广告商"。

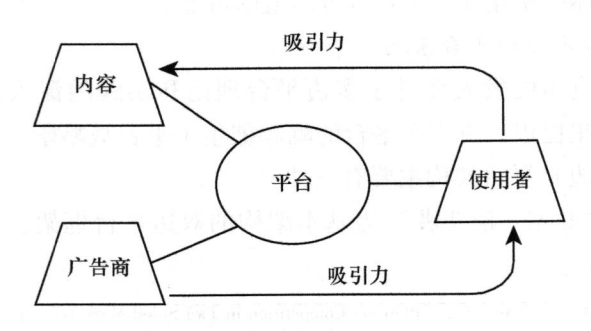

图 8.2 三边平台模式基本架构

3. 在实际商业场景中，平台战略模式随着各种应用场景的变化和发展通常呈现为"多环状平台战略模式"。例如，淘宝、亚马逊这些覆

---

① 陈威如、余卓轩：《平台战略：正在席卷全球的商业模式革命》，中信出版社 2013 年版。

盖范围较广、由众多软硬件生态圈串联而成的"多环状生态圈",具有复杂的平台模式架构——多环状平台模式。在此模式下,平台架构由一个核心平台连接多个附属子平台,使其凝结更多的用户于核心平台之中,详见图 8.3。

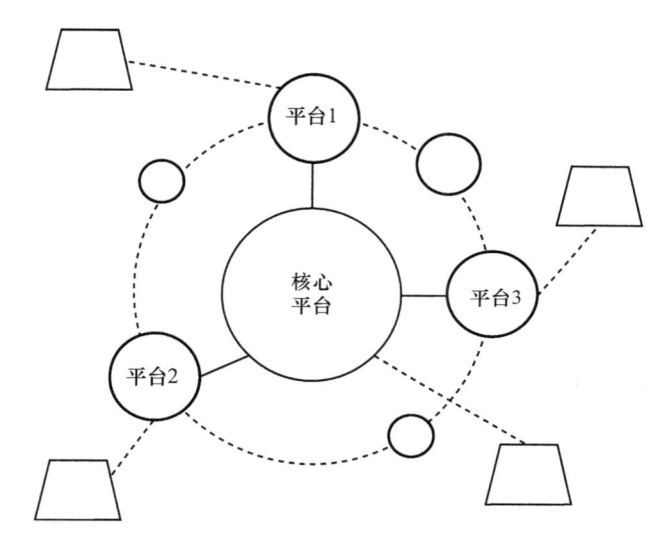

图 8.3 多环状平台模式基本架构

（三）平台理论在公共治理领域的应用

平台理论发端于经济学并广泛应用于商业领域,形成了平台经济学、平台战略学等热门研究主题。有学者将其引入公共治理领域,落脚点主要是政府治理。平台理论涉及多群体间的合作,与现代公共治理理论所提倡的多元主体共治相一致。O'Reilly[1] 提出政府应向企业平台学习,利用用户的力量实现协同治理、透明政府与公众参与。Janssen 等[2]首次提出了"基于平台的治理"（Platform-based Governance）的智慧政府平台框架,通过整合不同的服务、功能和技术,连接不同用户群,创造共同体,以此降低交易成本、实现共同价值。《平台战略》[3] 提出,

---

[1] O'Reilly T., "Government as a Platform", *Innovations*, Vol. 6, No. 1, 2010, pp. 13 – 40.

[2] Janssen M., Estevez E., "Lean Government and Platform-based Governance—Doing More with Less", *Government Information Quarterly*, Vol. 30, January 2013, pp. 1 – 8.

[3] 陈威如、余卓轩:《平台战略:正在席卷全球的商业模式革命》,中信出版社 2013 年版。

政府和非营利性组织完全可以借助平台的力量扩大影响力并创造公共价值。刘家明[①]指出公共部门可以利用多边公共平台，构建多边群体共赢的生态模式。这种模式的形成得益于网络的兴起，由于政府与公众之间传统关系的削弱，在开放环境下用户可以访问各种信息、文档和数据集。

二 多边平台理论对公共数字文化服务的适用性

（一）资源共建共享的一致性

公共数字文化服务得以实现的核心就是数字资源。需要利用技术手段，实现各方资源的汇集，并在统一平台上整合、使用。但目前存在公共数字文化资源标准不一、构建分散，各级文化站点分布零散、服务能力不平衡等现实问题。并且，信息技术在扩大服务平台潜在应用领域和增加创新服务价值的同时，也导致技术平台数量激增和平台复杂性加剧[②]。所以，无论是已有资源的统筹存储、网络资源的采集，还是资源数据结构化、标准化处理等，都需要引入新的公共治理等理论。利用多边平台理论，可以尽可能将各机构的文化服务站点聚集起来，从而构建机构合作、资源整合、用户参与的交叉服务模式，进一步吸引用户、扩大服务效果和创造价值。

（二）开放互动原则的一致性

多边平台理论研究和应用的对象一般是一个多主体共享的生态系统，强调平台构建的目的在于实现其价值，即通过网络效应推动两个或以上的群体进行互动、实现共赢[③]。区别于技术平台、产品平台，多边平台的"多边"特质强调开放互动[④]。公共数字文化服务正是建立在这种多边开放互动的服务模式之上的，为各方制定互动规则、提供互动条件及空间。其开放性反映在公共数字文化服务平台的自愿参与和平等协

[①] 刘家明：《平台型治理：内涵、缘由及价值析论》，《理论导刊》2018年第8期。

[②] Hagiu A., *Multi-Sided Platforms: From Microfoundations to Design and Expansion Strategies*, Boston: Harvard Business School, 2007, pp. 1–26.

[③] Evans D. S., Schmalensee R., *Catalyst Code: The Strategies Behind the World's Most Dynamic Companies*, Boston: Harvard Business School Press, 2007, p. 27.

[④] 刘家明：《公共部门的多边平台战略：内涵、原理及优势》，《湖北行政学院学报》2019年第1期。

商中，在平台生态系统中创造网络协同和高效运行的创新服务模式。而其互动模式，则体现在公共数字文化服务平台为管理者、开发人员、用户等各方提供相互交流以及共享数据、服务和应用程序的空间。

(三) 用户生态圈构建的一致性

多边平台理论强调，吸引用户才能形成良好的生态圈，公共数字文化平台同样需要解决用户活跃度等问题。多边平台理论注重网络效应 (Network Effects)，即商品或服务的价值依赖于使用它的人的数量，以形成不可预估的增值①。公共文化服务领域的网络效应可理解为平台服务价值的提升及用户满意度的提高。用户忠诚度越高，在带动平台潜在用户参与时，也可以推动平台服务的提升。反之，平台资源的集中、质量的提高、服务的发展，同样也可以正向作用于用户。网络效应把公共数字文化服务平台上的各方主体密切联系起来，使得平台多边主体组成关系网络，形成一个紧密依存、互动发展、合作共赢且有附加价值的生态圈，从而增强用户对平台的忠诚度和活跃度，使得服务效能得到提高。

(四) 服务平台动态发展的一致性

虽然公共数字文化领域的平台没有像商业平台那样，因竞争等存在自我扩张和抵御攻击风险及威胁的强烈需求，但是平台的活跃度依然需要受到关注及重视。现有的一些公共数字文化平台，本身是分阶段建设起来的，其资源、技术和服务需求等在不断地发展，因此具有动态发展的特点。例如，数字图书馆推广项目不断增加参与机构，截至 2017 年已经覆盖 41 个省级图书馆、486 个地级图书馆和 2900 多家县级图书馆②。再如，许多公共数字文化平台的服务形式也在不断升级，如新增 QQ、微博、手机号等第三方快速注册/登录的便捷方式。由此可见，公共数字文化服务平台在对机构参与、资源整合和用户服务上，不断探索平台发展的可能性及创新性。此外，公共数字文化平台同样可以吸纳社会力量的积极参与，让公民个体、社会机构或文化企业等有渠

---

① Michael L. K., Shapiro C., "Network Externalities, Competition and Compatibility", *American Economic Review*, Vol. 75, No. 3, 1985, pp. 424 - 440.

② 国家图书馆：《数字图书馆推广工程》，http://www.ndlib.cn/gcjs_1/201108/t20110818_47872_1.htm, 2019 年 5 月 3 日。

道将文化资源上传到平台,从而实现公共数字文化多边平台的动态发展。

三 公共数字文化服务多边平台的构建

(一)定位

公共数字文化服务多边平台提供了完善的"交流规则"与良好的"互动环境",让资源可以在平台各边群体之间进行传递,并在此过程中得到增值。①实现关系网的增值。对公共数字文化服务多边平台,使用用户越多,其汇集、分析的用户数据将更全面,所提供的服务更具针对性;越多机构上传数字文化资源,平台资源会更全面、可发挥的价值更大。②增强用户归属感。公共数字文化服务多边平台塑造了平台与用户之间的连接意识。在这一过程中,平台通过多种接入技术,让服务更全面、操作更简易、沟通更流畅,从而使用户养成使用平台的习惯。③探索共赢模式。虽然不像企业平台以营利为目的,但公共数字文化服务多边平台也需要实现"共赢"。公共数字文化服务多边平台是资源的集成者、多边群体的服务中心,是平台生态系统的领导者,通过对反馈信息及行为数据进行收集整理,从而使得多边群体的互补需求被激发,产生创新服务。④提高服务效益。公共数字文化服务多边平台通过开放共享模式,让各级文化机构、社会群体及个人等多元资源供给主体联结在平台上,各类资源的集聚,带来服务的多元化,从而把服务对象也吸引到平台上,并减少因重复建设带来的资源浪费。⑤提升数字资源价值。公共数字文化服务多边平台可以改变当前公共文化机构可用数据资源激增而利用率不高的现象,因为平台在收集、整合各机构数字资源的同时,还关注资源的增值,在此基础上通过数据驱动的创新服务进一步挖掘、实现和提升资源价值。

(二)概念框架

1. 多边群体。基于多边平台理论,可以将公共数字文化服务多边平台视为一个服务平台,连接的使用者包括服务用户、平台建设方、文化资源提供主体等多边群体。近年来,图书馆、博物馆、文化馆等公共文化机构注重资源的数字化加工,已形成众多一站式数字文化服务平台,表8.1选取了具有代表性的6个数字文化服务平台。其中,服务用户基本为符合平台注册条件的公众个体用户和机构群体用户。平台建设方可简单分为三种类型，即图书馆、信息情报研究所、项目专门成立的管理中心。因为国家级、省级图书馆资源保有量丰富，数字图书馆建设较博物馆、文化馆等起步早，所以以图书馆为中心的平台建设有着先天优势。有一定数量的省级资源共享平台是以信息情报研究所为牵头单位，其技术优势可更好地串联各类机构的文化资源，与纯粹的图书馆联盟型平台有所区别。从文化资源提供主体看，各级各类图书馆推动了我国文化资源数字化规模的扩大，提供了最为基础的资源保障，是文化资源提供主体的中坚力量。同时，其他各类文化机构也在不断推进数字化建设，上传其文化资源。

表8.1 我国公共数字文化服务项目

项目名称	成立时间	主导单位	成员机构
上海市文献资源共建共享协作网	1994	上海图书馆	各类图书馆64家，其他类型机构16家
全国文化信息资源共享工程	2002	全国文化信息资源管理中心	各级公共图书馆、文化馆（站）、博物馆等
江苏省工程技术文献信息中心	2004	江苏省科学技术情报研究所	各类图书馆7家，其他类型机构3家
浙江省科技文献共建共享服务平台	2005	浙江省科技信息研究院	各类图书馆6家，其他类型机构9家
数字图书馆推广工程	2011	国家图书馆	各级公共图书馆3000余家
首都图书馆联盟	2012	首都图书馆	各类图书馆64家，其他类型18家

2. 框架设计。公共数字文化服务多边平台，以共建、共治、共享作为战略目标，以普惠性、开放性、平等性为服务原则。结合公共数字文化服务发展现状，借鉴上文所介绍的多边平台模式，本书构建一个符合公共数字文化服务特点的公共数字文化服务多边平台概念框架（见图8.4）。

公共数字文化服务多边平台的基本架构是一个三边平台模式，平台

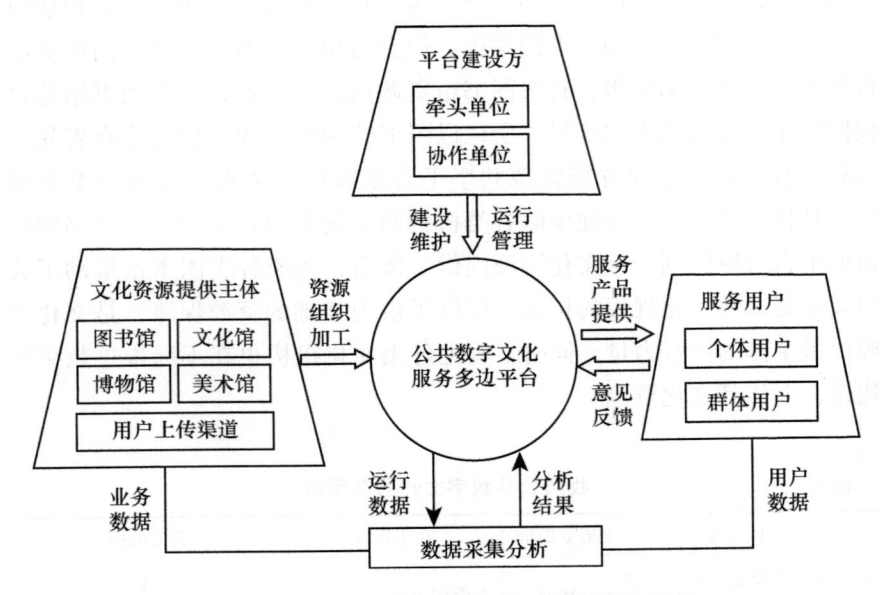

图 8.4　公共数字文化服务多边平台的概念框架

连接着三类基本使用群体,即服务用户、平台建设方和文化资源提供主体。服务用户,是指享受平台所提供的公共文化资源、产品或服务的主体对象。平台建设方,是指平台的主要责任主体,进行平台的规则制定、运作管理、监督评估等,多为公共平台建设的牵头单位,也包含多层级的协作单位。文化资源提供主体,是指以直接或间接形式上传数字文化资源的主体对象,主要是多层级的公共文化机构[①]。

在公共数字文化服务多边平台中,平台建设方是责任主体,负责平台的开发、运行及维护,确定标准规范、制定运营规则、提供技术支撑等,利用各类开发、管理及应用工具,全面支持数字文化服务进程,提供有效的管控。文化资源提供主体按照平台的统一要求上传数字资源,平台也为服务用户提供资源上传的渠道,并以统一标准对资源进行聚合和整理。平台应具有对资源进行分类、组织等功能,使各类应用均可充分调用平台资源,以便用户通过多类终端访问平台,从而实现公共数字

---

① 罗云川、张桂刚:《公共数字文化共享:模式、框架与技术》,社会科学文献出版社 2018 年版,第 6—7 页。

文化资源共建共享。此外，用户的行为数据和反馈信息会被平台所接收，并进行一定的分析处理，为实现资源的优化重组提供数据支撑，进而实现服务的创新。在公共数字文化服务多边平台生态圈中，资源的传播者和使用者利用平台作为中介进行良好的双向互动，使资源的价值得以实现和提升。这个平台产生的正向网络效应，将会使多方之间的紧密度得到进一步提高。

（三）建设重点

1. 平台对接整合。平台建设方必须加强平台的对接整合，构建一个标准化的公共数字文化服务多边平台。面对当前一站式数字文化服务平台众多（部分项目见表8.1），各类"子平台"（包括各种资源平台、业务平台、应用平台等）繁杂的现实情况，公共数字文化服务多边平台所要整合的不是单一类型的机构，因此在建设过程中更加需要通过对现有资源的有效对接和整合，使平台建设效益、资源建设效率和服务质量得到保证和提高。公共数字文化服务多边平台的对接整合，首先，要充分利用现有的服务建设成果，实现边建设、边服务的功能；其次，促进技术升级、平台改进、管理规范，进一步保证平台有效地运行、管理和维护；最后，不断开发服务内容，以实现更强的网络效应，聚集服务用户、提高服务质量。在公共数字文化服务多边平台运营过程中，无论是针对于平台用户的资源服务，还是针对于建设方的业务服务，或者是面向资源提供主体的资源上传服务，等等，都需要不断探索更高效的服务方式，以提高平台使用活跃度。此外，通过平台对接整合，还可以进一步对平台数据进行统一的加密处理、资源分级分类、用户访问控制等，保证用户信息和文化资源的安全性。

2. 资源共建共享。公共数字文化服务多边平台构建的目的之一，在于让资源可以在各边群体之间进行有效传递并提供优质服务。平台的文化资源提供主体要提升资源供给与自身获取资源的互动，文化机构是资源供给者，同时也是资源的利用方。文化机构定期向平台上传其资源，构成平台的基础核心资源，平台也可通过元数据收割、网络爬虫等技术手段丰富平台资源。公共数字文化服务多边平台需要定期开展数字资源联合建设，并组织专家进行检查，以保证平台资源的质和量。此外，各类文化机构对文化资源的需求具有较高的相似度，而各级机构之间的资源能力、服务能力、技术能力等参差不齐。实力雄厚的国家级、省级文化机构各自构建自己的数字化平台，服务内容交叉过多，存在重复建设现象；而基层文化机构在自行构建数字化平台上又存在困难，因此平台的共建共享就显得尤为重要。在这个过程中，数字文化资源不仅得到有效整合与存储，更可节省各文化机构在开发、运行、管理和维护平台上所耗费的人力、物力、财力成本和资源。

3. 服务效能升级。公共数字文化服务多边平台建设成效依托于平台的运营，并最终体现在用户服务体验上。对服务用户而言，平台使用的便捷性体现在降低使用门槛、简化使用流程、提升检索效率等方面；服务的针对性反映在对用户需求进行分析，探索普适性服务和个性化服务上；平台与用户的互动性，在于平台能够提供用户意见反馈渠道，并在平台有能力去审核资源的情况下，以实名制的形式允许个人上传文化资源到平台上并公开。需要注意的是，深化平台功能需要避免负面效应的产生，比如，用户数据采集分析要把握一个度，提供个性化服务时，不要让用户感受到自己的行为被监控而产生不适感，即保护好用户的信息隐私权。另外，制定政策标准时，也需要将业务数据作为辅助决策的资源，多方考虑各机构自身的能力、服务推广和落实的现实情况，给予基层文化机构帮扶支撑。

第二节 基于机器翻译的图书馆多语言自动翻译平台构建策略

一 国内外图书馆多语言翻译研究现状

图书馆依靠馆员或者专业翻译人员提供少量的专业翻译服务。现有的多数翻译服务依旧停留在人工翻译主导的以双语为主、少量多语为辅的服务模式。然而随着图书馆数字化、智慧化的转型，体量庞大以及语种多样的信息资源开始涌入图书馆。基于以用户为中心的图书馆服务准则，将信息转换为用户所熟悉的语言，提供可理解的信息将会是图书馆未来的重点工作内容之一。显而易见，从经济成本、时间成本等角度出发，已有的人工翻译已经无法负荷如此海量的数据。

第八章　公共文化智慧服务云平台的构建　281

通过调查国内外图书馆多语言翻译研究现状发现，图书馆关于多语言翻译的讨论局限于跨语言信息检索平台的研究。但是，从提供翻译服务的角度出发，跨语言信息检索平台只涉及机器翻译技术，而不涉及翻译服务，平台所提供的信息无法全部以用户所熟悉的语言展现。即以往利用机器翻译技术提供的翻译只是为检索服务，机器翻译作为一项辅助技术，并没有为用户提供翻译服务。

更有研究表明，除了机器翻译技术外，跨语言信息检索平台还可以利用本体、双语词典、语料库等简单技术提供翻译支撑[1]，众多学者之所以将机器翻译技术作为跨语言信息检索平台的研究重点，是因为相比之下，机器翻译技术更为高级，其不仅可以翻译单词、短语，还可以翻译长句子、篇章以及长文。但是，如何克服机器翻译技术的局限性、优化机器翻译系统性能，从而以此提供更好的翻译服务始终是图书馆需要进一步探讨的问题。

（一）国内研究现状

国内学者对图书馆领域多语言翻译的研究侧重于信息检索的语种多样性。杜慧平等[2]对中国留学生在英国谢菲尔大学图书馆的习惯偏好进行问卷调查分析，研究发现他们在查询提问时对翻译工具依赖较深，但是对翻译结果却并不是很满意，他认为机器翻译可能会对留学生们提高信息利用率有所助力，需要进一步探索研究。司莉等[3]把欧洲数字图书馆（European Digital Library，EDL）、世界数字图书馆（World Digital Library，WDL）、国际儿童数字图书馆（International Children's Digital Library，ICDL）等数字图书馆项目作为研究对象，他们认为如今在互联网技术的推动下，提供多语种信息资源的跨语言检索服务是亟须解决的难

---

[1] 司莉、周璟：《"一带一路"多语种共享型数据库的跨语言检索功能分析与开发策略》，《图书情报工作》2021年第3期。

[2] 杜慧平、李旭光：《多语言信息存取的潜在用户调研——以英国谢菲尔德大学留学生为例》，《知识管理论坛》2013年第6期。

[3] 司莉、周璟：《"一带一路"多语种共享型数据库的跨语言检索功能分析与开发策略》，《图书情报工作》2021年第3期；杜慧平、李旭光：《多语言信息存取的潜在用户调研——以英国谢菲尔德大学留学生为例》，《知识管理论坛》2013年第6期；司莉、贾欢：《2004—2014年我国多语言信息组织与检索研究进展与启示》，《情报学报》2015年第6期；李月婷、司莉：《基于语义的多语言信息组织模式研究》，《图书馆论坛》2016年第2期。

题。司莉等①对上述几大数字图书馆的信息检索平台进行调研,她认为可以通过机器翻译、语料库、字典或词典的方法实现跨语言翻译,而只有应用机器翻译技术的跨语言信息检索平台初步实现跨语言检索,平台界面以及检索支持语种也初具多样性,同时她也指出需要充分利用机器翻译等技术优势加快研发以应用为导向的多语言信息检索平台,提供更精确且多样的服务。李月婷等②则在此研究的基础上,对Yahoo、Google、Bing等目前9个提供多语言服务的搜索引擎进行测评,研究发现由于Google、Bing利用机器翻译技术进行实际检索翻译的效果并不理想。张彦文③认为机器翻译应用于跨语言甚至多语言信息检索时容易出现歧义问题,提出利用平行语料库和双语词典实现消歧的目的,但是,他并没有对实际应用效果进行测评。

检索作为图书馆领域重点研究问题,国内众多学者期望通过利用机器翻译技术实现跨语言乃至多语言检索。研究发现,机器翻译技术在某种程度上的确能够为跨语言检索提供助力,但是由于机器翻译自身的技术局限性,其目前还无法完美地为检索提供支撑。如何解决检索时常出现的歧义等问题,是机器翻译需要攻克的技术难点之一。

(二)国外研究现状

国外学者则从大环境扫视、跨语言信息检索两个角度对图书馆的多语言翻译服务进行研究。Budzise-Weaver等④选取了美国古腾堡计划、国会图书馆边界会议、国际儿童数字图书馆以及拉丁美洲开发档案馆四个多语言数字图书馆进行调研,发现这四个图书馆均依靠图书馆馆员以及专业翻译人员建立多语言馆藏和服务,并且对于馆藏的多语言访问,没有一家图书馆使用机器翻译技术,他认为随着机器翻译技术的进步和社交媒体的广泛应用,多语种数字图书馆可以通过众包以及新技术的应用

---

① 司莉、周璟:《"一带一路"多语种共享型数据库的跨语言检索功能分析与开发策略》,《图书情报工作》2021年第3期;司莉、贾欢:《2004—2014年我国多语言信息组织与检索研究进展与启示》,《情报学报》2015年第6期。

② 李月婷、司莉:《基于语义的多语言信息组织模式研究》,《图书馆论坛》2016年第2期。

③ 张彦文:《iCLIR用户交互技术策略对比研究》,《图书情报工作》2014年第14期。

④ Budzise-Weaver T., Chen J., Mitchell M., "Collaboration and Crowdsourcing: The Cases of Multilingual Digital Libraries", *The Electronic Libraries*, Vol. 30, No. 2, 2012, pp. 220–232.

实现更多更好的多语言馆藏和服务。*Tripathi* 等[1]发现虽然目前图书馆系统中没有应用机器翻译技术，但是图书馆馆员却依赖 Babelfish 和 Google Translator 等许多翻译工具为用户提供可理解的信息。因此，他提出图书馆馆员应充分考虑机器翻译在图书馆应用中的可能性，继而为用户提供多语言翻译服务。Luneva[2] 提出利用机器翻译技术构建多语言知识库才是图书馆实现多语言翻译服务的现代趋势。Diekema[3] 是跨语言检索领域资深的研究者，2012 年发表了《数字图书馆的多语言化综述》，他认为虽然目前全球提供多语言检索服务的数字图书馆数量以及提供可供检索的语种较少，但是在未来会不断增长。Mozgovoy 等[4]提出一种包含本体的多语言翻译词典的方法，期望以此实现图书馆的跨语言信息检索，但是真实应用效果仍未知。Hufflen[5] 则提出多语言标记自动化，图书馆馆员对数据进行人工标记，以此实现图书馆的多语言检索。Kituku 等[6]认为相较于其他方法，机器翻译才是更好的适合多语言翻译的方法，其性能更好，结构更经济，因此更加适用于图书馆。

  研究发现，国外学者认为，虽然实现跨语言检索的方法有很多，但是机器翻译技术在多语言信息服务以及多语言检索方面具有一定的应用优势，且随着图书馆的发展，机器翻译技术会得到更加广泛的应用。并且提出构建知识库、多语言标记自动化等方法，解决机器翻译技术在某些场景下翻译性能较差的问题，以此提高机器翻译在图书馆中的适用性。

---

[1] Tripathi S., Sarkhel J. K., "Approaches to Machine Translation", *Annals of Library and Information Studies*, Vol. 57, 2010, pp. 388 – 393.

[2] Luneva N. V., "Architecture and Metadata of Multilingual Linguistic Knowledge Base", *Sistemy I Sredstva Inform*, Vol. 17, No. 1, 2007, pp. 317 – 336.

[3] Diekema A. R., "Multilinguality in the Digital Library: A Review", *The Electronic Library*, Vol. 30, No. 2, 2012, pp. 165 – 181.

[4] Mozgovoy M., Kakkonen T., "An Approach to Building a Multilingual Translation Dictionary that Contains Case, Prepositional and Ontological Information", paper delivered to Proc. of the 12th Int'l Conf. on Humans and Computers, 2009.

[5] Hufflen J. M., "Languages for Bibliography Styles", *TUGB*, 2008, pp. 401 – 412.

[6] Kituku B., Muchemi L., Nganga W., "A Review on Machine Translation Approaches", *Indonesian Journal of Electrical Engineering and Computer Science*, Vol. 1, No. 1, 2016, pp. 182 – 190.

二 机器翻译概述

1949 年 Weaver[1] 在《翻译备忘录》中首次提出机器翻译（Machine Translation）这一概念，他认为机器翻译是可计算的，可解释为计算机解读密码的过程（见图 8.5），自此拉开了机器翻译的研究序幕。1979 年严怡民[2]发表《国外科技情报工作的发展趋势》一文，开启了国内图书馆研究机器技术的大门，他认为机器翻译即模仿人工翻译，按照规则将一种语言分解为另一种语言的过程。2002 年臧国全[3]发表的《论网络信息组织》是图书馆领域研究机器翻译技术被引数最高的文献，文中首次将机器翻译等技术与数字图书馆发展建立连接，是图书馆领域内比较经典的研究机器翻译的文献。从机器翻译概念被提出，到国内图书馆开始关注机器翻译技术，再到图书馆对机器翻译的研究进一步升级，机器翻译技术经历了多次发展转型。

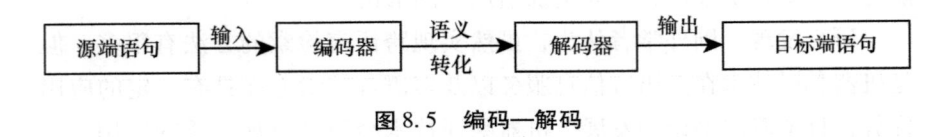

图 8.5 编码—解码

随着人工智能领域基于数据和统计的经验主义方法的逐渐盛行以及平行语料规模和计算机运算能力的逐步提高，机器翻译经历了基于规则的方法、基于统计的方法以及基于神经网络的方法三个阶段。目前主流的神经网络机器翻译系统往往包含数以亿计的参数，并使用数百万级别的平行语料进行参数学习，其在多语种应用场景中的翻译质量已经远远超越了传统的机器翻译方法，并被各大互联网公司广泛地应用在自己的产品中，例如百度翻译、腾讯翻译君、科大讯飞晓译翻译机、小牛翻译、谷歌翻译等。机器翻译速度快，操作过程简单易懂，用户在不需要具备太多专业知识的情况下就能够通过简单操作实现对语言信息的理解。面对图书馆海量的多语言信息数据，若聘请专业人员进行翻译，虽

---

[1] Weaver W., "Translation", *Machine Translation of Languages*, Vol. 14, 1955, pp. 15 – 23.
[2] 严怡民：《国外科技情报工作的发展趋势》，《黑龙江图书馆》1979 年第 3 期。
[3] 臧国全：《论网络信息组织》，《图书情报知识》2002 年第 3 期。

然在一定程度上可以保证译文的质量，但是往往成本过于高昂。而机器翻译由机器完成大部分的工作，因此与人工翻译相较而言，机器翻译可大幅减少人力成本、经济成本，且需处理的数据量越大，机器翻译的优势越明显。基于机器翻译成本低、速度快并且可以同时响应大量用户需求的优点，其在图书馆领域理应具备一定的应用优势。

然而，也有研究表明，受限于数据稀疏的问题，机器翻译在低资源的小语种以及专业领域，例如在医学文献、法律文献等模块中的翻译效果较差。国外学者 Escolano 等[1]、Farhan 等[2]、Harrat 等[3]等提出利用机器翻译训练模型的方法来解决低资源领域相关问题，但是，目前已有的技术水平只能从单方面提高机器翻译的性能，若要完全解决所有遗留问题还需进一步的探索。

尽管如此，国内外学者还是对机器翻译在图书馆中的应用前景保持高度的信心。邓万云[4]在第五届科技情报工作研讨会中提出，机器翻译等互联网技术将会为科技信息服务开拓新领域，从而提升图书馆的服务质量。Gupta 等[5]认为机器翻译技术优化升级对图书馆的发展转型具有重大意义。Diekema[6]则具体从创建数字图书馆的角度出发，认为让用户跨越语言障碍获取所需信息资源需要不同专业领域人员以及不同组织之间的共同协作，利用机器翻译技术完成这一富有挑战性的任务。并且为了提高机器翻译技术的可用性，学者们一致认为，在无法突破机

---

[1] Escolano C., Costa-Jussà M. R., Fonollosa J. A. R., "From Bilingual to Multilingual Neural-based Machine Translation by Incremental Training", *Journal of the Association for Information Science and Technology*, Vol. 72, No. 2, 2021, pp. 190 – 203.

[2] Farhan W., Talafha B., Abuammar A., et al., "Unsupervised Dialectal Neural Machine Translation", *Information Processing & Management*, Vol. 57, No. 3, 2020, pp. 102181.1 – 102181.15.

[3] Harrat S., Meftouh K., Smaili K., "Machine Translation for Arabic Dialects (Survey)", *Information Processing & Management*, Vol. 56, No. 2, 2019, pp. 262 – 273.

[4] 邓万云：《利用 Internet 开拓我州科技信息服务新领域》，第五届全国科技情报工作研讨会论文，2006 年，第 204—208 页。

[5] Gupta B. M., Dhawan S. M., "Machine Translation Research: A Scientometric Assessment of Global Publications Output during 2007 – 16", *DESIDOC Journal of Library & Information Technology*, Vol. 39, No. 1, 2019, pp. 31 – 38.

[6] Diekema A. R., "Multilinguality in the Digital Library: A Review", *The Electronic Library*, Vol. 30, No. 2, 2012, pp. 165 – 181.

器翻译技术局限性的情况下，建议将机器翻译技术与人工翻译相结合，提出人机协同的工作模式，期望能在有限的条件下获得更优的翻译结果。

三　基于机器翻译的多语言自动翻译平台架构设计

研究发现，目前图书馆领域学者重点研究机器翻译技术在跨语言检索中的应用实践。多语言翻译服务作为图书馆未来提供的重点服务之一，传统的人工翻译已经无法紧跟图书馆的发展步伐。为了更快更好地满足更多用户的需求，利用机器翻译技术势在必行。但是，由于图书馆需要多语言翻译服务的场景较为分散，机器翻译技术自身也存在一定局限性。所以，本书提出构建多语言自动翻译平台，并对平台构建的必要性进行深入分析，在充分考虑机器翻译技术障碍前提下，提出多语言自动翻译平台的构建策略，期望获得一个翻译性能更优、可以满足用户需求的多语言自动翻译平台。

（一）平台构建必要性分析

目前，普遍存在的现象是绝大部分用户往往只能掌握一到两门语言，但已有信息可能以多种语言形式存在，因此，用户往往希望这些信息能够被转换成熟悉的语言，从而获得可理解信息。研究现状表明，现如今机器翻译技术还不成熟，图书馆领域还没有大规模地应用机器翻译。但是，结合已有的少量应用实例效果以及理论优势分析发现，现有的机器翻译技术已经能够较为精确地对标题、关键词、摘要等简单信息进行翻译，并为用户呈现复杂原文的大意。若需更加精确的专业翻译服务，则需要进一步优化机器翻译技术并辅之人工翻译。综合来看，相较于以往只使用人工翻译，应用机器翻译技术能够帮助图书馆提供更加高效的服务，机器翻译技术在图书馆会有很好的应用前景与发展潜力。

构建智慧图书馆的目的是更好地管理与服务，使工作优而善、服务精而准。图书馆涉及翻译服务的场景很多，不同场景下对机器翻译性能要求不一。若是单独为一个应用场景设计或引入一个机器翻译系统，则会大大增加图书馆的服务成本，也给图书馆馆员造成了一定的管理负担。有学者对用户需求进行问卷调研发现，用户期望图书馆能够将多语言信息进行整合，集中处理用户的翻译服务需求①。

因此，本书提出构建多语言自动翻译平台。平台可以整合目前所有的技术优势，并且图书馆可以集中精力优化一个翻译系统，在不断优化的过程中，其综合性能有望超过现有的单独在线翻译系统，帮助图书馆提供更加精准的翻译服务；因此，本书提出构建的多语言自动翻译平台更加符合智慧图书馆智能化、精准化服务等要求②。图书馆为用户提供信息服务时，平台在后端提供全面的翻译支撑，即时地将用户所需获取的信息转换为熟悉的语言，其中包括为跨语言信息检索涉及的翻译提供支持。其不同于直接引入已有的在线翻译系统，用户无须单独在平台上输入所需翻译的关键词、句子或长文，即可获取可理解的信息。

（二）平台构建策略

多语言自动翻译平台以机器翻译技术为核心，但由于智慧图书馆资源的独特性，平台往往需要处理长篇幅的原文以及多领域、多语种的信息资源，而现有机器翻译在上述情况下还存在一定缺陷。因此，在设计平台架构时，还需充分考虑上述问题，结合学者们已有的建议，予以解决。基于此，本书设计了多语言自动翻译平台内部框架并展示其所支撑的上层服务（见图 8.6）。内部框架将分为翻译系统模块、翻译应用程序接口（Application Programming Interface，API）模块、人机协作模块以及上层服务。

1. 翻译系统模块。如今图书馆正朝着数字化、智慧化方向迈进，多样化信息资源的渗透引发了图书馆信息资源的变革③。由于不同翻译系统对不同性质的资源表现出的翻译性能不同，若是针对不同性质的资源单独构建一个专用翻译系统，虽然，在翻译质量上可能会更加精细化，但是系统构建成本以及后期维护成本过高，显然不是一个更为经济的手段。因此，本书将多语言自动翻译平台的翻译系统模块分为两部分（见图 8.7）：一是通用机器翻译系统；二是多领域特定翻译系统。这两个系统融合在一起，构成了多语言自动翻译平台的翻译系统模块。

---

① 吴丹、古南辉、何大庆：《数字图书馆用户的多语言信息需求调研》，《图书情报工作》2011 年第 2 期。

② 段美珍、初景利、张冬荣、解贺嘉：《智慧图书馆的内涵特点及其认知模型研究》，《图书情报工作》2021 年第 12 期。

③ 阳昕、张敏、廖剑岚、邵诚敏：《社会网络视角下的高校图书馆电子资源利用研究——以复旦大学图书馆为例》，《图书情报工作》2021 年第 15 期。

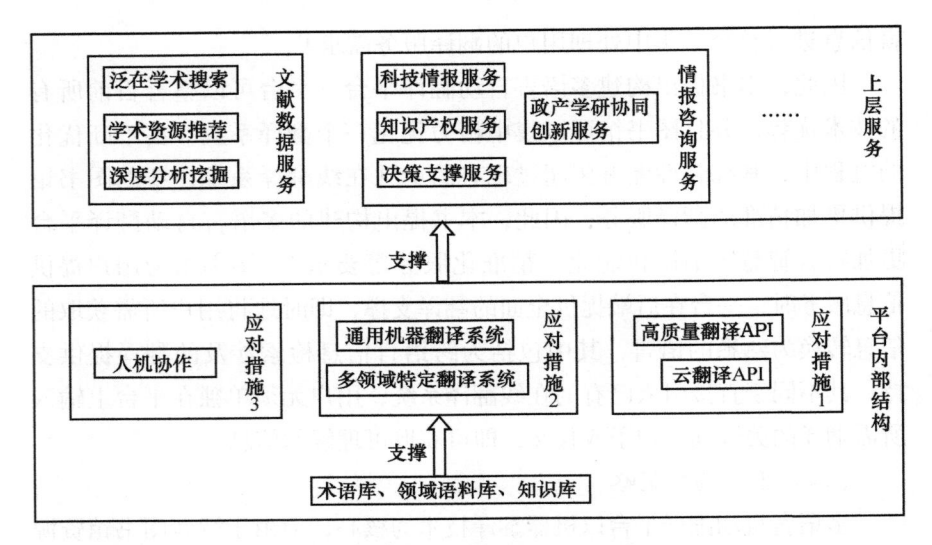

图 8.6　多语言自动翻译平台内部结构以及支撑上层服务内容

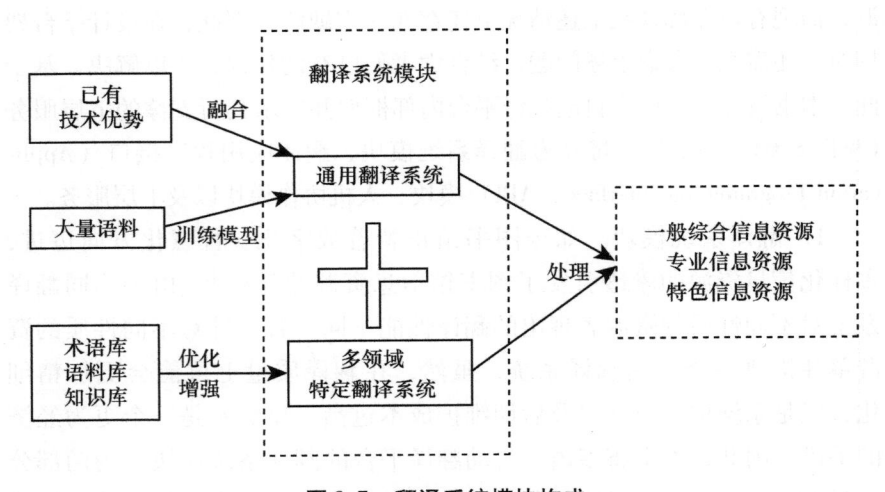

图 8.7　翻译系统模块构成

通用机器翻译系统负责翻译一般性的综合信息资源，通过引入目前市场上机器翻译系统的技术优势，再收集网络上现存的大量的通用语料以及图书馆领域的相关数据语料，以此训练机器翻译模型，优化通用机器翻译系统性能。多领域特定翻译系统则协助通用翻译系统翻译特色信息资源以及医学文献、法律文献之类的专业信息，并通过采集图书馆常用术语与语料，构建术语库、语料库、知识库①，增强翻译性能，从而让整个翻译系统更加适用于图书馆。

2. 翻译 API 模块。现有研究表明，构建特定领域翻译系统只能从某种程度上缓解低资源场景下机器翻译性能较差的问题。由于训练机器翻译系统所需的双语数据的稀缺性，仅仅依靠网络数据以及图书馆数据资源也许仍无法在小语种、低资源领域中获得理想效果②。在无法从技术上改善机器翻译性能的情况下，可以引入更多高质量翻译 API 以及云翻译 API 资源，利用外部资源提升特定场景下的翻译质量。

目前，市场上已有的高质量翻译 API 包括谷歌翻译、有道翻译、腾讯翻译以及搜狗翻译等。图书馆馆员需与提供 API 的公司洽谈，购买访问并调用 API 资源权限。但由于本书设计的多语言自动翻译平台在后端为图书馆提供翻译服务支撑，不具备可视化界面供用户进行信息认证，所以图书馆员还需在后台提供技术支持，例如，根据用户使用的虚拟专用网络（Virtual Private Network，VPN），认证用户身份，继而给予其相关权限。

3. 人机协作模块。结合研究现状以及机器翻译产业内最新成果应用可知，人机协作是为了弥补因机器翻译技术缺陷造成翻译质量不佳而提出的一种新型翻译模式③。就目前的发展形势而言，机器翻译始终无法在所有情况下均达到准确的翻译。复杂应用场景下机器翻译无法"自力更生"，仍需要人工翻译的协助。因此，对于图书馆而言，若要为用户提供更加快速、优质的服务，辅以人工翻译是必然的。机器翻译负责

---

① Luneva N. V., "Architecture and Metadata of Multilingual Linguistic Knowledge Base", *Sistemy I Sredstva Inform*, Vol. 17, No. 1, 2007, pp. 317 – 336.

② Escolano C., Costa-Jussà M. R., Fonollosa J. A. R., "From Bilingual to Multilingual Neural-based Machine Translation by Incremental Training", *Journal of the Association for Information Science and Technology*, Vol. 72, No. 2, 2021, pp. 190 – 203. Farhan W., Talafha B., Abuammar A., et al., "Unsupervised Dialectal Neural Machine Translation", *Information Processing & Management*, Vol. 57, No. 3, 2020, 102181. 1 – 102181. 15. Harrat S., Meftouh K., Smaili K., "Machine Translation for Arabic Dialects (Survey)", *Information Processing & Management*, Vol. 56, No. 2, 2019, pp. 262 – 273.

③ Bowker L., Ciro J. B., "Investigating the Usefulness of Machine Translation for Newcomers at the Public Library", *Translation and Interpreting Studies. The Journal of the American Translation and Interpreting Studies Association*, Vol. 10, No. 2, 2015, pp. 165 – 186.

处理简单、大量的多语言信息，而复杂的、专业性强的信息则需机器翻译与人工翻译共同协作。

人机协作可分为译前编辑、译后编辑以及人机交互（见图8.8）。译前编辑即在机器翻译之前，对源语言进行编辑，以期达到更优的翻译效果。例如当原文句子较为复杂时，编辑人员可以在机器翻译前对句子进行切分，有些情况下只需将复杂句子进行切分，机器翻译就能达到比较准确的翻译结果。译后编辑是对机器翻译已经翻译的结果进行编辑，并且修订结果不会反馈给机器。译前编辑以及译后编辑可以单独操作，也可以结合，"译前编辑+译后编辑"也是目前比较普遍的一种人机协作方式。如果用户只需单独进行译前编辑或者译后编辑即能获取较优的翻译结果，那么单项操作则在操作程序上比两者结合操作更加简便。人机交互相较于上述两种方式比较复杂，首先是用户对译文进行编辑，平台系统后台的工作人员则在后端根据原文的环境以及用户给予的反馈，对译文做出修改，然后机器根据修订的结果再给予用户实时反馈，其适用于更加复杂的原文环境。

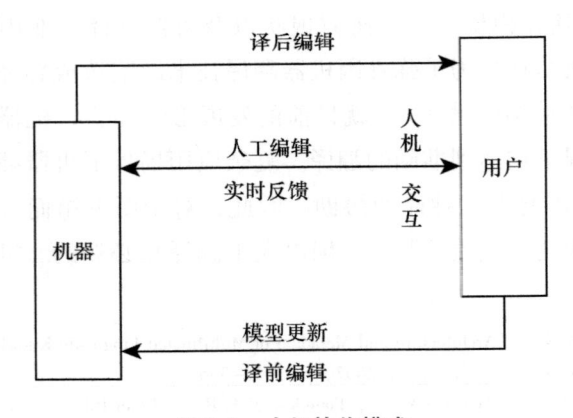

图8.8　人机协作模式

4. 上层服务。数字化图书馆发展的后期阶段，图书馆基本上已经购买了所需资源，并且实现了资源的数字化。随着互联网信息的爆发式增长以及图书馆智慧化发展的新需求，如何利用这些数字资源以及日益激增的网络信息资源为用户提供精准、个性化的服务成为了图书馆的又一难题，而技术无疑是帮助图书馆摆脱困境的有力工具[①]。上层服务是用户、信息数据、技术以及图书馆四者之间相互协作的结果，图书馆通过利用各项技术，处理相关信息数据为用户提供相应服务。本书将涉及应用机器翻译技术的上层服务内容概括为：文献数据服务以及情报咨询服务。

文献数据服务即提供集科技文献服务、科学数据管理服务于一体的信息资源服务，通过数据碎片化加工、"知识元"标引，将数据库中的信息数据建立联系，开发内容分析挖掘、多语种机器翻译功能，实现资源的附加服务和增值服务。包括泛在学术搜索、学术资源推荐、深度分析挖掘，服务内容如图8.9所示。文献数据服务需要多种技术共同协作，而机器翻译只是其中不可或缺的一环，其作用在于将搜索之后获取的不熟悉语言信息以及深度挖掘后推荐给用户的信息翻译为用户所熟悉的语言。在强调个性化服务的当下，图书馆不仅需要将文献信息提供给用户，更多的是借助学科的多领域技术方法帮助用户内化知识，构建知识网络。

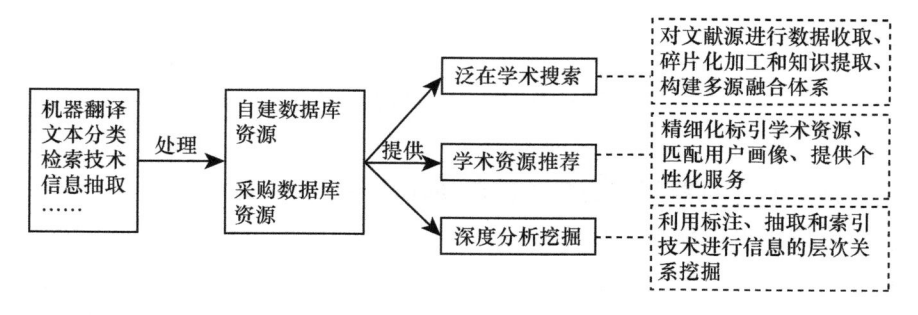

图 8.9　文献数据服务内容

情报咨询服务即为对政府、高校、产业联盟、行业协会、高新技术企业、科研院所不同人群的信息需求进行细分，提供情报咨询，支撑政产学研独立信息需求及协同创新需求。其包括科技情报服务、知识产权服务、决策支持服务、政产学研协同创新服务，具体服务内容如图8.10

---

① 王晰巍、罗然、刘宇桐：《AI在智慧图书馆应用趋势：机遇与挑战》，《情报科学》2021年第9期。

所示。情报咨询服务是相对综合性的服务、其所涉及的信息往往专业性较强，并且需要大篇幅的译文翻译，对翻译的准确度要求较高。目前图书馆往往通过聘请专业翻译人员提供此类服务[1]。多语言自动翻译平台的构建或许可以从一定程度改变这种现状，图书馆馆员利用多语言自动翻译平台并结合人工翻译情报咨询服务所涉及的信息，能够在付出更少时间成本以及经济成本的情况下，获得同样符合要求的翻译结果，为用户提供可理解的信息，帮助用户更好地利用信息，在减轻了馆员压力的同时也为用户提供了优质高效的服务，促进图书馆向智慧化方向生长。

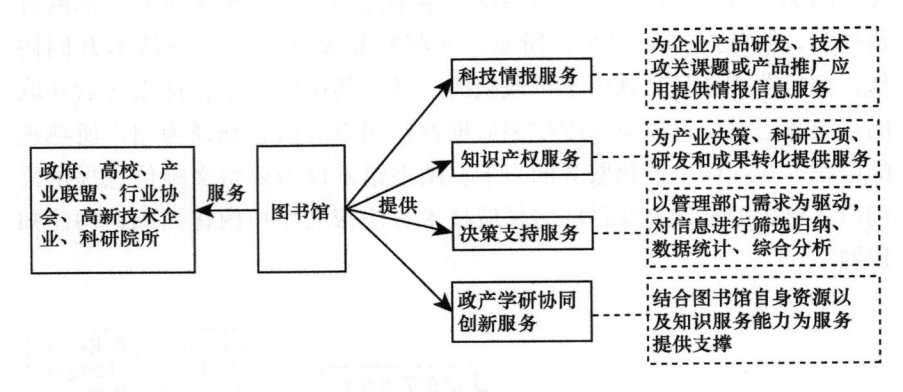

图 8.10 情报咨询服务内容

四 基于机器翻译的多语言自动翻译平台优势分析

提供多语言翻译服务将是图书馆发展转型期的重点工作内容之一，而图书馆已有的翻译服务依旧以人工翻译为主导，并且翻译服务以双语居多，多语体量较小，已经无法满足图书馆的发展需求。基于机器翻译技术的多语言自动翻译平台结合已有技术优势，引入更多外部资源，能够促使图书馆提供质量更优、范围更广、深度更深的多语言翻译服务。总的来看，多语言自动翻译平台的应用优势有以下几点：

（一）为图书馆检索服务提供支撑

提供检索服务一直都是图书馆重点工作内容之一。在早期传统图

---

[1] 马小玲：《如何做好图书馆的文献翻译服务》，《图书馆杂志》2006 年第 9 期；张小燕：《翻译服务对提高外文文献利用率的途径探析》，《现代情报》2013 年第 5 期。

书馆阶段，受限于资源以及技术，图书馆的检索系统只支撑单语检索，即以中文检索，反馈的结果也只能以中文形式展现。随着人工标记数据、本体、双语词典、机器翻译等技术的涌现，图书馆逐渐开始提供双语检索服务。但是由于人工标记数据有限，本体、双语词典等技术较为简单，机器翻译技术缺乏更多可训练的数据，多语检索始终较为困难[1]，因此双语检索服务模式长时间占据图书馆检索服务的主导地位。

智慧服务与传统的图书馆服务的区别主要在于用户对信息需求的满足程度以及服务所提供的技术手段两个方面[2]。随着图书馆信息资源语种多样化以及数量的爆发式增长，提供多语言检索服务将是图书馆转型发展期的重要目标，而多语言自动翻译平台的构建无疑能够加速这一目标的实现。本书设计构建的多语言自动翻译平台充分考虑了在信息资源多样性情况下机器翻译的局限性，并设计引入更多高质量翻译 API、设置人机协作板块等系列方案进行针对性改进，能够为图书馆检索服务提供支撑，支持更多语种的检索，实现上百种语种的可检索将不再困难。因此，相较于以往的检索服务，多语言自动翻译平台能够帮助图书馆提供更多的可供检索的语种，推动图书馆的发展转型。

（二）满足多语种翻译需求

调研发现，人工翻译仍然是图书馆提供翻译服务的主要手段。传统图书馆阶段，图书馆需要翻译的信息资源较少，用户需求量不高，人工翻译基本上可以满足图书馆为用户提供翻译的需求。随着图书馆与国内外数据商合作越来越密切，越来越多的多语种信息涌入图书馆。受限于人工翻译的局限性，图书馆无法拓宽文献数据服务以及情报咨询服务的维度，图书馆馆员依靠在线翻译工具以及自身专业知识处理

---

[1] 司莉、周璟：《"一带一路"多语种共享型数据库的跨语言检索功能分析与开发策略》，《图书情报工作》2021 年第 3 期；司莉、贾欢：《2004—2014 年我国多语言信息组织与检索研究进展与启示》，《情报学报》2015 年第 6 期；Mozgovoy M., Kakkonen T., "An Approach to Building a Multilingual Translation Dictionary that Contains Case, Prepositional and Ontological Information", paper delivered to Proc. of the 12th Int'l Conf. on Humans and Computers, 2009, pp. 135 – 139.

[2] 邵波、许苗苗、王怡：《数据驱动视野下高校智慧图书馆建设及服务规划——兼论"十四五"时期智慧图书馆发展路径》，《图书情报工作》2021 年第 1 期。

多语言信息①。而目前普遍存在的情况是一个人只能熟悉最多三种语言，并且未经特殊定制设计的在线翻译工具无法提供更多语种和更专业的翻译。所以，图书馆还是为用户提供以双语为主，热门小语种为辅的翻译服务。多语言自动翻译平台是经过特殊优化的机器翻译系统，首先在翻译质量上可以提供更优的效果；其次支撑的可翻译语种相较于现有的在线翻译系统以及图书馆馆员所掌握的语言具有明显的优势。因此，多语言自动翻译平台的构建能够在一定程度上帮助图书馆摆脱目前翻译服务的困境，为用户提供更加多语种的翻译服务。

（三）减少图书馆翻译服务成本

以往图书馆以人工翻译信息资源需要付出更大的时间成本以及人力成本。随着图书馆信息资源趋于多样化，依靠人工翻译海量数据，付出的成本将会越来越高，并且当大量用户同时提出需求时，图书馆无法同时响应。

机器翻译相较于人工翻译在翻译速度以及海量数据方面拥有不可比拟的优势。平台集成已有技术优势以及引入外部资源，并在一定程度上辅以人工翻译，在综合性能上有望超越现有的机器翻译系统。因此，其可以在拥有高速度翻译的基础上保证译文的翻译质量，提高图书馆的翻译服务效率。其次平台相较于人工翻译可以重复使用、多次利用，维护时间区间较长。现如今，人工成本已经越来越高昂，面对用户大量的需求，从长远的角度考虑，付出的经济成本将会越来越高。因此，综合来看，多语言自动翻译平台的构建能够帮助图书馆在付出更少成本的情况下提高图书馆的服务效率。

（四）提供一体化翻译服务

现如今，大部分图书馆为用户提供知识产权信息服务、情报咨询服务等服务时，仍然是一对一服务，即一个应用场景和一次服务中图书馆馆员或专业翻译人员需要专门处理相对应的多语言信息。在现有的研究中，图书馆领域一些学者虽然开始慢慢将关注点转移到机器翻译技术，期望利用机器翻译解放人工翻译，但也是侧重于研究机器翻译在某个单独服务场景下的翻译性能，而图书馆内部环境比较复杂，若是按照现有

---

① 肖容：《浅谈网络资源在文献翻译中的利用》，《四川图书馆学报》2008年第3期。

研究趋势将单个机器翻译系统应用于单个服务场景，那么则与目前图书馆所倡导的项目化管理服务相悖[1]，无法实现技术产品最大化利用，提高服务效率。而多语言自动翻译平台的出现则可以打破这种局面，图书馆无须考虑为每个服务场景单独构建机器翻译系统，平台能够在后台进行为图书馆涉及的所有翻译服务的场景提供支撑。

第三节 面向智慧图书馆的多语言自动翻译平台架构设计研究

一 智慧图书馆与多语言自动翻译平台

（一）智慧图书馆理论辨析

"智慧图书馆"在2003年由国外学者艾托拉首次提出[2]，随即引发了一众学者对智慧图书馆内涵以及特征的探讨。作为国内首位探讨智慧图书馆内涵的学者，严栋[3]认为智慧图书馆即利用现代技术改变信息与用户之间的交互方式，继而颠覆图书馆服务模式，从而实现图书馆智慧服务。曾群等[4]则认为智慧图书馆是在全面感知的前提下，通过利用现代信息技术为用户提供更加精准、个性、全面、智慧的服务。段美珍、初景利等[5]结合国内众多权威学者对智慧图书馆的共性研究，提出智慧图书馆是通过人机耦合的方式，提高图书馆的服务能力，智慧图书馆是图书馆最高级别的知识服务形态。

智慧图书馆的基本属性是智能化、网络化以及数字化，而高度感知、高效协同、以人为本、泛在互联、精准服务、创新发展是其更高层

---

[1] 郑之敏：《公共图书馆项目化管理优势》，https://mp.weixin.qq.com/s/Q_h0unQcBU5kj7n6GEEeBA，2021年8月19日。

[2] Aittola M., Ryhänen T., Ojala T., "Smart Library-Location-Aware Mobile Library Service", paper delivered to International Conference on Mobile Human-Computer Interaction, sponsored by ACM, Udine, Italy, 2003.

[3] 严栋：《基于物联网的智慧图书馆》，《图书馆学刊》2010年第7期。

[4] 曾群、杨柳青：《5G环境下智慧图书馆创新服务模式研究》，《图书馆学研究》2020年第22期。

[5] 段美珍、初景利、张冬荣、解贺嘉：《智慧图书馆的内涵特点及其认知模型研究》，《图书情报工作》2021年第12期。

级特质[1]。相较于传统图书馆、智能图书馆以及数字图书馆,智慧图书馆在沟通、建筑以及服务等方面更具智慧化,更加高效、便利、互联,其利用信息技术提高图书馆服务效能,为用户提供更加便捷的服务[2]。

　　随着众多学者对智慧图书馆的探讨愈加深入,智慧图书馆的概念以及特征也在被不断丰富及完善。总的来说,智慧图书馆可以看作物的智能以及人的智慧的结合体,新技术、新结构信息塑造了图书馆新环境,馆员在此环境中,实现新管理,提供新服务。

　　(二) 多语言自动翻译平台赋能智慧图书馆的表现

　　综合众多学者对于智慧图书馆的研究可以发现,技术是建设智慧图书馆不可或缺的要素之一。目前图书馆领域已有关于数字孪生技术[3]、区块链技术[4]以及人脸识别技术[5]等新兴技术的应用研究,各种新兴技术的集合构成图书馆智慧服务、智慧平台、智慧空间的生态体系,重塑了图书馆的内外模式架构。多语言自动翻译平台以机器翻译技术为核心,机器翻译作为人工智能领域重点技术之一,能够助力图书馆实现检索服务语种多样化、门户网站多语种化以及信息服务高效、一体、全面化,协助智慧图书馆建设升级。

　　1. 检索服务语种多样化。目前,图书馆检索系统提供的可检索语种依旧以双语为主导,少数辅之提供日语、法语等常见小语种检索。而随着图书馆信息资源的多语种化,以及用户背景的多元化,现有服务模式已经无法满足用户需求。多语言自动翻译平台在图书馆检索系统中提供翻译支撑,助力图书馆检索系统为用户提供更加多样化的可检索语种,提升获取信息的多样性。

---

[1] 初景利、段美珍:《从智能图书馆到智慧图书馆》,《图书馆论坛》2019 年第 1 期。
[2] 王世伟:《论智慧图书馆的三大特点》,《中国图书馆学报》2012 年第 6 期。
[3] 孔繁超:《基于数字孪生技术的智慧图书馆空间重构研究》,《情报理论与实践》2020 年第 8 期;王东波:《基于数字孪生的智慧图书馆应用场景构建》,《图书馆学研究》2021 年第 7 期。
[4] 杨群、黎雪松、王毅菲:《区块链技术驱动智慧图书馆智慧增值服务路径研究》,《图书馆》2021 年第 1 期。
[5] 秦鸿、李泰峰、郭亨艺、许毅:《人脸识别技术在图书馆的应用研究》,《大学图书馆学报》2018 年第 6 期。

2. 门户网站多语种化。课题组通过调研国内 20 家图书馆发现，目前仅有云南大学图书馆[①]以及上海图书馆[②]设计了多语言图书馆网站，提供除中文外的，日语、英语等五种外语网站，多数图书馆提供双语或者仅中文网站。但是，深入调研发现，其大多还是选择人工翻译或者采用本体以及词表映射的方法进行网站维护，技术应用较为简单，门户语种多样化受限。图书馆门户网站是图书馆对外交流的窗口，以及展示形象的一种象征，多语言自动翻译平台能够助力图书馆实现一键切换多语言网站，为更多不同语言背景用户提供便捷服务。

3. 信息服务高效、一体、全面化。图书馆作为提供信息服务的文化综合体，涉及的信息服务类型众多，例如参考咨询服务以及学科、情报咨询服务等。在提供各种服务的过程中，涉及大量的外文文献处理工作。目前，图书馆依旧依靠人工翻译外文，随着图书馆智慧化的转型，对图书馆的管理与服务能力都提出了更高的要求。平台以机器翻译技术为主导，具备多种翻译方式触发功能，具有一定的用户友好性。其能同时响应大量用户需求，从一定程度上解放馆员，提升服务效率。平台能够同时为图书馆各种信息服务提供支撑，实现一体化翻译服务。在提供各类基础信息服务的基础上，为用户提供个性化、全面化的推荐服务是智慧服务建设的要求之一。服务全面化不仅要求推荐算法的准确性，也对信息库的全面性做出要求，机器翻译技术是保障获取信息全面的重要技术，平台在此基础上也能够助力推荐服务全面化的实现。

（三）多语言自动翻译平台建设现状

早期图书馆对于多语言服务的研究多集中于如何帮助图书馆实现多语种的跨语言检索，以及深入研究多语言知识系统内部构成，应用场景限定在图书馆检索系统，缺乏对多语言服务更多应用情景的探讨研究[③]。

---

① 云南大学图书馆：《云南大学图书馆》，http：//www.lib.ynu.edu.cn，2022 年 5 月 14 日。
② 上海图书馆：《上海图书馆》，https：//library.sh.cn/#/index，2022 年 5 月 14 日。
③ 司莉、张孝天：《多语言知识组织系统的互操作项目调查及研究》，《情报科学》2016 年第 9 期；钟秋原、司莉：《多语言知识组织系统互操作方法研究》，《高校图书馆工作》2016 年第 3 期；李月婷、司莉：《基于义的多语言信息组织模式研究》，《图书馆论坛》2016 年第 2 期；司莉、贾欢：《2004—2014 年我国多语言信息组织与检索研究进展与启示》，《情报学报》2015 年第 6 期；司莉、周璟：《"一带一路"多语种共享型数据库的跨语言检索功能分析与开发策略》，《图书情报工作》2021 年第 3 期。

但在近两年，图书馆学界关于多语言服务的研究却迎来新的变革，一众学者开始研究涉及多语言需求的场景，并尝试构建平台，深化服务内容。课题组于2021年在文章中首次提出图书馆需要构建多语言自动翻译平台改革图书馆翻译服务模式，助力图书馆转型升级①。随即在2022年根据机器翻译的应用难点以及图书馆信息资源性质的不同，提出平台的构建策略，以期启发平台的构建②。同期，吴丹发表了系列论文，探讨公共数字文化背景下多语言的用户需求、信息组织以及跨语言检索，开始尝试对已有公共文化服务平台进行分析，探讨细节信息组织的标准规范③。

总的来说，从2021年开始，图书馆学界开始重视研究多语言服务，探讨内容包括用户需求，更多可应用场景、平台构建与分析以及跨语言检索。但是，多语言自动翻译平台的构建依然是个创新大胆的尝试研究，需要更多同行的加入，促成图书馆多语言服务的优化升级。

二 图书馆多语言自动翻译平台的框架设计

图书馆智慧化建设离不开技术支撑，机器翻译技术能够为图书馆智慧化建设赋能。图书馆作为多语种、多模态信息汇集地，提供多语言翻译服务将会是图书馆的重点工作之一④。而图书馆涉及的翻译服务场景繁多且分散，为了更加符合智慧图书馆高效、便捷、互联等特点，需要构建以机器翻译为核心的多语言自动翻译平台，打通图书馆翻译服务场景，打破图书馆目前以人工翻译为主导、局限于双语服务的困境，为用户提供多模态以及一体化的翻译服务。并且构建多语言自动翻译平台是贴合国家大型图书馆构建方案政策走向的一大举措。下文对平台构建原

---

① 刘莉、王怡、邵波：《机器翻译在图书馆中的研究现状及应用趋势分析》，《图书馆学研究》2021年第24期。

② 刘莉、王怡、邵波：《基于机器翻译的图书馆多语言自动翻译平台构建策略》，《图书馆学研究》2022年第1期。

③ 姚胜译、徐爽、樊舒、吴丹：《公共数字文化服务需求视角下的蒙藏维多语言用户画像研究》，《图书馆建设》2022年第1期；孙国烨、吴丹：《多语言公共数字文化服务平台信息组织标准规范体系构建》，《图书馆建设》2022年第1期；梁少博、朱慧宁、吴丹：《基于公共数字文化资源命名实体识别与翻译的跨语言信息检索研究》，《图书馆建设》2022年第1期。

④ 刘莉、王怡、邵波：《机器翻译在图书馆中的研究现状及应用趋势分析》，《图书馆学研究》2021年第24期。

则进行分析，并着重设计平台架构。

（一）平台构建原则

多语言自动翻译平台旨在为用户提供更加便捷、高效、高质量的多语言信息服务。图书馆用户语言背景不同，从为用户提供服务的角度出发，构建平台的过程中，需要遵循以下基本原则。

1. 以用户为中心。多语言自动翻译平台服务于图书馆大量用户，而平台理应尽可能地满足用户的各项需求。在构建多语言自动翻译平台时，应将用户需求放在首要地位，并且将平台功能设计得更加人性化，提升用户使用友好性。

2. 安全性。构建更适用于图书馆的多语言自动翻译平台时，首先需要将具有一定敏感度的信息进行脱敏，其次要为用户提供隐私保护服务，用户可以根据自身需求，隐藏翻译信息内容或轨迹。

3. 可扩展性。首次构建多语言自动翻译平台需要付出较高的成本，只有保持平台长久、平稳地运行才能最大限度地发挥其效益。平台需要能够跟随现实变化进行调整，而不是作为"一次性"系统，无法延伸与扩展。

4. 兼容性。多语言自动翻译平台作为整合图书馆翻译服务模式，为图书馆提供一体化翻译服务的翻译系统，绝不只是单独为一个场景提供服务。而如何在各个场景中最大化发挥性能，则要求其具备一定的兼容性，兼容各个平台、应用端口、系统等。

（二）平台架构设计

多语言自动翻译平台作为图书馆服务系统的一部分，以插件形式置于图书馆后端，为图书馆翻译服务提供支撑。而图书馆服务对象较为复杂，服务模式也不尽相同，因此，本书将图书馆多语言自动翻译平台服务架构分为接入层、功能实现层以及技术支撑层三部分（见图8.11），并着重对功能内容以及关键技术构成部分进行分析。

1. 接入层。图书馆作为存储、处理、传播信息的文化综合体，不仅包含图书馆内部馆藏资源，还包括所购买的电子信息资源以及可访问的外部信息资源。本书将平台接入层分为内部与外部两部分。内部主要为图书馆内部的门户网站、图书馆管理服务平台、检索平台、国内外数据库系统等；外部包括与图书馆合作的各公司、机构、应用平台等。多

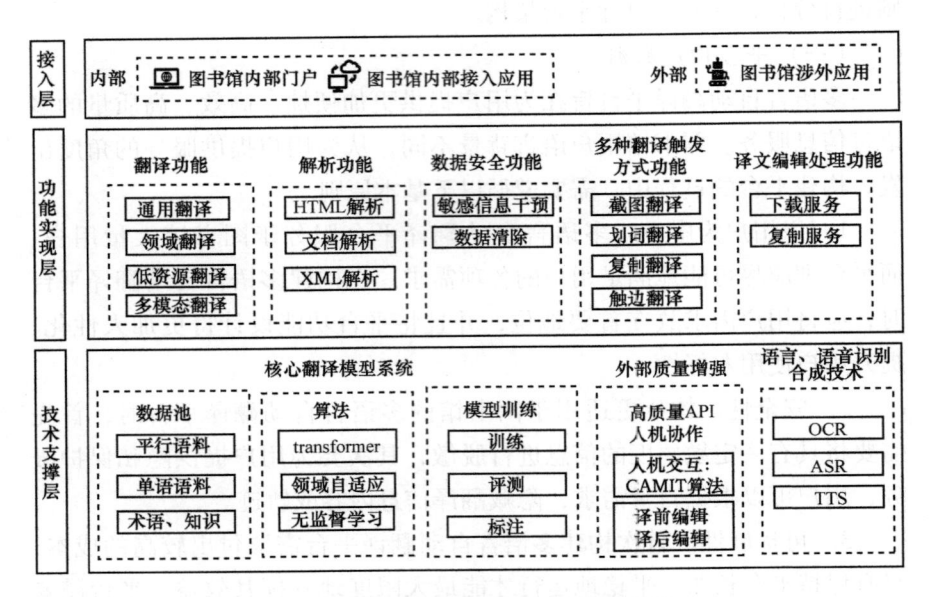

300　公共文化数据治理体系与智慧服务

```
接入层:
  内部: 图书馆内部门户 | 图书馆内部接入应用
  外部: 图书馆涉外应用

功能实现层:
  翻译功能: 通用翻译 / 领域翻译 / 低资源翻译 / 多模态翻译
  解析功能: HTML解析 / 文档解析 / XML解析
  数据安全功能: 敏感信息干预 / 数据清除
  多种翻译触发方式功能: 截图翻译 / 划词翻译 / 复制翻译 / 触边翻译
  译文编辑处理功能: 下载服务 / 复制服务

技术支撑层:
  核心翻译模型系统:
    数据池: 平行语料 / 单语语料 / 术语、知识
    算法: transformer / 领域自适应 / 无监督学习
    模型训练: 训练 / 评测 / 标注
  外部质量增强: 高质量API / 人机协作 / 人机交互：CAMIT算法 / 译前编辑 译后编辑
  语言、语音识别合成技术: OCR / ASR / TTS
```

图 8.11　多语言自动翻译平台框架结构

语言自动翻译平台以插件形式为内外部应用提供翻译服务，翻译图书馆门户网站界面、各数据库以及管理平台界面，支撑用户信息获取，然后对所获取的信息进行进一步的翻译，实现信息的全面理解。与实体资源不同的是，网络资源更具多样性、实时性与便捷性，因此，用户使用模式也由以往的实体获取慢慢转向网络访问。随着 5G 技术的深入发展，移动图书馆成为图书馆的另一种发展模式[①]，多语言自动翻译平台需要在移动端以及 Web 端具有同样等级的适用性以及友好性多语言自动翻译平台以互联网为通道，接入图书馆内部以及外部应用，构成一个图书馆应用网，从而实现多语言自动翻译平台的服务网，实现智慧图书馆的有效构建与连接，见图 8.12。

2. 功能实现层。功能实现层是多语言自动翻译平台的核心功能层，由核心翻译服务以及其他附加服务组成。平台若要为用户提供更加完整以及人性化的翻译服务，离不开附加服务的协助与支撑。功能实现层包

---

① 李强：《新一代人工智能 +5G 技术环境下的智慧图书馆新生态》，《图书馆理论与实践》2021 年第 3 期。

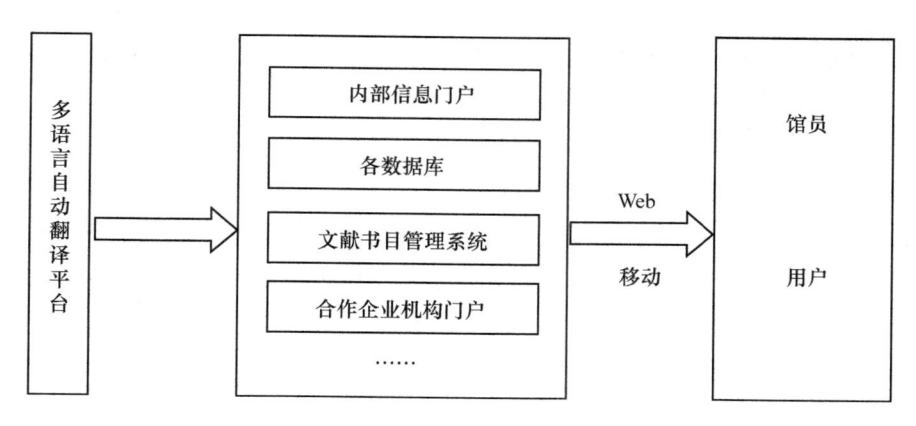

第八章 公共文化智慧服务云平台的构建

图 8.12 前端服务流程

含翻译功能、解析功能、数据安全功能、多种翻译触发方式功能以及译文编辑处理功能。

其一，翻译功能。多语言自动翻译平台服务于图书馆，由于智慧图书馆信息资源的独特性，平台往往需要在面对不同资源时，给予等同质量的服务水平。根据处理资源的不同，翻译功能可细分为通用翻译、领域翻译、低资源翻译以及多模态翻译四个部分：

通用翻译主要通过构建通用机器翻译系统执行翻译任务。目前，市场上已有谷歌翻译、搜狗翻译、百度翻译等具有一定时间沉淀的综合性机器翻译系统，图书馆在构建平台时可以通过引入现有机器翻译技术优势，然后利用网络上现存的大量通用语料数据以及采集图书馆领域的相关语料数据训练通用机器翻译系统模型，以此优化通用机器翻译系统模型性能。

领域翻译针对性处理机器翻译在医学、法学等不同专业领域翻译质量稳定性较差的问题。随着图书馆的转型升级，多领域信息资源逐渐渗透引发图书馆信息资源更加多样性的变革。不同类型性质的信息资源对机器翻译系统的翻译性能的要求不同，独立的通用机器翻译系统无法精确翻译所有信息资源，需要针对特定领域的信息数据构建多领域特定翻译系统。

低资源翻译是针对目前小语种等稀缺资源领域翻译质量较差的问题而提出的一种翻译模式。随着全球经济文化融合的加剧，不同语言数据资源开始涌入信息浪潮，英文不再是唯一的替代语言。相对于中、英、法等常见语种，机器翻译在翻译朝鲜语、捷克语等小语种时精确度较差，需要利用技术手段改进机器翻译性能。

多模态翻译是跳脱文本翻译这一固定思维的多维度、多可能性的翻译模式。随着技术升级、社会进步，除了文字这种常用的信息表示方式，图片、语音以及其他符号构建的具有意义的信息标识也逐渐成为机器翻译领域内的研究热点，并且在众多场景中拥有广泛的应用前景。多模态翻译从一定程度上拓宽了翻译的界限，提升图书馆用户获取信息的便捷性。多语言自动翻译平台加入多模态翻译功能，是一种时代发展趋势，更是迎合用户需求的一种选择。

其二，多种翻译触发方式功能。多种翻译触发方式功能是辅助平台提供翻译服务的一种手段。根据用户友好性原则，平台设置了截图翻译、划词翻译、复制翻译以及触边翻译等多种便捷式触发服务，将翻译服务从文本输入以及文档上传等方式中解放出来，提高服务灵活性。

其三，译文编辑处理功能。译文编辑处理功能即用户可对译文结果进行编辑。机器翻译系统将多语言信息翻译为目标语言，并且将其呈现给用户。然而，用户往往不仅满足于从视觉上获取翻译结果，更期望能够对译文进行编辑，例如复制、下载等基本操作，从而二次获取译文。译文后期操作服务是平台必备功能之一，使平台从传统翻译系统中脱颖而出，更符合读者对智慧图书馆多样化服务的期待。

其四，解析功能。解析功能本质上是一种辅助平台实现翻译功能的服务，旨在将多语种、多形式信息转化为机器翻译系统可识别的语言编码格式。机器翻译系统在执行翻译任务前，首先要提取各界面、网站、文档数据，随后进行翻译。由于各网站界面、浏览器以及文档等信息格式不尽相同，在构建多语言自动翻译平台时需要提供相应的解析服务。常用文档大多以 pdf、doc 等格式存储，平台可以提供对这类常见文档的解析服务。此外，标记语言广泛存在于各网站界面及互联网平台，提供 HTML 和 XML 等广泛存在于各网站界面及互联网平台的标记语言解析服务对目标语言进行数据处理同样不可或缺。

其五，数据安全功能。从理论上来说，数据安全功能是独立于翻译功能之外的一种附加增值服务功能。因为信息爆发式增长，信息安全成

第八章 公共文化智慧服务云平台的构建

为又一关注热点。信息安全可以从两个角度进行阐述:一是信息自身的安全性,对敏感信息的干预处理;二是用户信息行为安全性,互联网环境下大部分用户都期望能够在充分获取信息的前提下,保护数据隐私。因此,图书馆在构建多语言自动翻译平台时,还需进行必要的敏感信息干预处理以及用户数据信息清除,遵循平台以用户为中心以及安全性的构建原则。

3. 技术支撑层。技术支撑层是整个多语言自动翻译平台的运行基底,为多语言自动翻译平台的运行提供支撑,是平台的重要组成部分。平台技术支撑层可以分为核心翻译模型系统、外部质量增强以及语言、语音识别合成技术三个模块。

首先,核心翻译模型系统。翻译模型系统是多语言自动翻译平台最为重要的构成部分,而翻译系统的构成离不开数据、算法以及模型训练的支撑,最后平台的性能优劣在很大程度上取决于这三者的质量高低。

其一,机器翻译系统算法。机器翻译系统的运作离不开算法结构,算法决定着机器学习翻译引擎的工作模式。简单来说,算法即教会计算机学会规则,并利用规则翻译句子。相对于客观数据,算法更具有主观能动性以及可操作性。因此目前机器翻译领域众多学者集中精力研究算法改进,提升翻译性能,寻求技术转化为产品的可行性。其中基于注意力机制的 transformer 模型[1],在众多翻译任务上,性能超越了以往的模型,是当前主流的翻译算法。2017 年 Vaswani[2] 提出将深度学习引入 transformer 模型,利用"模型+数据"的形式,从大规模数据中学习具有大规模参数的模型,极大地改善了机器翻译系统的质量水平,是目前主流的机器翻译方法。从实际应用调研看,目前市场上主流的 Google 翻译[3]、DeepL[4]、小牛翻译[5]等翻译产品,其翻译系统均采用基于深度学

---

[1] Luong M. T., Pham H., Manning C. D., "Effective Approaches to Attention-Based Neural Machine Translation", Paper delivered to Proc. of EMNLP, Stroudsburg, ACL, 2015, pp. 1412 – 1421.

[2] Vaswani A., Shazeer N., Parmar N., et al., "Attention is All You Need", paper delivered to Advances in Neural Information Processing Systems, sponsored by NIPS, Long Beach, America, 2017, pp. 5998 – 6008.

[3] 谷歌翻译:《谷歌翻译》, https://translate.google.cn/, 2021 年 12 月 10 日。

[4] DeepL 翻译:《DeepL 翻译》, https://www.deepl.com/zh/translator/, 2021 年 12 月 10 日。

[5] 小牛翻译:《小牛翻译》, https://niutrans.com/, 2021 年 12 月 10 日。

习的 transformer 模型，并通过模型学习、训练数据的方法，提高翻译性能。在开发适合图书馆的机器翻译系统时，采取该种主流方式，能够保证系统的基础性能。上文提及机器翻译在低资源领域翻译质量较差，有学者针对领域资源分布差异以及部分语种语料较为稀缺的情况，提出利用句子内的单词信息进行自适应的方法，并提出一种无监督学习的可能方案，探讨利用多个映射函数进行映射学习的可能性，实验结果表明该方案具有一定的可行性[1]，能够从一定程度上缓解低资源领域翻译困境，具有技术成果转化的可能性。

其二，数据池。机器翻译系统依赖海量语料数据训练模型，数据池包括用于模型训练的语料数据，还包括术语以及知识。用于模型训练的语料数据主要由现存网络数据语料以及图书馆数据构成，这些语料并不能直接获取或者直接使用，需要经过一定的爬取与处理。利用数据爬取技术进行语料抓取，随后对语料进行清洗、分类、分级、对齐，经过一系列循环后，一般语料即转换为可用语料。通过采集图书馆领域常用术语与名词，构建术语库，再利用知识库增强翻译性能[2]，增加多语言自动翻译平台在图书馆中的适用性。

其三，模型训练。模型训练是提高机器翻译系统性能最为关键的手段。主要可表现为利用大量数据进行模型优化，或者通过调参数，寻找最优解，提高模型性能。模型训练首先对语料数据进行标注，把一般数据转换为可用语料。随后将标注后的数据用于模型训练，再通过实验的方法评测模型性能。由于多语言自动翻译平台面向图书馆，因此用于模型模型训练的语料还需以图书馆数据为主，如此构建的多语言自动翻译平台才会更加适用于图书馆。

其次，外部质量增强。外部质量增强旨在弥补机器翻译局限性这一缺陷，进一步提升翻译性能。课题组已在此前研究中针对目前机器翻译在多领域、低资源、多语种等方面翻译质量较差的问题，提出了设置人

---

[1] Yang H., Huang S., Dai X., et al., "Fine-Grained Knowledge Fusion for Sequence Labeling Domain Adaptation", paper delivered to Proceedings of the 2019 Conference on Empirical Methods in Natural Language Processing and the 9th International Joint Conference on Natural Language Processing (EMNLP-IJCNLP), sponsored by ACL SIGDAT, Hong Kong, China, November 3 – 7, 2019.

[2] Luneva N. V., "Architecture and Metadata of Multilingual Linguistic Knowledge Base", *Sistemy I Sredstva Inform*, Vol. 17, No. 1, 2007, pp. 317 – 336.

机协作以及高质量翻译 API 两大模块①，期望在已有条件下获得更优的机器翻译性能。目前人机协作的交互式翻译方法被认为是最有效率的翻译方法②。翁荣祥等提出并继续完善了一种选择—修正的人机交互模式，提升了交互效率。实践方面，其提出的 CAMIT 算法③已经落地到字节跳动的火山翻译 TransStudio 产品中，翻译量超过 3 千万字，在字节跳动、华为、中兴等企业受到肯定和好评。

最后，语言、语音识别合成技术。语言、语音识别以及合成技术是翻译系统执行翻译的辅助技术，主要包括语音识别、语音合成以及光学字符识别，用于实现特殊载体下语音与文字之间的相互转换，从各种角度满足用户需求。

三 国外多语言服务平台相关实践

目前，国内还没有利用机器翻译实现全面的多语言服务的平台，下文选取国外已有的相关平台进行研究，探讨其利用机器翻译为图书馆提供的多语言服务情况。研究发现，国外欧洲数字图书馆以及世界数字图书馆都利用机器翻译技术建立了初步的多语言网站以及实现了初步的多语种的跨语言检索，但其均忽略翻译图书馆信息服务中涉及大量的外文信息资源，例如翻译文献全文，需要在这一方面给予更多的应用思考。机器翻译在国外多语言服务平台的网站建设以及图书馆检索系统中均发挥了积极的作用，结合上文平台核心优势技术的应用实践，从侧面证明平台应用于图书馆的可行性。

（一）欧洲数字图书馆

欧洲数字图书馆的用户界面提供欧盟的 24 种官方语言，用户可以根据需求，选取熟悉的语种界面。并且欧洲数字图书馆也认为依靠元数据或者人工翻译维护多语言网站，在成本和可靠性方面较差，其使用英语作为中间语言，利用机器翻译技术实现英语与其他各种外语之间的相

---

① 刘莉、王怡、邵波：《基于机器翻译的图书馆多语言自动翻译平台构建策略》，《图书馆学研究》2022 年第 1 期。
② 张小燕：《翻译服务对提高外文文献利用率的途径探析》，《现代情报》2013 年第 5 期。
③ Weng R., Zhou H., Huang S., et al., "Correct-And-Memorize: Learning to Translate From Interactive Revisions", *Proceedings of the Twenty-Eighth International Joint Conference on Artificial Intelligence*, 2019, pp. 5255 – 5263.

互转换，以此减少翻译工作量。并通过机器翻译技术实现多语言网站界面，以及在图书馆检索系统中实现37种语言的跨语言检索，提高信息的匹配度①。

（二）世界数字图书馆

世界数字图书馆提供中文、英文等7种可选择的网站界面，以及134种语言之间的跨语言检索。目前，世界数字图书馆正在专注术语、词典的翻译，并且尝试深化应用机器翻译技术，降低翻译成本以及提高翻译效率②。

四 图书馆多语言自动翻译平台运行保障策略

平台的稳定运行不仅需要高性能的技术支撑，还需要后期维护。需要工作人员对运行环境进行整体控制，制定相应的规范，以保障平台的平稳运行。科学的平台运行保障策略有利于平台更加经济、高效、可持续运行。

（一）制定机器翻译应用标准规范，维护系统良性循环

技术是驱动智慧图书馆建设的关键手段，也是影响图书馆智能服务、智能识别、智能处理的重要因素③。一项技术如何用、用得怎么样始终是各领域的经典难题，并且是必须解决的难题。正如目前机器翻译技术在图书馆实际试应用中所面临的困境：图书馆引入文档机器翻译平台为师生解决阅读与写作时的语言障碍④，但是其应用形式以及应用效果并没有为图书馆智慧化建设增色，陷入应用浅显以及应用保守等局面。

---

① 孙国烨、吴丹：《多语言公共数字文化服务平台信息组织标准规范体系构建》，《图书馆建设》2022年第1期；张福俊、高雪、周秀霞：《国内外数字资源发现平台比较研究——以Trove、DPLA、Europeana、WDL和文津搜索为例》，《国家图书馆学刊》2018年第1期。

② 孙国烨、吴丹：《多语言公共数字文化服务平台信息组织标准规范体系构建》，《图书馆建设》2022年第1期；李伟超：《世界数字图书馆项目研究进展》，《情报理论与实践》2014年第7期。

③ 茆意宏：《人工智能重塑图书馆》，《大学图书馆学报》2018年第2期。

④ 安徽师范大学图书馆：《新学术译采智能翻译平台》，https://lib.ahnu.edu.cn/info/1017/10887.htm，2021年5月10日；云南财经大学图书馆：《关于开通"网易有道文档翻译平台"的试用通知》，https://www.ynufe.edu.cn/pub/tsg/tzxw/tzgg/24418d1542fe4566aa0cca918ffe4e65.htm，2021年3月26日。

在实际中应制定一套机器翻译应用标准规范对于智慧图书馆建设、运行以及维护有着至关重要的作用，关系到图书馆建设效益、价值体现以及系统运作的良性循环。有标准规范作为应用依据，图书馆也就拥有了应用机器翻译的指导方针，以及评价应用效果的衡量尺度。但是，标准规范的制定并不是一蹴而就的，智慧图书馆讨论至今，也没有一套正式的标准出台，机器翻译在高校智慧图书馆的应用标准规范还需以智慧图书馆的标准为参考，只有知道了什么是智慧图书馆，并充分了解机器翻译的基础上，才能在智慧图书馆中把机器翻译用得更好，发挥其最大能效。因此，机器翻译应用标准规范制定的路途仍然艰巨而道远，但是又是必经之路，需要同行共同努力。

（二）监测前沿核心技术，维持可持续发展

根据摩尔定律，目前市场上的信息技术产品更新周期只有18个月，超过18个月，应用主体即需对其进行更新，确保信息技术的性能。在多语言自动翻译平台建设阶段以机器翻译技术为核心，而机器翻译技术目前还不是十分成熟，对技术先进性更加敏感。为了保持图书馆多语言自动翻译平台先进性以及最大化提升平台服务效能，图书馆相关工作人员需要对机器翻译进行技术监测，从而实现平台的不断更新。

此外，图书馆还需持续关注机器翻译领域权威产业应用大会，了解机器翻译最新产业成果、前沿技术以及技术局限性，为机器翻译更好地应用于图书馆打下基础。但这不意味着要求馆员需要在此方面付出过多精力，甚至成为机器翻译领域专家。馆员只需要了解其应用可行性，哪些优秀成果可以应用于图书馆、帮助图书馆更好地提供服务即可。

（三）构建合作体系，打造图书馆跨界合作生态

随着图书馆智慧化发展，各系统、各部门越来越需要跨行业、跨系统、跨部门之间的对话及合作。以南京大学图书馆为例，打造NLSP下一代图书馆管理平台，并携手政府出版管理及发行机构，打造图书馆"纸电采购采编管理一体化"的图书馆新生态。在此环境下，实现图书馆书目模块低成本、高质量、高时效的管理。

构建合作体系，打造图书馆跨界合作生态能够提高图书馆服务效率，实现更优服务。因此，多语言自动翻译平台应该打入图书馆内部并拓宽其在外界的应用范围，与各系统、各机构、各企业相互合作，在维

护平台自身的基础上，通过利用多语言自动翻译平台一体化翻译服务属性，带动图书馆生态发展。

第四节 省级公共文化云微信用户持续使用意愿研究

一 研究现状

（一）信息系统持续使用研究现状

用户持续使用意愿研究大致可分为两种类型：一是基于用户内部视角，主要考虑用户感知对其行为意愿的影响，Davis[1] 提出的技术接受模型（TAM），验证了感知有用性和感知易用性对用户使用的显著作用，同时发现感知易用性是感知有用性的前因；Bhattacherjee[2] 基于期望确认理论（ECM），提出信息系统持续使用模型（ECM-ISC），验证了感知有用性和满意度对用户持续使用意愿的决定性作用，同时发现期望确认度对感知有用性和满意度有正向影响[3]。二是基于供应商外部视角，遵循系统—用户的逻辑，侧重信息系统质量对用户行为意愿的影响[4]，DeLone 和 McLean[5] 在 1992 年提出的信息系统成功模型（D&M），从系统质量、信息质量、系统利用率、用户满意度、个人影响和组织影响六个维度衡量信息系统是否成功；随着时代的变迁和信息技术的发展，信息系统的服务功能越来越重要，因此 DeLone 和 McLean[6] 在 2003 年对 D&M

---

[1] Davis F. D., "Perceived Usefulness, Perceived Ease of Use, and User Acceptance of Information Technology", *MIS Quarterly*, Vol. 13, No. 3, 1989, pp. 319 – 340.

[2] Oliver R. L., "A Cognitive Model of the Antecedents and Consequences of Satisfaction Decisions", *Journal of Marketing Research*, Vol. 17, No. 4, 1980, pp. 460 – 469.

[3] Bhattacherjee A., "Understanding Information Systems Continuance: An Expectation-confirmation Model", *MIS Quarterly*, Vol. 25, No. 3, 2001, pp. 351 – 370.

[4] 张镨心、钟欢、刘春：《国外数字健康信息系统持续使用意愿研究综述及最新进展》，《现代情报》2020 年第 9 期。

[5] DeLone W. H., McLean E. R., "Information Systems Success: The Quest for the Dependent Variable", *Information Systems Research*, Vol. 3, No. 1, 1992, pp. 60 – 95.

[6] DeLone W. H., McLean E. R., "The DeLone and McLean Model of Information Systems Success: A Ten-year Update", *Journal of Management Information Systems*, Vol. 19, No. 4, 2003, pp. 9 – 30.

模型进行了更新，引入了服务质量、使用意愿和净收益变量。

当前的信息系统持续使用研究多是以上述三种模型为基础进行整合或改进，再通过不同类型的信息系统进行实证检验。如 Min 等[1]基于创新扩散理论和 TAM 模型，探讨了消费者对优步 APP 的采纳意愿，发现相对优势、兼容性、复杂性、可观察性以及社会影响，通过感知有用性和感知易用性间接影响了消费者的使用态度和采纳意愿；Tam 等[2]通过整合扩展的技术接受与使用统一理论（UTAUT2）和 ECM-ISC 模型，构建移动 APP 用户持续使用意愿影响因素模型，发现满意度、习惯、绩效期望和努力期望是影响持续使用意愿的最重要因素；Shim 等[3]以 D&M 模型（2003）为基础，构建健康信息网站用户持续使用意愿模型，发现信息质量和服务质量与满意度、持续使用意愿、感知效益显著相关，但系统质量的作用并不显著；朱多刚[4]以 ECM 理论和 TAM 模型为基础，引入计算机（IT）自我效能和电子服务质量因素，构建社会化阅读服务用户持续使用意愿模型，发现 IT 自我效能通过感知易用性对用户持续使用意愿产生间接影响；郭财强等[5]通过整合 D&M、ECM-ISC 和任务—技术匹配模型（TTF），设计了针对移动图书馆用户的纵断研究，结果发现，用户持续使用意愿的影响因素在不同时间节点存在差异。

（二）微信用户持续使用研究现状

部分学者对微信公众平台的用户持续使用意愿进行了探索。现有研究所应用的模型除了上述 TAM、ECM-ISC、D&M 模型，还包括刺激—机体—反应模型（S-O-R）、使用与满足理论、推—拉—锚定迁移

---

[1] Min S., So K. K. F., Jeong M., "Consumer Adoption of the Uber Mobile Application: Insights from Diffusion of Iinnovation Theory and Technology Acceptance Model", *Journal of Travel & Tourism Marketing*, Vol. 36, No. 7, 2019, pp. 770 – 783.

[2] Tam C., Santos D., Oliveira T., "Exploring the Influential Factors of Continuance Intention to Use Mobile Apps: Extending the Expectation Confirmation Model", *Information Systems Frontiers*, Vol. 22, No. 1, 2020, pp. 243 – 257.

[3] Shim M., Jo H. S., "What Quality Factors Matter in Enhancing the Perceived Benefits of Online Health Information Sites? Application of the Updated DeLone and McLean Information Systems Success Model", *International Journal of Medical Informatics*, Vol. 137, 2020, pp. 1 – 7.

[4] 朱多刚：《电子服务质量对社会化阅读服务用户持续使用的影响研究——以移动新闻 APP 为例》，《现代情报》2019 年第 4 期。

[5] 郭财强、明均仁：《移动图书馆用户持续使用意愿整合模型及其实证研究》，《现代情报》2020 年第 9 期。

理论模型（PPM）等，研究对象主要包括图书馆、政务、学术、旅游等类型的微信公众号。谭春辉等[1]基于 ECM 和 PPM 模型，构建学术微信公众号用户持续使用意愿影响因素模型，发现感知娱乐、信息质量和服务质量正向影响期望确认，间接影响感知有用、满意度和持续使用意愿；李广军等[2]以 S-O-R 框架为基础，结合 TAM 和 D&M 模型构建高校图书馆微信平台用户持续使用意愿模型，发现个性化服务对感知有用性和心流体验具有正向影响；赵乃瑄等[3]基于 ECM 和 D&M 模型构建高校图书馆微信公众号用户持续使用意愿模型，发现用户正向情感可以影响其满意度和持续使用意愿；李嘉等[4]根据使用与满足理论，提出微信公众平台可以给用户带来功用满足、社交满足和享乐满足，并且这三种满足对用户持续使用意愿均有显著正向影响，三者之间存在相互替代的效应。

二 研究设计

（一）研究模型

在承袭前人经典研究范式的基础上，本书选择以 S-O-R 理论为逻辑框架（侧重强调用户反应是由外部环境刺激和机体认知、情感变化共同作用的结果[5]），同时结合 ECM-ISC、D&M（2003）模型和沉浸理论，对其进行理论整合与假设提取，初步构建出省级公共文化云微信用户持续使用意愿影响因素模型（见图 8.13）。

本书构建的研究模型由前因变量（外部刺激）、中介变量（机体感知）以及结果变量（用户反应）共同构成，综合考虑了微信公众平台外部因素和用户感知内部因素对持续使用意愿的影响。需要说明的是：

---

[1] 谭春辉、易亚、李莉：《学术微信公众号用户持续使用意愿影响因素研究》，《现代情报》2021 年第 1 期。

[2] 李广军、曹琦佳：《基于多视角的个性化服务对高校图书馆微信平台用户持续使用意愿的实证研究》，《图书馆学研究》2020 年第 22 期。

[3] 赵乃瑄、刘佳静、金洁琴：《高校图书馆微信公众号用户持续使用意愿研究》，《图书馆论坛》2019 年第 3 期。

[4] 李嘉、任嘉莉、刘璇、范静：《微信公众平台的用户持续使用意愿研究》，《情报科学》2016 年第 10 期。

[5] 李广军、曹琦佳：《基于多视角的个性化服务对高校图书馆微信平台用户持续使用意愿的实证研究》，《图书馆学研究》2020 年第 22 期。

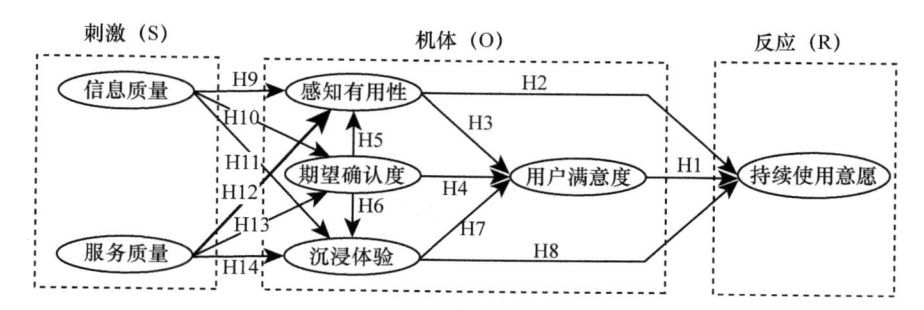

第八章　公共文化智慧服务云平台的构建　311

图 8.13　省级公共文化云微信用户持续使用意愿影响因素模型

①系统质量作为 D&M 模型（2003）的三大要素之一，强调的是对信息处理系统本身的度量[①]，而微信公众平台是由腾讯公司开发和维护的，其系统质量不受公共文化服务机构的控制，故不属于本书讨论范围，本书所提微信公众平台外部刺激因素，仅指信息质量和服务质量；②无论是 ECM-ISC 模型中的感知有用性、期望确认度和用户满意度，还是沉浸体验变量，关注的均是用户在认知或情感层面的变化，故本书将这些变量作为研究模型的中介变量，以探讨对用户持续使用意愿产生的行为反应。

（二）研究假设

1. 基础变量

目前，已有众多学者通过实证研究检验了 ECM-ISC 模型的稳健性，肯定了其对持续使用研究的价值[②]。在探究公共文化云微信平台用户的持续使用意愿时，课题组也认可 ECM-ISC 模型的核心理念，因此引入了感知有用性、期望确认度、用户满意度以及持续使用意愿四个变量作为研究模型的基础变量，同时采纳了 Bhattacherjee 对这些变量的定义[③]，进而提出下列假设：

---

① DeLone W. H., McLean E. R., "The DeLone and McLean Model of Information Systems Success: A Ten-year Update", *Journal of Management Information Systems*, Vol. 19, No. 4, 2003, pp. 9–30.

② 赵宇翔：《知识问答类 SNS 中用户持续使用意愿影响因素的实证研究》，《图书馆杂志》2016 年第 9 期。

③ Bhattacherjee A., "Understanding Information Systems Continuance: An Expectation-confirmation Model", *MIS Quarterly*, Vol. 25, No. 3, 2001, pp. 351–370.

H1：用户对公共文化云微信公众号的满意度显著正向影响其持续使用意愿；

H2：用户对公共文化云微信公众号的感知有用性显著正向影响其持续使用意愿；

H3：用户对公共文化云微信公众号的感知有用性显著正向影响其满意度；

H4：用户对公共文化云微信公众号的期望确认度显著正向影响其满意度；

H5：用户对公共文化云微信公众号的期望确认度显著正向影响其感知有用性。

2. 沉浸体验

沉浸体验是积极心理学领域的著名理论[1]，最早由美国心理学家Csikszentmihalyi 提出。沉浸体验描述的是个体的一种状态，主要指当个体完全投入某一项活动时，获得的较高水平的享受、愉悦感和满足感，它具有全神贯注、时间感消失、自我意识消失、感知控制增强等特征[2]。在本书中，沉浸体验是指用户沉浸到公共文化云微信公众平台中的一种心理状态，如感觉注意力很集中、时间过得很快等。在公共文化云微信平台的使用过程中，用户期望确认可能会导致其获得沉浸体验，而这种愉悦和满足的体验可能会进一步增强用户满意度和持续使用意愿，因此提出假设：

H6：用户对公共文化云微信公众号的期望确认度显著正向影响其沉浸体验；

H7：用户对公共文化云微信公众号的沉浸体验显著正向影响其满意度；

H8：用户对公共文化云微信公众号的沉浸体验显著正向影响其持续使用意愿。

---

[1] Csikszentmihalyi M.，*Flow and the Foundations of Positive Psychology*，New York：Springer Science，2014.

[2] Csikszentmihalyi M.，*Applications of Flow in Human Development and Education*，New York：Springer Science，2014.

3. 信息质量

在 D&M 模型（2003）中，信息质量指的是信息系统的输出质量，具有完整性、易理解性、个性化、相关性和安全性等特征[1]。在本书中，信息质量指的是公共文化云微信平台提供的资源质量，资源质量的高低会直接影响到用户的使用体验，可以通过可靠性、丰富性、及时性等指标进行测量[2]。前人已通过研究证实了信息质量是影响信息系统成功的重要因素[3]，但本书重点讨论的是信息质量作为前因变量如何影响用户的感知有用性、期望确认度和沉浸体验，因此提出假设：

H9：公共文化云微信公众号的信息质量显著正向影响用户的感知有用性；

H10：公共文化云微信公众号的信息质量显著正向影响用户的期望确认度；

H11：公共文化云微信公众号的信息质量显著正向影响用户的沉浸体验。

4. 服务质量

服务质量是 D&M 模型（2003）的新增变量，包括保障性、移情性和响应性等维度[4]。在本书中，服务质量是从用户实际感知层面而论，公共文化云微信平台的服务质量可以通过多样性、互动性、个性化等指标进行测量[5]。服务质量是用户的合理期望，在使用公共文化

---

[1] DeLone W. H., McLean E. R., "The DeLone and McLean Model of Information Systems Success: A Ten-year Update", *Journal of Management Information Systems*, Vol. 19, No. 4, 2003, pp. 9 - 30.

[2] 韦景竹、王元月：《国家公共文化云平台用户满意度实证研究》，《情报资料工作》2020 年第 4 期；孙绍伟、甘春梅、宋常林：《基于 D&M 的图书馆微信公众号持续使用意愿研究》，《图书馆论坛》2017 年第 1 期。

[3] DeLone W. H., McLean E. R., "The DeLone and McLean Model of Information Systems Success: A Ten-year Update", *Journal of Management Information Systems*, Vol. 19, No. 4, 2003, pp. 9 - 30. 孙绍伟、甘春梅、宋常林：《基于 D&M 的图书馆微信公众号持续使用意愿研究》，《图书馆论坛》2017 年第 1 期。

[4] DeLone W. H., McLean E. R., "The DeLone and McLean Model of Information Systems Success: A Ten-year Update", *Journal of Management Information Systems*, Vol. 19, No. 4, 2003, pp. 9 - 30.

[5] 韦景竹、王元月：《国家公共文化云平台用户满意度实证研究》，《情报资料工作》2020 年第 4 期；谭春辉、易亚、李莉：《学术微信公众号用户持续使用意愿影响因素研究》，《现代情报》2021 年第 1 期。

云微信公众号的过程中,如果体验到多样的服务方式、良好的互动效果以及面向不同群体的个性化服务,就有可能会增加用户的感知有用性和期望确认度,甚至让用户沉浸到该平台的服务中,因此提出假设:

H12:公共文化云微信公众号的服务质量显著正向影响用户的感知有用性;

H13:公共文化云微信公众号的服务质量显著正向影响用户的期望确认度;

H14:公共文化云微信公众号的服务质量显著正向影响用户的沉浸体验。

(三)问卷设计

为保证问卷量表的信效度,以前人文献中的经典量表为基础,结合公共文化云微信平台的特点进行修改,最终获得调查问卷。问卷分为两个部分:第一部分是对受访者的基本情况进行调查;第二部分是针对信息质量、服务质量、感知有用性、期望确认度、沉浸体验、用户满意度和持续使用意愿变量,设置21个测问项(见表8.2),并采用通行的Likert五级量表形式设置回答选项,以探知受访者持续使用省级公共文化云微信公众号的意愿。

表8.2　　　　　　　　问卷各测问项及参考来源

研究变量	测问项	参考来源
信息质量 (IQ)	IQ1:公共文化云微信公众号提供的资讯准确可靠、资源权威可靠	韦景竹等[1] DeLone等[2] 孙绍伟等[3]
	IQ2:公共文化云微信公众号提供的资源数量多、类型丰富	
	IQ3:公共文化云微信公众号提供的资源更新及时	

---

[1] 韦景竹、王元月:《国家公共文化云平台用户满意度实证研究》,《情报资料工作》2020年第4期。

[2] DeLone W. H., McLean E. R., "Information Systems Success: The Quest for the Dependent Variable", *Information Systems Research*, Vol. 3, No. 1, 1992, pp. 60–95.

[3] 孙绍伟、甘春梅、宋常林:《基于D&M的图书馆微信公众号持续使用意愿研究》,《图书馆论坛》2017年第1期。

续表

研究变量	测问项	参考来源
服务质量（SQ）	SQ1：公共文化云微信公众号提供多种咨询答疑方式 SQ2：公共文化云微信公众号重视与用户的互动，能够有效处理用户反馈 SQ3：公共文化云微信公众号提供针对用户个人的个性化服务	韦景竹等[1] DeLone 等[2] 谭春辉等[3]
感知有用性（PU）	PU1：公共文化云微信公众号提供的内容和服务可以满足我的需求 PU2：公共文化云微信公众号提供的内容和服务可以增加我的文化知识储备，有利于个人发展 PU3：总体而言，公共文化云微信公众号提供的内容和服务对我的工作或生活有所帮助	刘睿等[4] Davis[5] 谭春辉等[6]
期望确认度（EC）	EC1：我在使用公共文化云微信公众号时所获得的体验超过我的预期 EC2：我在使用公共文化云微信公众号时所获得的收获超过我的预期 EC3：总体而言，公共文化云微信公众号达到我的预期	Bhattacherjee[7] 谭春辉等[8]

---

[1] 韦景竹、王元月：《国家公共文化云平台用户满意度实证研究》，《情报资料工作》2020 年第 4 期。

[2] DeLone W. H., McLean E. R., "The DeLone and McLean Model of Information Systems Success: A Ten-year Update", *Journal of Management Information Systems*, Vol. 19, No. 4, 2003, pp. 9 - 30.

[3] 谭春辉、易亚、李莉：《学术微信公众号用户持续使用意愿影响因素研究》，《现代情报》2021 年第 1 期。

[4] 刘睿、韦景竹：《国家公共文化云 APP 公众持续使用意愿研究》，《情报资料工作》2020 年第 4 期。

[5] Davis F. D., "Perceived Usefulness, Perceived Ease of Use, and User Acceptance of Information Technology", *MIS Quarterly*, Vol. 13, No. 3, 1989, pp. 319 - 340.

[6] 谭春辉、易亚、李莉：《学术微信公众号用户持续使用意愿影响因素研究》，《现代情报》2021 年第 1 期。

[7] Bhattacherjee A., "Understanding Information Systems Continuance: An Expectation-confirmation Model", *MIS Quarterly*, Vol. 25, No. 3, 2001, pp. 351 - 370.

[8] 谭春辉、易亚、李莉：《学术微信公众号用户持续使用意愿影响因素研究》，《现代情报》2021 年第 1 期。

续表

研究变量	测问项	参考来源
沉浸体验（FE）	FE1：使用公共文化云微信公众号时，我的注意力常常保持专注	李武等① 代宝等② 甘春梅等③
	FE2：使用公共文化云微信公众号时，我常常感觉时间过得很快	
	FE3：使用公共文化云微信公众号时，我常常沉浸其中，意识不到周边环境	
用户满意度（US）	US1：我对使用公共文化云微信公众号的决定感到满意	Bhattacherjee④ 谭春辉等⑤
	US2：我对公共文化云微信公众号提供的内容和服务感到满意	
	US3：总体而言，我在使用公共文化云微信公众号的过程中感到满意	
持续使用意愿（CI）	CI1：在未来我打算继续使用公共文化云微信公众号	刘睿等⑥ Bhattacherjee⑦
	CI2：在未来我会提高公共文化云微信公众号的使用频率	
	CI3：在处理文化信息时，我会将公共文化云微信公众号作为首选	

（四）调查样本

本书选择江苏省公共文化云微信公众号作为实证研究对象。调查问卷的发放方式主要有两种：一是通过"江苏公共文化云"线上推送；二是通过江苏省文化馆工作人员线下推广（邀请入馆群众先关注和使用"江苏公共文化云"再填写问卷，以保证受访者拥有使用经验）。问卷发

---

① 李武、赵星：《大学生社会化阅读APP持续使用意愿及发生机理研究》，《中国图书馆学报》2016年第1期。

② 代宝、刘业政：《基于期望确认模型、社会临场感和心流体验的微信用户持续使用意愿研究》，《现代情报》2015年第3期。

③ 甘春梅、王伟军：《学术博客持续使用意愿：交互性、沉浸感与满意感的影响》，《情报科学》2015年第3期。

④ Bhattacherjee A.，"Understanding Information Systems Continuance: An Expectation-confirmation Model"，*MIS Quarterly*，Vol. 25，No. 3，2001，pp. 351 - 370.

⑤ 谭春辉、易亚、李莉：《学术微信公众号用户持续使用意愿影响因素研究》，《现代情报》2021年第1期。

⑥ 刘睿、韦景竹：《国家公共文化云APP公众持续使用意愿研究》，《情报资料工作》2020年第4期。

⑦ Bhattacherjee A.，"Understanding Information Systems Continuance: An Expectation-confirmation Model"，*MIS Quarterly*，Vol. 25，No. 3，2001，pp. 351 - 370.

放时间为 2021 年 4 月 25 日至 5 月 25 日，共回收问卷 435 份，剔除无效问卷 22 份，以 413 份有效问卷用作后期数据分析。

问卷第一部分调查了受访者的性别、年龄、学历、职业、月收入范围、与最近公共文化机构的距离以及"江苏公共文化云"的使用频率[1]。在受访者中，女性人数是男性的 3 倍左右；年龄方面，以 51—60 岁（32.0%）和 61 岁及以上（34.1%）的中老年人为主；学历方面，主要分布在高中/中专/技校（32.4%）、初中（25.2%）和大学本科（23.0%）；职业方面，退休人员几乎占总人数的一半（49.6%）；收入方面，受访者的月收入主要集中在 1000—3000 元（47.0%）和 3000—12000 元（42.4%）区间；一半以上（52.1%）的受访者距离最近的公共文化机构不超过 2.5 千米；将近一半（49.6%）的受访者偶尔使用"江苏公共文化云"，四分之一（25.9%）的受访者几乎每天都使用该微信公众号。

三 数据分析

（一）信效度检验

采用 Cronbach's α 系数和组合信度（CR）来检验问卷的信度，采用标准因子载荷和平均方差抽取量（AVE）来检验问卷的结构效度（结果见表 8.3）。一般来说，Cronbach's α 系数高于 0.8 说明信度高，介于 0.7—0.8 之间说明信度较好。本书通过 SPSS 26.0 软件计算 7 个变量的 Cronbach's α 系数，结果发现服务质量和沉浸体验的 α 系数值介于 0.7—0.8 之间，其余 5 个变量的 α 系数值均大于 0.8。此外，各测问项对相应变量的相关系数均大于 0.5，且删除每个变量下的任意测问项，不会使该变量的 α 系数值显著提高，故所设测问项均符合要求，无须删减。一般来说，组合信度大于 0.6 说明信度佳。通过 AMOS 26.0 软件计算 7 个变量的 CR 值，结果均大于 0.7，说明所设模型的内在质量十分理想。效度是指测量工具反映事物属性的准确程度，问卷的结构效度又可分为汇聚效度和判别效度[2]。一般来说，各测问项

---

[1] 刘睿、韦景竹：《国家公共文化云 APP 公众持续使用意愿研究》，《情报资料工作》2020 年第 4 期。

[2] 赵宇翔：《知识问答类 SNS 中用户持续使用意愿影响因素的实证研究》，《图书馆杂志》2016 年第 9 期。

的标准因子载荷超过0.5说明汇聚效度好。本书通过AMOS 26.0软件计算7个变量的标准因子载荷，结果均在0.6以上，说明所制问卷具有良好的汇聚效度。此外，根据各测问项的标准因子载荷值和标准误差值，计算7个变量的AVE值，结果均在0.5以上，说明问卷具有良好的判别效度。

表8.3　　　　　　　　信效度检验结果

变量	测量指标	测问项对变量的相关系数	删除该测问项后的α系数	标准因子载荷	Cronbach's α系数	CR	AVE
信息质量（IQ）	IQ1	0.587	0.818	0.673	0.820	0.832	0.625
	IQ2	0.765	0.656	0.873			
	IQ3	0.677	0.750	0.812			
服务质量（SQ）	SQ1	0.694	0.625	0.840	0.781	0.793	0.563
	SQ2	0.631	0.691	0.749			
	SQ3	0.539	0.780	0.650			
感知有用性（PU）	PU1	0.567	0.798	0.705	0.800	0.806	0.582
	PU2	0.692	0.683	0.793			
	PU3	0.686	0.684	0.787			
期望确认度（EC）	EC1	0.758	0.829	0.822	0.877	0.878	0.706
	EC2	0.797	0.796	0.870			
	EC3	0.742	0.847	0.827			
沉浸体验（FE）	FE1	0.600	0.741	0.700	0.787	0.790	0.557
	FE2	0.699	0.632	0.808			
	FE3	0.592	0.756	0.727			
用户满意度（US）	US1	0.679	0.734	0.812	0.815	0.820	0.602
	US2	0.657	0.756	0.748			
	US3	0.666	0.748	0.767			
持续使用意愿（CI）	CI1	0.727	0.678	0.809	0.811	0.818	0.600
	CI2	0.647	0.757	0.743			
	CI3	0.625	0.792	0.771			

（二）主效应检验

1. 模型适配度检验

为保证样本数据和假设的结构模型相互适配，模型适配度指标必须达到一定标准。选择了常用的 10 个适配度指标来检验结构模型的适配度，结果如表 8.4 所示。通过比较可以发现，除了 GFI（拟合优度指数）和 AGFI（矫正拟合优度指数）外，其余指标均已达到可接受水平。虽然结构模型的 GFI 和 AGFI 未符合相应标准，但实际值与参考值已非常接近，因此认为，该结构模型的整体适配度良好，可以用于研究假设的检验。

表 8.4　　　　　　　　　　模型适配度指标

拟合指数	参考值	实际值
CMIN/DF	1 < CMIN/DF < 3	1.776
RMSEA	RMSEA < 0.08	0.070
NFI	NFI > 0.8	0.862
TLI	TLI > 0.8	0.920
IFI	IFI > 0.9	0.935
CFI	CFI > 0.9	0.933
GFI	GFI > 0.9	0.845
AGFI	AGFI > 0.9	0.824
PNFI	PNFI > 0.5	0.714
PCFI	PCFI > 0.5	0.773

2. 路径系数检验

借助 AMOS 26.0 软件，通过极大似然估计法对假设的结构模型进行路径分析，得到了 7 个变量之间的标准化路径系数和显著性系数（T 值），如表 8.5 所示。以 0.05 的显著性水平对研究假设进行检验，即 T 值在 1.96 以上表示假设成立，当假设成立时，标准路径系数为正值，表示两个变量呈正相关，负值表示两个变量呈负相关。由表 8.5 可知，在 14 项研究假设中，共有 7 项成立，分别是 H1、H2、H3、H5、H6、H7 和 H13。

表 8.5　　　　　　　　标准路径系数和显著性系数

假设	路径	标准路径系数	T 值	结果
H1	US→CI	0.602	3.075	成立
H2	PU→CI	0.242	2.429	成立
H3	PU→US	0.482	3.022	成立
H4	EC→US	-0.333	-1.732	不成立
H5	EC→PU	0.609	5.463	成立
H6	EC→FE	0.676	5.477	成立
H7	FE→US	0.813	4.938	成立
H8	FE→CI	0.184	1.110	不成立
H9	IQ→PU	0.031	0.185	不成立
H10	IQ→EC	-0.008	-0.036	不成立
H11	IQ→FE	0.103	0.581	不成立
H12	SQ→PU	0.298	1.501	不成立
H13	SQ→EC	0.684	3.025	成立
H14	SQ→FE	0.064	0.307	不成立

为了更加直观地展示假设检验结果，本书绘制了省级公共文化云微信用户持续使用意愿修正模型（见图 8.14）。结合表 8.5 和图 8.14 可知，信息质量不属于影响该平台用户持续使用意愿的主要因素；服务质量只能对期望确认度产生直接正向影响；期望确认度不能直接影响用户满意度；沉浸体验对持续使用意愿的直接影响也不显著。

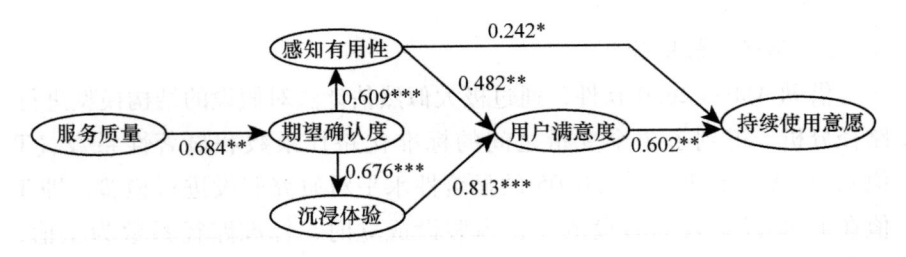

图 8.14　省级公共文化云微信用户持续使用意愿修正模型

注：*** 表示 $p<0.001$，** 表示 $p<0.01$，* 表示 $p<0.05$。

(三) 中介效应检验

为了进一步探索公共文化云微信用户持续使用意愿的影响机制，本书在已成立的假设基础之上，采用 Bootstrap 抽样检验法进行中介效应研究，抽样次数为 5000 次（结果见表 8.6）。Bootstrap 抽样检验法可以同时检验多个中介效应，通过间接效应系数的 95% 置信区间（BootCI 值）来判断中介作用是否显著——如果 95% BootCI 值不包括数字 0，说明具有中介效应；反之，中介效应路径不存在[①]。由表 8.6 可知，14 条中介路径的中介作用均显著。

表 8.6　　　　　　模型路径中介效应检验

序号	自变量—因变量	中介路径	间接效应系数	下限	上限	中介效应
1	PU-CI	PU→US→CI	0.383	0.291	0.506	支持
2	FE-CI	FE→US→CI	0.353	0.303	0.533	支持
3	EC-US	EC→PU→US	0.287	0.197	0.436	支持
4		EC→FE→US	0.332	0.268	0.467	支持
5	EC-CI	EC→PU→CI	0.220	0.132	0.370	支持
6		EC→PU→US→CI	0.154	0.096	0.211	支持
7		EC→FE→US→CI	0.167	0.122	0.213	支持
8	SQ-PU	SQ→EC→PU	0.245	0.195	0.367	支持
9	SQ-FE	SQ→EC→FE	0.309	0.219	0.405	支持
10	SQ-US	SQ→EC→PU→US	0.099	0.079	0.148	支持
11		SQ→EC→FE→US	0.144	0.071	0.132	支持
12	SQ-CI	SQ→EC→PU→CI	0.070	0.048	0.090	支持
13		SQ→EC→PU→US→CI	0.053	0.028	0.083	支持
14		SQ→EC→FE→US→CI	0.070	0.045	0.101	支持

[①] Zhao X. S., Lynch J. G., Chen Q. M., "Reconsidering Baron and Kenny: Myths and Truths about Mediation Analysis", *Journal of Consumer Research*, Vol. 37, No. 2, 2010, pp. 197-206.

四 讨论

(一) 用户满意度

在ECM-ISC模型中，用户决定是否继续使用某一新信息系统时，其满意度起到了重要作用。在本书中，用户满意度对持续使用意愿的标准路径系数为0.602，这一数值再次证实了两者之间的关系，同时也说明，提高用户对省级公共文化云微信公众平台的满意度，可以在一定程度上增强其持续使用意愿。

(二) 感知有用性

感知有用性对用户满意度和持续使用意愿的标准路径系数分别为0.482和0.242，感知有用性能够直接正向影响用户满意度和持续使用意愿，还能够通过用户满意度间接影响持续使用意愿，这与ECM-ISC模型中的理论一致。省级公共文化云微信用户的感知有用性，主要体现在使用该微信公众号对其获取文化资讯、享受文化资源以及参与文化活动的促进和帮助上。以"江苏公共文化云"为例，该平台不仅为用户提供了资源鉴赏、书画鉴赏、慕课学习、共享直播、公益培训等基础性服务，还提供了活动预约、场馆预订、文化点单、文化地图等个性化服务。此外，用户还可以通过该平台参与志愿服务、文化众筹和文化征稿活动，在充分享受公共文化资源的同时，成为文化服务的志愿者、文化活动的赞助者以及文化内容的生产者。将用户获取公共文化服务的方式从被动接受转为主动参与，能够更好地调动用户积极性，提高用户参与感和获得感，进而增强用户对平台的感知有用性。

(三) 期望确认度

在本书中，期望确认度对感知有用性的标准路径系数为0.609，这一数值为ECM-ISC模型中两者之间的关系再次提供了实证基础。此外，期望确认度对沉浸体验的标准路径系数为0.676。但是ECM-ISC模型中期望确认度对用户满意度的直接影响在本书中没有得到确立，期望确认度只能通过影响感知有用性和沉浸体验的中介作用，进而影响用户满意度。用户对省级公共文化云微信的期望，包含了使用该平台对其精神文化、学习、工作、生活等方面带来的收获，以及在使用过程中所体验到的兴奋感、充实感和愉悦感。刚关注省级公共文化云微信公众号时，很多用户会因为不了解能从中获取什么，而对该平台抱有很低的期望。如果在后续使用过程中，用户的真实感受超出原先的期望，即具有较高的期望确认度，那么用户就会认为使用该平台比其预想的更有用、体验更好，从而提升对该平台的满意度。反之，如果在使用前用户抱有很高的期望，而在实际使用中的感受达不到原先的期望，期望确认度较低，那么用户就会认为该平台带来的益处有限、体验一般（或较差），从而降低其满意度。

（四）沉浸体验

本书在构建概念模型时引入了沉浸体验变量，通过实验发现，沉浸体验对用户满意度的标准路径系数为0.813，其对满意度的影响远远超过了ECM-ISC模型中的感知有用性。但是沉浸体验对持续使用意愿的直接影响在本书中没有得到确立，沉浸体验只能通过用户满意度间接影响持续使用意愿。省级公共文化云微信平台提供的文化资源形式多样，有文本、图片、音频、视频等可供用户选择；同时该平台提供的文化活动也丰富多彩，涵盖了戏剧、舞蹈、音乐、朗诵等类型的文艺演出，书法、诗词、美术、摄影、剪纸等类型的作品展览，可供用户观赏，使得用户在使用该微信平台的过程中容易全情投入，并产生高度兴奋、精神愉悦的沉浸体验，这种体验在很大程度上会使用户感到十分满意。除了高水平的愉悦满足感，时间观念和自我意识的消失也是沉浸体验的重要特征。因此，沉浸体验可能带来的负面影响不容忽视，如在沉浸之后所产生的时间失真和信息错失等后果，可能会导致用户陷入焦虑和自责[①]，而这种负面情绪又可能会对用户满意度产生负面影响，进而降低其持续使用意愿。

（五）服务质量

服务质量对期望确认度的标准路径系数为0.684，说明服务质量能够显著正向影响用户的期望确认度，但是服务质量对感知有用性和沉浸体验的直接影响在本书中没有得到确立，只能通过影响期望确认度的中介作用，进而影响感知有用性和沉浸体验。本书中服务质量对期望确认

---

① 张明鑫：《大学生社会化阅读APP持续使用意愿研究——沉浸体验的中介效应》，《大学图书馆学报》2021年第1期。

度和感知有用性的结论,与前人对学术微信用户持续使用意愿研究的结果一致①。随着公共文化服务方式从"政府端菜"向"群众点菜"的转变,群众的主动权与日俱增。而公共文化云微信平台的出现,不仅实现了文化资源的高度整合,还拓宽了人民群众的"点菜"渠道。当前,"江苏公共文化云"微信平台已经设置了"文化点单"模块,并按特色团队、文艺演出、艺术培训、展览展示等进行了分类,不过,具体的"服务菜单"(文化内容)仍在编制中。除了点单服务,答疑服务、导航服务、预约服务以及个性化推送服务等同样是优质服务的重要体现。此外,及时响应用户需求,注重与用户的互动,也能有效提升平台的服务质量,从而起到提高用户期望确认度的作用。

(六) 信息质量

关于信息质量的假设(H9、H10、H11)在本书中均没有得到确立,说明在省级公共文化云微信的用户持续使用意愿这一特定案例中,信息质量不能显著影响感知有用性、期望确认度以及沉浸体验。本书中信息质量对期望确认度的结论,与前人对移动图书馆用户持续使用意愿研究的结果一致②,而对感知有用性的结论与先前一些研究的结果不一致③。课题组尝试结合公共文化云微信平台信息质量的三个测量指标进行解释:①来源可靠性。省级公共文化云微信平台的认证主体一般为各省文化馆、群众艺术馆、公共图书馆等事业单位,用户对这些单位有着天然的信任感,因此会默认而不是期望平台提供的资讯准确、资源权威。既然没有期望,就不存在期望确认一说,来源可靠应该成为内容生产者的内在要求。②种类丰富性。当前,省级公共文化云微信平台所提供的文化资源数量和种类都不少,但是否可以满足不同用户的精神文化需求呢?答案是不确定的。对于用户来说,平台提供的较为丰富的文化资源

---

① 谭春辉、易亚、李莉:《学术微信公众号用户持续使用意愿影响因素研究》,《现代情报》2021年第1期。

② 郭财强、明均仁:《移动图书馆用户持续使用意愿整合模型及其实证研究》,《现代情报》2020年第9期。

③ 郭财强、明均仁:《移动图书馆用户持续使用意愿整合模型及其实证研究》,《现代情报》2020年第9期;谭春辉、易亚、李莉:《学术微信公众号用户持续使用意愿影响因素研究》,《现代情报》2021年第1期;杨菲、高洁:《政府电子信息服务质量与公众持续使用意愿关系实证研究》,《图书情报工作》2017年第17期。

未必是其所需要的，所以用户也未必能感知到平台对其有用。但这并不意味着种类丰富不重要，相反，只有当文化资源的数量达到一定规模、种类足够丰富多样时，才能够满足更多用户的需求，提高其感知有用性。③更新及时性。省级公共文化云微信平台通常会定期（订阅号1天1次，服务号1月4次）发布文化演出预告、文化作品展览、文化场馆介绍、文化活动招募等资讯，但演出节目、艺术课堂等音视频资源的更新速度相对较慢，这可能会导致用户难以产生沉浸体验，或者沉浸体验难以持续。例如，用户通过"江苏公共文化云"欣赏淮海戏《婚前协议》，在观看视频的过程中产生了精神愉悦的沉浸体验，想要继续观看其他淮海戏，但由于平台没有及时（定期）更新，用户的沉浸体验也将终止。

第五节 公共文化服务平台传播影响力测度

一 研究现状

（一）公共文化服务平台

公共文化服务平台是参照国家公共文化数字支撑平台项目建设标准，以服务引擎为技术支撑，以公共文化资源建设成果为基础服务内容而构建的基础应用平台，是资源与服务平台的跨界融合[1]。建设公共文化服务平台，旨在打破条块分割的资源管理现状，促进现代公共文化服务体系的全面建设[2]。当前，我国公共文化服务平台主要包括各级（国家级、省级、市县级）各种（公共文化云、数字图书馆、数字博物馆等）公共文化服务网站、微信公众号、移动客户端、文化一体机等类型。

近年来，学界重视公共文化服务平台的建设问题。严昕[3]基于多边

---

[1] 龚娅君：《智慧图书馆公共文化服务平台建设研究》，《图书馆工作与研究》2015年第12期。

[2] 钱丹、陈雅：《公共文化服务平台的可及性要素识别及优化》，《图书馆理论与实践》2017年第10期。

[3] 严昕：《公共数字文化服务的多边平台构建》，《图书馆论坛》2020年第9期。

平台理论，构建了包含文化资源提供主体、平台建设方、服务用户三类基本使用群体的公共数字文化服务多边平台的概念框架；张树臣等[①]基于云计算思想，构建了包含基础设施层、服务平台层以及软件应用层的公共数字文化服务云平台；向江等[②]构建了包含基础设施层、资源汇聚层、业务平台层以及应用示范层的公共数字文化共享云服务平台，该平台能够提供分布式资源共享、网络分发和业务管理等功能；王淼、经渊[③]构建了包含平台基础层、服务支撑层和智慧应用层的智慧公共文化服务云平台，并分析了云平台的服务流程；孔繁秀、张哲宇[④]构建了西藏康马县数字公共文化服务平台，该平台包含软硬件基础设施层、数据库层（公共文化资源数据库、公共文化人才数据库和藏汉双语数据库）、应用层以及公共访问层。

学界也关注公共文化服务平台的测度问题。钱丹、陈雅[⑤]通过结构方程分析，构建了包含系统质量、服务质量、界面质量、信息质量四个维度及18个观察指标的公共文化服务平台可及性评价模型，实验发现，信息质量对公共文化服务平台水平的影响最高；汤金羽、朱学芳[⑥]从投入和产出两个方面考虑，构建了包含服务量、服务内容、服务效果三个维度及8个指标的公共文化云微信公众平台评价体系，并且利用数据包络分析方法，对华东部分地区公共文化云微信公众平台进行了服务效率评价。当前针对公共文化服务平台的评价或测度研究较少，可能存在两个方面的原因：一是公共文化服务平台的发展时间较短，平台建设仍不完善；二是公共文化服务平台的数据获取难度较大，能够获取的数据种

---

① 张树臣、陈伟、高长元：《大数据环境下公共数字文化服务云平台构建研究》，《情报科学》2021年第4期。

② 向江、陈移兵、杨毅：《全国公共数字文化共享云服务平台研究与设计》，《计算机工程与应用》2018年第13期。

③ 王淼、经渊：《智慧公共文化服务云平台构建研究》，《数字图书馆论坛》2019年第2期。

④ 孔繁秀、张哲宇：《西藏康马县数字公共文化服务平台构建研究》，《西藏大学学报》（社会科学版）2019年第1期。

⑤ 钱丹、陈雅：《公共文化服务平台的可及性要素识别及优化》，《图书馆理论与实践》2017年第10期。

⑥ 汤金羽、朱学芳：《我国公共文化云微信公众平台服务效率评估》，《图书馆论坛》2019年第9期。

类较少，并且多源数据融合技术（MDF）仍不成熟，实现数据融合和处理的难度系数较大。

（二）平台传播影响力

传播影响力通常有两种定义方式，一种是从传播主体（媒体或媒介）角度定义，另一种是从受众（读者或用户）角度定义。前者被称为主体定义法，后者被称为客体定义法。但有不少学者认为，传播影响力是通过传播活动得以实现的，涉及了传播活动的全流程，是传播者、传播渠道以及受众等要素共同作用的结果，因此不能仅考虑某一方面的因素，必须结合全流程、全要素进行综合考虑[1]。比如弗林特[2]曾指出，报纸影响力既受报纸本身的影响，也受报纸读者的影响；刘建明[3]认为新闻影响力由媒体和受众两个方面共同决定；孟令雪、过仕明[4]定义智库产品影响力，认为它是指智库产品通过某种媒介传播信息的能力以及影响受众主体思考、决策和行动的能力；赵乃瑄等[5]结合主客体定义法，认为高校新媒体影响力需要同时考虑媒介本质特性的影响和对受众认知、判断、决策的影响。

本书采纳传播影响力是一种综合影响力的观点，因此认为公共文化服务平台传播影响力是指公共文化服务机构运用数字平台将公共文化服务相关信息高效传递给平台用户的能力，以及公共文化服务平台传播活动对用户产生的实际效果，既强调公共文化服务平台本质特性的影响，也考虑平台用户对传播内容认知和决策的影响。

（三）平台传播影响力测度指标

目前，在各级各种公共文化服务平台中，以国家级、省级公共文化服务网站与微信公众平台的应用最为广泛，因此，已有的网站与微信公众平台传播影响力的测度指标，可为本书提供有益借鉴。国内网站影响力的

---

[1] 田龙过：《媒体融合重新定义电视媒体影响力》，《编辑之友》2018年第1期。
[2] ［美］利昂·纳尔逊·弗林特：《报纸的良知：新闻事业的原则和问题案例讲义》，萧严译，李青藜、展江校，中国人民大学出版社2005年版，第288页。
[3] 刘建明：《新闻传播的十种影响力》，《新闻爱好者》2019年第11期。
[4] 孟令雪、过仕明：《新型智库产品微博传播影响力评价及实证研究》，《情报科学》2019年第11期。
[5] 赵乃瑄、刘佳静、金洁琴、吕远：《基于信息传播行为的高校新媒体影响力评价研究——以微信为例的实证分析》，《情报理论与实践》2020年第6期。

测度指标体系相对完善，被使用频次较高的测度指标包括：链接指标（总链接数、外链接数、内链接数等)[1]、网页数[2]、网络影响因子[3]、首页指标[4]以及用户指标（用户访问量、用户关注度等)[5] 等，最主要的研究方法是链接分析法。

微信公众平台传播影响力的测度指标相对丰富，基本测度指标包括阅读量（最高阅读量、平均阅读量等）和点赞量（最高点赞量、平均点赞量等)[6]，其他测度指标包括互动性[7]、原创性[8]、推送时间[9]、更新频率[10]、活跃粉丝数[11]等。此外，叶继元团队[12]基于"全评价"理论提出了形式指标（可识别度、可互动度等）、内容指标（有用性、易用性等）以及效用指标（整体传播力、峰值传播力等），对学术期刊微信公众平台进行了全面评价。学界运用的主要研究方法包括文献调研法、问卷调查法、层次分析法以及主成分分析法等。

---

[1] 叶焕辉：《基于链接分析法的我国高职图书馆网站影响力评价研究》，《图书馆研究与工作》2017年第9期。

[2] 赵乃瑄、张若冉：《跨系统区域图书馆联盟网络影响力评价研究》，《图书情报工作》2017年第7期。

[3] 卢文辉、高仪婷：《基于链接分析法的大学图书馆网站影响力评价研究》，《数字图书馆论坛》2019年第1期。

[4] 杨石山、孙建军：《中美高校图书馆网站链接结构比较研究》，《情报科学》2011年第7期。

[5] 卢文辉：《"全评价"分析框架下图书馆网站评价体系的分析与构建》，《图书馆学研究》2019年第16期。

[6] 张海涛、张会然、魏萍、尹慧子：《微信公众号影响力评价模型研究》，《图书情报工作》2019年第4期。

[7] 相甍甍、王晰巍、郭顺利：《高校图书馆微信公众号信息传播效果的影响因素分析》，《现代情报》2018年第3期。

[8] 董玥、王雷、刘健：《新型智库微信公众平台信息传播影响力评价体系研究》，《情报科学》2018年第12期。

[9] 方婧、陆伟：《微信公众号信息传播热度的影响因素实证研究》，《情报杂志》2016年第2期。

[10] 匡文波、武晓立：《基于微信公众号的健康传播效果评价指标体系研究》，《国际新闻界》2019年第1期。

[11] 赵乃瑄、刘佳静、金洁琴、吕远：《基于信息传播行为的高校新媒体影响力评价研究——以微信为例的实证分析》，《情报理论与实践》2020年第6期。

[12] 毕丽萍、廖书语、李战、叶继元：《基于"全评价"分析框架的学术期刊微信公众平台评价体系研究》，《情报科学》2020年第2期。

二 公共文化服务平台传播影响力测度体系的构建

（一）设计测度指标

根据前文的概念界定，公共文化服务平台的传播影响力产生于信息传播活动的全流程，是一种综合影响力，因此，测度公共文化服务平台的传播影响力，首先需要厘清平台的信息传播流程，为此，本书提出了公共文化服务平台的信息传播模型（见图8.15）。根据图8.15可知，信息生产者将制作完成的信息（例如公共文化资源）传递给信息发布者，信息发布者对信息进行编辑、加工、处理，并选择合适的时间将完成处理的信息通过公共文化服务平台发送给用户，用户以被动接受或主动寻求的方式获取信息，成为信息使用者，最后信息对信息使用者产生不同影响，促使信息使用者做出不同反应。该模型符合拉斯韦尔5W模式和施拉姆大众传播模式的核心理念[1]，既包含发送者、信息、媒介、接受

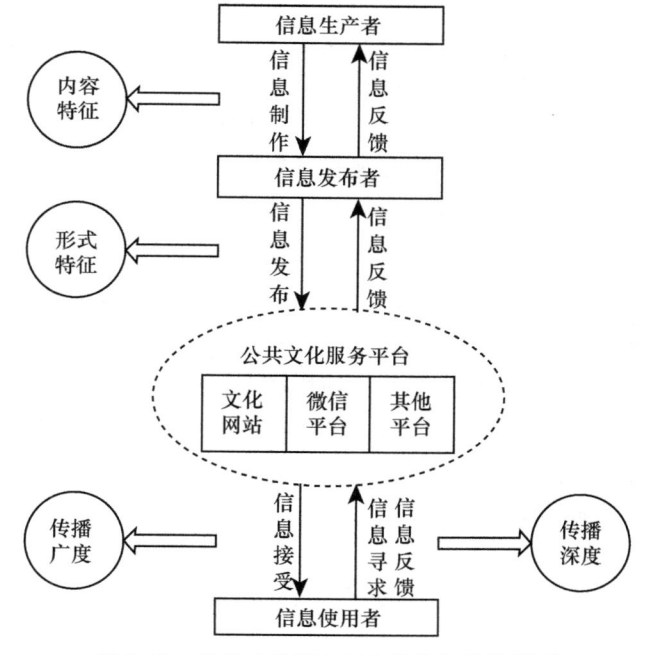

图 8.15 公共文化服务平台的信息传播模型

---

[1] 马费成、宋恩梅、赵一鸣编著：《信息管理学基础》，武汉大学出版社2018年版，第51—52页。

者、影响五大基本要素，又强调信息传播的循环过程，注重信息使用者的反馈作用，具有一定科学性。

信息在不同传播阶段所表现出的不同特征均有可能对平台或信息使用者产生一定影响，因此，本书结合公共文化服务平台的信息传播模型，提出了内容特征、形式特征、传播广度和传播深度四个测度准则，再参照前人提出的具体指标，对公共文化服务平台的传播影响力测度指标进行了设计。

1. 内容特征：在信息制作阶段，信息生产者负责产出具体的公共文化服务内容，不同的内容特征可能对信息使用者产生不同影响，故纳入原创性①、多样性、可信度和平均长度等指标。

2. 形式特征：在信息发布阶段，信息发布者负责排版和发布相关信息，不同的形式特征可能对信息使用者产生不同影响，故纳入推送时间②、更新频率③、标题形式、平均标题字数以及资源发布总数等指标。

3. 传播广度：在信息寻求阶段，信息使用者因感知需求而产生的主动搜索、浏览和使用公共文化服务平台的行为，可能会导致平台主体实力（例如微信公众号的粉丝数）发生一定变化，故纳入忠实用户数指标；在信息接收阶段，信息使用者通过点击公共文化服务平台上信息资源（文章、音频、视频）的标题，阅读、收听和观看具体内容的方式，完成信息接收，由阅读、收听和观看行为产生的阅读量和播放量可以反映信息使用者在认知层面的变化，故纳入置顶资源（例如微信公众号的头条推文）平均访问量、平均访问量以及最高访问量等指标。

4. 传播深度：在信息反馈阶段，信息使用者阅读文章、收听音频或者观看视频后，通过点赞或评论的方式进行信息反馈，由反馈行为产生的点赞数和评论数可以反映信息使用者在情感层面的变化，故纳入置顶资源（头条）平均点赞数、平均点赞数、最高点赞数以及平均评论数等指标；信息发布者通过回复信息使用者的评论，可以提高信息使用者的参与感，故纳入回复率指标。

---

① 董玥、王雷、刘健：《新型智库微信公众平台信息传播影响力评价体系研究》，《情报科学》2018 年第 12 期。

② 方婧、陆伟：《微信公众号信息传播热度的影响因素实证研究》，《情报杂志》2016 年第 2 期。

③ 匡文波、武晓立：《基于微信公众号的健康传播效果评价指标体系研究》，《国际新闻界》2019 年第 1 期。

(二) 确定指标权重

主客观相结合的组合赋权法可以弥补单一赋权法的不足,使赋权结果尽可能与实际结果接近。因此,本书采用基于层次分析法(主观赋值法)和熵值法(客观赋值法)的组合赋权法计算各项指标的权重。

1. 层次分析法。20 世纪 70 年代初,美国匹兹堡大学教授 Saaty T. L. 提出了层次分析法(Analytic Hierarchy Process,AHP),这是一种定性分析与定量分析相结合的系统分析方法,其计算基础是判断矩阵——由专家凭借主观经验对 n 项测度指标进行两两比较,并采用 1—9 的比例标度作出判断。在确定判断矩阵后,需要计算判断矩阵的最大特征根 λ_{max},并进行判断矩阵的一致性检验(定义一致性比率:$CR = \dfrac{CI}{RI}$,当 $CR < 0.1$ 时,认为判断矩阵有可接受的不一致性;否则,认为判断矩阵是不能令人满意的,需要仔细修正,直至通过检验①),通过一致性检验的判断矩阵的特征向量,即为对应的测度指标的权重 p_j($j = 1, 2, \cdots, n$)。

2. 熵值法。熵是热力学中的一个名词,在信息论中被称为平均信息量。熵值法(entropy method)遵循了"差异体现优劣"的思想,指标的差异程度越大,信息熵(熵值)越小,指标所提供的信息量和信息效用就越大,指标的权重(熵权)就越大。结合具体案例,本书对熵值法原理进行简单说明。第一,假设测评对象是 m 个公共文化服务平台,测度指标共有 n 项,即可构建指标矩阵 $X = (x_{ij})_{m \times n}$($i = 1, 2, \cdots, m$;$j = 1, 2, \cdots, n$),$x_{ij}$ 表示第 i 个平台在第 j 项指标上的统计值;第二,通过离差标准化的方法对矩阵 X 进行归一化处理[见式(8.1)],即可得到矩阵 $R = (r_{ij})_{m \times n}$;第三,根据式(8.2)计算矩阵 R 中第 j 项指标的信息熵(熵值) e_j,在式(8.2)中,$f_{ij} = \dfrac{r_{ij}}{\sum_{i=1}^{m} r_{ij}}$,$f_{ij}$ 表示第 j 项指标下第 i 个公共文化服务平台的特征比重,当 $f_{ij} = 0$ 时,$f_{ij} \ln f_{ij} = 0$;第四,根据式(8.3)计算第 j 项指标的权重(熵权) q_j,在式(8.3)中,$q_j \in [0, 1]$,$\sum_{j=1}^{n} q_j = 1$。

---

① 郭亚军:《综合评价理论、方法及应用》,科学出版社 2007 年版,第 36—38、73—75 页。

$$r_{ij} = \frac{x_{ij} - \min_{1 \leq i \leq m}|x_{ij}|}{\max_{1 \leq i \leq m}|x_{ij}| - \min_{1 \leq i \leq m}|x_{ij}|} \times 10 \qquad (8.1)$$

$$e_j = -\frac{1}{\ln n}\sum_{i=1}^{m} f_{ij}\ln(f_{ij}) \qquad (8.2)$$

$$q_j = \frac{1 - e_j}{\sum_{j=1}^{n}(1 - e_j)} \qquad (8.3)$$

3. 组合赋权法。组合权重的获取方式通常有"加法"集成法、"乘法"集成法、改进型的"拉开档次"法①以及评价结果极差最大化法②等，遵循适用性和可操作性原则，结合应用研究特点，本书采用"乘法"集成法计算组合权重。假设 p_j 和 q_j 分别是基于层次分析法和熵值法原理生成的第 j 项指标的权重系数，根据式（8.4）可以计算第 j 项指标的组合权重 $g_j (j = 1, 2, \cdots, n)$。

$$g_j = \frac{p_j q_j}{\sum_{j=1}^{n} p_j q_j} \qquad (8.4)$$

（三）构建测度体系

鉴于常用的公共文化服务平台包括网站和微信公众号两种类型，故本书构建的测度指标体系应同时适用于两种平台。在指标的选择和设计中，本书仅考虑通用指标，平台特有指标（例如网站的链接指标）不在考虑范围内。通过筛选符合条件的参考指标，整合补充的测度指标，本书初步构建了包含 18 个指标的公共文化服务平台传播影响力测度体系，如图 8.16 所示。

三 公共文化服务平台传播影响力测度体系的应用

（一）样本选择与数据来源

公共图书馆具有保存人类文化遗产、开展社会教育、提供文化娱乐等主要职能，在公共文化服务体系建设中扮演着重要的角色，同时海量

---

① 郭亚军：《综合评价理论、方法及应用》，科学出版社 2007 年版，第 36—38、73—75 页。
② 李刚、迟国泰：《级差最大化组合赋权的人的全面发展评价模型及实证》，《中国软科学》2009 年第 9 期。

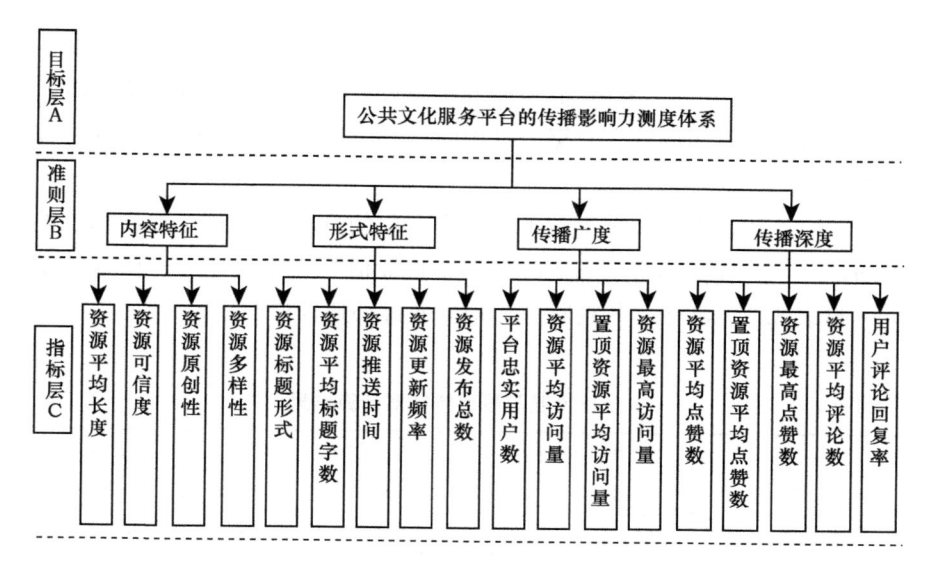

第八章　公共文化智慧服务云平台的构建

图 8.16　公共文化服务平台的传播影响力测度指标体系

文献资源也为公共图书馆开展公共文化服务提供了天然的优势。鉴于省级公共图书馆微信公众号开通时间较早，活跃用户数量较多，且部分图书馆的微信运营经验比较丰富，因此，选择国内31家省级公共图书馆（不含港澳台）的微信公众号作为研究样本进行实验，其中，浙江图书馆开通了同名服务号与订阅号，鉴于服务号的功能更加全面，以浙江图书馆服务号为浙江省公共图书馆的官方微信。

为了能够准确获取各项指标对应的具体数据，利用Python语言编写的网页爬虫抓取相关数据，并通过微信手机客户端以人工阅读的方式对缺失的数据进行补充。为保障获取数据的可靠性与稳定性，本书选择于2020年2月1—5日，收集2019年12月1—31日期间，31家省级公共图书馆微信公众号所发布的全部推文信息，包括推送时间、推文标题、全文内容、阅读数、在看数（点赞数）、评论数以及回复数等。

（二）计算指标权重

1. AHP权重。首先，本书邀请了9名相关领域的专家学者（3名教授，6名博士研究生）填写问卷，以确定准则层和指标层各项指标的相对重要性，进而构造判断矩阵；其次，采用和积法逐一计算判断矩阵的最大特征值和特征向量，并进行一致性检验；再次，设定各专家的权重系数相同，计算各判断矩阵的数值的平均值，并选择最接近的标度作为最终结果，计算最大特征值和进行一致性检验，若未通过检验，需要联系相关专家重新调整，直至通过检验；最后，利用 Yaaph 12.0 软件计算出各级指标的权重。

按照上述步骤，本书得到了 1 个准则层的判断矩阵和 4 个指标层的判断矩阵，并计算出各判断矩阵的最大特征值与一致性比率。由计算结果（见表 8.7）可知，各判断矩阵均已通过一致性检验。

表 8.7　　　　　　　一致性检验与最大特征值计算结果

	准则层	内容特征	形式特征	传播广度	传播深度
最大特征值（λ_{max}）	4.0413	4.1702	5.1244	4.2156	5.2042
一致性比率（CR）	0.0155	0.0638	0.0278	0.0807	0.0456

利用 Yaaph 12.0 软件完成计算后，本书展示了准则层的判断矩阵及指标权重（见表 8.8）、指标层的第一个判断矩阵及指标权重（见表 8.9）以及全部指标的 AHP 权重（见表 8.10）。

表 8.8　　　　　　　准则层的判断矩阵及指标权重

准则层	内容特征	形式特征	传播广度	传播深度	权重
内容特征	1	4	2	3	0.4717
形式特征	1/4	1	1/3	1/2	0.0970
传播广度	1/2	3	1	1	0.2381
传播深度	1/3	2	1	1	0.1932

表 8.9　　　　　　　指标层的第一个判断矩阵及指标权重

内容特征	推文长度	可信度	原创性	多样性	权重	合成权重
推文长度	1	1/5	1/2	1/2	0.0888	0.0419
可信度	5	1	5	5	0.6069	0.2863
原创性	2	1/5	1	2	0.1758	0.0829
多样性	2	1/5	1/2	1	0.1285	0.0606

2. 熵权。采集完省级公共图书馆微信公众号的运营数据之后，本

书对可信度、原创性、多样性、推送时间、标题形式和回复率指标的统计值进行了预处理，具体做法如下：①可信度：标注内容来源或者提供原文链接的推文占比；②原创性：带有"原创"标识的推文占比；③多样性：内容包含两种及以上形式（文字、图片、音视频）的推文占比；④推送时间：下午（13:00—17:59）发布的推文占比；⑤标题形式：标题是特殊句式的推文占比；⑥回复率：有作者回复评论的推文占比；完成数据的预处理之后，根据熵权的计算步骤，利用 Excel 软件，得到了各项测度指标的熵权（见表 8.10）。

3. 组合权重。根据"乘法"集成法的操作步骤，结合各项指标的 AHP 权重和熵权，本书最终得到了公共文化服务平台传播影响力测度指标的组合权重，结果如表 8.10 所示。

表 8.10　公共文化服务平台的传播影响力测度指标体系及权重

准则层	组合权重	指标层	AHP 权重	熵权	组合权重
内容特征	0.6799	资源平均长度	0.0419	0.0735	0.0546
		资源可信度	0.2863	0.0766	0.3888
		资源原创性	0.0829	0.0120	0.0176
		资源多样性	0.0606	0.2036	0.2188
形式特征	0.1314	资源标题形式	0.0164	0.0748	0.0218
		资源平均标题长度	0.0125	0.0592	0.0131
		资源推送时间	0.0187	0.1348	0.0447
		资源发布总数	0.0280	0.0540	0.0268
		资源更新频率	0.0213	0.0660	0.0250
传播广度	0.0771	置顶资源平均访问量	0.0999	0.0133	0.0236
		资源平均访问量	0.0590	0.0247	0.0259
		资源最高访问量	0.0465	0.0101	0.0083
		忠实用户数	0.0326	0.0334	0.0193
传播深度	0.1116	置顶资源平均点赞数	0.0498	0.0295	0.0260
		资源平均点赞数	0.0379	0.0238	0.0160
		资源最高点赞数	0.0349	0.0211	0.0131
		资源平均评论数	0.0338	0.0377	0.0226
		用户评论回复率	0.0368	0.0519	0.0339

(三) 测度传播影响力

1. 方法与结果

确定了公共文化服务平台的传播影响力测度指标体系及权重后，可以采用综合评价法对目标平台的传播影响力进行评价。通过综合评价法计算的结果是以指数或分值的形式对参评对象综合状况进行的排序结果，具体模型见式（8.5）。

$$S_i = \sum_{j=1}^{n} g_j \times r_{ij} \quad (8.5)$$

在式（8.5）中，S_i（$i=1, 2, \cdots, 31$）表示第 i 个公共文化服务平台传播影响力的综合传播指数，g_j（$j=1, 2, \cdots, 18$）表示第 j 项测度指标的组合权重，r_{ij} 表示经过离差标准化的第 i 个公共文化服务平台在第 j 项指标上的统计值。

将采集的样本数据进行离差标准化后，代入式（8.5）进行计算，可以得到 31 个省级公共图书馆微信公众号在 2019 年 12 月的综合传播指数。为了测度我国不同地区的公共文化服务平台传播影响力水平，将 31 个省市按照华东、华南、华北、华中、西南、西北和东北地区进行划分，并计算出不同地区省级公共图书馆微信公众号综合传播指数的算术平均值，即区域传播指数（见图 8.17）。

	华中	华东	西北	西南	华南	东北	华北
区域传播指数	5.3487	4.5097	4.2113	3.8829	3.4966	3.2566	2.7979

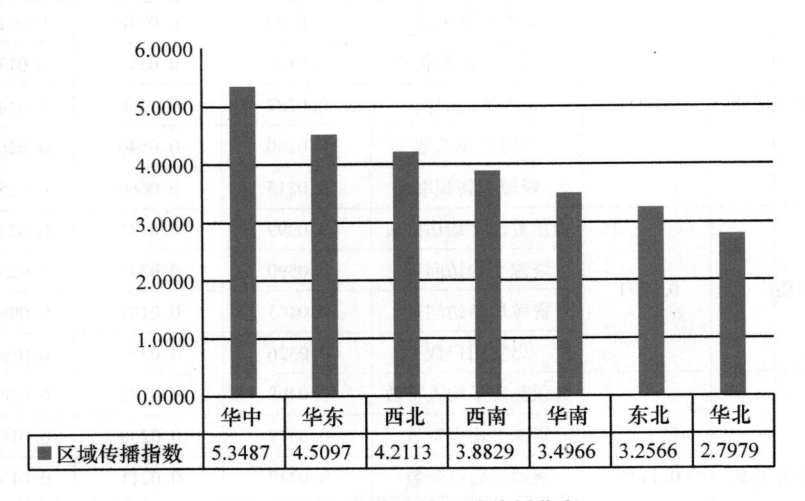

图 8.17 七大地区的区域传播指数

第八章 公共文化智慧服务云平台的构建

由图 8.17 可知，华中地区省级公共图书馆微信公众号的传播影响力最大，区域传播指数为 5.3487；其次是华东地区（4.5097）和西北地区（4.2113）；西南、华南和东北地区的区域传播指数处于 3.0—4.0 区间；华北地区较其他地区偏低，区域传播指数仅为 2.7979。

2. 分析与讨论

根据公共文化服务平台传播影响力测度指标的权重计算结果，准则层指标中，内容特征的权重远高于其他三个指标；指标层指标中，资源可信度、多样性、平均长度、推送时间和用户评论回复率的权重较高于其他指标。结合不同地区的省级公共图书馆微信公众号的具体表现，本书对公共文化服务平台传播影响力测度体系的各项指标进行了深入分析。

第一，内容特征是影响公共文化服务平台传播影响力的关键因素，组合权重高达 0.6799，排名第一。其中，资源可信度和多样性的权重分别为 0.3888 和 0.2188。公共文化服务平台的本质是内容的载体，脱离内容仿佛无源之水、无本之木。内容特征的高权重也表明，传统媒体一贯推崇的"内容为王"理念对公共文化服务平台的发展同样适用。无论时代如何变化，人民群众对美好生活的向往以及对高品质产品和服务的渴望都不会改变。当下，用户需要优质内容，平台也需要优质内容来吸引用户。

华中和华东地区的省级公共图书馆十分注重对微信公众号的内容设计，例如，在这两个地区的微信公众号中，推文的平均长度为 1417 个字符，较其他地区多 300—700 个字符，使用多媒体的推文占全部推文的 90% 以上，资源多样性极高；在江苏省、山东省和河南省图书馆的微信公众号中，标注内容来源或者提供原文链接的推文分别占全部推文的 85% 以上，资源可信度极高；上海市和浙江省图书馆较其他图书馆更注重微信公众号推文的原创性等。华中和华东地区省级公共图书馆在微信公众号内容特征方面的实践，值得其他地区图书馆借鉴。因此，平台运营人员可以通过合理控制资源长度，提高内容可信度，注重内容多样性和原创性的方式，来打磨公共文化服务平台的精品内容，保证用户的优质体验。

第二，形式特征的组合权重为 0.1314，排名第二，说明资源的标题形式、标题字数、推送时间、发布总数和更新频率等反映资源形式特征的指标对平台传播影响力的作用较为明显。各地区对微信公众号推文的形式设计各有侧重，例如，华中和华东地区较为注重推文的标题形式，标题采用特殊句式的推文分别占全部推文的27%和20%；华中、西北和东北地区微信公众号的平均更新频率较其他地区高，华中、东北和华东地区的平均发文数量较其他地区多，说明这些地区微信公众号的活跃度较高；西北、华北、西南和东北地区的图书馆习惯在下午（13：00—17：59）发布推文等。针对推文的标题长度，不同地区公共图书馆的设计较为一致，平均标题字数在22—24个字符之间。因此，平台运营人员应该注重对推文标题的设计和推送时间的选择，注重更新频率的合理性，保持平台的活跃度，以此实现对公共文化服务平台的运营优化。

第三，传播广度的组合权重为0.0771，说明忠实用户数和资源访问量等能够反映平台传播广度的指标数据越好，平台的传播影响力越大。建设公共文化服务平台的目的，是将优质的公共文化资源高效地传递给平台用户，因此，扩大平台用户群、增加忠实用户数、提高平台访问量是公共文化服务平台存在的必然要求。与其他地区相比，华东地区微信公众号的覆盖面最广，其中又以浙江省图书馆微信公众号的表现最为突出。2019年12月，浙江省图书馆微信公众号出现了一篇爆文（阅读数超过10万），题名为《浙图锦鲤2.0全面升级！海量书籍、Kindle阅读神器、旅行套餐……带上诗书去远行》，推文主体由文字、图片、GIF以及视频组成，主题是寻找"锦鲤"（免费赠送活动），参与方式是"填写报名信息＋分享至朋友圈＋转发至微信群"。浙江省图书馆通过举办活动、引导读者分享和转发推文的方式，大幅提升了单篇推文的传播广度，进而提高了本馆乃至华东地区公共图书馆微信公众号的整体传播影响力。由此实践可知，利用公共文化服务平台定期举办针对广大用户的互动活动，有利于提高平台的传播影响力。

第四，传播深度的组合权重为0.1116，比传播广度的组合权重高，这说明传播深度比传播广度对公共文化服务平台传播影响力的作用更为明显，同时也反映出由平台内容引起的信息使用者情感层面的变化，比认知层面的变化所带来的传播影响力更大。华中和华东地区公共图书馆微信公众号的用户认同度比其他地区高，这主要体现在在看数（点赞数）和评论数的数量优势上；但仅从回复率来看，华南地区的表现最佳，平均回复率达到25%。这些数据可以说明，华中、华东和华南地区的省级公共图书馆较为重视平台的传播深度。

因此，对各地区的公共文化服务平台运营人员来说，在激发用户阅读或播放欲望的同时，如何引起用户的情感共鸣更为关键。具体来说，第一，平台运营人员可以通过分析后台数据，深入挖掘高访问量与高点赞数资源的共同特征，总结经验，并将摸索出来的规律运用到下一次信息资源的生产与发布中，如此反复，不断优化。第二，运营人员应加强对用户感知行为的研究，多使用用户熟悉的语境来创作阅读类资源，表达形式尽可能生动有趣、贴近用户，为达到引起共鸣的效果，还可以捕捉时下热点或者使用网络流行语。第三，在刺激用户发生评论行为的同时，运营人员应及时回复评论，做到对用户的意见、建议或者情感表达的积极回应，增强平台的互动性，维持用户的优质体验。

3. 对策与建议

不同地区的科技水平、经济实力以及文化基础各不相同，对公共文化服务平台的认识与重视程度也不一致，由此导致了公共文化服务平台的发展水平参差不齐，不同地区省级公共图书馆微信公众号的传播影响力存在较大差异。为了缩小地区差异，提高公共文化服务平台的传播影响力，本书提出了如下建议。

其一，国家应该制定统一的公共文化服务平台指导标准，以加强对不同地区公共文化服务平台的统一规范管理，促进公共文化服务平台的标准化建设，进而提高公共文化服务平台的整体传播影响力。随着智慧城市建设的加速推进，智慧公共文化服务的产生与发展成为必然，公共文化服务平台为智慧公共文化服务提供了场所，因此，探讨公共文化服务平台指导标准，提高公共文化服务平台传播影响力，也是建设智慧城市、发展智慧公共文化服务的内在要求。具体来说，关于公共文化服务平台指导标准的制定需要有如下两点考虑：一是要以群众需求为导向，充分考虑不同地区基层群众的文化需求，避免服务与需求脱节的现象发生；二是要考虑地区特征，制定具有普适性和可行性的公共文化服务平台标准化体系策略，并积极推动政策落地落实。

其二，对于经济规模和科技创新水平处于全国领先地位的地区，政府应该大力促进文化与经济、科技的融合发展；对于基础设施薄弱、文化发展滞后的地区，政府应该加大公共财政的投入，为公共文化服务平台的标准化建设提供经济保障。以华东、华南和华北地区为例，华东地区 2019 年的 GDP 总量为 375472.80 亿元，人均 GDP 为 9.12 万元，经济实力雄厚；华南地区的广东省、华北地区的北京市以及华东地区的江苏省区域创新能力分列前三，创新能力突出。但根据本书的测度结果，华东、华南和华北地区在 2019 年 12 月的区域传播指数分列第二、第五和第七位，可见这些地区的经济、科技与文化发展并不同步。因此，以区域的经济和科技优势带动文化发展是这些地区的重要任务，例如，以大数据、虚拟现实（Virtural Reality，VR）、交互展陈等技术的发展推动公共文化服务由数字化向智慧化和体验化的转型；利用人工智能（Artificial Intelligence，AI）辅助文化内容的创作生产等。

其三，各地区的公共文化服务机构应该强化宣传意识，加大推广力度，通过线上线下相结合的方式，对公共文化服务平台进行大规模的推广和宣传，以扩大平台的传播广度，提高平台的用户数量，为培养忠实用户创造良好条件。对于线上的推广，各级各种公共文化服务机构可以建立跨平台、跨组织、跨区域的公共文化服务协作联盟，通过在各自公共文化服务平台设置"友情链接"的方式，实现平台流量的相互索引；对于线下的宣传，公共文化服务机构可以在各自的实体馆舍张贴宣传海报、发放宣传手册、播放宣传视频等，通过这些宣传方式，将进入馆舍体验公共文化服务的群众转化为公共文化服务平台的用户。关于平台忠实用户的培养，一方面，平台运营人员应该注重资源更新频率的合理性，保持用户接收信息的持续性，以及保证公共文化服务平台的活跃度；另一方面，平台运营人员可以通过大数据、云计算等技术，对公共文化服务平台的用户数据进行处理和分析，挖掘用户的现实和潜在需求，精准描绘用户画像，为用户制定和提供个性化服务，实现文化资源的精准推送。

第九章

研究总结与展望

第一节 主要研究结论

随着国家智慧城市的建设以及"云"时代的到来,加快公共文化智慧服务建设,推动公共文化服务智慧化发展,成为公共文化服务发展的大势所趋。上述目标的实现需要治理体系的构建与政策保障的完善,其中重要的工作即为公共文化数据治理,数据治理成为提升公共文化治理能力现代化的新视角。当前以多源异构数据治理为载体的新型治理模式,正推动公共数字文化治理的现代化形成,迫切需要建立起一种行之有效的基于多源多维公共文化数据化过程的治理模式,从而为国家公共文化事业智慧化发展的战略要求提供参考借鉴。基于上述背景,本书遵循以多源多维数据融合与公共文化智慧服务为研究主线,以构建公共文化多源数据治理体系及政策保障举措为目标,从理论、制度、运行、资源、服务、平台搭建、运转等方面入手,重点研究多源多维数据治理与公共文化智慧服务,以及平台搭建与利用的相关机制。

本书从对公共文化智慧服务、公共文化数据治理、多源多维数据融合等相关概念界定出发,借鉴信息资源管理理论、整体性治理理论、信息场理论和数据管理等理论,应用思辨法、概念分析法、逻辑推演法、调查统计、数据分析、内容分析法和统计分析法等方法,从公共文化服务发展的基本规律出发,研究内容主要涉及:(1)公共文化智慧服务体系的理论建构:对公共文化智慧服务的发展脉络、基本概念、战略体系、学科建设等方面进行规律性的探究。(2)公共文化智慧服务治理实践：探讨文旅融合视域下的乡村公共文化发展、健康中国战略背景下公共文化服务发展、乡村公共数字文化服务利用、智慧文旅融合标准化、媒体融合视角下公共文化智慧服务策略等治理实践现状与发展策略等问题。（3）公共文化多源数据治理体系及保障举措：从公共文化服务大数据的分类体系框架构建、多源异构公共数字文化数据治理框架、公共文化数据治理体系和政策保障、文旅资源数据开发利用实践方面探讨公共文化多源数据治理体系和保障举措。（4）面向智慧服务的公共数字文化治理能力现代化建设：分析面向智慧服务的公共数字文化治理能力现代化的概念内涵、治理现状、公共数字文化治理能力现代化的结构要素、动力机制和治理策略，以及公共数字文化治理能力现代化评价等问题。（5）公共文化智慧服务云平台的构建：对公共数字文化服务多边平台、多语言自动翻译平台的构建，公共文化云平台用户持续使用、传播影响力等公共文化智慧服务云平台相关问题展开研究。为促进公共文化数据智慧治理驱动机制体制建设、推进国家公共文化治理智慧政策机制发展提供理论支持和实践参考。本书的主要研究结论如下：

（1）公共文化智慧服务体系的理论建构研究方面：公共文化智慧服务的智慧主体是服务供给者，以智能技术为助力，依托于社会—技术情境；具有系统性、层次性、人本性与社会文化性等基本特性。本书在分析智慧公共文化服务发展的战略定位，明确智慧公共服务发展战略要素以及要素间逻辑关系的基础上，提出理论、技术、文化、人才、服务与治理六位一体的公共文化智慧服务发展战略框架。由于公共文化学科建设视角发散、公共文化重实践却无学科、公共文化研究学科基础理论不成熟、学科语境不同等因素，公共文化学科建设有利于繁荣公共文化学术研究、统一学科语境、为相关实践提供理论指引。公共文化学科的框架设计包括学科理论体系、话语体系、人才培养体系和制度体系等方面；公共文化一级学科建设策略包括：①注重理念融合，树立大文科理念，融合新文科内涵建设；②注重学科融合，建设学科建设共同体；③注重历史和现实结合，加强学科论史法体系构建；④注重内容融合，重构学科培养模式，构建公共文化课程体系；⑤对标职业标准，加强实训教学与实践教学体系建设。

（2）公共文化智慧服务治理实践研究方面：以产品三层次理论为指

第九章　研究总结与展望　343

导，提出文旅融合背景下的乡村公共文化发展路径，在核心产品层面注重保护乡村传统文化资源，凝聚乡村文化特色；在形式产品层面加强文化设施设计，丰富公共文化活动形式；在附加产品层面扩展文化旅游宣传渠道，提供精准化信息服务，以利于乡村公共文化与旅游融合发展。健康中国战略背景下，公共文化服务发展衍生出新需求，其发展新路径包括：探索公共文化健康服务供给模式、开发公共文化服务循环系统、构建公共健康服务智慧云平台、设计公共文化服务健康度评价体系。为有效避免乡村公共数字文化服务用户流失，从丰富服务供给渠道、培育用户信息素养、提升信息资源质量、改善服务支撑环境四个方面着手提出对策建议。从加强智慧文旅融合标准规范研究、建设智慧文旅融合标准体系、接轨国际标准、整合社会力量完善标准和增强标准培训、加强人员队伍建设等方面提出标准化推进智慧文旅融合的问题与对策。在媒体融合发展趋势下，要提高智慧公共文化服务的服务效能，需要公共文化服务机构树立成果推广意识，构建适应全媒体传播模式的智慧公共文化成果推广传播话语体系，打造全媒体融合的服务推广宣传链，提高用户需求精准分析能力，完善社交互动功能，以实现公共文化智慧服务策略升级。

（3）公共文化多源数据治理体系及保障举措研究方面：本课题在分面分类理论与方法的指导下，构建了公共文化服务大数据分类体系框架，该分类体系框架由主题领域、基本维度结构和分面组配三部分组成。作为一种数据治理工具，多源异构公共数字文化数据的应用基本贯穿了从数据输出、数据展示到知识决策整个过程，可最大限度提升公共数字文化服务效能。提出公共文化数据治理体系由治理目标、治理主体、治理客体、治理方式（工具、规则和分工）要素构成。保障举措包括规划治理目标，多阶段渐进式实施；多元主体协同共建，加强治理能力建设；以效益促治理，专注有限数据及事务；健全制度建设，改进组织管理模式。为推动文旅资源数据开发利用实践发展，在分析我国文旅资源开发利用总体特征的基础上，从四川省文旅资源数据开发利用个案出发，总结实现文旅资源数据开发利用的关键因素——多元主体协作、制度体系完善、多元技术融合、文旅知识凝练。

（4）面向智慧服务的公共数字文化治理能力现代化建设研究方面：

公共数字文化治理面临治理理念薄弱、主体失衡，治理制度体制不完善，区域公共数字文化发展失衡等困境。治理能力路径的有效性成为智慧公共数字文化治理能力现代化建构的关键环节，智慧公共数字文化治理能力现代化的目标建构，需要激发智慧公共数字文化创新活力和创造力、强化社会力量参与公共数字文化建设的责任担当、实现公共数字文化的思想规范作用、增进公众精神文化福祉，遵循整体性的优化路径。在此基础上，构建涉及公共数字文化治理能力测量现代化4个一级指标（包括文化吸引能力聚力打造、知识创造能力优势提升、技术竞争能力优化管理、科技影响能力提质增效）和12个二级指标在内的评价体系。

（5）公共文化智慧服务云平台的构建研究方面：本课题在阐释多边平台理论及其对公共数字文化服务的适用性的基础上，构建公共数字文化服务多边平台概念框架，明确其建设重点包括平台对接整合、资源共建共享和服务效能升级。选取图书馆多语言自动翻译平台实际应用情境，将图书馆多语言自动翻译平台服务架构分为接入层、功能实现层以及技术支撑层三部分，明确其运行保障策略包括制定机器翻译应用标准规范，维护系统良性循环；监测前沿核心技术，维持可持续发展；构建合作体系，打造图书馆跨界合作生态。对省级公共文化云微信用户的持续使用意愿进行研究，得出用户满意度和感知有用性是影响省级公共文化云微信用户持续使用意愿的主要因素；期望确认度显著影响感知有用性和沉浸体验，间接影响用户满意度；服务质量显著影响期望确认度，间接影响感知有用性和沉浸体验。采用基于层次分析法和熵值法的组合赋权法确定各项指标的权重，完成公共文化服务平台传播影响力测度体系的构建，将其应用于测度我国不同地区的省级公共图书馆微信公众号的传播影响力水平，得出内容特征是影响公共文化服务平台传播影响力的关键因素；华中、华东和西北地区省级公共图书馆微信公众号的传播影响力水平较高。

第二节　研究局限与展望

本书综合利用历史与现实视角、理论与实践视角、纵向与横向视角以及目标与规范视角，探讨公共文化智慧服务体系的理论建构、公共文化智慧服务治理实践、公共文化多源数据治理体系及保障举措、面向智慧服务的公共数字文化治理能力现代化建设和公共文化智慧服务云平台的构建等问题。但由于公共文化多元多维数据治理体系和政策保障的探讨是一个复杂的系统工程，涉及多方面的因素。加之时间、研究条件、研究篇幅和研究者知识积累等主客观原因的限制，本书难免存在一些缺陷与疏漏需要改进与完善。

（1）公共文化智慧服务在学术界属于新的课题，不仅要升级公共文化体系发展战略、目标定位，还需从单一形态数据向多源多维数据治理形态的转变。本课题在公共文化多源异构数据治理的构成和机制以及多语言自动翻译平台构建方面进行探析，但是在公共文化多维数据治理及平台应用方面尚未详细展开。

（2）对于不同地区、不同领域和治理对象的考察相对笼统。智慧公共文化数据治理政策体系构建不仅要考虑到公共文化智慧服务的要求以及国家公共文化事业的智慧化发展，还要考虑到不同地区、不同领域治理主体之间的差异性，不同地域经济文化发展的差异性，以及治理对象的多元性。本书在论述时，尚未将此类要素纳入考察。

（3）有关公共文化数据治理政策保障举措的论述相对宏观，对于一些较为微观、具体的对策建议没有深入论述。例如公共文化智慧服务数据融合和治理标准制定、公共文化服务数据资源共建共享机制和分级管理对策、公共文化服务多业态互动机制建设路径等。

作为一个较新且兼具理论与实践价值的研究领域，需开展持续深入的研究。鉴于上述研究不足，有待于从以下方面针对具体问题进行进一步研究与完善。

（1）拓展对于公共文化多维数据、公共服务多领域数据开放融合方面的研究。鉴于公共服务多领域数据的公共性、多源异构性和高附加值性等与公共文化数据的共有属性，在未来研究中，可进一步拓展公共文化多维数据应用，将公共文化数据纳入公共数据宏观视角加以考察，探讨其与医疗、科研、交通等多行业、多结构数据的开放利用、协同治理与安全保障等问题。

（2）细化对于不同地区、不同领域和治理对象的考察。探索包括东部、中部、西部，城市、乡村等不同区域，图书馆、博物馆、文化馆、科技馆等在内的不同机构与不同领域，留守儿童乡村妇女、农民工、失业人群等在内的不同类型群体相关的公共文化数据治理机制和保障考察。

（3）进一步对公共文化数据治理政策保障举措进行深化完善。针对公共文化智慧服务数据融合和治理标准制定、公共文化服务数据资源共建共享机制和分级管理对策、公共文化服务多业态互动机制建设路径等具体问题展开详细探讨。

参考文献

中文参考文献

中文专著

陈威如、余卓轩:《平台战略:正在席卷全球的商业模式革命》,中信出版社2013年版。

高文、徐斌艳、吴刚主编:《建构主义教育研究》,教育科学出版社2008年版。

郭亚军:《综合评价理论、方法及应用》,科学出版社2007年版。

胡唐明:《我国公共文化数字文化服务体系及其治理研究》,河海大学出版社2016年版。

江畅:《德性论》,人民出版社2011年版。

江青编著:《数字中国:大数据与政府管理决策》,中国人民大学出版社2018年版。

罗云川、张桂刚:《公共数字文化共享:模式、框架与技术》,社会科学文献出版社2018年版。

马费成、宋恩梅、赵一鸣编著:《信息管理学基础》,武汉大学出版社2018年版。

田向阳、程玉兰主编:《健康教育与健康促进基本理论与实践》,人民卫生出版社2016年版。

童茵、张彬、李晓丹:《智慧技术推进公共文化融合体系建设》,北京数字科普协会、首都博物馆联盟、中国博物馆协会博物馆数字化专业委员会、中国文物学会文物摄影专业委员会《融合·创新·发展——数字博物馆推动文化强国建设——2013年北京数字博物馆研讨会论文集》，中国传媒大学出版社2013年版。

王旭烽：《生态文化辞典》，江西人民出版社2012年版。

吴理财、郭璐：《文旅融合的三重耦合性：价值、效能与路径》，《山西师大学报》（社会科学版）2021年第1期。

吴慰慈主编：《图书馆学基础》，高等教育出版社2004年版。

叶继元：《信息组织》（第2版），电子工业出版社2015年版。

张建林：《管理信息系统》，浙江大学出版社2004年版。

钟敬文主编：《民俗学概论》，上海文艺出版社1998年版。

中文译著

［美］菲利普·科特勒：《市场营销原理》，梅清豪译，上海人民出版社2003年版。

［美］卡罗尔·C.古尔德：《马克思的社会本体论：马克思社会实在理论中的个性和共同体》，王虎学译，北京师范大学出版社2009年版。

［美］利昂·纳尔逊·弗林特：《报纸的良知：新闻事业的原则和问题案例讲义》，萧严译，李青藜、展江校，中国人民大学出版社2005年版。

［美］沃林斯基F.D.：《健康社会学》，孙牧虹等译，社会科学文献出版社1999年版。

［美］詹姆斯·海尔布伦：《艺术文化经济学》，詹正茂译，中国人民大学出版社2007年第二版，第454—456页。

［英］托尼·本尼特：《文化、治理与社会》，王杰、强东红等译，中国出版集团、东方出版中心2016年版。

中文期刊

《国家"十一五"时期文化发展规划纲要（摘要）》，《中华人民共和国国务院公报》2006年第31期。

安小米、白献阳、洪学海：《政府大数据治理体系构成要素研究——基于贵州省的案例分析》，《电子政务》2019年第2期。

参考文献

安宗玉、郑玲：《图书馆电子期刊资源评价指标体系的构建及实证研究》，《情报探索》2019 年第 2 期。

包冬梅、范颖捷、李鸣：《高校图书馆数据治理及其框架》，《图书情报工作》2015 年第 18 期。

毕丽萍、廖书语、李战、叶继元：《基于"全评价"分析框架的学术期刊微信公众平台评价体系研究》，《情报科学》2020 年第 2 期。

蔡禾：《社会学学科的话语体系与话语权》，《社会学评论》2017 年第 2 期。

蔡世清、周杰：《基于支持向量机的多传感器数据融合算法》，《计算机工程与设计》2016 年第 5 期。

曹磊、马春：《国内外公共文化大数据应用实践研究》，《图书馆杂志》2015 年第 12 期。

曹树金、王志红、古婷骅：《广东省公共数字文化网站调查与分析》，《图书馆论坛》2015 年第 11 期。

柴焰：《关于文旅融合内在价值的审视与思考》，《人民论坛·学术前沿》2019 年第 11 期。

常莉：《共同治理视阈下公共文化管理运行基础和路径研究》，《西安交通大学学报》（社会科学版）2015 年第 1 期。

陈晨：《国内智慧旅游研究综述》，《环渤海经济瞭望》2020 年第 5 期。

陈坚良：《新农村建设中公共文化服务的若干思考》，《科学社会主义》2007 年第 1 期。

陈锋平、朱建云：《文旅融合新鉴：桐庐县"公共图书馆+民宿"的实践与思考》，《图书馆杂志》2020 年第 3 期。

陈庚、李婷婷：《农家书屋运行困境及其优化策略分析》，《图书馆建设》2020 年第 3 期。

陈国青、吴刚、顾远东、陆本江、卫强：《管理决策情境下大数据驱动的研究和应用挑战——范式转变与研究方向》，《管理科学学报》2018 年第 7 期。

陈建：《乡村振兴中的农村公共文化服务功能性失灵问题》，《图书馆论坛》2019 年第 7 期。

陈建国：《浅析国家治理体系和治理能力现代化》，《中共山西省直机关党校学报》2014 年第 4 期。

陈慰、巫志南:《文旅融合背景下深化公共文化服务的"融合改革"分析》,《图书与情报》2019 年第 4 期。

陈文杰、许海云:《一种基于多元数据融合的引文网络知识表示方法》,《情报理论与实践》2020 年第 1 期。

陈渝、黄亮峰:《理性选择理论视角下的电子书阅读客户端用户流失行为研究》,《图书馆论坛》2019 年第 9 期。

陈则谦:《我国文化云的服务现状及展望》,《图书情报知识》2018 年第 5 期。

陈子珍、刘谨:《创新学科建设管理制度,促进地方高校可持续发展》,《中国商界(下半月)》2009 年第 9 期。

初景利、段美珍:《从智能图书馆到智慧图书馆》,《图书馆论坛》2019 年第 1 期。

初景利、段美珍:《智慧图书馆与智慧服务》,《图书馆建设》2018 年第 4 期。

储昭辉、储文静、徐立祥、许小超:《基于 AHP-BP 神经网络的城市移动图书馆服务质量评价优化模型构建》,《图书馆学研究》2020 年第 10 期。

淳于淼泠、李春燕、兰庆庆:《新公共治理视角下公共文化服务供需关系的三重建构》,《图书情报工作》2019 年第 3 期。

崔乐:《区域公共文化服务体系建设现状及对策研究》,《佳木斯职业学院学报》2019 年第 6 期。

代宝、刘业政:《基于期望确认模型、社会临场感和心流体验的微信用户持续使用意愿研究》,《现代情报》2015 年第 3 期。

戴艳清、王璐:《"国家数字文化网"服务营销策略研究——基于 7Ps 营销理论视角》,《国家图书馆学刊》2018 年第 3 期。

戴艳清、戴柏清:《我国公共数字文化网站互联网影响力评估研究》,《图书馆建设》2019 年第 5 期。

戴艳清、戴柏清:《中国公共数字文化服务平台用户体验评价:以国家数字文化网为例》,《图书情报知识》2019 年第 5 期。

戴艳清、戴柏清:《创新融合发展背景下公共数字文化工程供给要素配置优化》，《图书馆学研究》2020 年第 1 期。

邓胜利、付少雄：《公众健康信息素养促进中的图书馆参与：驱动因素、国外实践及思考》，《图书情报知识》2018 年第 2 期。

迪莉娅：《西方信息行为认知方法研究》，《中国图书馆学报》2011 年第 2 期。

邸焕双、王玉英：《互联网背景下农村文化信息资源共享工程建设研究》，《情报科学》2019 年第 10 期。

董晶、吴丹：《基于移动视觉搜索技术的智慧公共文化服务模型研究》，《图书与情报》2018 年第 2 期。

董晓辉：《活动理论视角下高校教育数据治理体系构成要素研究》，《中国电化教育》2021 年第 3 期。

董玥、王雷、刘健：《新型智库微信公众平台信息传播影响力评价体系研究》，《情报科学》2018 年第 12 期。

杜慧平、李旭光：《多语言信息存取的潜在用户调研——以英国谢菲尔德大学留学生为例》，《知识管理论坛》2013 年第 6 期。

段杰、姜岩、唐勇伟、王茂励、赵景波：《基于卡尔曼滤波算法的农业大棚数据融合处理技术研究》，《中国农机化学报》2018 年第 5 期。

段美珍、初景利、张冬荣、解贺嘉：《智慧图书馆的内涵特点及其认知模型研究》，《图书情报工作》2021 年第 12 期。

段宇锋、郭玥、王灿昊：《嘉兴市城乡一体化公共图书馆服务体系建设》，《图书馆杂志》2019 年第 3 期。

范炜：《数字环境下分面分类法解读与拓展》，《图书情报知识》2010 年第 5 期。

范兴坤：《我国纳入公共文化服务体系的"联合图书馆"建设研究》，《图书馆》2016 年第 11 期。

方婧、陆伟：《微信公众号信息传播热度的影响因素实证研究》，《情报杂志》2016 年第 2 期。

冯鑫、王晨、刘苑、杨娅、安海岗：《基于评论情感倾向和神经网络的客户流失预测研究》，《中国电子科学研究院学报》2018 年第 3 期。

傅才武、王文德：《农村文化惠民工程的"弱参与"及其改革策略——来自全国 21 省 282 个行政村的调查》，《中国图书馆学报》2020 年第

5期。

甘春梅、王伟军：《学术博客持续使用意愿：交互性、沉浸感与满意感的影响》，《情报科学》2015年第3期。

高永久、孔瑞、刘海兵：《我国民族问题治理体系和治理能力现代化的结构研究》，《中南民族大学学报》（人文社会科学版）2016年第1期。

高玉洁、许静、王艳：《河北省公共数字文化服务体系建设研究》，《合作经济与科技》2015年第20期。

葛红兵、许昳婷：《上海公共文化服务供给侧改革对策研究》，《科学发展》2016年第12期。

耿庆斋、张行南、朱星明：《基于多维组合的水利科学数据分类体系及其编码结构》，《河海大学学报》（自然科学版）2009年第3期。

龚花萍、周江涌、张小斌、张佳：《基于APEC模型框架的移动博物馆用户体验评价研究》，《山西档案》2020年第4期。

龚娅君：《智慧图书馆公共文化服务平台建设研究》，《图书馆工作与研究》2015年第12期。

郭财强、明均仁：《移动图书馆用户持续使用意愿整合模型及其实证研究》，《现代情报》2020年第9期。

郭路生、刘春年：《基于EA的公共文化服务大数据应用体系顶层设计研究》，《图书馆学研究》2019年第5期。

郭沫含：《公共文化发展战略下公共图书馆均等化服务研究》，《图书馆学研究》2012年第14期。

国家图书馆研究院：《国家公共文化云正式开通》，《国家图书馆学刊》2018年第1期。

国家图书馆研究院：《中国互联网络信息中心发布第43次〈中国互联网络发展状况统计报告〉》，《国家图书馆学刊》2019年第2期。

郝世博、朱学芳：《基于信任管理的图书馆、档案馆、博物馆数字化协作可信监督模型构建》，《情报资料工作》2014年第3期。

何瑞杰：《专业图书馆的属性探析》，《黑龙江档案》2014年第6期。

何义珠、李露芳：《"互联网+"对跨系统公共文化服务"信息圈"建设的启示》，《现代情报》2016年第2期。

侯丽、康宏宇、钱庆:《医学图书馆公众健康知识服务平台的构建与应用实践》,《图书情报知识》2018年第2期。

侯雪言:《政府治理创新:数据治理促进公共文化服务体系效能提升研究》,《领导科学》2020年第18期。

胡桂梅:《基于媒体融合的高校图书馆智慧服务体系构建》,《图书馆学刊》2018年第5期。

胡海燕、经渊:《公共数字文化协同治理评价模型研究》,《图书馆学研究》2021年第8期。

胡膨沂、王承武:《地方政府社会治理能力评价及提升路径——以江苏省为例》,《科技和产业》2021年第6期。

胡守勇:《公共文化服务效能评价指标体系初探》,《中共福建省委党校学报》2014年第2期。

胡税根、莫锦江、李军良:《公共文化资源整合绩效评估指标体系构建与实证研究》,《理论探讨》2018年第2期。

胡唐明、郑建明:《公益性数字文化建设内涵、现状与体系研究》,《图书情报知识》2012年第6期。

胡唐明、魏大威、郑建明:《公共数字文化评价指标体系构建研究》,《图书馆论坛》2014年第12期。

胡晓庆:《信息生命周期理论视角下的档案数据治理策略研究》,《山西档案》2020年第6期。

胡心悦:《图书馆、档案馆和博物馆资源整合的发展趋势——基于ICA、IFLA和ICOM历届会议主题的研究》,《图书情报工作》2014年第17期。

胡媛、曹阳:《数字图书馆微信公众号平台服务质量评价研究》,《现代情报》2017年第10期。

华颖:《健康中国建设:战略意义、当前形势与推进关键》,《国家行政学院学报》2017年第6期。

化柏林:《"数据、技术、应用"三位一体的公共文化服务智慧化》,《中国图书馆学报》2021年第2期。

化柏林、李广建:《大数据环境下多源信息融合的理论与应用探讨》,《图书情报工作》2015年第16期。

化柏林、刘佳颖、王英泽：《公共文化服务大数据的应用场景分析》，《图书情报研究》2021年第2期。

化柏林、赵东在、申泳国：《公共文化服务大数据集成架构设计研究》，《图书情报工作》2020年第10期。

黄衍标、罗广岳、何铭金：《BP神经网络在巡逻机器人多传感器数据融合中的应用》，《传感技术学报》2016年第12期。

嵇婷、吴政：《公共文化服务大数据的来源、采集与分析研究》，《图书馆建设》2015年第11期。

季中扬、张娜：《手工艺的"在地同业"与"在外同行"》，《开放时代》2020年第4期。

纪东东、文立杰：《公共文化服务供给侧结构性改革研究》，《江汉论坛》2017年第11期。

健康界：《〈中国居民健康素养监测报告（2018年）〉发布》，《上海医药》2019年第17期。

江必新：《国家治理现代化基本问题研究》，《中南大学学报》（社会科学版）2014年第3期。

蒋昕、傅才武：《公共文化服务促进乡村文旅融合内生发展的动力机制研究——以宁波"一人一艺"乡村计划为例》，《江汉论坛》2020年第2期。

金家厚：《公共文化机构绩效评估及其机制优化》，《重庆社会科学》2011年第11期。

金铁龙：《文旅融合背景下公共图书馆中小学生研学服务探索》，《图书馆》2019年第8期。

金武刚、李国新：《中国公共图书馆总分馆制建设：起源、现状与未来趋势》，《图书馆杂志》2014年第5期。

金武刚：《偶然vs必然：公共文化服务研究的兴起与发展——兼论图书馆学人的贡献和崛起》，《图书馆论坛》2018年第11期。

金武刚、赵娜、张雨晴、汪岩丹：《促进文旅融合发展的公共服务建设途径》，《图书与情报》2019年第4期。

金燕、张启源：《我国公共图书馆健康信息服务现状调查与分析》，《图书情报知识》2018年第2期。

柯平、陈昊琳：《图书馆战略、战略规划与战略管理研究》，《图书馆论坛》2010年第6期。

柯平、朱明、何颖芳：《构建我国基本公共文化服务体系研究》，《国家图书馆学刊》2015年第2期。

柯平、胡娟、刘旭青：《发展文化事业，完善公共文化服务体系》，《图书情报知识》2018年第5期。

柯平、刘旭青、裘爽、奚悦：《基本公共文化服务标准化的研究现状与问题》，《情报资料工作》2018年第3期。

孔繁超：《基于数字孪生技术的智慧图书馆空间重构研究》，《情报理论与实践》2020年第8期。

孔繁秀、张哲宇：《西藏康马县数字公共文化服务平台构建研究》，《西藏大学学报》（社会科学版）2019年第1期。

匡文波、武晓立：《基于微信公众号的健康传播效果评价指标体系研究》，《国际新闻界》2019年第1期。

雷兰芳：《基于精准扶贫视角的公共图书馆服务研究》，《图书馆工作与研究》2017年第11期。

黎忠文、唐建兵、刘龙蛟：《智慧旅游公共服务评价指标研究——以四川省为例》，《资源开发与市场》2014年第11期。

李白杨、肖希明：《公共数字文化资源整合中的检索系统框架设计》，《国家图书馆学刊》2016年第2期。

李宝虹、白建东、张会来：《基于数据驱动的企业商业情报管理》，《情报科学》2014年第8期。

李岱、汝萌、洪伟达：《基于数据包络分析的公共数字文化服务绩效评价体系研究》，《情报探索》2017年第5期。

李刚、迟国泰：《级差最大化组合赋权的人的全面发展评价模型及实证》，《中国软科学》2009年第9期。

李广建、化柏林：《公共文化服务大数据研究的体系与内容》，《图书馆论坛》2018年第7期。

李广军、曹琦佳：《基于多视角的个性化服务对高校图书馆微信平台用户持续使用意愿的实证研究》，《图书馆学研究》2020年第22期。

李国新：《我国公共文化机构的法人治理结构试点》，《图书馆建设》

2015年第2期。

李国新：《现代公共文化服务体系建设与公共图书馆发展——〈关于加快构建现代公共文化服务体系的意见〉解析》，《中国图书馆学报》2015年第3期。

李国新：《公共文化服务体系视野下的图书馆学》，《中国图书馆学报》2019年第6期。

李国新：《公共文化研究10年：回顾与前瞻》，《图书馆建设》2019年第5期。

李国新：《关于加强农村公共文化服务建设的思考》，《中国图书馆学报》2019年第4期。

李国新：《疫情对公共文化服务发展影响的思考》，《图书与情报》2020年第2期。

李国新、李阳：《文化和旅游公共服务融合发展的思考》，《图书馆杂志》2019年第10期。

李华新：《联合的机遇——博物馆、图书馆和档案馆信息整合初探》，《中国博物馆》2012年第1期。

李嘉、任嘉莉、刘璇、范静：《微信公众平台的用户持续使用意愿研究》，《情报科学》2016年第10期。

李金芮、肖希明：《国外公共数字文化资源整合管理体制模式及其适用性研究》，《图书情报工作》2015年第3期。

李晶：《乡村传统文化治理体系的现代性构建》，《图书馆论坛》2020年第3期。

李靖、李春生、董伟玮：《我国地方政府治理能力评估及其优化——基于吉林省的实证研究》，《吉林大学社会科学学报》2020年第4期。

李鹏、韩毅：《基于场所理论的信息聚集地研究——对于信息交流行为场所的思考》，《情报资料工作》2013年第1期。

李强：《新一代人工智能+5G技术环境下的智慧图书馆新生态》，《图书馆理论与实践》2021年第3期。

李少惠：《转型期中国政府公共文化治理研究》，《学术论坛》2013年第1期。

李少惠、王婷：《多元主体参与公共文化服务的行动逻辑和行为策略——

基于创建国家公共文化服务体系示范区的政策执行考察》，《上海行政学院学报》2018 年第 5 期。

李抒望：《正确认识国家治理体系和治理能力现代化》，《求知》2014 年第 5 期。

李硕、肖希明：《公共数字文化资源中视频源数据映射研究》，《图书馆杂志》2016 年第 8 期。

李伟超：《世界数字图书馆项目研究进展》，《情报理论与实践》2014 年第 7 期。

李卫华、李师贤：《信息流理论及其应用研究》，《计算机科学》2006 年第 7 期。

李文彬、陈晓运：《政府治理能力现代化的评价框架》，《中国行政管理》2015 年第 12 期。

李文川、陈承、胡雅文：《公共数字文化云资源服务创新研究》，《图书馆》2017 年第 2 期。

李武、赵星：《大学生社会化阅读 APP 持续使用意愿及发生机理研究》，《中国图书馆学报》2016 年第 1 期。

李雪：《媒体融合发展趋势下新型智库成果推广体系创新探索——广东省社会科学院副院长、研究员章杨定访谈录》，《经济师》2018 年第 9 期。

李勇、陈晓婷、王子健：《文旅融合下的省级公共图书馆公众形象感知与质量提升》，《图书馆论坛》2021 年第 8 期。

李玉海、金喆、李佳会、李珏：《我国智慧图书馆建设面临的五大问题》，《中国图书馆学报》2020 年第 2 期。

李月婷、司莉：《基于语义的多语言信息组织模式研究》，《图书馆论坛》2016 年第 2 期。

梁少博、朱慧宁、吴丹：《基于公共数字文化资源命名实体识别与翻译的跨语言信息检索研究》，《图书馆建设》2022 年第 1 期。

廖璠、许智敏：《基于 LibQual＋©构建高校移动图书馆服务质量评价指标体系——运用德尔菲法的调查分析》，《情报理论与实践》2015 年第 3 期。

廖迅：《公共文化大数据研究现状综述与趋势研判》，《图书馆》2019 年第 7 期。

林华、楚天舒：《我国公共文化法律有效实施的思考——以〈公共文化服务保障法〉〈公共图书馆法〉为中心》，《中国图书馆学报》2019 年第 4 期。

林健：《多学科交叉融合的新生工科专业建设》，《高等工程教育研究》2018 年第 1 期。

刘宝瑞、王予凡：《深度学习技术在智慧服务中的应用研究》，《图书馆学研究》2018 年第 6 期。

刘灿姣、叶翠：《试论出版社、图书馆和档案馆的公共文化数字资源整合》，《中国出版》2013 年第 9 期。

刘发军、赵明丽：《智慧旅游标准体系建设研究》，《信息技术与标准化》2013 年第 8 期。

刘海丽、孟昕宇：《公共文化发展战略下新文科建设之路——2019 年郑州大学"公共文化背景下的图书馆学发展研讨会"会议综述》，《河南图书馆学刊》2020 年第 1 期。

刘吉发、吴绒、金栋昌：《公共文化服务供给的企业路径：治理的视域》，《技术与创新管理》2013 年第 5 期。

刘家明：《平台型治理：内涵、缘由及价值析论》，《理论导刊》2018 年第 8 期。

刘家明：《公共部门的多边平台战略：内涵、原理及优势》，《湖北行政学院学报》2019 年第 1 期。

刘家真：《我国图书馆、档案馆与博物馆资源整合初探》，《中国图书馆学报》2003 年第 3 期。

刘建明：《新闻传播的十种影响力》，《新闻爱好者》2019 年第 11 期。

刘建伟：《国家治理能力现代化研究述评》，《探索》2014 年第 5 期。

刘建伟：《国家治理能力现代化研究述评》，《上海行政学院学报》2015 年第 1 期。

刘莉、王怡、邵波：《机器翻译在图书馆中的研究现状及应用趋势分析》，《图书馆学研究》2021 年第 24 期。

刘莉、王怡、邵波：《基于机器翻译的图书馆多语言自动翻译平台构建策略》，《图书馆学研究》2022 年第 1 期。

刘美杏、徐芳：《古道文化遗产信息资源元数据标准制定——以潇贺古道为例》，《情报资料工作》2019年第4期。

刘巧园、肖希明：《基于XML中间件的公共数字文化资源整合研究》，《图书情报知识》2015年第5期。

刘睿、韦景竹：《国家公共文化云APP公众持续使用意愿研究》，《情报资料工作》2020年第4期。

刘仕阳、王威威、化柏林：《多源数据环境下公共文化服务机构年报的数据抽取研究》，《图书馆杂志》2020年第12期。

刘炜、张奇、张喆昱：《大数据创新公共文化服务研究》，《图书馆建设》2016年第3期。

刘炜、刘圣婴：《智慧图书馆标准规范体系框架初探》，《图书馆建设》2018年第4期。

刘小瑛：《我国图书馆、档案馆、博物馆数字资源整合面临的主要问题及应对策略》，《图书馆学研究》2014年第2期。

刘艳红、豆园林、任海川、曹桂州：《接触式传感器测量软体驱动器角度的数据融合》，《计算机工程》2021年第8期。

刘玉静、张秀华：《智慧图书馆智慧化水平测度评估研究》，《图书与情报》2018年第5期。

刘玉堂、高睿霞：《文旅融合视域下乡村旅游核心竞争力研究》，《理论月刊》2020年第1期。

刘玉堂、高睿霞：《乡村振兴战略背景下乡村公共文化空间重构研究》，《江汉论坛》2020年第8期。

柳斌杰：《依法保护人民群众的文化权益——关于公共文化服务保障法和文化立法的思考》，《中国人大》2016年第10期。

娄策群、杨瑶、桂晓敏：《网络信息生态链运行机制研究：信息流转机制》，《情报科学》2013年第6期。

卢文辉、高仪婷：《基于链接分析法的大学图书馆网站影响力评价研究》，《数字图书馆论坛》2019年第1期。

卢文辉：《"全评价"分析框架下图书馆网站评价体系的分析与构建》，《图书馆学研究》2019年第16期。

卢艳军、陈雨荻、张晓东、张太宁：《基于扩展Kalman滤波的姿态信息融合方法研究》，《仪器仪表学报》2020年第9期。

鲁可荣、曹斐浩：《乡村传统民俗文化的集体记忆重构及价值传承——以妙源村"立春祭"为例》，《浙江学刊》2020年第2期。

陆路、秦升：《文旅融合背景下的公共数字文化服务创新发展——以陕西省图书馆"智能文化云地标"的建设实践为例》，《国家图书馆学刊》2020年第2期。

罗立群、李广建：《智慧情报服务与知识融合》，《情报资料工作》2019年第2期。

罗熙鸣、陈思嘉、何英蕾、徐剑：《广东省基本公共文化服务标准体系研究》，《标准科学》2016年第6期。

吕朝辉：《边疆治理体系现代化视域下的规制稳边研究》，《湖北行政学院学报》2018年第5期。

马慧萍：《图书馆的智能化研究——我国智慧图书馆标准体系构建探讨》，《科学咨询》（科技·管理）2020年第2期。

马小玲：《如何做好图书馆的文献翻译服务》，《图书馆杂志》2006年第9期。

马岩、孙红蕾、郑建明：《公共数字文化的服务主体职能》，《图书馆论坛》2015年第10期。

马岩、徐文哲、郑建明：《我国数字图书馆协同管理实践进展》，《情报科学》2015年第9期。

马岩、郑建明、王翠姣：《媒体融合视角下的智慧公共文化服务策略》，《图书馆论坛》2020年第9期。

马永军、薛永浩、刘洋、李亚军：《一种基于深度学习模型的数据融合处理算法》，《天津科技大学学报》2017年第4期。

茆意宏：《人工智能重塑图书馆》，《大学图书馆学报》2018年第2期。

梅正午、谢舜：《农村公共文化服务需求识别方法的缺陷及其优化研究——基于KANO模型的分析》，《湖北行政学院学报》2019年第3期。

孟凡会、王玉亮、汪雷：《信息碎片化下用户痛点多源信息融合分析研究》，《情报理论与实践》2020年第7期。

孟令雪、过仕明：《新型智库产品微博传播影响力评价及实证研究》，

《情报科学》2019年第11期。

孟小峰、杜治娟:《大数据融合研究:问题与挑战》,《计算机研究与发展》2016年第2期。

孟阳、高社生、高兵兵、王维:《基于UKF的INS/GNSS/CNS组合导航最优数据融合方法》,《中国惯性技术学报》2016年第6期。

明欣、安小米、宋刚:《智慧城市背景下的数据治理框架研究》,《电子政务》2018年第8期。

倪菁:《多中心治理视角下的数字文化治理体系》,《新世纪图书馆》2017年第12期。

倪菁、王锰、郑建明:《社会信息化环境下的数字文化治理运行机制》,《图书馆论坛》2015年第10期。

倪菁、郑建明、孙红蕾:《公共数字文化治理能力的现代化》,《图书馆论坛》2020年第1期。

潘玲:《英国公共图书馆基本服务及其对我国公共图书馆建设的启示》,《河北科技图苑》2014年第1期。

潘颖、孙红蕾、郑建明:《文旅融合背景下的乡村公共文化发展路径》,《图书馆论坛》2021年第3期。

彭雪涛:《美国高校数据治理及其借鉴》,《电化教育研究》2017年第6期。

彭知辉:《大数据环境下公安情报学理论体系研究》,《图书馆杂志》2018年第2期。

蒲泓宇、马捷、黄山:《基于业务流的智慧政务多源信息协同结构分析——以长春市为例》,《情报资料工作》2020年第1期。

戚敏仪:《少儿数字资源评价指标体系构建与实践研究——以广州少年儿童图书馆为例》,《河北科技图苑》2018年第4期。

钱丹、陈雅:《公共文化服务平台的可及性要素识别及优化》,《图书馆理论与实践》2017年第10期。

秦鸿、李泰峰、郭亨艺、许毅:《人脸识别技术在图书馆的应用研究》,《大学图书馆学报》2018年第6期。

秦珂:《图书馆3D打印服务与版权法研究》,《图书馆建设》2016年第10期。

秦雪平：《图书馆、档案馆与博物馆数字资源整合研究——以世界数字图书馆为例》，《情报探索》2013年第1期。

邱均平、张聪：《分面组配思想在馆藏资源知识组织中的借鉴研究》，《图书情报工作》2014年第7期。

裘惠麟、邵波：《基于用户画像的高校图书馆精准服务构建》，《高校图书馆工作》2018年第2期。

裘惠麟、邵波：《多源数据环境下科研热点识别方法研究》，《图书情报工作》2020年第5期。

任珺：《文化的公共性与新兴城市文化治理机制探讨》，《福建论坛》（人文社会科学版）2015年第2期。

邵波、许苗苗、王怡：《数据驱动视野下高校智慧图书馆建设及服务规划——兼论"十四五"时期智慧图书馆发展路径》，《图书情报工作》2021年第1期。

沈奎林、邵波：《智慧图书馆的研究与实践——以南京大学图书馆为例》，《新世纪图书馆》2015年第7期。

盛兴军、张璐：《文旅融合背景下公共图书馆地方文献资源宣传推广研究——以浙江省地级市图书馆为例》，《图书馆学研究》2020年第5期。

石庆功、郑燃、唐义：《公共数字文化资源整合的标准体系：内容框架及构建路径》，《图书馆论坛》2021年第8期。

司莉、贾欢：《2004—2014年我国多语言信息组织与检索研究进展与启示》，《情报学报》2015年第6期。

司莉、张孝天：《多语言知识组织系统的互操作项目调查及研究》，《情报科学》2016年第9期。

司莉、周璟：《"一带一路"多语种共享型数据库的跨语言检索功能分析与开发策略》，《图书情报工作》2021年第3期。

宋生艳、段美珍：《智慧社会发展背景下智慧图书馆内涵、服务与建设路径》，《图书情报工作》2018年第23期。

宋元武、徐双敏：《国外农村公共文化服务供给实践与经验借鉴》，《学习与实践》2016年第11期。

孙国烨、吴丹：《多语言公共数字文化服务平台信息组织标准规范体系构建》，《图书馆建设》2022 年第 1 期。

孙红蕾、马岩、郑建明：《区域集群式公共数字文化协同治理——以广东为例》，《图书馆论坛》2015 年第 10 期。

孙红蕾、郑建明：《小数据思维驱动下的数字文化治理路径探析》，《图书馆学研究》2015 年第 18 期。

孙红蕾、经渊、郑建明：《〈公共文化服务保障法〉之内容分析——基于布尔迪厄文化社会学视角》，《图书情报工作》2017 年第 7 期。

孙金娟、郑建明：《公共文化服务大数据分类体系框架构建》，《图书馆论坛》2020 年第 9 期。

孙绍伟、甘春梅、宋常林：《基于 D&M 的图书馆微信公众号持续使用意愿研究》，《图书馆论坛》2017 年第 1 期。

孙晓宁、赵宇翔、朱庆华：《社会化搜索行为的结构与过程研究：基于活动理论的视角》，《中国图书馆学报》2018 年第 2 期。

孙玉伟：《用户信息行为研究的理论基础探源（下）》，《图书馆杂志》2011 年第 11 期。

苏超、徐建华：《文化共享工程建设过程系统分析》，《图书馆学研究》2015 年第 16 期。

谭春辉、易亚、李莉：《学术微信公众号用户持续使用意愿影响因素研究》，《现代情报》2021 年第 1 期。

汤金羽、朱学芳：《我国公共文化云微信公众平台服务效率评估》，《图书馆论坛》2019 年第 9 期。

汤森、王铁旦、彭定洪：《用户感知移动图书馆服务质量评价的犹豫模糊 Kano-Taguchi 方法》，《情报理论与实践》2020 年第 3 期。

唐恒、邱悦文：《多源信息视角下的多指标新兴技术主题识别研究——以智能网联汽车领域为例》，《情报杂志》2021 年第 3 期。

唐义：《公共数字文化信息生态系统主体及其因子分析》，《图书与情报》2014 年第 1 期。

唐义、肖希明、周力虹：《我国公共数字文化资源整合模式构建研究》，《图书馆杂志》2016 年第 7 期。

田龙过：《媒体融合重新定义电视媒体影响力》，《编辑之友》2018 年第 1 期。

屠静芬、马博：《人的现代化视阈下的国家治理体系和治理能力现代化》，《理论导刊》2017年第6期。

完颜邓邓：《Web 3.0环境下的公共数字文化资源整合平台建设研究》，《图书馆学研究》2015年第23期。

完颜邓邓、胡佳豪：《欠发达地区农村公共数字文化服务供给与利用——基于湖南省衡南县的田野调查》，《图书情报工作》2019年第16期。

王东波：《基于数字孪生的智慧图书馆应用场景构建》，《图书馆学研究》2021年第7期。

王发兴：《基于娱乐营销的理论基础探究》，《肇庆学院学报》2019年第4期。

王国虎、薛进学、王晓强、崔凤奎：《基于粗糙集理论与支持向量机的多传感器信息融合方法》，《现代制造工程》2016年第5期。

王华祎、熊春林、刘玲辉、王奎武：《农家书屋信息化服务发展的SWOT分析及策略研究》，《图书馆工作与研究》2018年第11期。

王君：《试论媒体融合的发展"轨迹"》，《中国广播》2018年第5期。

王磊：《当前我国公共文化服务的理论基础、概念界定与价值取向》，《河南教育学院学报》（哲学社会科学版）2014年第1期。

王锰、郑建明：《整体性治理视角下的数字文化治理体系》，《图书馆论坛》2015年第10期。

王锰、陈雅、郑建明：《公共数字文化服务效能的关键影响因素及其机理研究》，《中国图书馆学报》2018年第3期。

王淼、孙红蕾、郑建明：《公共数字文化：概念解析与研究进展》，《现代情报》2017年第7期。

王淼、郑建明：《公共数字文化治理能力现代化基本构成及特征分析》，《图书馆》2018年第10期。

王淼、经渊：《智慧公共文化服务云平台构建研究》，《数字图书馆论坛》2019年第2期。

王明、闫慧：《农村居民跨越偶现式数字鸿沟过程中社会资本的价值——天津静海田野调查报告》，《中国图书馆学报》2013年第5期。

王培林：《健康信息服务驱动公共图书馆未来发展——基于〈英国NHS图书馆质量评估标准〉的分析与启示》，《图书情报知识》2018年第

2 期。

王瑞英：《公共文化服务体系中公共图书馆的服务定位》，《图书与情报》2009 年第 5 期。

王世伟：《关于加强图书馆公共文化服务体系结构与布局的若干思考》，《图书馆》2008 年第 2 期。

王世伟：《论智慧图书馆的三大特点》，《中国图书馆学报》2012 年第 6 期。

王婷、宋永平、陆卫明、李景平：《现代化视角下中国文化中的理性之张力》，《西安交通大学学报》（社会科学版）2018 年第 2 期。

王伟、许鑫：《融合关联数据和分众分类的徽州文化数字资源多维度聚合研究》，《图书情报工作》2015 年第 14 期。

王卫、王晶、张梦君：《活动理论视角下政府数据开放模式研究》，《情报理论与实践》2019 年第 6 期。

王晓光、杜暖男、张少龙、王聪、李娜：《大数据及云计算技术在智慧校园中的应用研究》，《计算机光盘软件与应用》2014 年第 15 期。

王晞巍、罗然、刘宇桐：《AI 在智慧图书馆应用趋势：机遇与挑战》，《情报科学》2021 年第 9 期。

王学琴、陈雅：《国内外公共文化服务绩效评估比较研究》，《情报资料工作》2014 年第 6 期。

王毅、柯平、孙慧云、刘子慧：《国家级贫困县基本公共文化服务均等化发展策略研究——基于图书馆和文化馆评估结果的分析》，《国家图书馆学刊》2017 年第 5 期。

韦楠华：《公共数字文化服务绩效评价指标体系构建研究》，《图书馆研究》2020 年第 5 期。

韦楠华、吴高：《公共数字文化服务营销推广现状、问题及对策研究》，《图书馆学研究》2018 年第 17 期。

韦景竹、王元月：《国家公共文化云平台用户满意度实证研究》，《情报资料工作》2020 年第 4 期。

韦景竹、王政：《智慧公共文化服务的概念表达与特征分析》，《情报资料工作》2020 年第 4 期。

B. C. 维克里、秦明、云野：《分面分类法——专业分类表的编制和使用指南》，《宁夏图书馆通讯》1984年第3期。

魏大威、董晓莉：《利用区块链技术驱动国家数字图书馆创新升级》，《图书馆理论与实践》2018年第5期。

魏大威、姜晓曦、邵燕：《数字图书馆推广工程数字文化帮扶工作实践与思考》，《图书馆论坛》2019年第1期。

魏群义、李艺亭、姚媛：《移动图书馆用户体验评价指标体系研究——以重庆大学微信图书馆平台为例》，《国家图书馆学刊》2018年第5期。

巫志南：《公共文化产品和服务精准供给研究》，《图书与情报》2019年第1期。

吴爱云、黄东霞：《吉林省文化旅游资源大数据服务平台建设研究》，《图书馆学研究》2020年第24期。

吴丹、古南辉、何大庆：《数字图书馆用户的多语言信息需求调研》，《图书情报工作》2011年第2期。

吴丹、刘子君：《大数据视角下的智慧信息服务：应用实践与未来趋势》，《信息资源管理学报》2018年第2期。

吴刚：《高校大数据治理体系构建刍议》，《教育评论》2018年第7期。

吴刚、陈桂香：《高校大数据治理运行机制：功能、问题及完善对策》，《大学教育科学》2018年第6期。

吴会会、高淑萍、彭弘铭、赵怡：《自适应模糊C均值聚类的数据融合算法》，《计算机工程与应用》2019年第5期。

吴江、申丽娟、魏勇：《贫困地区公共文化服务均等化：政策演进、效能评价与提升路径》，《西南大学学报》（社会科学版）2019年第5期。

吴理财、贾晓芬、刘磊：《以文化治理理念引导社会力量参与公共文化服务》，《江西师范大学学报》（哲学社会科学版）2015年第6期。

吴素舫、柯平：《我国文化大数据标准规范体系构建》，《现代情报》2018年第1期。

吴文平：《公共治理视域中的西部农村公共文化发展机制研究》，《吉首大学学报》（社会科学版）2012年第6期。

相蓥蓥、王晞巍、郭顺利：《高校图书馆微信公众号信息传播效果的影响因素分析》,《现代情报》2018年第3期。

向东春、薛天祥:《学科语境:教育研究方法的新视角——以"高等教育产业化"论为例》,《江苏高教》2006年第3期。

向江、陈移兵、杨毅:《全国公共数字文化共享云服务平台研究与设计》,《计算机工程与应用》2018年第13期。

肖容:《浅谈网络资源在文献翻译中的利用》,《四川图书馆学报》2008年第3期。

肖希明、李金芮:《国外公共数字文化资源整合模式及其借鉴》,《图书与情报》2015年第1期。

肖希明、李硕:《信息集群理论和公共数字文化资源整合》,《图书馆》2015年第1期。

肖希明、唐义:《公共数字文化资源整合动力机制研究》,《图书馆建设》2014年第7期。

肖希明、唐义:《信息生态理论与公共数字文化资源整合》,《图书馆建设》2014年第3期。

肖希明、完颜邓邓:《基于本体的公共数字文化资源整合语义互操作研究》,《国家图书馆学刊》2015年第3期。

肖希明、完颜邓邓:《治理理论与公共数字文化服务的社会参与》,《图书馆论坛》2016年第7期。

肖希明、曾粤亮:《新公共服务理论与公共数字文化服务资源整合》,《图书馆建设》2015年第8期。

肖希明、张芳源:《国外公共数字文化资源合作保存模式研究》,《信息资源管理学报》2014年第2期。

肖希明、郑燃:《国外图书馆、档案馆和博物馆数字资源整合研究进展》,《中国图书馆学报》2012年第3期。

肖希明、张芳源:《公共数字文化资源整合中行为主体的角色及职能研究》,《图书情报工作》2015年第11期。

肖永英、何兰满:《国外日常生活信息查询行为研究进展》(2001—2010),《图书情报工作》2012年第5期。

肖永英、谢欣:《图书馆、档案馆、博物馆合作机制研究进展》,《图书馆杂志》2015年第1期。

谢斌、许珂：《贫困县政府治理能力评估指标体系初探——以优化营商环境为视角》，《西安电子科技大学学报》（社会科学版）2020 年第 4 期。

谢蓉、刘炜、朱雯晶：《第三代图书馆服务平台：新需求与新突破》，《中国图书馆学报》2019 年第 3 期。

新华社：《中共中央办公厅　国务院办公厅印发〈关于加快构建现代公共文化服务体系的意见〉》，《中华人民共和国国务院公报》2015 年第 3 期。

徐达、关蠹、周诚：《基于 D-S 证据理论的装备维修性多源数据融合方法》，《电光与控制》2020 年第 6 期。

徐丽葵：《乡村文化资源传承创新的三重向度——以乡村振兴战略为背景》，《广西社会科学》2019 年第 12 期。

徐猛：《社会治理现代化的科学内涵、价值取向及实现路径》，《学术探索》2014 年第 5 期。

徐望：《公共数字文化建设要求下的智慧文化服务体系建设研究》，《电子政务》2018 年第 3 期。

徐孝娟、赵宇翔、朱庆华：《社交网站用户流失行为理论基础及影响因素探究》，《图书情报工作》2016 年第 4 期。

徐孝娟、赵宇翔、吴曼丽、朱庆华、邵艳丽：《S-O-R 理论视角下的社交网站用户流失行为实证研究》，《情报杂志》2017 年第 7 期。

许才明：《民族乡政府治理能力现代化：意蕴与测评指标体系研究》，《天水行政学院学报》2016 年第 6 期。

许晓东、王锦华、卞良、孟倩：《高等教育的数据治理研究》，《高等工程教育研究》2015 年第 5 期。

闫慧、林欢：《中国公共数字文化政策的评估研究——以公共电子阅览室建设计划为样本》，《图书情报工作》2014 年第 11 期。

严栋：《基于物联网的智慧图书馆》，《图书馆学刊》2010 年第 7 期。

严昕：《公共数字文化服务的多边平台构建》，《图书馆论坛》2020 年第 9 期。

严怡民：《国外科技情报工作的发展趋势》，《黑龙江图书馆》1979 年第 3 期。

颜佳华、周万春：《整体性治理视角下的政府文化行政职能转型研究》，《学习论坛》2012 年第 12 期。

颜玉凡、叶南客：《政府视野下公共文化治理的三重使命》，《浙江社会科学》2016 年第 3 期。

阳昕、张敏、廖剑岚、邵诚敏：《社会网络视角下的高校图书馆电子资源利用研究——以复旦大学图书馆为例》，《图书情报工作》2021 年第 15 期。

杨丹、刘小平、胡凌燕：《基于多传感器信息融合的机器人姿态测量系统》，《计算机工程与设计》2016 年第 6 期。

杨菲、高洁：《政府电子信息服务质量与公众持续使用意愿关系实证研究》，《图书情报工作》2017 年第 17 期。

杨佳颖、邓璐芗、许鑫：《觅江南佳馔：多源古今文本数据融合的沪上饮食图谱构建》，《图书馆论坛》2020 年第 10 期。

杨蕾、李金芮：《国外公共数字文化资源整合元数据互操作方式研究》，《图书与情报》2015 年第 1 期。

杨群、黎雪松、王毅菲：《区块链技术驱动智慧图书馆智慧增值服务路径研究》，《图书馆》2021 年第 1 期。

杨石山、孙建军：《中美高校图书馆网站链接结构比较研究》，《情报科学》2011 年第 7 期。

杨拓：《新技术视角下博物馆发展实践与趋势》，《中国国家博物馆馆刊》2019 年第 11 期。

杨新荣：《本科人力资源管理专业课程体系建设与实践教学研究》，《云梦学刊》2014 年第 4 期。

杨扬、杨艳文、王艺璇：《信息增能与技术赋权：数字时代农家书屋的发展趋势及创新思路》，《图书馆学研究》2020 年第 6 期。

姚胜译、徐爽、樊舒、吴丹：《公共数字文化服务需求视角下的蒙藏维多语言用户画像研究》，《图书馆建设》2022 年第 1 期。

姚宗桥：《发展健康文化助力健康中国》，《中共山西省委党校学报》2019 年第 1 期。

叶焕辉：《基于链接分析法的我国高职图书馆网站影响力评价研究》，《图书馆研究与工作》2017 年第 9 期。

于良芝、周文杰:《信息穷人与信息富人:个人层次的信息不平等测度述评》,《图书与情报》2015年第1期。

余波、张妍妍、郭蕾、温亮明:《贫困地区公共图书馆数字化建设策略研究》,《图书馆》2018年第6期。

袁小鹏:《论建立促进学科融合的良性机制》,《科技管理研究》2007年第8期。

尹长云:《农村公共文化服务的弱势与强化》,《求索》2008年第6期。

臧国全:《论网络信息组织》,《图书情报知识》2002年第3期。

曾蕾、王晓光、范炜:《图档博领域的智慧数据及其在数字人文研究中的角色》,《中国图书馆学报》2018年第1期。

曾群、杨柳青:《5G环境下智慧图书馆创新服务模式研究》,《图书馆学研究》2020年第22期。

查炜:《图书馆与旅游融合发展实践及思考》,《图书馆》2020年第2期。

翟运开、高亚从、赵杰、崔芳芳、马倩倩、高景宏:《面向精确医疗服务的大数据处理架构探讨》,《中国医院管理》2021年第5期。

张春景、曹磊、曲蕴:《公共文化服务大数据应用模式与趋势研究》,《图书馆杂志》2015年第12期。

张福俊、高雪、周秀霞:《国内外数字资源发现平台比较研究——以Trove、DPLA、Europeana、WDL和文津搜索为例》,《国家图书馆学刊》2018年第1期。

张歌:《公共文化服务领域相关学位论文研究述评》(2007—2018),《图书馆建设》2019年第5期。

张国山、刘智勇、闫志刚:《我国市场监管现代化指标体系探索》,《中国行政管理》2019年第8期。

张海、袁顺波、段荟:《基于S-O-R理论的移动政务App用户使用意愿影响因素研究》,《情报科学》2019年第6期。

张海涛、张会然、魏萍、尹慧子:《微信公众号影响力评价模型研究》,《图书情报工作》2019年第4期。

张海游:《信息行为研究的理论演进》,《情报资料工作》2012年第5期。

张红、程传祺、徐志刚、李建华:《基于深度学习的数据融合方法研究综述》，《计算机工程与应用》2020年第24期。

张宏宝：《数据源流高等教育治理体系建构与发展》，《教育发展研究》2016年第3期。

张辉、王杨、李昌、张鑫、赵传信：《基于深度神经决策森林的体域网数据融合方法》，《计算机应用研究》2020年第8期。

张继东、李鹏程：《融合多源数据的移动社交网络用户行为感知研究》，《情报科学》2016年第12期。

张静仪、张敏：《国外公共图书馆健康信息服务研究述评》，《图书情报知识》2018年第2期。

张蕾：《从"共享共建，全民健康"的战略主题看国民的健康需求》，《人口与发展》2018年第5期。

张良：《论国家治理现代化视域中的文化治理》，《社会主义研究》2017年第4期。

张璐：《大数据时代公共文化服务智慧化供给路径探析》，《中共济南市委党校学报》2017年第6期。

张明鑫：《大学生社会化阅读APP持续使用意愿研究——沉浸体验的中介效应》，《大学图书馆学报》2021年第1期。

张纳新：《文旅融合背景下公共图书馆少儿阅读推广策略研究》，《图书馆工作与研究》2020年第8期。

张宁、袁勤俭：《数据治理研究述评》，《情报杂志》2017年第5期。

张镨心、钟欢、刘春：《国外数字健康信息系统持续使用意愿研究综述及最新进展》，《现代情报》2020年第9期。

张若冰：《〈公共图书馆业务规范〉概述》，《图书馆建设》2019年第4期。

张树臣、陈伟、高长元：《大数据环境下公共数字文化服务云平台构建研究》，《情报科学》2021年第4期。

张维冲、王芳、赵洪：《多源信息融合用于新兴技术发展趋势识别——以区块链为例》，《情报学报》2019年第11期。

张文萍、宋秀芬、魏银珍、李立睿：《基于FAIR标准的科学数据融合体系研究》，《中国图书馆学报》2020年第6期。

张小娟、张振刚：《中国城市社会来临背景下智慧城市的建设与发展对策》，《科技管理研究》2017年第18期。

张小燕：《翻译服务对提高外文文献利用率的途径探析》，《现代情报》2013年第5期。

张彦文：《iCLIR用户交互技术策略对比研究》，《图书情报工作》2014年第14期。

张赞梅：《公共文化服务"多中心"治理研究——基于"N市"实践的分析》，《图书馆》2014年第6期。

张植卿、苏艳红、张海丽：《河南省社会事业开放的总体设计及对策研究》，《经济研究导刊》2014年第26期。

赵欢春：《论社会转型风险中国家治理能力现代化的建构逻辑》，《南京师大学报》（社会科学版）2014年第4期。

赵嘉凌：《针对公共文化共享服务的大数据采集和分析平台研究》，《四川图书馆学报》2018年第1期。

赵乃瑄、张若冉：《跨系统区域图书馆联盟网络影响力评价研究》，《图书情报工作》2017年第7期。

赵乃瑄、刘佳静、金洁、吕远：《高校图书馆微信公众号用户持续使用意愿研究》，《图书馆论坛》2019年第3期。

赵乃瑄、刘佳静、金洁琴等：《基于信息传播行为的高校新媒体影响力评价研究——以微信为例的实证分析》，《情报理论与实践》2020年第6期。

赵生辉、朱学芳：《我国图书馆、档案馆、博物馆数字化服务融合策略探析》，《情报资料工作》2014年第4期。

赵卫东、戴伟辉：《基于信息流的流程协调分析》，《管理工程学报》2004年第4期。

赵星、李书宁、肖亚男：《数字人文视域下基于多源数据融合的人物专题数据库建设——以上海图书馆2018开放数据应用开发竞赛作品"树人者"为例》，《图书馆杂志》2019年第12期。

赵一鸣、马费成：《大数据环境对信息组织的影响》，《图书情报知识》2017年第1期。

赵宇翔：《知识问答类SNS中用户持续使用意愿影响因素的实证研究》，《图书馆杂志》2016年第9期。

郑建明:《大数据环境下的数字文化治理路径创新与思考》,《晋图学刊》2016 年第 6 期。

郑建明、王锰:《数字文化治理的内涵、特征与功能》,《图书馆论坛》2015 年第 10 期。

郑建明、孙红蕾:《数字图书馆治理的理论建构及其要素解析》,《大学图书馆学报》2017 年第 5 期。

郑建明、孙红蕾:《智慧公共文化服务发展战略》,《图书馆论坛》2020 年第 9 期。

郑丽航:《多维分类的解读与思考》,《图书馆学研究》2016 年第 3 期。

郑荣、杨竞雄、张薇、常泽宇:《多源数据驱动的产业竞争情报智慧服务研究》,《情报学报》2020 年第 12 期。

郑毅、胡祥培、尹进:《基于多任务支持向量机的健康数据融合方法》,《系统工程理论与实践》2019 年第 2 期。

钟秋原、司莉:《多语言知识组织系统互操作方法研究》,《高校图书馆工作》2016 年第 3 期。

周慧颖、马敬东:《基于信息生命周期理论的个人健康档案共享影响因素及对策分析》,《中华医学图书情报杂志》2019 年第 12 期。

周磊、郑燃:《图书馆、档案馆与博物馆合作模式研究》,《图书情报知识》2012 年第 5 期。

周炜:《大数据视域下高校数据治理优化路径研究》,《教育发展研究》2021 年第 9 期。

周晓英:《健康服务:开启公共图书馆服务的新领域》,《中国图书馆学报》2019 年第 4 期。

周亚、李旺:《村史馆:乡土中国的文化力量》,《图书馆论坛》2019 年第 11 期。

周芸熠、张磊、董群:《文旅融合时代下的公共图书馆发展研究与思考》,《图书馆学研究》2020 年第 2 期。

朱多刚:《电子服务质量对社会化阅读服务用户持续使用的影响研究——以移动新闻 APP 为例》,《现代情报》2019 年第 4 期。

左亚文、张恒赫:《哲学智慧的智慧追问》,《湖北社会科学》2014 年第 1 期。

中文学位论文

陈露:《我国公共数字文化服务体系研究》,硕士学位论文,南京大学,2013年。

李洁:《数据驱动下数字图书馆知识发现服务创新模式与策略研究》,博士学位论文,吉林大学,2019年。

李宗富:《信息生态视角下政务微信信息服务模式与服务质量评价研究》,博士学位论文,吉林大学,2017年。

钱旦敏:《新市民健康信息精准服务模型构建研究》,博士学位论文,南京大学,2018年。

王锰:《公共数字文化服务的协同治理机制研究》,博士学位论文,南京大学,2017年。

曾凡军:《基于整体性治理的政府组织协调机制研究》,博士学位论文,武汉大学,2010年。

张小娟:《智慧城市系统的要素、结构及模型研究》,博士学位论文,华南理工大学,2015年。

张玉斌:《我国公共图书馆智慧服务研究》,硕士学位论文,山西财经大学,2018年。

中文报纸

《中共中央关于深化文化体制改革推动社会主义文化大发展大繁荣若干重大问题的决定》,《人民日报》2011年10月26日第1版。

李丽莉:《公共文化服务与智慧城市建设》,《中国社会科学报》2016年5月25日第7版。

申维辰:《构建公共文化服务体系 发展社会主义先进文化》,《光明日报》2005年12月30日第7版。

中华人民共和国国务院新闻办公室:《改革开放40年中国人权事业的发展进步》,《人民日报》2018年12月13日第13版。

中文网站

《2018年国家公共文化云稳步发展》,http://www.ndcnc.gov.cn/

gongcheng/dongtai/201901/t20190115_1402352.htm，2019 年 2 月 21 日。

《2018 年国家数字文化网网站介绍》，http://www.ndcnc.gov.cn/about/jieshao/，2019 年 2 月 21 日。

《公共文化服务政策基础数据库》，http://bz.reasonlib.com/，2019 年 2 月 11 日。

DeepL 翻译：《DeepL 翻译》，https://www.deepl.com/zh/translator/，2021 年 12 月 10 日。

安徽师范大学图书馆：《新学术译采智能翻译平台》，https://lib.ahnu.edu.cn/info/1017/10887.htm，2021 年 5 月 10 日。

谷歌翻译：《谷歌翻译》，https://translate.google.cn/，2021 年 12 月 10 日。

规划发展与信息化司：《健康中国行动》（2019—2030 年），http://www.nhc.gov.cn/guihuaxxs/s3585u/201907/e9275fb95d5b4295be8308415d4cd1b2.shtml，2019 年 10 月 16 日。

规划指导处：《全省文化和旅游资源普查首批试点成果新闻通气会在成都召开》，http://wlt.sc.gov.cn/scwlt/wlyw/2019/11/18/8c37338707844dd799e20afa768c0fa4.shtml，2021 年 1 月 22 日。

规划指导处：《推广试点先进经验助推文旅资源普查》，http://wlt.sc.gov.cn/scwlt/wlyw/2020/10/27/7d0f086badfd4d0ca2f9779aaf686c0f.shtml，2020 年 12 月 31 日。

郭静雯：《文化和旅游资源普查圆满收官全省查明文旅资源超 300 万处》，http://www.sc.gov.cn/10462/10464/10797/2021/4/13/aab5e4d70db34ce9bf80a5ea9234e8ae.shtml，2021 年 4 月 15 日。

国家统计局：《中华人民共和国 2018 年国民经济和社会发展统计公报》，http://www.stats.gov.cn/sj/zxfb/202302/t20230203_1900241.html，2019 年 2 月 21 日。

国家图书馆：《数字图书馆推广工程》，http://www.ndlib.cn/gcjs_1/201108/t20110818_47872_1.htm，2019 年 5 月 3 日。

国务院：《国务院关于实施健康中国行动的意见》，http://www.gov.cn/zhengce/content/2019-07/15/content_5409492.htm，2019 年 10 月 12 日。

河北省质量技术监督局：《智慧旅游设施服务规范：DB13/T 2632-2017》，http://www.bzsb.info/searchStandard.do？action=searchStandardDetail，2020年10月10日。

江苏省质量技术监督局：《旅游企业智慧旅游建设与应用规范：DB32/T 2727—2015》，http://218.94.159.231:8012/zjkms/kms/getPdf.rkt？id=1693。https://www.mct.gov.cn/whzx/zxgz/wlbzhgz/202009/W020200928523169377947.pdf，2020年10月10日。

教育部：《学位授予和人才培养学科目录》（2018年），http://www.moe.gov.cn/s78/A22/xwb_left/moe_833/201804/t20180419_333655.html，2022年8月5日。

金振娅：《健康中国战略有了"路线图"和"施工图"》，http://www.gov.cn/zhengce/2019-07/16/content_5409887.htm，2019年10月14日。

雒树刚：《雒树刚：推动文化和旅游融合发展》，http://www.gov.cn/xinwen/2020-12/14/content_5569244.htm，2020年12月28日。

屈婷、王秉阳、陈聪：《聚焦"治未病"健康指标纳入政府考核——权威解读健康中国行动有关文件》，http://www.gov.cn/xinwen/2019-07/15/content_5409781.htm，2019年9月19日。

人民网：《"文化上海云"上线9个月，每月访问量达1500万人次》，http://sh.people.com，2021年10月20日。

人民网—人民日报：《中共中央办公厅、国务院办公厅印发〈关于加快构建现代公共文化服务体系的意见〉》，http://culture.people.com.cn/n/2015/0115/c1013-26387591.html，2019年10月14日。

陕西省质量技术监督局：《智慧旅游建设与服务规范 第1部分：导则：DB61/T1201.1-2018》，http://219.144.196.28/std/db_details.asp？id=1469，2020年10月10日。

上海图书馆：《上海图书馆》，https://library.sh.cn/#/index，2022年5月14日。

四川日报：《200多万条文旅资源数据上"云"端》，http://wlt.sc.gov.cn/scwlt/hydt/2020/11/13/6c0f0e854d7c46799f8e963782345cbe.shtml，2020年12月30日。

四川省人民政府办公厅：《四川省人民政府办公厅关于印发四川省文化和旅游资源普查实施方案的通知》，http://www.sc.gov.cn/10462/c103046/2019/12/25/eb62e699f97a40178e1583f9c62dc61e.shtml，2020年12月11日。

四川省文化和旅游厅：《〈四川省文化和旅游资源分类、调查与评价〉标准编制全面启动》，https://www.mct.gov.cn/whzx/qgwhxxlb/sc/201903/t20190329_841237.htm，2021年4月29日。

四川日报：《全省文化和旅游资源普查首批试点成果通过专家评审》，http://www.sc.gov.cn/10462/10464/10797/2019/11/19/5fb041414b8a4f03b1e834165e23b223.shtml，2021年3月14日。

图书馆报：《公共图书馆项目化管理优势》，https://mp.weixin.qq.com/s/Q_h0unQcBU5kj7n6GEEeBA，2021年8月19日。

文化部：《"十三五"时期公共数字文化规划》，https://www.sohu.com/a/161442033_160257，2019年11月9日。

文化部全国公共文化发展中心、北京大学：《国家公共文化云平台标准规范1：数字资源知识组织分类标准规范》，https://haidian2.hanyastar.com.cn/book/0_1531483136153.pdf，2019年9月10日。

文化部全国公共文化发展中心、北京大学：《国家公共文化云平台标准规范2：数字资源唯一标识符规范》，https://haidian2.hanyastar.com.cn/book/0_1531483430521./pdf，2019年9月10日。

文化部全国公共文化发展中心、北京大学：《国家公共文化云平台标准规范3：数字资源加工格式规范》，https://haidian2.hanyastar.com.cn/book/0_1531483519611.pdf，2019年9月10日。

文化部全国公共文化发展中心、北京大学：《国家公共文化云平台标准规范4：数字资源元数据标准规范、交换标准规范及著录规则》，https://haidian2.hanyastar.com.cn/book/0_1531483545974.pdf，2019年9月10日。

小牛翻译：《小牛翻译》，https://niutrans.com/，2021年12月10日。

新华社：《〈国家"十三五"时期文化发展改革规划纲要〉印发》，http://www.gov.cn/xinwen/2017-05/07/content_5191604.htm，2017年6月18日。

新华社:《习近平:把人民健康放在优先发展战略地位》,http://www.xinhuanet.com//politics/2016-08/20/c_1119425802.htm,2019年9月24日。

新华社:《中共中央 国务院印发〈"健康中国2030"规划纲要〉》,http://www.xinhuanet.com//politics/2016-10/25/c_1119785867.htm,2019年9月24日。

新华社:《中共中央关于坚持和完善中国特色社会主义制度 推进国家治理体系和治理能力现代化若干重大问题的决定》,http://www.gov.cn/xinwen/2019-11/05/content_5449023.htm,2020年10月12日。

新华社:《中共中央 国务院印发〈乡村振兴战略规划(2018—2022年)〉》,http://www.moa.gov.cn/ztzl/xczx/xczxzlgh/201811/t20181129_6163953.htm,2020年10月16日。

新华网:《中华人民共和国公共图书馆法》,http://news.xinhuanet.com/2017?11/04/c_1121906584htm,2019年11月9日。

新华网:《乡村振兴战略规划(2018—2022年)》,http://www.xinhuanet.com./201809/26/c1123487123.htm,2019年11月12日。

新华网:《数字乡村发展战略纲要》,http://www.chinaneast.gov.cn/201905/17/c1124506610.htm,2019年11月17日。

新华网:《(两会授权发布)中华人民共和国国民经济和社会发展第十四个五年规划和2035年远景目标纲要》,https://baijiahao.baidu.com/s?id=1694070586590764765&wfr=spider&for=pc,2021年3月13日。

云南财经大学图书馆:《关于开通"网易有道文档翻译平台"的试用通知》,https://www.ynufe.edu.cn/pub/tsg/tzxw/tzgg/24418d1542fe4566aa0cca918ffe4e65.htm,2021年3月26日。

云南大学图书馆:《云南大学图书馆》,http://www.lib.ynu.edu.cn,2022年5月14日。

中国公共关系协会国家文化大数据产业联盟:《国家文化大数据标准体系》,http://www.518museum.com/show/297.htm,2021年10月20日。

中华人民共和国文化和旅游部:《公共图书馆总分馆业务规范:WH/T89-2020》,https://www.mct.gov.cn/whzx/zxgz/wlbzhgz/202009/W020200928523169377947.pdf,2020年10月10日。

中华人民共和国文化和旅游部:《中华人民共和国文化和旅游部2019年文化和旅游发展统计公报》, https://www.gov.cn/xinwen/2020-06/22/content_5520984.htm, 2020年12月28日。

中文会议论文

邓万云:《利用Internet开拓我州科技信息服务新领域》, 第五届全国科技情报工作研讨会论文, 2006年。

李晓丹:《浅谈博物馆公共服务环境建设与文化服务的关系——以吉林省博物院为例》,《耕耘录: 吉林省博物院学术文集2012—2013》, 吉林省博物院2014年版, 第3页。

童茵、张彬、李晓丹:《智慧技术推进公共文化融合体系建设》, 北京数字科普协会、首都博物馆联盟、中国博物馆协会博物馆数字化专业委员会、中国文物学会文物摄影专业委员会《融合·创新·发展——数字博物馆推动文化强国建设——2013年北京数字博物馆研讨会论文集》, 中国传媒大学出版社2013年版, 第6页。

外文参考文献

外文专著

Berntzen L., Johannessen M. R., "The Role of Citizen Participation in Municipal Smart City Projects: Lessons Learned from Norway", in Gil-Garcia, J. Ramen, Teresa A. Pardo, and Taeueo, Nam, *Smarter as the New Urban Agenda*, Switzerland: Cham, Springer, 2016, pp. 299-314.

Csikszentmihalyi M., *Applications of Flow in Human Development and Education*, New York: Springer Science, 2014.

Csikszentmihalyi M., *Flow and the Foundations of Positive Psychology*, New York: Springer Science, 2014.

David S. E., Schmalensee R., *Catalyst Code: The Strategies Behind the World's Most Dynamic Companies*, Boston: Harvard Business School Press, 2007, p. 27.

Horton F. W., *Information Resources Management*, London: Prentice Hall, 1985.

Myerscough J., *The Economic Importance of the Arts in Great Britain*, London: Policy Studies Institute, 1988, pp. 225 – 227.

Mehrabian A., Russell J. A., *An Approach to Environmental Psychology*, Cambridge, MA: MIT Press, 1974, pp. 65 – 77.

Roma M. H., Patricia D., *Barriers to Information: How Formal Help Systems Fail Battered Women*, Westport: Greenwood Press, 1994, pp. 20 – 27.

Shafer G., *A Mathematical Theory of Evidence*, Princeton: Princeton University Press, 1976, pp. 85 – 150.

Vladimir V. N., *The Nature of Statistical Learning Theory*, New York: Springer-Verlag, 1995.

外文期刊

Ahn J. H., Kwon H. W., Kim W. T., et al., "Service Design Development for the Development of Regional Culture in a Smart City-Focused on Vitalizing Busking Culture", *Design Convergence Study*, Vol. 13, No. 3, 2014, pp. 205 – 216.

Ajayi O., Garba N., "Association of Some Blood Group Phenotypes and Risk of Myeloid Leukaemias in Kano, Nigeria", *International Journal of Laboratory Hematology*, Vol. 41, September 2019, p. 7.

Andrew R., "Civic Culture and Public Service Failure: An Empirical Exploration", *Urban Studies (Routledge)*, Vol. 44, No. 4, 2007, pp. 845 – 863.

Belk R. W., "Situational Variables and Consumer Behavior", *Journal of Consumer Research*, Vol. 2, No. 3, 1975, pp. 157 – 164.

Bhattacherjee A., "Understanding Information Systems Continuance: An Expectation-confirmation Model", *MIS Quarterly*, Vol. 25, No. 3, 2001, pp. 351 – 370.

Bowker L., Ciro J. B., "Investigating the Usefulness of Machine Translation for Newcomers at the Public Library", *Translation and Interpreting Studies*,

Vol. 10, No. 2, 2015, pp. 165 – 186.

Budzise-Weaver T., Chen J., Mitchell M., "Collaboration and Crowdsourcing: The Cases of Multilingual Digital Libraries", *The Electronic Library*, Vol. 30, No. 2, 2012, pp. 220 – 232.

Davis F. D., "Perceived Usefulness, Perceived Ease of Use, and User Acceptance of Information Technology", *MIS Quarterly*, Vol. 13, No. 3, 1989, pp. 319 – 340.

DeLone W. H., McLean E. R., "Information Systems Success: The Quest for the Dependent Variable", *Information Systems Research*, Vol. 3, No. 1, 1992, pp. 60 – 95.

DeLone W. H., McLean E. R., "The DeLone and McLean Model of Information Systems Success: A Ten-year Update", *Journal of Management Information Systems*, Vol. 19, No. 4, 2003, pp. 9 – 30.

Dempster A. P., "Upper and Lower Probabilities Induced by a Multivalued Mapping", *Annals of Mathematical Statistics*, Vol. 38, No. 2, 1967, pp. 325 – 339.

Diekema A. R., "Multilinguality in the Digital Library: A Review", *The Electronic Library*, Vol. 30, No. 2, 2012, pp. 165 – 181.

Escolano C., Costa-Jussà M. R., Fonollosa J. A. R., "From Bilingual to Multilingual Neural-based Machine Translation by Incremental Training", *Journal of the Association for Information Science and Technology*, Vol. 72, No. 2, 2021, pp. 190 – 203.

Farhan W., Talafha B., Abuammar A., et al., "Unsupervised Dialectal Neural Machine Translation", *Information Processing & Management*, Vol. 57, No. 3, 2020, pp. 102181.1 – 102181.15.

Frias-Martinez E., Chen S. Y., Liu X., "Evaluation of a Personalized Digital Library Based on Cognitive Styles: Adaptivity vs. Adaptability", *International Journal of Information Management*, Vol. 29, No. 1, 2009, pp. 48 – 56.

Ghosh M., "E-Theses and Indian Academia: A Case Study of Nine ETD Digital Libraries and Formulation of Policies for a National Service", *The Interna-

tional Information & Library Review, Vol. 41, No. 1, 2009, pp. 21 – 33.

Goodall K. T., Newman L. A., Ward P. R., "Improving Access to Health Information for Older Migrants by Using Grounded Theory and Social Network Analysis to Understand Their Information Behaviour and Digital Technology Use", *European Journal of Cancer Care*, Vol. 23, No. 6, August 2014, pp. 728 – 738.

Gupta B. M., Dhawan S. M., "Machine Translation Research: A Scientometric Assessment of Global Publications Output during 2007 – 16", *DESIDOC Journal of Library & Information Technology*, Vol. 39, No. 1, 2019, pp. 31 – 38.

Hagiu A., Wright J., "Multi-Sided Platforms", *International Journal of Industrial Organization*, Vol. 43, November 2015, pp. 162 – 174.

Hall D. L., Llinas J., "An Introduction to Multisensor Data Fusion", *Proceedings of the IEEE*, Vol. 85, No. 1, 1997, pp. 6 – 23.

Hane P. J., "Project Gutenberg Progresses", *Information Today*, Vol. 21, No. 5, 2004, pp. 28 – 52.

Harrat S., Meftouh K., Smaili K., "Machine Translation for Arabic Dialects (Survey)", *Information Processing & Management*, Vol. 56, No. 2, 2019, pp. 262 – 273.

Hufflen J. M., "Languages for Bibliography Styles", *TUGB*, 2008, pp. 401 – 412.

Hunter N. C., Legg K., Oehlerts B., "Two Librarians, an Archivist, and 13,000 Images: Collaborating to Build a Digital Collection", *The Library Quarterly*, Vol. 80, No. 1, 2010, pp. 80 – 103.

Janssen M., Estevez E., "Lean Government and Platform-based Governance—Doing More with Less", *Government Information Quarterly*, Vol. 30, January 2013, pp. 1 – 8.

Kalman R. E., "A New Approach to Linear Filtering and Prediction Problems", *Transactions of the ASME Journal of Basic Engineering*, Vol. 82, 1960, pp. 35 – 45.

Kasavina N. A., "Man and Technology: Ambivalence of Digital Culture", *Epis-*

temology & Philosophy of Science, Vol. 55, No. 4, 2018, pp. 129 – 142.

Kay S., "Making Digital Cultures: Access, Interactivity, and Authenticity", The Electronic Library, Vol. 29, No. 4, 2011, pp. 552 – 553.

Keaveney S. M., Parthasarathy M., "Customer Switching Behavior in Online Services: An Exploratory Study of the Role of Selected Attitudinal, Behavioral and Demographic Factors", Journal of the Academy of Marketing Science, Vol. 29, No. 4, 2001, pp. 374 – 390.

Kernaghan, K., "The Emerging Public Service Culture: Values, Ethics, and Reforms", Canadian Public Administration, Vol. 37, No. 4, 1994, pp. 614 – 631.

Kidd D., "Public culture in America: A review of cultural policy debates", The Journal of Arts Management, Law, and Society, Vol. 42, No. 1, 2012, pp. 11 – 21.

Kim M. K., Park M. C., Jeong D. H., "The Effects of Customer Satisfaction and Switching Barrier on Customer Loyalty in Korean Mobile Telecommunication Services", Telecommunications Policy, Vol. 28, No. 2, 2003, pp. 145 – 159.

Kituku B., Muchemi L., Nganga W., "A Review on Machine Translation Approaches", Indonesian Journal of Electrical Engineering and Computer Science, Vol. 1, No. 1, 2016, pp. 182 – 190.

Lee O., "An Action Research Report on the Korean National Digital Library", Information & Management, Vol. 39, No. 4, 2002, pp. 255 – 260.

Levitan K. B., "Information Resources as 'Goods' in the Life Cycle of Information Production", Journal of the American Society for Information Science, Vol. 33, No. 1, 1981, pp. 44 – 45.

Luneva N. V., "Architecture and Metadata of Multilingual Linguistic Knowledge Base", Sistemy I Sredstva Inform, Vol. 17, No. 1, 2007, pp. 317 – 336.

McCulloch W. S., Pitts W., "A Logical Calculus of the Ideas Immanent in Nervous Activity", Bulletin of Mathematical Biology, Vol. 52, No. 1 – 2, 1990, pp. 99 – 115.

McShane I., "Public Libraries, Digital Literacy and Participatory Culture", *Discourse Studies in the Cultural Politics of Education*, Vol. 32, No. 3, 2011, pp. 383 – 397.

Meyers E. M., Fisher K. E., Elizabeth M., "Making Sense of an Information World: The Everyday-Life Information Behavior of Preteens", *The Library Quarterly*, Vol. 79, No. 3, 2009, pp. 301 – 341.

Michael L. K., Shapiro C., "Network Externalities, Competition and Compatibility", *American Economic Review*, Vol. 75, No. 3, 1985, pp. 424 – 440.

Min S., So K. K. F., Jeong M., "Consumer Adoption of the Uber Mobile Application: Insights from Diffusion of Innovation Theory and Technology Acceptance Model", *Journal of Travel & Tourism Marketing*, Vol. 36, No. 7, 2019, pp. 770 – 783.

Oliver R. L., "A Cognitive Model of the Antecedents and Consequences of Satisfaction Decisions", *Journal of Marketing Research*, Vol. 17, No. 4, 1980, pp. 460 – 469.

Online Computer Library Center Inc, "OCLC Launches OCLC Worldshare", *Advanced Technology Libraries*, Vol. 41, No. 1, 2012, pp. 1 – 10.

O'reilly T., "Government as a Platform", *Innovations*, Vol. 6, No. 1, 2010, pp. 13 – 40.

Pae S., "Selective Disclosures in the Presence of Uncertainty About Information Endowment", *Journal of Accounting and Economics*, Vol. 39, No. 3, 2005, pp. 383 – 409.

Rigatos G., Tzafestas S., "Extended Kalman Filtering for Fuzzy Modelling and Multi-Sensor Fusion", *Mathematical and Computer Modelling of Dynamical Systems*, Vol. 13, No. 3, 2007, pp. 251 – 266.

Rochet J. C., Tirole J., "Platform Competition in Two-Sided Markets", *Journal of the European Economic Association*, Vol. 1, No. 4, June 2001, pp. 1 – 45.

Ruijer E., Grimmelikhuijsen S., Meijer A., "Open Data for Democracy: Developing a Theoretical Framework for Open Data Use", *Government Information Quarterly*, Vol. 34, No. 1, January 2017, pp. 45 – 52.

Rysman M., "The Economics of Two-sided Markets", *The Journal of Economic Perspective*, Vol. 23, No. 3, 2009, pp. 125 – 143.

Salo M., Makkonen M., "Why Do Users Switch Mobile Applications? Trialing Behavior as a Predecessor of Switching Behavior", *Communications of the Association for Information Systems*, Vol. 42, No. 1, 2018, pp. 386 – 407.

Schreiber F. A., Amato F., Colace F., et al., "Big Data Meets Digital Cultural Heritage: Design and Implementation of Scrabs, a Smart Context-Aware Browsing Assistant for Cultural Environments", *Journal on Computing and Cultural Heritage*, Vol. 10, No. 1, 2017, p. 6.

Shim M., Jo H. S., "What Quality Factors Matter in Enhancing the Perceived Benefits of Online Health Information Sites? Application of the Updated DeLone and McLean Information Systems Success Model", *International Journal of Medical Informatics*, Vol. 137, 2020, pp. 1 – 7.

Steinberg A. N., Bowman C. L., White F. E., "Revisions to the JDL Data Fusion Model", *Defense, Security and Sensing*, Vol. 3719, 1999, pp. 430 – 441.

Tam C., Santos D., Oliveira T., "Exploring the Influential Factors of Continuance Intention to Use Mobile Apps: Extending the Expectation Confirmation Model", *Information Systems Frontiers*, Vol. 22, No. 4, 2020, pp. 243 – 257.

Taylor C., "Value-Added Processes in the Information Life Cycle", *Journal of the American Society for Information Science*, Vol. 3, No. 5, 1982, pp. 341 – 346.

Tripathi S., Sarkhel J. K., "Approaches to Machine Translation", *Annals of Library and Information Studies*, Vol. 57, 2010, pp. 388 – 393.

Valtysson B., "Europeana: The Digital Construction of Europe's Collective Memory", *Information Communication and Society*, Vol. 15, No. 2, 2012, pp. 151 – 170.

Wang M., Sun H L., Chen Y., et al., "Users' Perception of Rural Public Digital Cultural Services in China", *Proceedings of the Association for Infor-*

mation and Technology, Vol. 57, No. 1, 2020, p. 57.

Weaver W., "Translation", *Machine Translation of Languages*, Vol. 14, 1955, pp. 15 – 23.

Williamson K., Asla T., "Information Behavior of People in the Fourth Age: Implications for the Conceptualization of Information Literacy", *Library & Information Science Research*, Vol. 31, No. 2, 2009, pp. 76 – 83.

Wittenberg K., "The Gutenberg-E Project: Opportunities and Challenges in Publishing Born-Digital Monographs", *Learned Publishing*, Vol. 22, No. 1, 2009, pp. 36 – 41.

Wolf M., "The Emerging, Evolving Reading Brain in a Digital Culture: Implications for New Readers, Children with Reading Difficulties, and Children without Schools", *Journal of Cognitives Education and Psychology*, Vol. 11, No. 3, 2012, pp. 230 – 240.

Woodworth R. S., "Dynamic Psychology", *The Pedagogical Seminary and Journal of Genetic Psychology*, Vol. 33, No. 1, 1926, pp. 103 – 118.

Wright J., "The Determinants of Optimal Interchange Fees in Payment Systems", *Journal of Industrial Economics*, Vol. 52, No. 1, March 2004, pp. 1 – 26.

Zapata-Barrero R., "The Limits to Shaping Diversity as Public Culture: Permanent Festivities in Barcelona", *Cities*, Vol. 37, 2014, pp. 66 – 72.

Zhao X. S., Lynch J. G., Chen Q. M., "Reconsidering Baron and Kenny: Myths and Truths about Mediation Analysis", *Journal of Consumer Research*, Vol. 37, No. 2, 2010, pp. 197 – 206.

外文网站

Chea S., Luo M. M., "E-Service Customer Retention: The Roles of Negative Affectivity and Perceived Switching Costs", http://aisel.aisnet.org/cgi/viewcontent.cgi?article=1571&context=amcis 2005.

Fitzgerald M., "Turning Big Data Into Smart Data (August 04, 2012)", https://sloanreview.mit.edu/article/turning-big-data-into-smart-data/.

外文会议论文

Aittola M., Ryhänen T., Ojala T., "Smart Library-Location-Aware Mobile Library Service", paper delivered to International Conference on Mobile Human-Computer Interaction, sponsored by ACM, Udine, Italy, 2003.

Albanese M., D'Acierno A., Moscato V., et al., "A Multimedia Semantic Recommender System for Cultural Heritage Applications", paper delivered by 2011 IEEE Fifth International Conference on Semantic Computing, sponsored by IEEE, Palo Alto, CA, Sept. 18 – 21, 2011.

Chianese A., Piccialli F., "Designing a Smart Museum: When Cultural Heritage Joins IoT", paper delivered to 2014 Eighth International Conference on Next Generation Mobile Apps, Services and Technologies, sponsored by IEEE, Oxford, Sept. 10 – 12, 2014.

Kulakov K., Petrina O., Pavlova A., paper delivered to 2016 19th Conference of Open Innovations Association, "Smart Service Efficiency: Evaluation of Cultural Trip Planning Service", sponsored by IEEE, Jyvaskyla, Nov. 7 – 11, 2016.

Liu P., Chen L., "A Multi-Source Data Aggregation and Multidimensional Analysis Model for Big Data", paper delivered to ITM Web of Conferences, sponsored by EDP Sciences, Wuhan, China, 2017.

Luong M. T., Pham H., Manning C. D., "Effective Approaches to Attention-Based Neural Machine Translation", paper delivered to Proc. of EMNLP, Stroudsburg, ACL, 2015, pp. 1412 – 1421.

Mainka A., Bech-Petersen S., Castelnovo W, et al., "Enhancing Lives Through Information & Technology", paper delivered to Proceedings of the 79th ASIS&T Annual Meeting: Creating Knowledge, sponsored by American Society for Information Science Silver Springs, Copenhagen, October 14 – 18, 2016.

Mighali V., Del Fiore G., Patrono L., et al., "Innovative IoT-aware Services for a Smart Museum", paper delivered to Proceedings of the 24th International Conference on World Wide Web, Florence, sponsored by Association for Computing Machinery, May 18 – 22, 2015.

Mozgovoy M., Kakkonen T., "An Approach to Building a Multilingual Translation Dictionary that Contains Case, Prepositional and Ontological Information", paper delivered to Proc. of the 12th Int'l Conf. on Humans and Computers, 2009, pp. 135 – 139.

Rangaswamy N., "Regulating India's Digital Public Cultures: A Grey or Differently Regulated Area", paper delivered to International Conference on Human-Computer Interaction, Berlin, Heidelberg, 2007, pp. 183 – 192.

Sharma V. K., Gautam S., Mitra S., et al., "Dynamics of Adsorbed Hydrocarbon in Nanoporous Zeolite Framework", *The Journal of Physical Chemistty*, Vol. 113, No. 23, 2009.

Vaswani A., Shazeer N., Parmar N., et al., "Attention is All You Need", paper delivered to Advances in Neural Information Processing Systems, sponsored by NIPS, Long Beach, America, 2017.

Weng R., Zhou H., Huang S., et al., "Correct-And-Memorize: Learning to Translate From Interactive Revisions", Proceedings of the Twenty-Eighth International Joint Conference on Artificial Intelligence, 2019, pp. 5255 – 5263.

Yang H., Huang S., Dai X., et al., "Fine-Grained Knowledge Fusion for Sequence Labeling Domain Adaptation", paper delivered to Proceedings of the 2019 Conference on Empirical Methods in Natural Language Processing and the 9th International Joint Conference on Natural Language Processing (EMNLP-IJCNLP), sponsored by ACL SIGDAT, Hong Kong, China, November 3 – 7, 2019.

Zhang G., Jian W., Huang W., "Big Data Collection and Analysis Framework Research for Public Digital Culture Sharing Service", paper delivered to 2015 IEEE International Conference on Multimedia Big Data, sponsored by IEEE, Beijing, China, April 20 – 22, 2015.

Zhu W., Zhou Z., Huang S., et al., "Improving Bilingual Lexicon Induction on Distant Language Pairs", paper delivered to China Conference on Machine Translation, sponsored by Machine Translation Committee of the Chinese Information Society, Jiangxi, China, 2019.

索　引

A

Amazon　271
艾托拉　295
澳大利亚图书馆　35,73

B

Bhattacherjee　308,311,315,316
北京大学　80,105—107,109,203,206
北京交通大学　107
北京师范大学　106,197
标准化　9,11,25,26,35,81,88,113,117,130,162—165,179—182,192,195,222—224,234,235,243,254,274,279,319,331,336,339,340,342,343

C

曹树金　87
查特曼　64
产品三层次理论　118—120,342
沉浸体验　311—314,316—318,320,322—325,344
陈晨　164
陈露　86,87
陈雅　73,103,109,149,325,326

陈渝　148
程焕文　109
初景利　92,287,295,296
传统民俗文化资源　121,122,128,129

D

Delone　162,308,309,311,313—315
大数据分析　15,84,167,174,232
大英博物馆　25
戴艳清　27,161,189,191,213,257,258
档案学　102,105,107,109,113—116
德尔菲法　256—258
第三代图书馆服务平台　165,178
东南大学　106,107
董晶　24,85,89
杜德尼　64
段宇锋　147
多边平台　23,24,270,271,274—280,325,326,342,344
多维数据　3,9—12,14—18,38,39,42,46,70,192,194,196,201,217,228,341,345
多语言翻译　280—283,286,292,298

多语言服务平台　305
多语言自动翻译平台　270,286—289,292—308,342,344,345
多元主体　11,33,53,57,64,138,216,223,225,234,236,245,266,273,343
多源多维数据融合　7—9,14,19,37—40,45,47,48,54,63,196,222,341
多源数据　7,20,37—39,42,43,46,47,49—51,68,70,83,87,95,97,144,192,194,211,214,228,238
多源异构公共数字文化数据治理　194,206,207,214—216,342

E

Europeana　33,75,306

F

Facebook　191,271
费希尔　63—66
分面组配　23,194,196,197,200,201,204,343
服务营销网络　120
服务质量　149,161,177,185,250,256,258,269,279,285,309—311,313—315,317,318,320,323,324,326,344
福柯　239
附加产品　118,119,127,343
傅才武　109,118,130,132

G

Gallica　74,75
感知有用性　154—160,308—315,322—325,344

格兰诺维特　64,66
公共电子阅览室工程　79
公共健康服务智慧云平台　143,144,343
公共数字文化服务　2,4,23,24,26,27,29,30,52,59,60,71—73,77,79,80,84,86,87,118,143,145,146,149—151,155,156,159,161,185,189,191,208,209,214,238,243,244,246—252,257,258,260,263,269,270,274—280,298,306,325,326,342—344
《公共数字文化工程管理办法》　242
《公共数字文化协同治理评价模型研究》　256
公共数字文化治理　2,4,33,48,194,206—214,217,238—245,247,249—256,258,269,341,344
公共数字文化治理能力　238,239,244—256,259—261,265,268,269,344
公共数字文化治理能力现代化　2,10,194,211,238,240,241,244,245,247—249,251—255,258—262,264—269,342—345
公共图书馆　19—21,25,30,73,76,79,87,89,103—105,108,109,118,133,135—137,141,147,162,165,168,169,177,243,255,277,295,324,332—334,336—339,344
《公共图书馆法》　108
《公共图书馆业务规范》　168
《公共图书馆总分馆业务规范》　165,168,171,173—175
公共文化产品　18,119,133,134,187,190

索 引

公共文化场馆　119,195,198,222

公共文化多源数据治理体系　194,341—343,345

公共文化服务　1—4,6,10—12,16,17,19,20,22,24—31,34,36,37,46,48,49,51—53,60,63,67,68,70—88,90—97,99,102—105,108,109,112—114,116—119,130,132—145,147,150,157,183—195,203,209,214,217—219,221—223,226,227,241—244,260,266,270,275,311,322,324,325,327,330,332,333,340—343,345,346

《公共文化服务保障法》　108,136,242

公共文化服务大数据　6,23,25,35—37,94,194—202,204,206,218,342,343

《公共文化服务领域大数据应用研究》　80

公共文化服务平台　23,147,186,187,189,190,270,298,325—332,335—340,344

公共文化服务数据　3,15,30,37,70,88,93,94,194,345,346

公共文化活动　62,119,120,126,130,132,133,191,195,198,223,343

公共文化机构　3,9,12,21,34,62,70,72,77,83,89,104,105,109,136,140—142,194,198,205,242,276,278,317

公共文化设施　79,94,103,108,119,120,123,125,128,129,132,133,163,243

公共文化事业　4,17,18,48,80,93,116,188,223,341,345

公共文化数据　1,3,7,9—11,14—18,24,25,30,35,36,63,70,196,218,221—227,341,342,345

公共文化数据治理　1—4,6—11,14—19,30,36,37,48,54,69,70,194,195,217—227,341,345,346

公共文化数据治理体系　1,15,217,219—221,223—225,342,343

公共文化学科　95,99,104,105,107—116,342

公共文化云　2,27,82,143,185,190,204,243,308,310—316,320,322—326,342,344

公共文化智慧服务　2,4—6,9—11,13—16,18—29,37,47—49,51—54,58—60,67,68,70,71,81,83,85—99,117,238,270,341—346

公共文化智慧化　1,10,11,15,16,189

公共在线图书馆　74,75

公益性数字文化　48,73,146

共建共享　3,30,71,86,132,135,136,142,169,180,182,183,189,226,227,274,277,279,280,344—346

《关于促进文化与旅游结合发展的指导意见》　228

《关于加快构建现代公共文化服务体系的意见》　2,79,80,138,242

《关于加强公共文化服务体系建设的若干意见》　79,242

《关于进一步加强公共数字文化建设的指导意见》　79,242

《关于推进实施国家文化数字化战略的意见》 2

《广东省公共文化服务促进条例》 242

国会图书馆边界会议 282

国际博协大会 31

国际档案大会 31

国际电信联盟 75

国际儿童数字图书馆 281,282

国际图联大会 31

国家公共文化云 1,84,91,143,186,187,189,202—206,243,249,270,313—317

《国家公共文化云平台标准规范1:数字资源知识组织分类标准规范》 203

《国家公共文化云平台标准规范2:数字资源唯一标识符规范》 203

《国家公共文化云平台标准规范3:数字资源加工格式规范》 203

《国家公共文化云平台标准规范4:数字资源元数据标准规范、交换标准规范及著录规则》 203,206

《国家基本公共文化服务指导标准（2015—2020年）》 242

《国家基本公共文化服务指导标准》 145

国家旅游局 162,228

《国家"十三五"时期文化发展改革规划纲要》 140

国家数字图书馆工程 189

国家数字文化网 1,27,91,161,186,189,191,243,258,270

国家文化大数据体系 2,226

国家文化和旅游部 225,243

H

哈里斯 64

海尔布伦 72

核心产品 118,119,121,343

红色文化资源 121,122,124,128

胡唐明 26,72,73,103,146,257

华东师范大学 109

华盛顿特区博物馆 75

华中师范大学 109

化柏林 2,6,25,35,37,46,50,51,195,218,222

慧能化 4,5

活动理论 7,218,220—222

J

机器翻译 270,280—298,301—307,344

《基层综合性文化服务中心建设指导意见》 80

健康素养 136,137,139,140,143

健康中国行动推进委员会 139

健康中国战略 117,134—143,342,343

江苏公共文化云 316,317,322,324,325

江苏省文化馆 316

江苏省文化厅 242

江苏云 143

金武刚 104,109,118

经渊 23,98,137,256,326

K

卡尔曼滤波算法 43,44

柯平　　1,25,91,103,104,109,195
科罗拉多大学图书馆　　35
科特勒　　118,119

L

Levitan　　69
拉丁美洲开发档案馆　　282
兰州大学　　109
李广建　　25,29,35,37,50,68,195
李国新　　20,34,103,104,107,109,
　　118,119,130
李少惠　　33,109,138
联结理论　　64,66
链接分析法　　257,328
辽宁大学历史学院　　105
刘炜　　26,36,164,165,195
卢文辉　　257,328
旅游信息服务　　119,120,127,177

M

McShane　　35,73
Mehrabian　　148,149
马斯洛　　259
《冒号分类法》　　196
媒体融合　　21,23,29,39,82,86,117,
　　182,183,188—191,327,342,343
美国古腾堡计划　　282
美国记忆　　74,75
美国匹兹堡大学　　331
美国三军组织实验室理事联合会　　7
摩尔定律　　307

N

南京大学　　86,87,105,106,109,143,
171,174,175,178
南京大学图书馆　　163,165,168,175,
　　307
南京师范大学　　106
南京艺术学院　　106
南开大学　　105,106,109
农家书屋　　119,123,128,130,132,
　　146,147,150,151,158,159,161

O

欧登伯格　　64
欧盟　　305
欧洲数字图书馆　　281,305

P

平台传播影响力　　327,328,338

Q

期望确认度　　308,311—315,320,
　　322—324,344
清华大学　　80,105—107
清华大学图书馆　　193
区块链　　21,24,47,53,92,211,262,
　　263,296
全球数字博物馆计划　　75
群众文化活动　　119,130,133

S

Shannon　　54,55
山东大学　　105
山东省文化厅　　242
上海交通大学　　105,107
上海市图书馆　　80,175
上海市智慧图书馆　　171,174,177,

178
上海图书馆　46,80,163,165,168,
　178,277,297
上海云　143,186,190,219
社会力量　9,22,33,34,49,73,96,
　113,133,135,138,140,143,160,161,
　182,226,234,236,253,262,275,343,
　344
神经网络　41,42,44,86,148,258,284
生态文化资源　121—123,126,128
《"十三五"时期公共数字文化服务建设
　规划》　145
《"十三五"推进基本公共服务均等化规
　划》　80
实体　94,95,104,110,114,115,119,
　122,130,132,146,157,174,195,197,
　200,298,300,340
世界数字图书馆　31,32,75,79,200,
　281,305,306
首都师范大学　80
狩野纪昭　184
数据管理　12,30,35,39,50,54,68—
　70,167,169,173,177,178,196,202,
　206,217,222,223,231,234,291,341
数据驱动　3,4,8,10,14—18,25,29,
　37,45,52,53,69,86,88,94,194,200,
　208,209,211,216,219,276,293
数据融合　7,8,18,20,23,25,29,37—
　47,49—53,68,69,83,88,93—95,144,
　214,228,233—235,237,327,345,346
数据挖掘　3,7,15,20,24,25,35,51,
　69,87,172,183,214,218,219,222
数据治理　2—4,6—8,11,15—18,
　30,36,37,53,54,69,70,96,194,206—

209,211—221,223—227,247,341,
　343,345
数字博物馆　23,80,81,188,325
数字化　2,16,18,23,26,28,30,32,
　33,46,48,51,67,73—75,77,78,80,
　81,83,86,105,133,146,147,180,188,
　191,207—209,211,216,221,222,224,
　225,240,247,250,253,261—264,267,
　270,276,277,280,287,290,295,340
数字图书馆　1,23—25,32,33,48,
　69,75,79,80,83,91,92,98,150,169,
　176,177,188,200,205,243,257,258,
　275,277,281—285,287,296,325,326,
　328
《数字图书馆的多语言化综述》　283
数字图书馆推广工程　48,79,83,84,
　188,203,275,277
数字文化项目　74,75,254
数字文化治理　30,34,35,37,85,
　239,244,259—264,267
双边平台　271,272
双边市场　271
司莉　281,282,293,297
四川大学　106
四川旅游规划设计研究院　234,235
四川省旅投集团　233
《四川省旅游资源保护与利用指南》
　235
四川省文化和旅游厅　230,233
《四川省文化和旅游资源分类、调查与评
　价》　230,235
四川省文化和旅游资源云　231,234
四川省文物考古研究院　234
苏州大学　105,106

T

Taylor　69
谭春辉　310,313,315,316,324
唐义　30,77,78,200,210,223
特色文化资源　84,119—121,123,131,133,150,233
天津大学　106,107
同济大学　107
图书馆学　1,2,6,20,23,31,32,35—37,39,54,67,73,76,78,83,85,86,91,92,94,101—105,107,109,111,113—116,118,132,135,137,146,147,149,163,165,183,185,189,195,199,202,213,218,220,222,228,256—258,294—296,298,305,306,310,316,323,328
托尼·本尼特　239

W

Woodworth　148
完颜邓邓　29,32,78,146
王锰　34,35,73,85,149,239
王世伟　76,296
王晓光　83,94
网络效应　271,274,275,279
韦景竹　163,313—317
文化部　34,48,78—80,136,145,189,203,206,228,241—243
文化创意产品　118—120,125,128,192
文化馆　6,19,30,83,84,103,105,107,113,114,116,137,150,151,189,196,217,218,226,233,243,270,276,277,324,346
《文化和旅游数据交换规范》　233,235
《文化和旅游数据库设计与运维管理规范》　233
《文化和旅游资源编目编码规范》　233,235
文化惠民　5,6,79,130,132,189,249
文化精品数字化项目　74
文化治理　8—11,14,18,33—35,74,85,131,206,214,221,226,227,238—240,242,251,255,256,342
文化中心　125,158,161
文旅融合　116—120,130—134,160,162,165,179,180,210,228,229,234,236,342,343
文旅资源　194,227—237,342,343
文体中心　150,151
吴理财　34,109,228
武汉大学　61,105,106,109,329
物联网　5,19,21,24,80,81,89,92,162,175,177,189,235,249,262,295

X

西安交通大学　33,107,254
西华大学　234
西南大学　80,106,189
西南民族大学　106
现代公共文化服务体系　28,34,80,81,92,99,104,113,138,325
乡村公共数字文化服务　117,145—147,149—151,156—161,342,343
乡村公共文化　117—120,125—134,146,151,228,342,343

乡村公共文化产品　118—121
乡村图书馆　133,147
肖希明　23,29—32,77,78,109,200,
　210,212
协同治理　9,16,35,53,96,132,209,
　244,256,270,273,345
新公共服务理论　30,77,144
新时代文明实践中心　160
信道　56
信宿　56
信息场　63—68
信息场理论　54,63—67,341
信息管理理论　15,59,60
信息环境　56,59,60,77,78,182,188
信息集群理论　31,77
信息检索　168,174,281—283,287,
　298
信息流　56—60,64,68,142
信息情报研究所　277
信息融合　3,7,18,43,44,46,47,50—
　53
信息生命周期　69,70
信息生态理论　30,77
信息素养　9,118,136,146,147,149,
　154—157,159—161,343
信息质量　57,144,308—311,313,
　314,318,320,324,326
信息主体　59,60
信息资源　26,46—48,54,55,60,68,
　77,79,83,84,105,146,147,156,158—
　161,164,169,180,196,197,203,241—
　243,250,252,256—258,277,280,281,
　285,287,288,290,291,293,294,296,
　298,299,301,305,330,339,343

信息资源管理　29,31,55,277
信息资源管理理论　54,341
信息资源论　55
信源　56
形式产品　118,119,123,343
徐建华　86,109
徐望　2,6,24,28,82,91,163,187
宣传推广　48,118,119,127,130,
　153—155,158,161,169,174,185,186,
　190,191

Y

闫慧　147
叶继元　196,328
《艺术文化经济学》　72
英国图书馆馆长协会　141
用户流失行为　145—151,153—160
用户满意度　149,150,153—156,
　158—161,187,193,275,308,311—
　316,320,322,323,344
于良芝　109,184
云计算　5,13,19,22,24,81,86,89,
　95,162,171,177,178,183,211,234,
　235,249,253,262,326,340
云南大学图书馆　297

Z

张璐　22,87,96,118
赵乃瑄　310,327,328
浙江大学　68,105—107
浙江省公共图书馆　333
浙江省科技信息研究院　277
浙江省图书馆　337,338
浙江省文化厅　242

索 引

浙江图书馆　333
浙江网络图书馆　79
整体性治理　35,61—63,85,104,213
整体性治理理论　35,54,60,85,341
郑建明　1,2,6,23,26,29,34—36,73,82,85,91,92,103,109,132,137,146,149,218,226,228,239,240,242,244,257,260,262
郑州大学　105
政策保障　1,3,10—12,14,16,19,54,81,109,194,341,342,345,346
政府　2,6,9,11,22,29,31,33,34,36,37,61—63,68,71,73,74,79,82,83,88,104,108—110,112,113,127,130,131,135,136,138,141,143,145,150,161,166,171,179,182,185,188,207,216,218—221,223,226,227,231,234,239—242,244,245,248,255,262,266—268,273,274,291,307,324,339,340
治理能力现代化　34,162,211,212,238,240,241,245,249,252—254,260,262,266,268,269,341
智慧城市　2,11,19,20,26—28,44,50,71,80,81,83,87,89,91,93,189,207,339,341
智慧服务　1,4—6,9,10,14,15,17,19,20,25—29,45,47,51,53,54,69,86,87,89,92,95,163,166—169,171,172,175,178,230,233,235,238,270,293,295—297,342,343,345
智慧公共文化服务　2,15,22—24,29,82,85,88—90,92,93,96—99,163,164,182—193,202,270,326,339,342,343
智慧旅游　26,162—167,170—173,175—181
智慧数据　15,17,18,21,51,68,82,83,93,94
智慧图书馆　2,23,26,27,71,92,162—165,168,171,172,174—179,189,286,287,291,293,295,296,298,300—302,306,307,325
智慧文化　17,19,26—28,51,80,82,85,134,163—165,168,170—181,186,248
智慧文化服务　2,6,22,24,28,51,80—82,84,85,90,91,163,179,187,189,194
智慧文旅　20,162,163,165,166,171,179—182,233
智慧文旅标准化委员会　182
智慧文旅融合　117,162,163,165,179—182,342,343
智慧云平台　17,95
智慧治理　8—12,14—18,96,209,246,248,252,253,342
智能化　2,4—6,11,22,23,29,30,51,67,68,81,82,86—89,91,146,164,176,178,191,209,216,221,224,225,233,234,250,262,263,270,287,295
智能图书馆　296
"智游天府"平台　233—235
"智游天府"四川文化和旅游公共服务平台　233
中国传媒大学　23,80,81,105,106
中国高校人文社会科学文献中心　48
中国美术学院　106

中国人民大学　　　68,72,105,106,327
《中华人民共和国公共图书馆法》　145
《中华人民共和国国民经济和社会发展
　第十四个五年规划和2035年远景目
　标纲要》　228
中山大学　　104—106,109
中央财经大学　　106
中央美术学院　　106
中央民族大学　　106
朱学芳　27,32,77,78,326
资源整合　16,23,26,27,30—32,73,
　74,76—80,83,142,167,178,200,210,
　223,274,275
总分馆制　　104,147

约翰·迈耶斯卡夫
谢菲尔德大学图书馆
信息查询六原则
Diekema A R
F. 马克卢普
G. 斯蒂格勒
J. 马尔夏克
Mclean
刺激—有机体—反应理论(S-O-R理
　论)
大数据分类体系
扎根分析法/扎根理论
全国文化信息资源共享工程/文化共享
　工程

后　　记

随着智慧城市的建设以及"云"时代的到来，加强多源多维公共文化数据治理及政策研究并提供智慧服务，响应文化领域推进"互联网＋"的发展战略，既是国家公共文化事业适应移动互联环境，公共文化数据治理智慧化水平提升的路径，亦是国家重大信息工程建设向多源多维公共文化数据治理提出的发展要求。本人及研究团队长期致力于公共数字文化治理相关问题的研究，在公共数字文化治理理论体系构建、治理体制机制创新策略、公共数字文化项目管理流程再造、公共数字文化机制及协同模型建构、公共数字文化一体化门户服务模型、公共数字文化治理水平和进程测度的探讨中，察觉在数智化时代，建立数据驱动公共文化智慧服务的机制，解决跨机构、跨部门的多源多维公共文化数据融合与治理问题，是实现公共文化超越信息化、数字化，向智慧化发展转型的有效路径。

在前期成果的基础上，本人于2019年3月成功申报了国家社会科学基金重点项目"面向智慧服务的多源多维公共文化数据治理及政策保障研究"（项目批准号：19ATQ001）。立项后，根据研究计划，以多源多维数据融合与智慧公共文化服务为研究主线，以构建公共文化数据治理及政策保障体系为目标，着力于理论研究、实践研究、制度研究和应用研究四个方面：理论研究在于厘清公共文化智慧服务、公共文化数据治理、多源多维数据融合等概念，对公共文化智慧服务体系进行理论建构，为后期研究奠定理论基础；实践研究面向公共文化服务面临的新环境、新挑战，分析公共文化服务治理实践，探讨高质量发展路径；制度研究包括公共文化多源数据治理体系与保障研究，以及治理能力现代化建设研究。主要应用分类法、个案研究法等，为解决公共文化数据治理的多元化、兼容化、智慧化、治理能力现代化问题提供实践参考；应用研究关注公共文化智慧服务云平台的构建与运行保障策略，以及公共文化云平台的用户利用与传播问题。该成果于2023年2月被全国哲学社会科学规划办公室鉴定为优秀等级予以结项，这是对我们团队研究成果的鞭策和鼓励。

  本书是该项目的最终研究成果，研究团队将项目形成的核心观点撰写成基础性文稿，并加以整体把握、修改润色、完善提升，形成了一本逻辑体系更为严密的专著。本书内容包括绪论、国内外研究现状、相关基础理论、公共文化智慧服务体系的理论建构、公共文化智慧服务治理实践、公共文化多源数据治理体系及保障举措、面向智慧服务的公共数字文化治理能力现代化建设、公共文化智慧服务云平台的构建。本书由郑建明主持，潘颖、王锰、孙红蕾、刘佳静、王涛、孙金娟、于佳会、倪菁、马岩、郭怡、严昕、王淼、刘莉等共同完成。共有九章，其中第一章绪论由郑建明、潘颖执笔，第二章国内外研究现状由郑建明、潘颖、于佳会执笔，第三章相关基础理论由王锰、孙红蕾、郑建明执笔，第四章公共文化智慧服务体系的理论建构由郑建明、孙红蕾、潘颖、郭怡执笔，第五章公共文化智慧服务治理实践由潘颖、孙红蕾、王锰、马岩执笔，第六章公共文化多源数据治理体系及保障举措由孙金娟、王涛、潘颖、孙红蕾执笔，第七章面向智慧服务的公共数字文化治理能力现代化建设由孙红蕾、王涛、郑建明、刘莉执笔，第八章公共文化智慧服务云平台的构建由刘佳静、倪菁、严昕、王淼执笔，第九章研究总结与展望由潘颖、郑建明执笔。全书由郑建明、潘颖统稿。

  在公共文化领域，对于公共文化多源多维数据治理体系和政策保障的研究是一个复杂的系统工程，涉及多方面的因素。本书综合利用历史与现实视角、理论与实践视角、纵向与横向视角以及目标与规范视角，遵循理论研究、实践研究、制度研究和应用研究的思路对上述问题展开了探讨，但对于公共文化数据治理及其智慧服务的研究，不仅要升级公共文化体系发展战略、目标定位，还需进一步拓展对于公共文化多维数据、公共服务多领域数据开放融合方面的研究；细化对于不同地区、不同领域和治理对象的考察以及关注公共文化数据治理政策保障举措的深化完善等。因此，本书的研究可以说是初步探索，还有大量研究工作有待后期继续深入开展，书中尚存在的不足和疏漏之处恳请专家和读者批评指正。

最后，我作为项目负责人要特别感谢"面向智慧服务的多源多维公共文化数据治理及政策保障研究"项目组成员在项目申报和研究过程中所作出的贡献；感谢多位评审专家在项目结项评审中给予的较高评价以及非常宝贵的意见，有助于我在本书出版之前能有针对性地予以充实、修订和完善；本书在写作过程中还参考引用了许多相关论著及其思想观点；中国社会科学出版社责任编辑刘艳女士付出了辛勤劳动；诸位专家和同行对该项目给予了积极鼓励和大力支持，在此，我们一并表示衷心的感谢！

本书的形成过程交代如上，专为记录这段值得铭记的学习时光，是为后记。

郑建明

2023 年 11 月 18 日